上海西岸

徐汇滨江图志

上海市徐汇区档案局（馆）
上海西岸开发（集团）有限公司

马学强 等 主编

中华书局

图书在版编目（CIP）数据

上海西岸:徐汇滨江图志/上海市徐汇区档案局（馆）等主编. —
北京:中华书局,2021.1
ISBN 978-7-101-14395-9

Ⅰ.上… Ⅱ.上… Ⅲ.徐汇区-地方史 Ⅳ.K295.13

中国版本图书馆 CIP 数据核字（2020）第 026338 号

书　　名	上海西岸:徐汇滨江图志
主　　编	上海市徐汇区档案局（馆） 上海西岸开发（集团）有限公司　马学强 等
责任编辑	黄飞立
出版发行	中华书局 （北京市丰台区太平桥西里 38 号　100073） http://www.zhbc.com.cn E-mail:zhbc@zhbc.com.cn
印　　刷	北京盛通印刷股份有限公司
版　　次	2021 年 1 月北京第 1 版 2021 年 1 月北京第 1 次印刷
规　　格	开本/889×1194 毫米　1/16 印张 22½　字数 400 千字
国际书号	ISBN 978-7-101-14395-9
定　　价	258.00 元

《上海西岸：徐汇滨江图志》
编委会

序

郑时龄

（中国科学院院士、同济大学教授）

西岸已经以其空间形态和文化岸线预示着徐汇滨江的未来发展，象征着新时代的上海西外滩，将核心竞争力锁定在"文化"上并上升到宏观战略层面。以文化发展作为先导，文化聚集区的定位隐喻着徐汇滨江西岸文化走廊对标巴黎塞纳河左岸深厚的文化积淀，西岸文化走廊的复兴，宣告了徐汇滨江的新生，迈向全球城市的卓越水岸，成为新世纪城市滨水空间的典范。

浦东的开发开放，黄浦江滨江的空间发展，上海世博会，张江科学城，长三角绿色生态一体化，以及自由贸易区新片区的建设是上海历史发展的里程碑，为上海成为卓越的全球城市奠定基础。其中，西岸已经成为黄浦江滨水空间的一颗明珠，成为上海新时代的地标。

刚进入 21 世纪，上海就将黄浦江滨江发展作为城市空间发展的战略目标，标志着上海已经全面进入后工业和信息社会。黄浦江滨江的发展也带来了对上海发展影响十分深远的 2010 年上海世博会。2002 年，黄浦江两岸综合开发正式启动，徐汇滨江——西岸也纳入核心规划区。西岸有蜿蜒绵延约 11.4 千米的滨江岸线，也有黄浦江沿岸最为广阔的宝贵腹地，有利于营造滨江空间的临水景观和亲水平台，建设文化设施，提供公共开放空间。

西岸经历了从农耕时代到工业化时代，又到后工业时代的根本转型。西岸有深厚的文化底蕴，但是工业化时期的工厂、仓库、码头、物流以及各种设施星罗棋布地占据了岸线，掩盖了这些历史文化底蕴。西岸的空间变迁象征着上海城市空间结构和产业结构的转型，这个转型于本世纪初从中心城区向黄浦江的上下游延伸，重构滨水区功能，激发滨江活力，优化城市空间，构筑滨水生态系统，塑造宜居的公共开放空间。西岸先知先觉，抢占先机，周密布局，以文化引领转型，文化产业、文化机构相继入驻。同时建设国际性创新型金融集聚区和西岸金融城，构筑科创空间，集聚人工智能产业，这些都对黄浦江的滨江发展具有启示和示范意义。

历次大型的世界级文化活动已经使西岸展示了上海面向未来发展的图景，并使之成为上海迈向卓越全球城市的新地标。2007 年启动西岸公共开放空间的国际方案征集，引入法国蔚蓝海岸的空间意象。自 2010 年西岸公共开放空间建设首期工程完成以来，2011 年开始打造西岸文化走廊，引进东方梦工厂，举办西岸 2013 年建筑与当代艺术双年展，2015 年第一届上海城市空间艺术季就是在此次双年展的基础上扩展而成的文化盛会。这里举办了首届上海西岸音乐节、首届西岸艺术与设计博览会。2014 年龙美术馆和余德耀美术馆相继建成开放，全国首座立体城市——西岸传媒港开始建设。2017 年建成 8.4 千米的景观大道和 80 公顷公共开放空间，继 2017 年全球（上海）人工智能创新峰会后，西岸又举办了世界人工智能大会。 2019 年"西岸美术馆与蓬皮杜中心五年展陈合作项目"在这里揭幕，蓬皮杜艺术中心入驻西岸。在 2021 年的远景图中，西岸将建成集聚 20 多家文化载体的美术馆大道，将成为上海首展、首演、首秀的亚洲最大规模的艺术区。十年深耕，一朝蜕变，徐汇滨江转型成功，体现的是深厚历史积淀和多彩人文资源对徐汇城区的滋养，更是徐汇区委、区政府以极具前瞻性的国际视野，把握时代机遇，坚持新发展理念的魄力和决心，这使得徐汇滨江——上海西岸在众多城市水岸建设中脱颖而出，成为新世纪城市滨水之区的典范。

2019 年，徐汇区委、区政府启动滨江新十年规划，并对徐汇滨江历史、文化、形态、功能的变化作全面梳理。这本《上海西岸：徐汇滨江图志》（以下简称《西岸图志》），全景式地展现了西岸从古至今的发展历程，为我们揭示了为什么西岸能成功的深层次原因。《西岸图志》既是西岸的通史，也是西岸地区的社会发展史和文化史，将宏大的叙事与空间的细微末节以大量珍贵的历史档案、地图和图片的形式充分展示给我们。第一眼看到《西岸图志》，会被如此包罗万象的地毯式轰炸叙事方式所震惊，细细品读，又会觉得这本有着浓厚可读性的书，既是历史，又是艺术。《西岸图志》是为每一个上海人写的，也是为每一个对上海感兴趣、研究上海的人所写的，相信读过《西岸图志》，读者都会觉得不枉此读。

在研究上海历史建筑的过程中，经常会拜读马学强博士的书，他关于上海的历史论著成为我案头的必读书。近年来历史学界、地理学界、社会学界、艺术界、建筑界、政府部门等对历史档案、建筑、文物、地图和文献等进行了比较深入而又广泛的考辨、学习、挖掘和研究；对上海城市社会史和城市生活史，城市空间结构和形态的形成与演变，城市建筑的发展及其形成机制，城市文化和社会生活的方方面面，进行了广泛而深入的探讨。这些研究以涓涓细流汇成了蔚为壮观的上海史研究的大江大河，就像一幅巨大的拼图，社会各界共同参与。而《西岸图志》，以徐汇区的干部与史学研究单位专家、学者相结合的方式开展研究，资料相互补充，相得益彰，不仅为研究徐汇滨江历史，也为研究上海城市史提供了重要依据。尽管离拼图的完成还有着漫长的道路，还有许多空白，但这幅拼图的轮廓已经越来越清晰，《西岸图志》也是这幅拼图的一个重要组成部分。

郑时龄

2020 年 2 月 25 日

CONTENTS 目录

第一章

农耕时代的龙华滨浦

讲 述上海徐汇滨江的前世，必先了解龙华。

龙华，僻处黄浦江一隅，浦溆濛洄，这一带先后出现村、铺、乡、镇，后来又有龙华区、龙华街道之设。其范围屡有变化，面积或大或小，小的仅指龙华寺及周边地带，大时曾设龙华区，范围很广。

历史上以"龙华"冠名者也多：龙华荡、龙华寺、龙华庙、龙华塔、龙华里、龙华村、龙华湾、龙华港、铁路龙华站、新龙华站、龙华机场、龙华庙会、龙华公园、龙华烈士陵园，等等。

龙华，以寺、庙闻名遐迩。"三月十五春色好，游踪多集古禅关。浪堆载得钟声去，船过龙华十八湾。"❶ 清人李行南的这首《龙华晚钟》，传播甚远。而"龙华晚钟"，与"海天旭日""黄浦秋涛""吴淞烟雨""石梁夜月""野渡蒹葭""凤楼远眺""江皋霁雪"，合称"沪城八景"。❷ 此八景之中，尤以"龙华晚钟"最负盛名。

长期以来，这里是一片宁静的乡土世界。有一首《古村居》，所记的就在龙华里：

古村民，古村居，古村有田复有庐。

屋后桑麻四五区，屋前榆柳八九株。

老妇辟纑儿读书，青灯夜照三更初。

牛角带经耕且锄，年年岁岁输官租。

圣人治世如唐虞，饱来击壤歌康衢。

乌纱作巾白布襦，东邻西舍相招呼。

醉归兀兀杖且扶，古村民，古村居。❸

---

❶ （清）李行南：《申江竹枝词》，顾炳权编著：《上海风俗古迹考》，华东师范大学出版社 1993 年版，第 156 页。
❷ 清嘉庆《上海县志》卷一《古迹》。
❸ 清嘉庆《上海县志》卷七《第宅园林》。《古村居》为明僧宗泐所作，描写的是名士曹迪（字简伯）在龙华的隐居之所，以古松得名。

图 1-1　美丽的龙华

　　龙华周围，树木茂密，景色宜人。仲春三月，桃红柳绿，春意盎然。入秋，登高而望，四周景物尽在一览之中。一片绿油油的原野，配着明净的晴空。原野上疏落落有几株古树，伸出半枯的桠枝，树上生着各色蔓藤。几条弯弯的河流，通往远处耸立的龙华塔。好一幅美丽的画卷。（图 1-1）

第一节　黄浦江的变迁与"龙华十八湾"

　　地方文献中很早就有"龙华"的记载，成书于南宋绍熙年间的《云间志》，作为上海最早的一部志书，在记述本地的寺庙时就提到了龙华与那座寺庙："空相寺，在龙华，张仁泰请于钱忠懿王始建。旧号龙华寺，治平元年改今额。西北隅有白莲教院。"❶（图 1-2）明弘治十七年（1504）所修《上海志》附有一幅《上海县地理图》，这是上海的早期地图，从绘制的地图来看，无比例尺之设，也无方位之定，所以看到的只是大致轮廓，沿黄浦江，周边设有龙华铺，附近有华泾铺、乌泥泾课税局，还标注了高昌乡。（图 1-3）

---

❶ 南宋绍熙《云间志》卷中《寺观》。

清代所修的几部方志，保存了这一带的乡保图、河流图、镇市分布图。图 1-4 为清嘉庆《上海县志》中的《乡保区图图》，反映了上海县城西南一带的乡保区图。图 1-5 是清同治《上海县志》中的《浦西乡保区图图》，这一带的乡保区图分布更加清晰，黄浦江沿岸这一带，标注龙华、长桥、华泾。从嘉庆到同治年间，这一带乡、保、区、图的分布基本保持不变。从辖区来说，主要属高昌乡二十六保，兼跨二十五保、二十七保等。二十六保所辖保区、图情况如下：

十并十三图（龙华镇）、十四图（漕河泾东镇）、十五图（漕河泾中镇、西镇北至小闸）、二十二图（漕河泾西南乡）、二十三图（西牌楼）、二十四图（余家宅）、二十五图（梅家

图 1-2　绍熙《云间志》关于龙华空相寺的记载

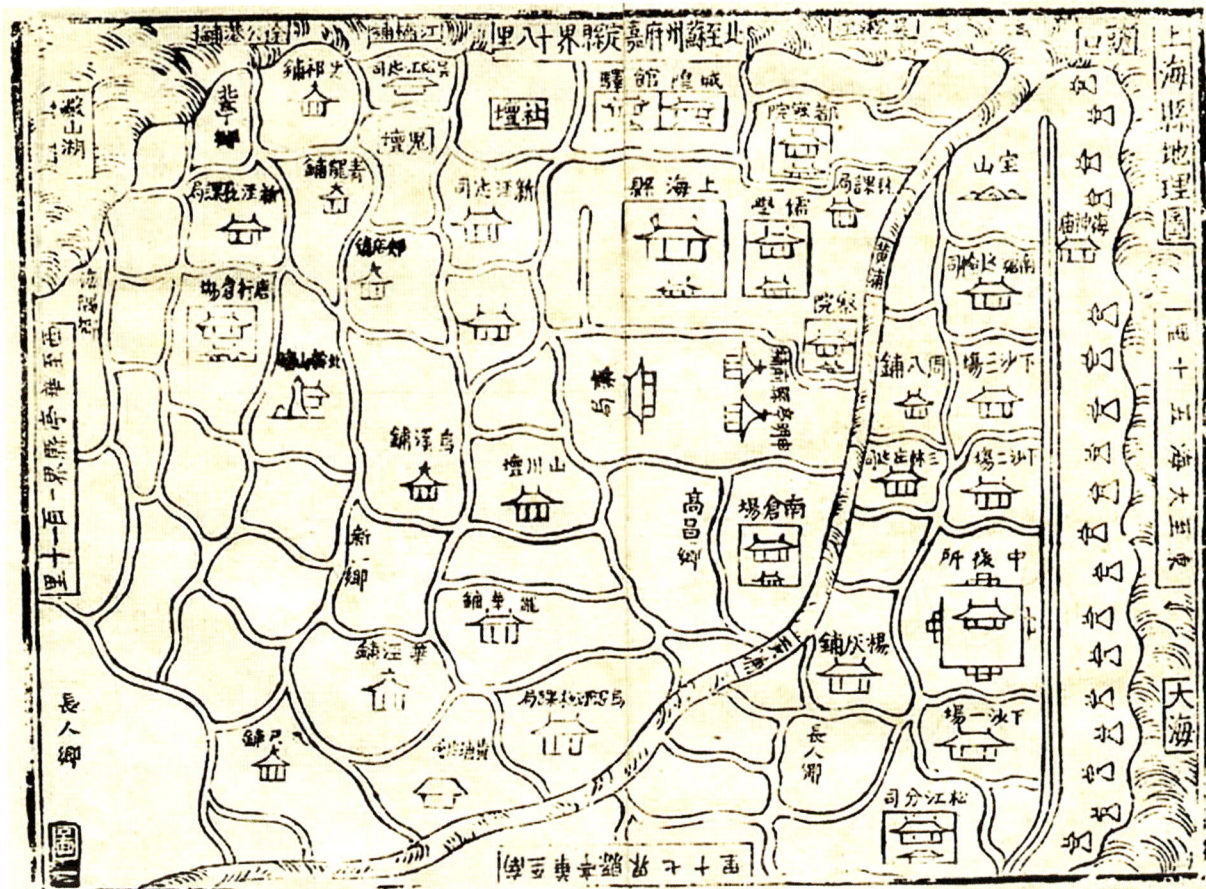

图 1-3　明弘治十七年（1504）《上海志》所附《上海县地理图》，标示了"龙华铺"

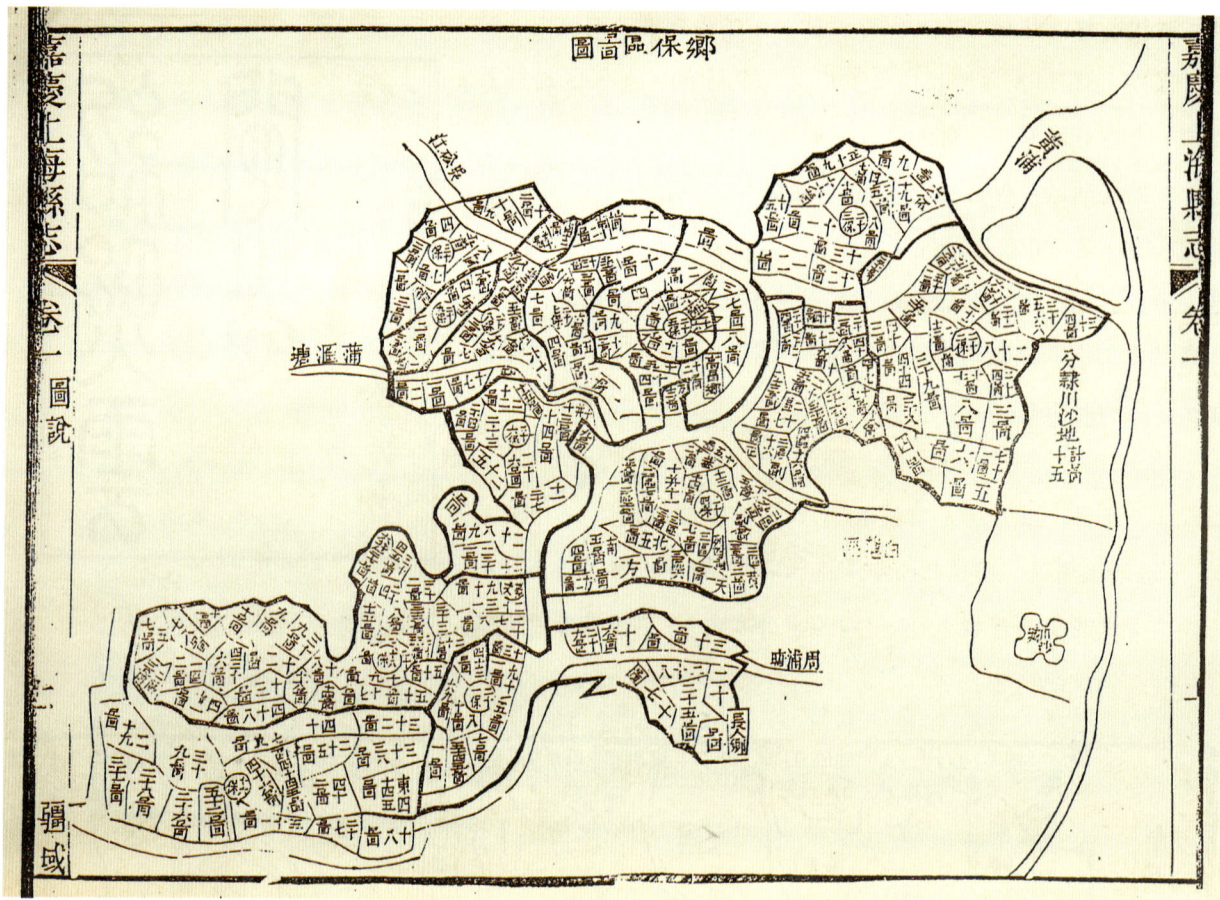

图 1-4　清嘉庆《上海县志》中的《乡保区圐图》

衔市、朱家巷东市)、二十六圐（许家塘）、十一并二十七圐（张家塘、黄婆庙）、二十八、九圐（宁国寺左右）、二十一、三十一圐（华泾镇）❶

二十六保有二区、十一圐。从界址来看：南至长人乡十八保界，东至黄浦江，西至华亭县界，北至高昌乡二十八保界。东面与二十五保、二十七保交界。如百步桥东北一带，属二十七保一圐。这就是龙华这片滨江地带的早期空间格局。

龙华一带生态环境的变化，则与黄浦江的变迁有着密切关系。

黄浦江，早年称黄浦，或叫黄浦塘，原是夹于吴淞江、东江之间的一条普通河浦，其名称出现也晚，约至宋代始有其名，《宋会要辑稿》记载："（华亭）县东北又有北俞塘、黄浦塘、蟠龙塘，通接吴松（淞）大江，皆泄里河水涝。"❷ 黄浦与吴淞江相通，阔仅一矢之力，由于河道狭小，水量不大。后因为这一带水系发

---

❶ 唐锡瑞辑：《二十六保志》卷一《乡保》。
❷ 《宋会要辑稿·食货八》。

生变化，流入杭州湾的东江系统散乱支离，吴淞江则是屡疏屡淤，使夹于其间的黄浦水量日增，河道逐渐阔大。到了元末明初，黄浦才频频见诸史籍。元代人提到："浙之西华亭东百里，实为下砂，滨大海，枕黄浦，距大塘，襟带吴松（淞）、扬子二江。"❶但黄浦的壮大，也有人为因素，这就与明初的治水活动直接相关。

永乐元年（1403），江南大水弥漫，吴淞江入海处百余里，沙泥充斥，芦苇丛生，渐成平陆，整治这一带河道已到了刻不容缓的地步。朝廷派户部尚书夏原吉迅速赶赴江南治水。夏原吉这次治水的重点，除导吴淞江之水北达刘家港外，在上海，还主持了范家浜等工程。范家浜位于上海县治东北，夏原吉发动大量民工开凿范家浜，阔至三十余丈，使之通海引流，直接黄浦。于是，形成了一条由黄浦—范家浜—南跄浦所组成的新河流，称为"新黄浦""大黄浦"，实现了吴淞江与黄浦的合流。从此，吴淞江汇入黄浦。河面

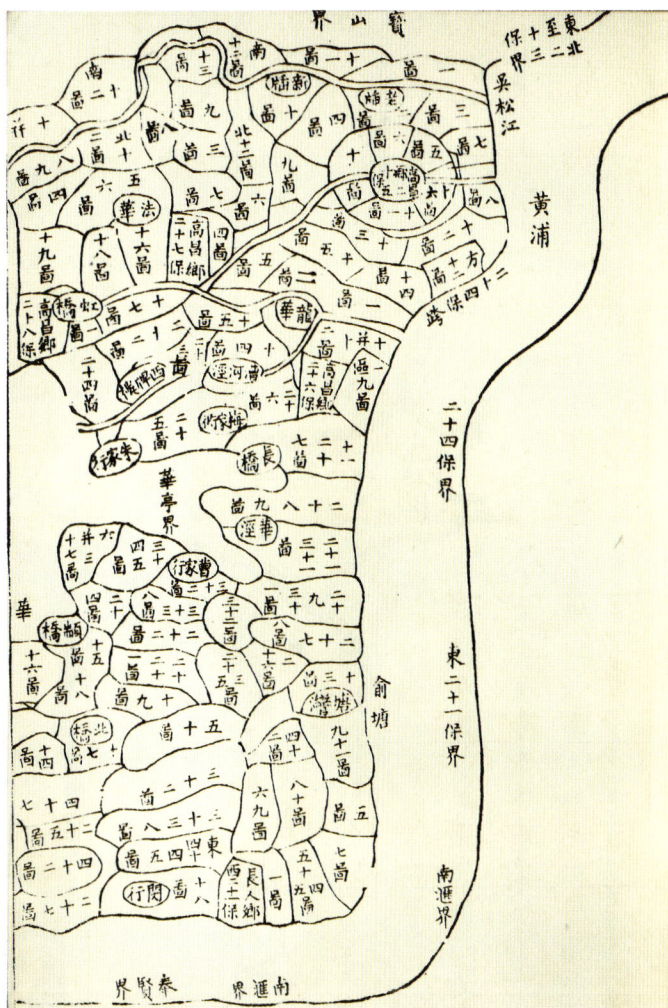

图 1-5 清同治《上海县志》中的《浦西乡保区图图》

原阔仅一矢力的黄浦，此后潮汐悍甚，润及数百里，苏、松农田大利。夏原吉初来江南兴工治水，役起工繁，当地百姓出现了一些怨恨情绪，但工程兴修后，功效显著，以后较长时期都没有发生大的水灾。

黄浦汇纳诸流，水势大增，滚滚东流入海，故《明史》记载有"大黄浦"之称，偶尔也名其为江："比来纵浦横塘，多埋不治，惟黄浦、刘河二江颇通。"❷黄浦江到了明代已成滔滔之势，成为上海地区的主干河道。

大黄浦的出现，使得这一区域的河流格局发生重要变化，对龙华沿岸一带的自然生态、社会经济也产生了深远影响。（图 1-6）

龙华，居于黄浦大湾之中，所谓"一港龙华十八湾，湾湾对塔港如还"。龙华港，漕河泾环其南，蒲汇

---

❶ （元）陈椿：《熬波图序》。
❷ 《明史》卷八八《河渠六》。

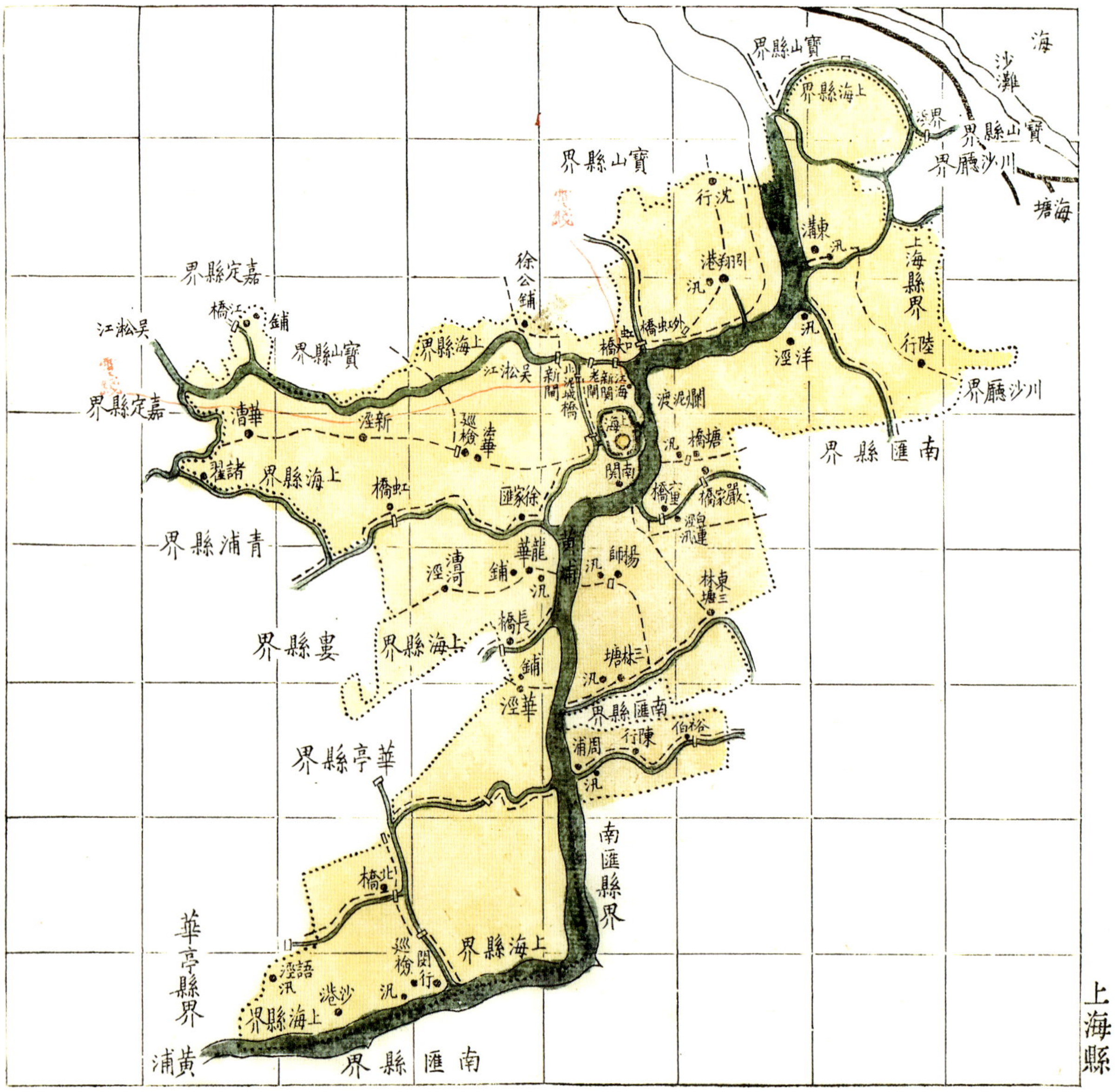

图 1-6　清光绪二十一年（1895）《江苏全省舆图·上海县图》中黄浦江边的龙华

塘抱其北，"凡十八湾，绕寺拱塔……逶迤东北而入黄浦" ❶。龙华具有了独特的地理优势。原先的龙华，以古寺、古庙、古塔闻名，以古迹风貌吸引远近的香客游人。此时的龙华，成为水路商道上的一大节点，交通地位逐渐凸显。对商人来说，到了龙华，就是到了黄浦边，距上海县城不远了。（图 1-7）高矗壮丽的龙华塔，宛如航标灯塔："一塔如相引，龙华路乍经。潮来芦浦失，雨过稻畦（陂）醒。树影移黄浦，钟声入泗泾。船窗未孤寂，伴我有流萤。"（祝德麟《晚过龙华寺》）（图 1-8）从龙华到泗泾，这些沿途的市镇，也是整个江南市镇体系的重要组成部分。这些水路，彼时就是繁忙的商路。

---

❶（清）张宸辑：《龙华志》卷一《形胜志》。

图 1-7　龙华一带的水路上帆樯出没

图 1-8　龙华塔

第二节　龙华寺、龙华塔

龙华早期的历史，基本上是围绕寺、塔、庙展开，且带有浓重的传奇色彩。

三国吴赤乌年间，有僧人叫康僧会，游历至此，过一荡，见水天一色，藻荇交横，指曰："此地尘辙不到，颇宜清修。"[1]鸠工庀庤，果得神龙窟宅，遂定基建刹。后至建康（今南京），面见吴大帝孙权，言及此事。孙权命致佛牙舍利，为建塔、寺，赐额龙华，取龙华会之意。是年为吴赤乌五年（242）。五年后，即赤乌十年，塔也建成，凡七级。这就是龙华寺、塔之由来，其地遂因此刹而得名。从此，上海有了一处叫龙华的地方。那个荡后也称为龙华荡。

"龙华"两字，为弥勒尊者下生成佛，说法度生的一个道场名称，"为释迦牟尼佛的预言，有弥勒下生等几种经典来说明这个事迹，因此我国丛林，首先供养弥勒尊者"[2]。弥勒是未来佛，需在兜率天修行四千年，约合人间五十六亿七千万年才能出世，于华林园内"华枝似龙头"的龙华树下举行集会，接班成佛，普渡众生，称"龙华会"。

悠悠千年，龙华寺兴废不定，同时也见证了这一带的沧桑巨变。唐垂拱三年（687），时武则天当政，建圆通宝殿。一二百年过去后，著名诗人皮日休游历沪渎，来到龙华，留下了一首《龙华夜泊》诗："今市犹存古刹名，草桥霜滑有人行。尚嫌残月清光少，不见波心塔影横。"[3]这是较早吟咏龙华的诗词，弥足珍贵。草桥、塔影，那时的龙华寺，虽僻处海隅，在江南也已有一定的名声。

唐代后期，朝政疲弱，地方割据，农民起义不断，各地战火纷飞。至唐僖宗乾符年间（874—879），镇将张郁乘北方黄巢起义之乱，肆掠海上，其间龙华寺遭毁，鞠为茂草，唯伽蓝广泽龙王数椽，得以存留，与塔并峙。此后，政局动荡，遭受毁坏的龙华寺长期未得修葺，甚为荒凉。一百年又过去了，到北宋太平兴国三年（978），吴越国王钱俶入京献地，将所据两浙十三州之地归宋。龙华所在的华亭县，时为秀州（治所在今嘉兴）所属，从此正式纳入宋代版图。在此前后，重建龙华寺。

据史书记载，吴越忠懿王钱俶常夜泊海上，一次巡行到华亭县境，漾舟南浦，风雨骤至，草莽间祥光烛天，钟梵隐然。惊诧之间，属下告知，其地原为古龙华寺基。于是，命大盈庄务将张仁泰赍金重建。这段记载虽有一定程度的夸张，但张仁泰重建龙华寺的史实基本可信。《云间志》就提到，龙华空相寺旧称龙华寺，张仁泰请于钱忠懿王重建。"赐金观音像一尊，善才、龙女像各一尊，金字藏经一百八函。"[4]张仁泰重建龙华寺，中有大雄宝殿，前普贤，左大士，右弥陀，两侧为五百罗汉、四大天王。长廊峻宇，宝塔、钟楼、山门，焕然一新。（图1-9）

---

[1]《吴建刹开山康僧会律师传》记曰："师姓康，法讳僧会，康居国大丞相长子也。师年十余岁，二亲亡，服阕出家，励行甚峻。笃志好学，三藏六经，天文图纬，多所综涉。辨于枢要，颇属文翰，神仪刚正，游化为任。"载汤义方居士编：《龙华寺略志》之三《传记》，佛学书局1955年版。

[2] 汤义方居士编：《龙华寺略志》之一《龙华寺略史》。其中指出：供养弥勒尊者，有两种不同之形相：（一）是弥勒尊者化身，乃唐季弥勒示现之布袋和尚像，就是经常在山门口看见笑逐颜开，坦腹露胸，使人见之皆生欢喜心，本寺（指龙华寺）弥勒殿所供者即此像。（二）是弥勒尊者本像，参考经典教理来塑造的，在胎藏界坐于中台八叶东北方之莲上，在金刚界坐于东方，为贤劫十六尊之一，因其尚未成佛，故仍称菩萨，塑成菩萨形象。菩萨处在兜率内院补处宫中，带五佛冠佩璎珞。龙华寺内天王殿所塑的像是弥勒尊者本像，故与别处丛林不同。

[3]（唐）皮日休：《龙华夜泊》，（清）张宸辑：《龙华志》卷七《诗苑志》。

[4]（清）张宸辑：《龙华志》卷三《宸赐志》。

图 1-9　龙华寺庙

两宋时期，龙华寺迭经修葺。咸平二年（999），赐金建殿前廊庑二百间。治平年间（1064—1067），赐额空相寺，发帑重建大佛殿，并兴修宝塔，在寺之西北隅建白莲禅院。龙华寺（其时改称空相寺）已有一定规模，延法云普筠法师主持该寺。宋室南渡，建都临安（今杭州），对江南一带的寺庙更加重视。宋高宗绍兴年间（1131—1162），曾赐鼎新宝塔殿宇银三百两，及御书"圆通宝殿"匾额等，割官田三顷供僧。其间，在空相寺建起了观音殿。淳祐十年（1250），建大雄宝殿。

宋元以来，朝代更迭，世局纷乱，这一带因地处海隅，得以保持安宁，于是，人们或为避兵躲祸，退身隐居，或为前朝遗老，不愿出仕，纷纷迁徙而来。动乱颠沛之中的人们，希冀心灵安慰，寺庙弘扬佛法，倡人为善，所以信徒日众，香火日盛。至元年间（1264—1294），大智禅师结界镇于前，鉴堂法师主令命于后，僧徒繁衍，人天赞化，龙华寺肃穆庄严。

入明以后，龙华寺屡有废兴。明代前期，从永乐朝到正德朝，较大的修建有几次：元末兵燹大劫，寺被毁，到永乐中，寺重建大修，并恢复旧称龙华寺。成化时，重修大佛殿。正德年间（1506—1521），修葺鼓楼。及至嘉靖三十二年（1553），倭寇侵扰沿海，登岸劫掠，焚烧龙华寺之大雄、大悲二殿，廊庑、山门等皆"化为颓瓦断甓"。后经数十年之重建，才有所恢复。

明嘉靖、隆庆、万历三朝，对龙华寺颁赐甚多。尤其是万历年间（1573—1619），神宗皇帝和皇太后格外重视龙华寺，继赐额"大兴国万寿慈华禅寺"后，自万历二十九年至万历四十年，又陆续赐予龙华寺《大藏经》七百一十八函、范金千叶宝莲毗卢遮那佛像一尊、御书承恩堂匾一座、金印一颗（龙边中篆）和大量法器、古物、银两，以及分赐寺僧金襕袈裟、银环袈裟各一袭等。龙华寺逐渐成为江南的名山道场，从而位列台宗十刹之一。为此，董其昌曾撰《大兴国万寿慈华禅寺建藏经阁疏》，其中写道：

> 今海内奉大雄之教者盛矣。列刹相望，不知其数，其得敕赐《大藏经》五千四十八卷者，盖寥寥乎。千里而遥，曾无一焉。间有之，必其封望之名山，如三峨五岳者。又不然，则如陪京兴都神灵之法迹。不然，则如金焦落伽江海之奥区也。乃兹海邑之在郡县间，其弹丸乎？龙华之在名蓝净刹间，其稊米乎？而得与于敕赐之一数，譬夫幽人寒畯，而与将相大臣，并膺带砺之封，岂不异数中之尤异哉！……蕞尔丛林，而圣天子之法施及之，则必为圣天子弘法。弘法之要，在于阐教。故夫建阁以庇藏，集僧以翻经，作室以安僧，聚粮以接众。使平原易地，而胜于江山；僻壤孤村，而壮于都会。斯数事何可一废？吾闻佛法，付嘱在天王帝释。龙华重建于钱忠懿王，而赐藏于今皇帝。……❶

原不列于"名蓝净刹"而又处于弹丸之县的龙华寺，经钱忠懿王重建，再经万历朝数次赐藏，声名大振，也使龙华这个僻壤孤村名闻海内。敕赐之藏经、范金千叶宝莲毗卢遮那佛像和金印，被称为"三宝"，为龙华寺所珍藏。

明代中期，龙华寺之所以受到朝廷的重视，有一个很重要的原因就是与松江府、上海县人文称盛、贤才辈出的大背景有关。早在明弘治年间，吏部右侍郎、翰林院侍读学士王鏊为《上海志》撰序时就写道："上海僻在海隅而独闻者，非财赋之谓也。贤才辈兴，实华兹邑。"❷明代松江一府共出进士460余名，而"其掇巍科跻显位，上之为名宰相，次之为台阁侍从，以文章勋业名海内者，比肩相望，可谓盛矣"❸。在这些拥有极大功名地位与声誉的士绅中，有不少人与龙华寺庙有密切关系，如陆深、钱溥、潘恩、顾从礼、董其昌等，他们经常出入于龙华寺，并留下了不少诗文。这些人在当时都有很大的名声：陆深，进士，选庶吉士，授编修，历任国子监祭酒、浙江提学副使、四川左布政使、太常卿兼侍读学士、詹事府詹事等职。（图1-10，图1-11）钱溥，进士，累官至南京吏部尚书。顾从礼，官至光禄寺少卿。潘恩，进士，历任云南按察使、浙江布政使、右副都御史、刑部侍郎、南京刑部尚书、都察院左都御史等职。（图1-12）董其昌，进士，为编修，先后为湖广提学副使、太常寺少卿、礼部侍郎、南京礼部尚书、礼部尚书掌詹事府。（图1-13）他们在朝时，有人曾提出"请藏镇寺者"。从嘉靖四十三年（1564）潘恩所撰的《重建龙华教寺大殿记》，到万历年间董其昌写下的《大兴国万寿慈华禅寺建藏经阁疏》，字里行间，都反映了龙华寺备受朝野各方关注的情形。

---

❶ （明）董其昌：《大兴国万寿慈华禅寺建藏经阁疏》，（清）张宸辑：《龙华志》卷六《艺文志》。
❷ 明弘治《上海志》王鏊序。
❸ 见松江知府鲁超所撰之序，载清康熙二十二年《上海县志》。

图 1-10　陆深像（选自《松江邦彦画传》）　　图 1-11　《沪城备考》所记陆深

至清代，屡经顺治、康熙朝之重修，龙华寺规制日渐宏大，绀宇琳宫，崇楼峻阁，备极壮丽。成书于康熙十二年（1673）的《龙华志》，记载了那时龙华寺的主要建筑，计有：大雄宝殿、三大士殿、圆通宝殿、韦陀殿、天王殿、观音殿、阿弥陀佛殿、大悲殿、舍利宝塔，还有藏经阁、文昌阁、钟楼、鼓楼、方丈室、东西照楼、承恩堂、禅堂、斋堂、祖师堂、外伽蓝殿、内伽蓝殿、三元祠、五通祠、张方伯祠、右山门、左山门，等等。其时，龙华寺基实存九十三亩七分四厘，位于上海县二十六保一区十并十三啚墨字圩，"四隅各有界石"。❶ 旁有龙华坊（在桥南，阴阳井分列左右）、果公塔、普同塔、雨花台、归云山房、西隐山房、迎月山房、听松山房、宣照山房，可谓鳞次栉比。有僧寮 13 所、僧房 6 所，此外有寺东角田、寺后田若干亩。

"古刹巍峨历几朝，浮屠七级耸云霄。"❷ 龙华这座千年古刹，历尽沧桑而巍然屹立，庙貌更加雄伟。

图 1-12　潘恩像（选自《松江邦彦画传》）

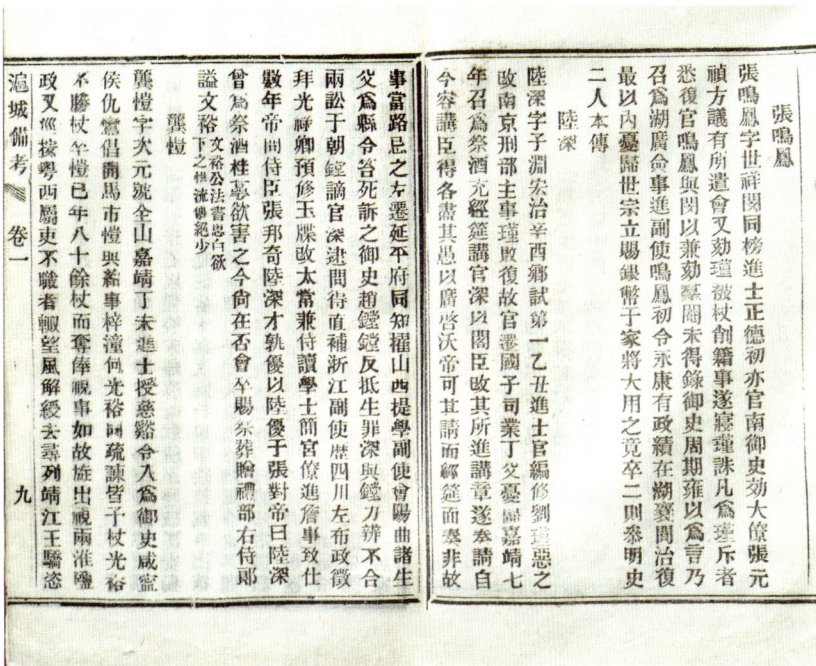

❶　（清）张宸辑：《龙华志》卷二《建设志》。
❷　（明）曹耀璨：《登龙华塔四章》，（清）张宸辑：《龙华志》卷七《诗苑志》。

图 1-13　董其昌行书《寄陈眉公》诗卷

第三节　从龙华铺到龙华镇

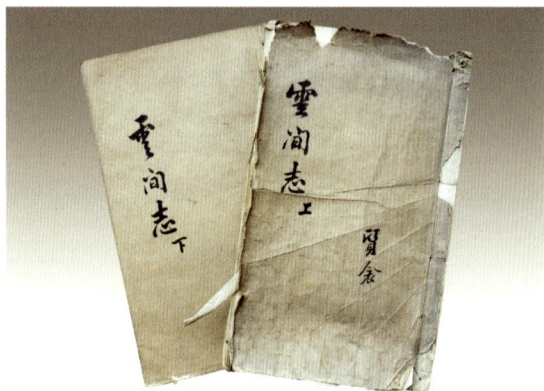

图 1-14　绍熙《云间志》封面

唐天宝十载（751），设华亭县，这一带负海枕江，原野衍沃，川陆之产兼而有之。龙华，地属华亭，也是田宜麦、禾，陆宜麻、豆，并因濒临江浦，有丰富的水产。在行政区划上，这一格局很长时期没有变化。绍熙《云间志》记录了华亭县各乡各里的名称，从方位来看，龙华位于华亭县东北一百二十里之高昌乡。那时，高昌乡管里四，即高昌、盘龙、横塘、三林。（图 1-14）

一、元代设龙华铺

龙华作为居民集聚的村落，因有寺庙而远近闻名。到了元代，龙华已成为松江地区的水陆要津。松江境内的陆路联系，从当时的邮铺设置来看，其格局已初步形成。松江府东、西塘，各设 7 铺，这实际上就是境内的主要干道。东塘 7 铺的线路为：张泾铺，东接蟠龙铺 15 里；蟠龙铺，东接新坟铺 17 里；新坟铺，东接钱坟铺 17 里；钱坟铺，东接龙华铺 18 里；龙华铺，东接淡井铺 9 里；淡井铺，东接上海铺，"上海铺系濒海去处，别无相接递铺"。❶（图 1-15）而此时，上海县新立不久。上海县从华亭县东北的长人、高昌、北亭、新江、海隅五乡划出，于至元二十九年（1292）正式设立，县治设于上海镇。邮铺是一个系统，从省城到府治，下达于诸县以至各乡，陆路的畅通十分重要，以利于调动军队、差役往来，快捷便利。龙华铺成为松江通往上海的中转之站。

---

❶ 元至元《嘉禾志》卷八《邮置》。

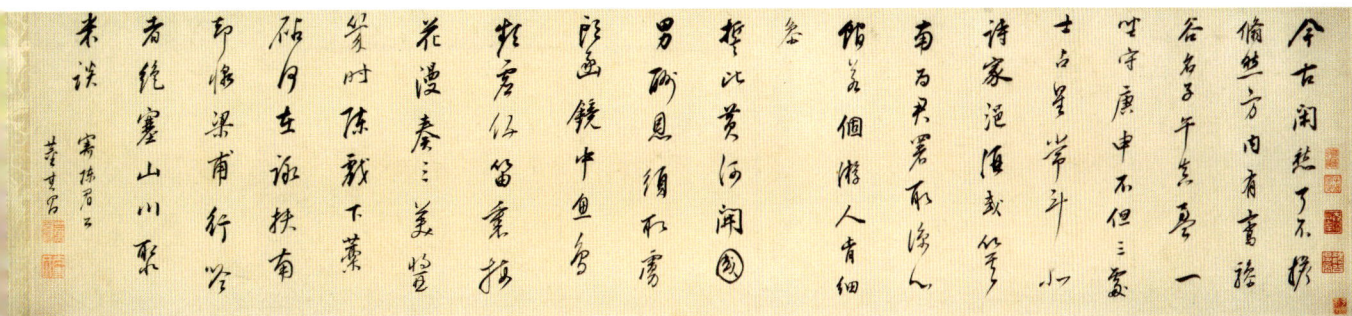

二、方志中有关龙华村到龙华镇的记录

长期以来，龙华只是一个村落，直到明代中叶依然如此。弘治十七年（1504）所修《上海志》列举的 10 镇 10 市中，没有龙华。❶ 在卷二《乡保》中，记载了龙华，仍称为"村"，属于高昌乡。高昌乡辖九保、十五村，管里四。所辖九保是：二十二保、二十三保、二十四保、二十五保、二十六保、二十七保、二十八保、二十九保、三十保。四里为：高昌里、盘龙里、横塘里、三林里。十五个村中，即包括龙华村在内。在明代，龙华所属的乡保区，主要在高昌乡二十六保十并十三区，但部分也属二十七保一区，如百步桥东北一带，龙华铺也设在二十七保。（图 1-16，图 1-17）

二十多年后，嘉靖年间修《上海县志》时，增加到 11 镇 11 市，龙华仍未能列入。❷ 此部县志刊于嘉靖三年（1524）。但从零星资料来看，嘉靖一朝四十五年间，实乃龙华发展的重要阶段。根据其他史料的记载：

嘉靖癸丑（三十二年，即 1553 年）四月初七日，倭船泊龙华港。遂登岸劫掠，焚大雄、大悲

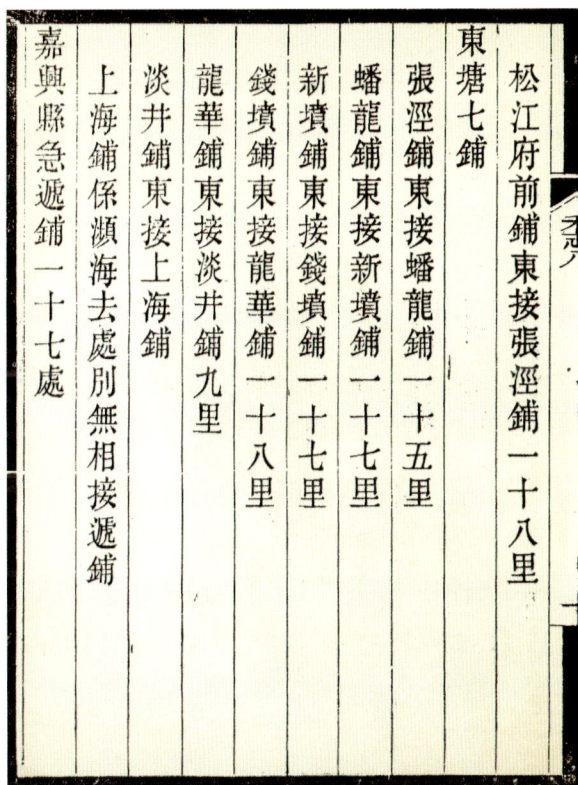

图 1-15　元至元《嘉禾志》关于龙华铺的记载

---

❶ 明弘治《上海志》卷二《镇市》，弘治十七年刊本。十镇为：吴会镇、乌泥泾镇、下砂镇、新场镇、周浦镇、盘龙镇、青龙镇、唐行镇、三林塘镇、八团镇。十市为：杜村市、鹤坡市、诸翟市、东沟市、松泽市、杨林市、北蔡市、新市、敏行市、高行市。

❷ 据明嘉靖《上海县志》卷三《镇市》。十一镇为：吴会镇、乌泥泾镇、下砂镇、新场镇、周浦镇（一名杜浦）、盘龙镇、青龙镇、唐行镇、赵屯镇、三林塘镇、八团镇。十一市为：崧宅市、泰来桥市、杜村市、白鹤江市（一名新市）、杨林市、诸翟市、鹤坡市、东沟市、北蔡市、闵行市、高家行市。

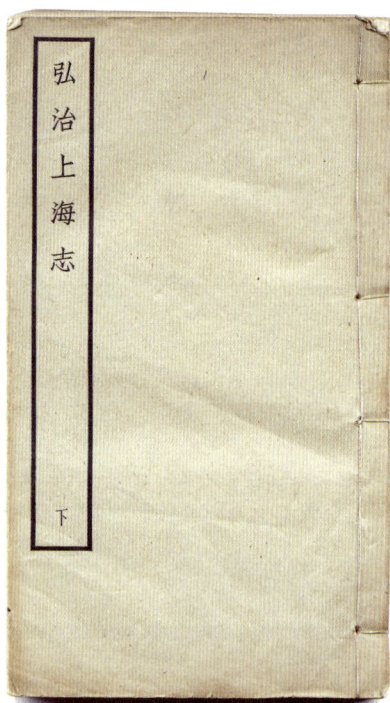

图1-16　明弘治《上海志》封面

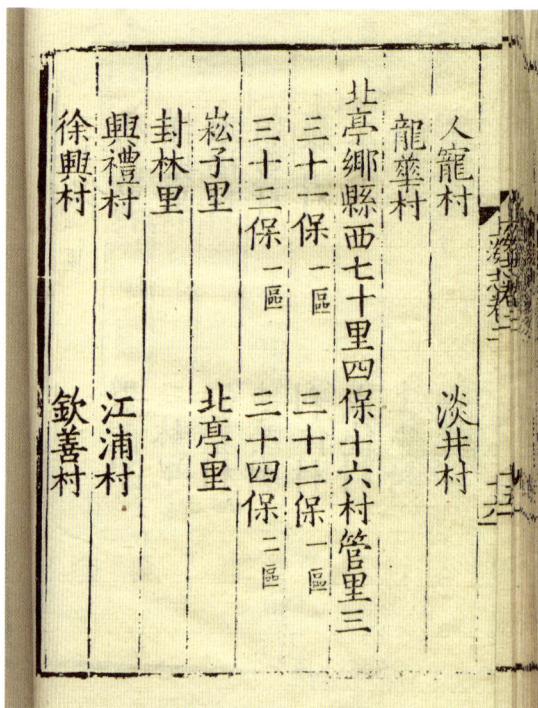

图1-17　明弘治《上海志》记载之"龙华村"

二殿，廊庑、山门及市廛千余间。❶

有"市廛千余间"，说明彼时的龙华已有一定规模。到万历十六年（1588）刊刻的县志中，"龙华镇"已然列为上海的9镇之一。这9个镇分别为：吴会镇、乌泥泾镇、下砂镇、新场镇、一团镇、周浦镇、三林塘镇、龙华镇、八团镇。❷龙华镇，"在二十六保，县治西南十八里，镇有古刹"❸。（图1-18）

从村而铺而镇，龙华在明代中后期的兴起，不是偶然的。就更大的背景来说，作为黄浦边的一个村落，它的发展与黄浦江的壮大密切关联。这涉及这一带的河道变迁与水路变化，此在第一节中已有论述。

明清时期，一些士商出于行路经商方便，编写了各种水陆路程、士商类要之类的书籍，其中提到至上海县城的多条水路。成书于明代隆庆年间（1567—1572）的《一统路程图记》，记述了一条苏州府由嘉兴府至上海县的水陆线路：

> 本府（五十里）吴江县，（四十里）平望驲，（三十里）王江泾，（三十里）嘉兴府，（十里）东栅口（南六十里至平湖县），（东三里）七里桥，（廿四里）嘉善县（即渭塘），（六里）张泾会（有窑），

---

❶（清）张宸辑：《龙华志》卷八《逸事志》。

❷ 盘龙、青龙、赵屯、唐行四镇，此时划归青浦县。嘉靖二十一年（1542），割华亭县北境集贤、华亭乡部分及上海县之海隅、北亭、新江乡之部分立青浦县，一度废，万历元年（1573）复立。

❸ 明万历《上海县志》卷一《镇市》。

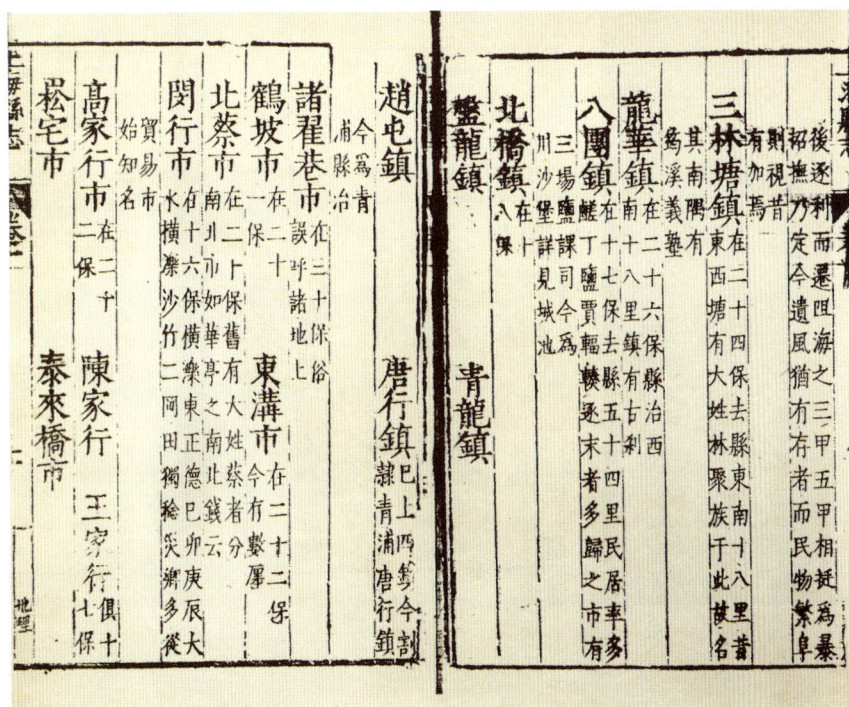

图 1-18　明万历《上海县志》中关于龙华镇的记载

（十二里）丰（枫）泾，（十八里）泖桥寺（乙座五洞），（九里）朱泾，（十三里）斜塘桥（二座六洞），（十四里）松江府跨塘桥，（三十里）四（泗）泾，（廿里）七保（宝）（陆路三十里头口至上海水），（廿四里）龙化（华）寺塔（即黄浦），（十二里）上海县（此为外河）。❶

这条水路途经苏州、嘉兴、松江三府的不少市镇，龙华是到上海县城的最后一大市镇。（图 1-19，图 1-20）

明代天启年间（1621—1627）刻印的《士商类要》也记载了各地的水陆路程，其中有一条由杭州经长安坝至上海县的水路：

钱塘江口，十五里至回回坟（上夜航船），十里东新桥，五里沈塘湾，四十五里龙平山，三十五里长安坝（换船），二十里至崇德县，二十里石门，二十里皂林，二十里斗门，二十里嘉兴府，十里东栅口（南六十里至平湖县），东三里七里桥，廿四里嘉善县，六里张泾汇，十二里风泾（枫泾），十八里泖桥，九里朱泾，十二里斜塘桥，十五里松江府，三十里泗泾，二十里七宝，二十四里黄浦，十二里上海县。❷

---

❶ 明隆庆《一统路程图记》卷七。
❷ 明天启《士商类要》卷一。

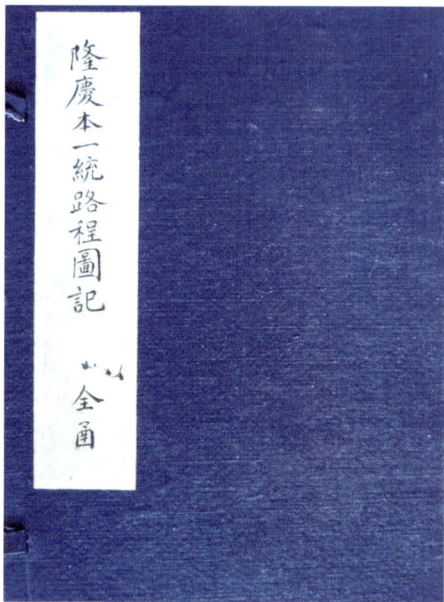

图 1-19 《一统路程图记》封面　　　　图 1-20 《一统路程图记》记载的线路

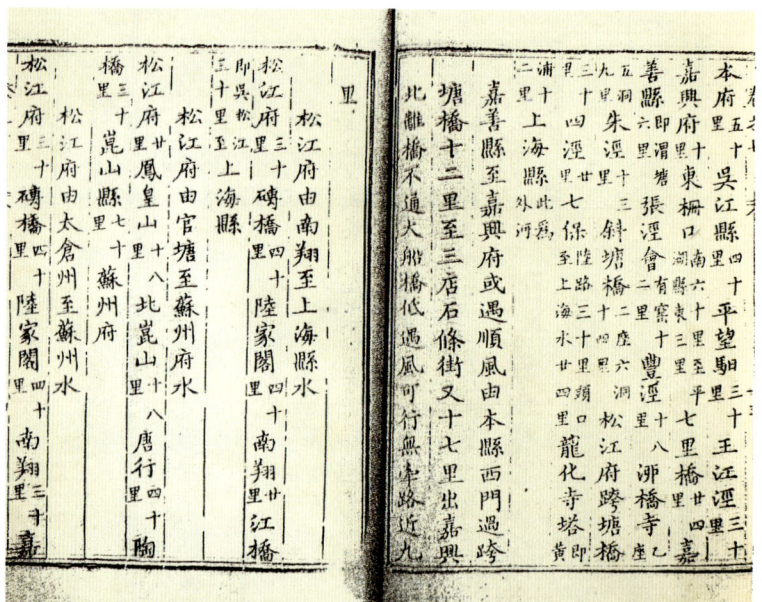

　　从杭州这条水路过来，到嘉兴府后再去上海，所走路线与《一统路程图记》所记述的基本相同。这需要了解黄浦江沿岸的"诸水"，包括河流分布、演变状况：

　　蒲汇塘　受泖、淀诸水，由泗泾、蟠龙至七宝，复东行经虹桥、太平桥、小闸（小闸以东至龙华，在二十六保），再东至百步桥出浦。咸丰九年，邑令黄芳浚蒲汇，又浚肇家浜。工竣，于小闸设坝，断流潮。潮从日赤港进，再西即肇家浜，再西至刘金桥，通蒲汇，小闸以南农田告病自此始也。

　　龙华港　在龙华寺东，旧名百婆塘，有桥名百步桥。浦水入，分为两支：一从西北流，出小闸桥，通蒲汇塘，今已筑坝。一从西南流，通漕河泾港。

　　郑家漕　在龙华港内。南通乌泥泾。

　　漕河泾　在龙华港内。南通郑家漕，久淤。乾隆十年知县王侹委主簿王臣督浚漕河泾。咸丰时，形如平陆，农田俱病。九年，知县刘郇膏重开，自娄界横沥，东至百步桥出浦，中从新泾达蒲汇塘。

　　瑶泾港　浦水入，西流通漕河泾，北流通龙华港。查此港宋元时运漕之河。

　　张家塘港　浦水入，西流经楼下桥，再西许家桥，出娄县界。北一支通千步泾、徐高漕，达龙华港。西北一支从西牌楼，北出上澳塘，亦通龙华港。同治以前，形如平陆。十年，邑令叶廷眷职董许明大、梅毓秀浚之。

　　夏家浜　在乌泥泾之西，不出浦口。

　　八尺港　在乌泥泾之南，不出黄浦。

　　长桥港　浦水入，经清和桥（俗名长桥），西南至朱家巷市，达华亭界。南折一支名沈太浜，通华泾港。

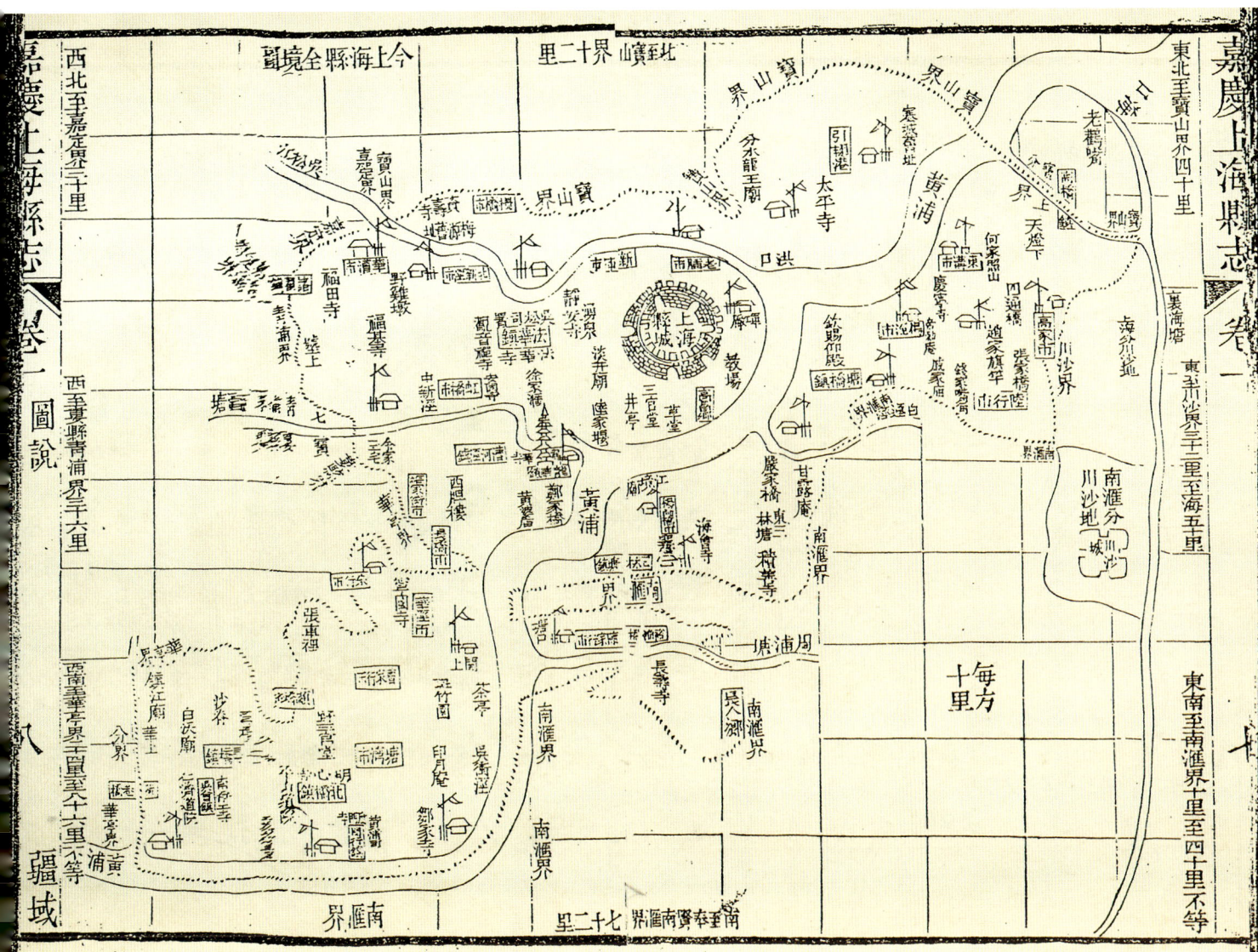

图1-21　清嘉庆《上海县志·上海县全境图》中的龙华镇、龙华寺

乌泥泾　浦水入，北通长桥港，今淤塞。此泾唐朝大河，宋朝设盐使纳税于此，并有乌泥泾镇。镇今无。

华泾港　浦水入，经华泾市西南，通春申塘，达华亭界。南一支为八尺港，通吴店塘。

华漕港　在华泾港北，即乌泥泾、八尺港之支流。❶（图1-21，图1-22）

这些河流濒临黄浦江，又有多条内河与苏、松地区的水路相通。大大小小的河流湖荡，纵横交织，宛如水网。龙华就是依托四通八达的水道，与周边市镇融为一体，彼此联系，相辅相成。

---

❶ 唐锡瑞辑：《二十六保志》卷一《诸水》。

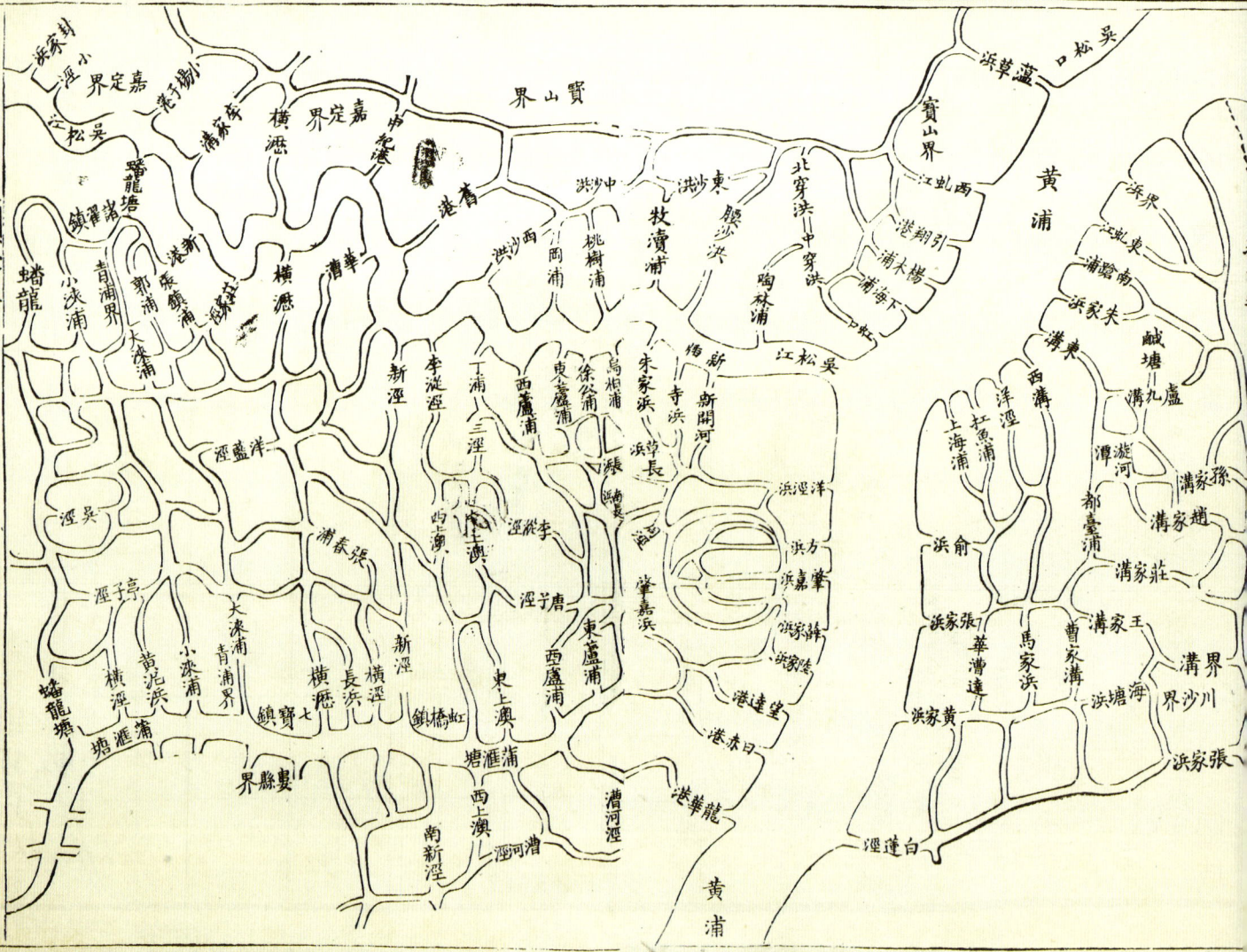

图1-22 清同治《上海县志》卷首《上海县北境水道图》中的龙华港及周边河道

三、龙华庙会的兴起

庙会的起源甚早，一般形成于寺庙附近，因宗教祭典有一定的时日，商民便借此集合，逐渐成为有市期的集会。庙会有多种形式，大致分为香火、游春、庙市几类。所谓香火，每逢祭日，庙宇住持人开庙，让善男信女进香火礼拜，形成香会、香市。而游春，即在阳春佳日，士女大会于具有一定规模的寺庙，借佛游春。庙市，就是在庙宇及其周围设定期市集，交易百货，并伴有热闹的娱乐活动，这种娱乐活动，也是一种商业行为，而非真正意义上的娱神。

龙华之庙会也由来已久，而集香火、游春、庙市三层意义的庙会到了明代才出现。换言之，明代兴起的龙华庙会，是一种综合性的庙会。龙华在明代之所以成镇，与这种综合性庙会的出现有很大关系。

龙华庙会最初是对弥勒佛的祭祀活动。农历三月初三，为弥勒化身布袋和尚的涅槃日，龙华寺为弥勒的道场，有专供弥勒的弥勒殿，这一天要举行盛大纪念法会，做众姓水陆道场。纪念法会期间，进香礼拜的佛教信徒云集，久之，上海民间有"三月初三上龙华"之谚。农历三月，

图 1-23 《申江胜景图》中关于"龙华进香"的记载

又是龙华寺香汛集中之时，正所谓"香汛赶齐三月半，龙华塔顶结烟浓"。到了三月十五，来自四面八方的人们又争相前往龙华寺进香，不仅本地民众进香者芸芸，四方瞻礼者亦多。一时，龙华寺内香烟缭绕，香客云聚。"年年佛诞逢三月，香火场中大会忙。"可见，龙华庙会首先是香会、香市。（图 1-23）

仲春三月，龙华一带景色宜人，色彩绚烂，红上枝头，绿上柳梢，桃园处处，柳丝袅袅。桃红柳绿，春意盎然，正是人们踏青游春的季节。看龙华桃花，是这一带人相沿已久的游春内容。龙华地势开阔，场面也大，于是，人们在阳春佳日，乘着热闹的香会，争相前来踏青进香，女眷尤多，市集骈阗，每多风雨，俗谓"龙华暴"。时人所撰的诗词真实地反映了这种情景："春光明媚指龙华，古寺幽深静不哗。车水马龙连日盛，游人大半为探花。"龙华寺、塔和桃花并称"龙华三绝"。"三月三，上龙华，看桃花"，成为远近民众的一大习俗。人们上龙华进香，一路也观赏桃花。由香会嬗变为游春之会，这种庙会可名之为"春场"，借佛游春，以士女游乐为中心，颇有《周礼》所谓"仲春之月令会男女"的遗风。姑娘们打扮得花枝招展，在那个时代难得的开放场合，可以好好地放松心情，展示自己。庙会期间，有许多精彩纷呈的游乐活动，具有浓厚地方特色的民间曲艺杂技等也前来助兴表演。

香会、游春，龙华寺内外，人山人海，不仅吸引了当地百姓，而且也成为行商坐贾、小商小贩经营的好时机，他们从水陆各路拥到龙华寺周围，逐渐形成市集。起初，集市贸易是满足香客、游客的需要，供应香烛纸品，经营饮食，推销应时的花卉果蔬，出售各类服饰、日用杂货，后来发展为经销各地的土特产，成为区域性商品的一大集散地。香客、游客、顾客摩肩接踵，车水马龙，汇成川流不息的人潮，买卖兴旺，龙华庙会因而闻名遐迩。（图 1-24）

龙华庙会的影响日益扩大，龙华街市的范围也在这一过程中拓展。龙华缘寺成市成镇，庙会在其中起了很大的推动作用，具体表现为：庙会逐渐改变龙华寺周边的面貌，一些商贩也由临时性的赶集设摊，而

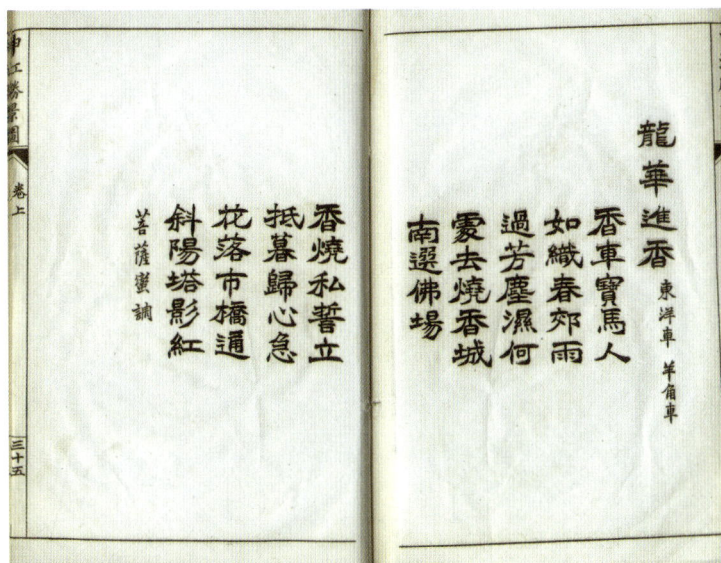

图 1-24　龙华庙会人头攒动

开始考虑在龙华长期经营，置地营造，或租赁房屋，发展为固定商铺，甚至出现了专门的加工场所，行商由此发展为坐贾。到明代嘉靖年间，龙华已有市廛千余间，市镇规模初具。

明嘉靖、隆庆、万历三朝，对龙华寺屡有颁赐，特别是万历一朝，神宗皇帝和皇太后对龙华寺格外眷顾，屡次赐额赐金，名动一时，龙华寺遂位列台宗十刹之一，朝山进香者慕名纷至沓来："不惟里巷居人，遂其瞻仰，而往来经营，咸皆赞叹。睹金容宝华之像，兴夫尊礼慕乐之心；睹庄严妙丽之仪，绎思净明圆觉之典。"❶ 于是，香会日盛，龙华庙会也是声名远扬。

清代，龙华寺香火依旧，有"烧烧龙华香，投个好爷娘"之类谚语，庙会则更加兴盛，街市还在扩展之中。"车如流水马如龙，轮舶帆船白浪冲。"龙华三月半，香汛最盛，近代自开通龙华马路后，坐车前来

---

❶ （明）潘恩：《重建龙华教寺大殿记》，作于嘉靖四十三年（1564）春，（清）张宸辑：《龙华志》卷六《艺文志》。

者较船倍多。人们在庙会上拜神礼佛，布施祈祷，听戏购物，观光赏景，人流量年盛一年。后来，庙会有了一定的会期，并定三月十五为庙会正日。龙华庙会延续了数百年，直至20世纪的二三十年代，龙华庙会期间，沿马路的摊棚还绵延数里，人声鼎沸，热闹非凡。（图1-25）

四、"龙华稀"：本地产的棉布

明清时期的龙华镇，除了交通上的优势，寺庙文化也有很大的吸引力，著名的龙华庙会更是直接推动了本地商业的发展。此外，龙华地区本身具有一定的生产能力，有丰富的农副产品，在手工业方面，突出的就是棉纺织业的兴盛。龙华及其周边地区，成为江南乃至全国重要的棉纺织基地。

江南有木棉之种，始于宋末元初。明代上海人徐光启所著《农政全书》就提到了木棉："此种出南番，宋末始入江南。"清代著名考据家赵翼也认为："本来自外番，先传于粤，继及于闽。元初始至江南，而江南又始于松

图1-25 龙华庙会期间寺庙周边的热闹场景

江耳。"❶ 据载，最早的传入地就是松江的乌泥泾。"闽广多种木棉，纺绩为布，名曰吉贝。松江府东去五十里许，曰乌泥泾，其地土田硗瘠，民食不给，因谋树艺，以资生业，遂觅种于彼。"❷ 乌泥泾毗邻龙华，在行政区划上后一度为龙华所辖，可以称之为大龙华地区。由乌泥泾引进棉种，遂为江南木棉种植之滥觞。

种植棉花主要为了纺纱织布，但松江本地原无踏车椎弓之具，纺织技术较为落后。就在此时，从南方来了一位纺织能手，她便是上海历史上的杰出人物黄道婆。有关黄道婆的家世、籍贯、经历，民间传说很多，流传既广，给黄道婆蒙上了一层神秘色彩。元末流寓于乌泥泾的文人王逢，在其《梧溪集》中这样记载："黄道婆，松之乌泾人，少沦落崖州，元贞间始遇海舶以归。躬纺木棉花，织崖州被自给，教他姓妇不少倦。"❸ 元代另一位隐士陶宗仪，也居住在这一带，提及"黄道婆"：

> 国初时，有一姬名黄道婆者，自崖州来，乃教以做造捍弹纺织之具，至于错纱配色，综线挈花，各有其法。以故织成被褥带帨，其上折枝、团凤、棋局字样，粲然若写。人既受教，竞相作为。转货他郡，家既就殷。未几，姬卒，莫不感恩洒泣而共葬之，又为立祠，岁时享之。❹（图1-26）

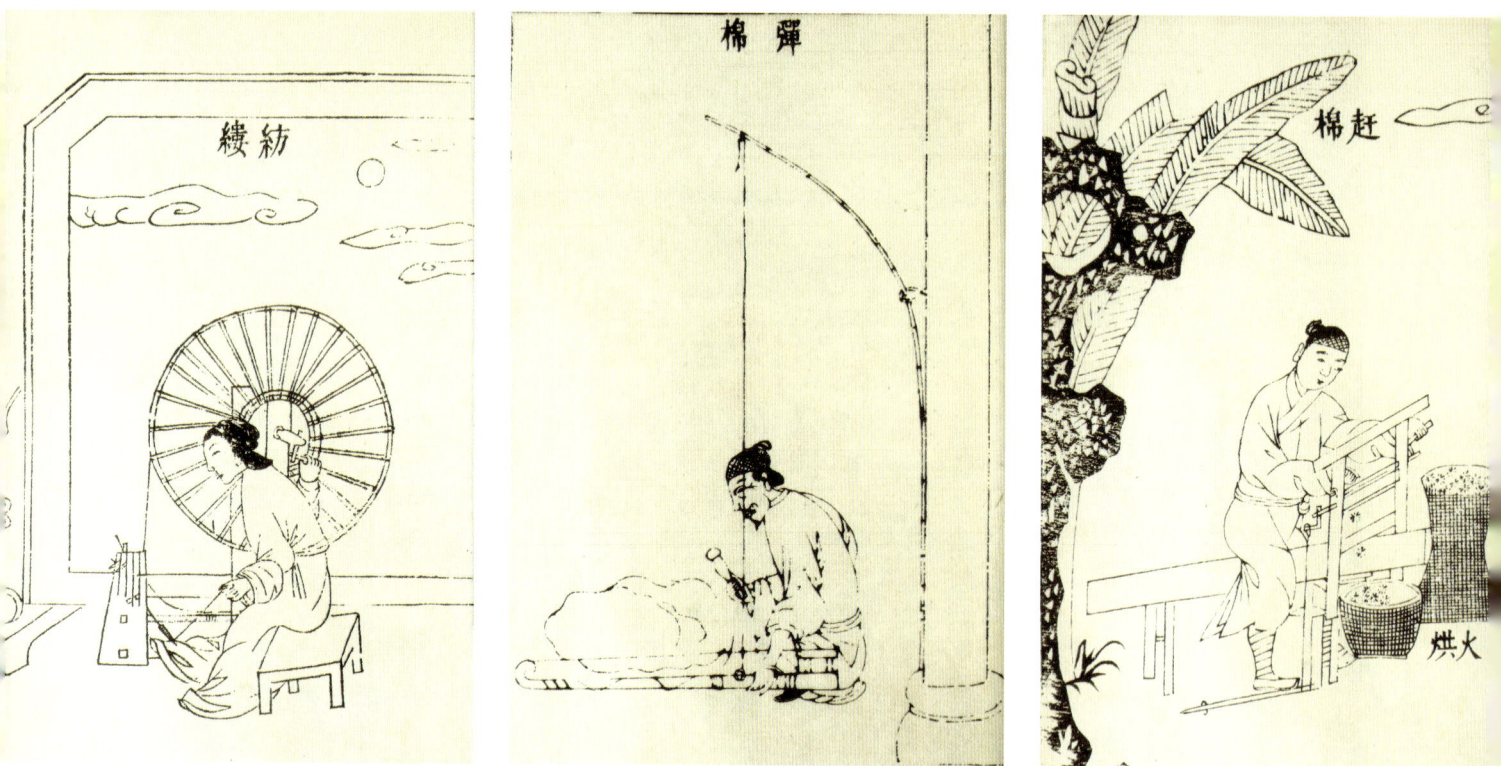

图1-26 纺织工具图选

---

❶（清）赵翼：《陔余丛考》卷三十。
❷（元）陶宗仪：《南村辍耕录》卷二十四。
❸（元）王逢：《梧溪集》卷六。
❹（元）陶宗仪：《南村辍耕录》卷二十四。

明人董宜阳在《松郡杂记》中也记述了黄道婆祠："黄道婆，上海龙华里人，从夫戍海南。彼地种木棉……"❶（图1-27）从这些文献记载可以知道，黄道婆为宋末元初之人。彼时，木棉刚引入江南，元贞年间（1295—1296），她从崖州搭乘海舟而来，到乌泥泾后，利用从崖州妇女那儿学来的一套纺织技术，并加改进，制为"奇器"，开始教授当地人纺织："踏车去核，继以椎弓，花茸条滑。乃引纺车，以足助手，一引三纱。错纱为织，

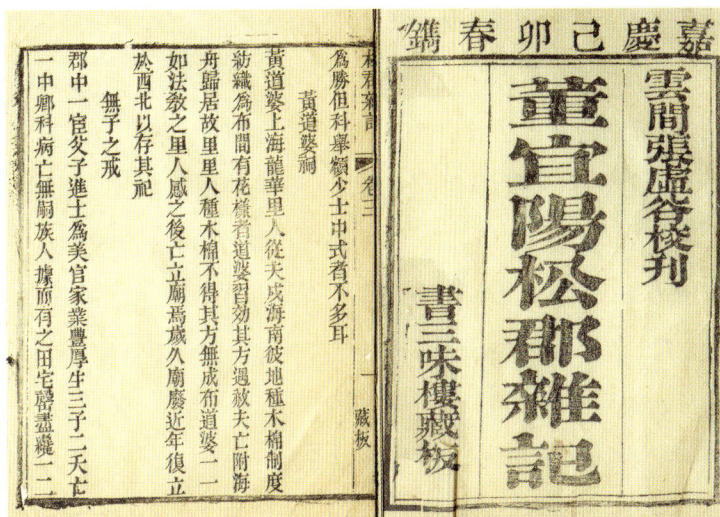

图 1-27　明人董宜阳《松郡杂记》中记载的黄道婆祠

粲如文绮。"❷ 踏车、弹弓、纺车，这些都是棉纺织业的重要工具。其中的弹弓于15世纪传入日本，被称为"唐弓"。后来江南棉纺织生产工具的改进，大多就是在这一基础上进行的。黄道婆，这位对中国棉纺织业作出巨大贡献的女子，给濒海人民的生活带来无穷福祉。当地人感念其恩，在她逝世后，立祠奉之。

在黄道婆的悉心传授下，乌泥泾、龙华一带居民也开始纺纱织布，里中皆效其织，籍为恒业。"吾邑地产木棉……纺绩成布，衣被天下。"❸ 从业人员逐渐增多，地域渐次扩大。到了明代，棉纺织业的发展，更直接推动苏、松地区市镇的兴起和繁荣，涌现出一大批市镇：朱泾、枫泾、闵行、诸翟、莘庄、法华、龙华、七宝、三林塘、周浦、塘桥、南翔、娄塘、新泾、外冈、安亭、钱门塘、纪王庙、蟠龙镇、黄渡、葛隆、马陆、罗店、月浦、真如、大场，等等。它们分布于黄浦江两岸、吴淞江畔，群星璀璨，光彩夺目。这些市镇兴起有先后，规模有大小，功能亦各有差异，但对于促进这一地区棉纺织业的发展都起到了十分重要的作用，这些市镇或以交易棉花出名，或以经销棉布为主，有的成为专门从事棉布加工的重要基地。

龙华镇与其他市镇一样，云集了各地前来采购棉纱棉布的商贩。这些商人主要通过水路而来，千里迢迢，风餐露宿，达于苏松，然后再将货物转输于各地，大江南北，长城内外，均可见他们忙碌的身影。贩运"松江布"，成为当时中国商场的一大奇观。"松之为郡，售布于秋，日十五万焉，利矣。"❹ 松江一府，销售旺季的日成交额为白银十五万两，数额虽未必确切，但也大致可见其交易规模之大。

明清时期，松江所产之布，品种繁多，而称法也有所不同。明代范濂《云间据目抄》记松郡所产主要有绫布，"乃松郡中土产"；有云布，"近年有精美如花绒者，价与绫等"。❺ 上海人叶梦珠在其所著的《阅

---

❶（明）董宜阳：《松郡杂记》卷三。
❷（清）包世臣：《齐民四术》卷五《上海县新建黄婆专祠碑文》。
❸（清）叶梦珠：《阅世编》卷七《食货四》。
❹（清）钦善：《松问》，《清经世文编》卷二八《户政三》。
❺（明）范濂：《云间据目抄》卷二《记风俗》。

世编》中，则根据织布之阔狭、长短甚至销售地来区分，具体为：标布，上阔尖细，出于三林塘者为最精，周浦次之，主要销往秦、晋、京边诸路，走长城内外；中机布，较标布稍狭而长者，主要适应中部与南方市场，湖广、江西、两广地区的需求量极大；最为狭短者曰小布，阔不过尺余，长不过十六尺，单行江西饶州一带；另有浆纱布，稀松而软，色样与标布仿佛，络纬之法，亦与标布异。❶ 随着市场上棉布品种的日益丰富，可作进一步的细分：扣布，密而狭，亦曰小布；标布，幅阔尖细；稀布，疏而阔；高丽布，纬文棱起而疏；斜文布，文侧理；正文布，文方胜，也叫斗文布；紫花布，以紫花织成；另有刮绒布、踏光布、印花布、药斑布等。如药斑布，初出青龙等地，后渐传四方，清代人钦善的《松问》提到了"龙华药斑，九寸兼丝"❷。

"三林标布进京城，稀布龙华最著名。别有东乡短头布，高丽布自出洋泾。"这是清人秦荣光所撰《上海县竹枝词》中的一段记载。明嘉靖以前，龙华之布幅广而纱粗。此后，擅长纺织的龙华人经过改良，趋于精细，所产的棉布逐渐在市场上有了知名度，称之为"龙华稀"，简称"龙稀"。疏而阔者曰稀布，一些书中也称之为"希布"。当时，上海地区盛行的有东稀、西稀，而稀布之中，大家公认以龙华稀、七宝稀最驰名，质量最好。龙华专尚稀布，阔一尺二寸，长二丈许，其布上浆薄，且细腻爽滑，布之佳者为尖，又有"龙华尖"之称。龙华稀盛于明代，其时龙华庙会兴起，龙华稀得以行销各地，

声名大振。清人张春华的《沪城岁时衢歌》中有："晓市评量信手拈，廿三尺外问谁添。关山路杳风声远，多少龙华七宝尖。"龙华稀，经久而不衰，至近代仍有一定市场，20世纪初上海地区所存的土布品种中，还有龙稀，其时的规格为长二十二尺，宽一尺一寸，产地在龙华镇附近，主要销往本市门庄。

龙华一带居民，无论大户小户，皆以织布为生，不断扩大生产。一般家庭的女孩在五六岁时，即教以纺棉花，十岁学织布，不分寒暑，自幼习劳。这里几乎家家纺棉，户户织布，抱布易银，"上供赋税，下给俯仰"，除上交赋税外，还以此买米购物，贴补家庭的日常生计。从事棉纺织业，成为龙华居民收入的一大来源。

五、龙华街市的格局

有一位文人曾晨渡黄浦江，回望龙华寺，咏诗一首："石拔烟霞抱，舟回浦溆通。楼台疑海市，钟鼓识龙宫。宝树紫波上，金花落镜中。何时登彼岸，一洗世缘空。"❸ 诗意内蕴禅宗之味，描述了浦溆漾洄中的那个龙华，那边的楼台，那边的街市。

明清时期的龙华镇，诸水环绕，河流横贯镇市，因河建桥，商铺、民居傍水而立，呈现出浓郁的江南水乡特色。

龙华塔是这座名镇的标志性建筑。"阿侬生小会摇船，曲水摇来直似弦。摇过龙华十八湾，塔尖犹在橹枝前。"❹ 这是当地人的描绘。沪滨之地，无山可登，龙华寺前浮图七级，临浦耸立，颇称壮

---

❶（清）叶梦珠：《阅世编》卷七《食货四》。
❷（清）钦善：《松问》，《清经世文编》卷二八《户政三》。
❸《晨渡望龙华寺》，（清）张宸辑：《龙华志》卷七《诗苑志》。
❹（清）丁宜福：《申江棹歌》，顾炳权编著：《上海风俗古迹考》，第178页。

丽，为上海县境内最高之处。登塔而眺，南则黄浦波澜壮阔，北为吴淞江逶迤流长，西则云间九峰若隐若现，东瞻大海苍茫浩渺。四周景物，尽在一览之中，大小河道帆樯出没，街市村墟，一无掩蔽。此番情景，正如清人曹钟焌所咏吟："登塔遥瞻极浦东，往来舟逐一帆风。饶他多见江村景，近水楼台此不同。"❶清水回绕中的宝塔，高耸凌虚。（图1-28）

环寺周围的就是玉带河，通龙华港，中与漕河泾合，虽支流小港，而纡徐曲折，饶有佳致。香客可以由县城乘舟南下，经肇嘉浜、蒲汇塘、龙华港，入玉带河，直抵山门之下。因河而建桥，跨玉带河的有永泰桥，宋绍兴年间（1131—1162）建，高宗御题。桥石出于武康，并刻人物、山水于上。桥当古山门正中，在龙华坊内。（图1-29）

寺前有龙华港，水自西来，至百步桥而入黄浦，凡十八湾，绕寺拱塔，曲折有势。龙华港上有多座桥梁，其中的香花桥，在龙华镇之中，为明张正宗

图1-28　龙华塔——传统上海的标志性建筑

携妻朱氏所建。朱栏碧流，春埂如绣，柳荫掩映，长虹如带，风景甚佳。此桥穿过龙华镇，桥之东为东市，桥之西为中市。

"古刹崔巍近水涯，青冥宝塔白云街。"❷龙华镇的中心，就在龙华古刹牌楼之前，东西走向，长约半里，路面铺着石板和石子，两旁错综地开列着各行各业的店家商铺，酒店、茶坊、药铺，以及经营各类土特产的商号，这条街后被称为老街，民居错落于周边。从老街中段折北，穿过龙华古刹牌楼，不远处就是一座桥梁，叫寺桥，桥身并不高，上下成斜坡之势，桥顶和桥堍两旁俱有店铺。这种建筑风格，是水乡市镇的典型。寺桥旁有水闸痕迹，这条河道和香花桥、龙华桥下水合流，经龙华港流入黄浦江。（图1-30）

沿老街西行折南，有一处地名叫周家湾，有周姓久居于此，且因临龙华港一拐弯处而得名。两旁皆系小镇市式的枕河人家，小桥流水，那条河就是漕河泾。漕河泾为龙华港支流，绕寺之西。在龙华南漕河庙前有一座桥，叫漕河庙桥，本名漕河桥，原为木桥，后又称余庆桥。咸丰九年（1859），上海知县刘郇膏捐廉改建。从漕河庙桥过来，就是瓜豆园路，近代这一带散布着不少富商大族的别业花园，如陆家花园、惠家花园、许家花园、周家花园等，皆在附近。

---

❶（清）曹钟焌：《己丑上巳游龙华杂咏》，（清）张宸辑：《龙华志》卷七《诗苑志》。
❷（清）曹钟焌：《己丑上巳游龙华杂咏》，（清）张宸辑：《龙华志》卷七《诗苑志》。

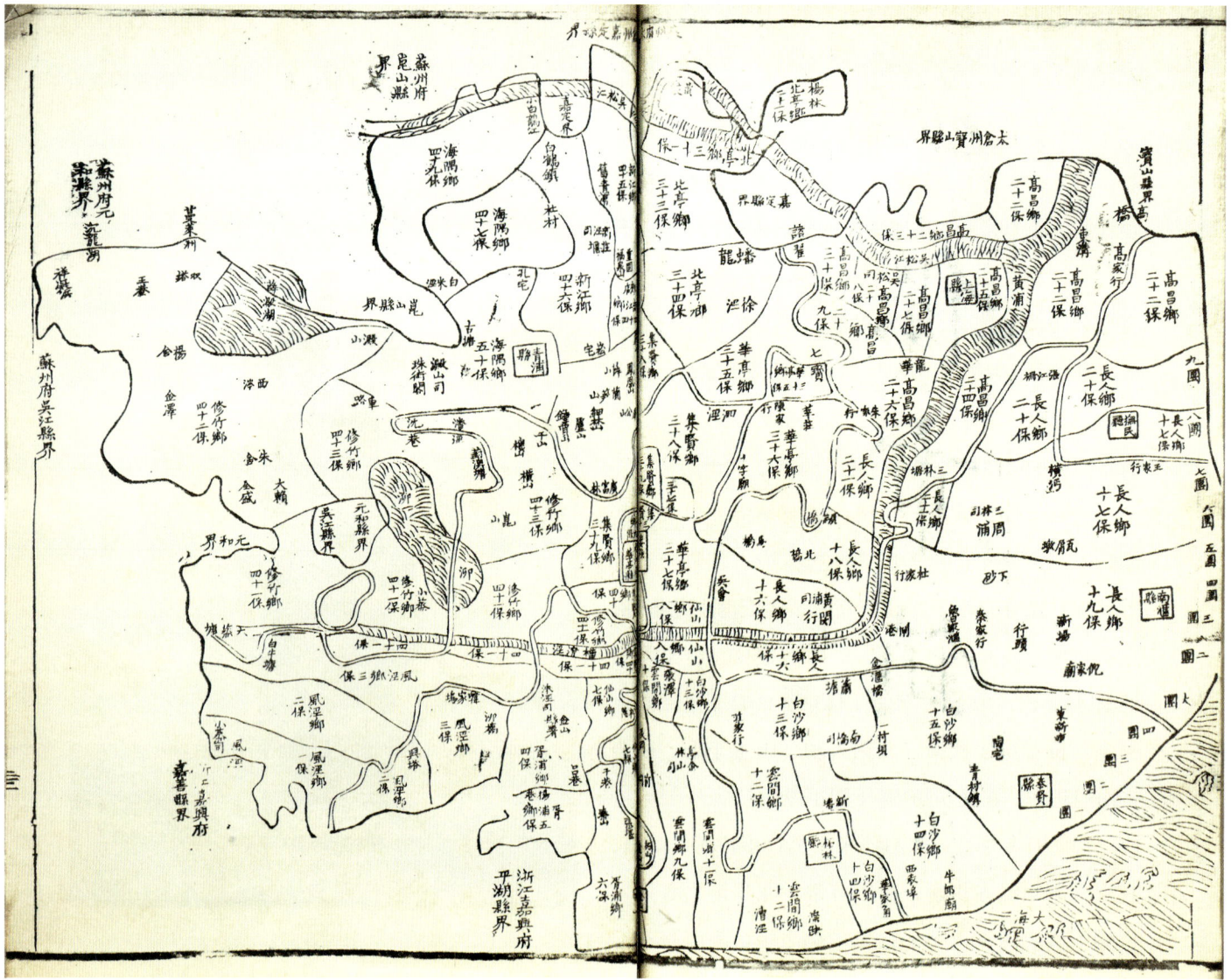

图 1-29　清嘉庆《松江府志·乡保市镇图》中所绘的龙华，位于高昌乡二十六保

图 1-30　龙华街景，桥边是民居、商铺，后面是龙华塔

第四节　浦溆潆洄的风水宝地

龙华滨江地区是块宝地，诸水环绕，浦溆潆洄，周边地势开阔，古迹甚多，村落、古桥，散落各处，一派典型的江南水乡风光。这里，有寺有塔，临浦傍河，周边地势开阔，历来被视为风水宝地。其地民风淳朴，物产丰饶，风景优美，古迹颇多。悠悠岁月，龙华积淀了深厚的人文底蕴。

自西往东，便是龙华港。横跨港上的几座桥梁，除前面提到的香花桥，还有小闸桥、新木桥等，在其东端邻近黄浦江口，还有一座桥梁被誉为"海邑诸桥之冠"，那就是百步桥。

一、百步桥："邑之巨观"

百步桥，原为木桥，万历四十年（1612）毁坏，当地士绅拟易为石桥，由里人张云程出面主持，于次年冬动工改建，历时三年，至万历四十四年告竣，费金六千余，这在当时算是一个庞大工程。名士张所望撰《建桥记》，详细记述其事：

> 邑之西南十七里有龙华寺。一水绕其左，曰龙华港，黄浦分流入焉。南涯相望而遥，有桥跨其上，曰百步桥，构木为之。所从来旧矣。尔其旁带龙江，俯临鹜刹。睇帆樯于烟树，聆钟梵于晨昏。轮蹄络绎，宛在画图。固都邑之孔道，亦津梁之丽瞩也。第风雨之所漂摇，波涛之所冲撼，危险特甚，而土人又利其速败，以觅利于津航，故桥亦善崩。间一葺治必大费，不数载复圮。行者望洋趑趄，几同鸟道。余少时往来经此，每私念易木而石，庶几可久，且不一劳者不永逸也。岁月荏苒，计未有所出。
>
> 及万历壬子，余自岭表入贺，便道过里中，桥适垂坏。徘徊瞻顾，初念勃兴，而询谋于众，并有难色，谓潮势若此，工力安施？如其可石，宁俟今日。率皆匿笑而去。惟宗弟云程，夙怀义风，雅会余指，慨然请任其役。会比丘性清，亦发是愿，谒余乞疏，将挟以劝施焉。余题疏已，即出俸余百金为倡。诸素封家，顾犹豫未肯应。云程独不靳，捐资决策经始。闻者又相与揶揄曰夫夫也，将效精卫之填海耶！此语不胫而驰，人并解体，而云程持之益坚，余亦间相劳曰："吾闻精感可以变天地、开金石，是役也，安知川后不效灵乎？"云程之气乃益锐。庀材鸠工，寒暑不辍，胼胝拮据，劬劳万状。岁余，规画有绪，而异议亦渐息。惟是湍流驰激，砥柱为难。时有工师逞奇，募得善泅者数辈，能没水终日，运椎施杵，疑出神工。于是盘基孔固，奋插云集。远近檀施，闻风而至。云程总理多能，群力毕举。爰是癸丑之冬，迄于丙辰之秋，告竣事，费金六千有奇，而出自云程者大半。斯人情所难矣。越岁丁巳，途返初服此矣，闻津，则此虹梁屹然雄峙浦口。昔之也不有载笔，后将何闻。余故乐为之记，以勒之石。而一时助施善信，皆得列名于碑阴云。❶

---

❶ 吴莘耕编：《龙华今日》之《龙华之古迹》，实业印书馆（上海）1933 年版。

图 1-31　清嘉庆《重建龙华寺百步桥碑记》

清嘉庆百步桥碑

百步桥在龙华港，横跨于龙华港之百步塘上，故名百步桥。始建于一五七三——一六一九年间（明万历间），再建于一七八〇年后至一八〇四年（清乾隆四十五年）至一七九九年（清嘉庆四年），又由里人徐思德倡募重建。阅四年后始由钱塘何琪为之撰记勒石该碑原高一公尺四五公分，广七三公分碑额高三三公分共十五行，每行四十字现仅存于百步桥堍之施相公庙内左图为拓本之一闻。（请参阅交通门龙华街市讲话。）

在张云程等人的努力下，士绅与乡民通力合作，终使"虹梁屹然雄峙浦口"。（图 1-31）

关于百步桥名的来历，有几种说法。一说：龙华港别称百步塘，塘口之桥便叫百步桥。另一说：张云程等人将它改建成大石桥，因桥长百步而得名百步桥。秦荣光的《上海县竹枝词》记载了修桥时的一个传说：桥堍初有墓，张云程（号起龙）建桥时掘得一碑，碑云："五百年后张起龙，轻轻移我百步东。"相传此为唐代李淳风之墓，张云程遂将李墓改葬于百步桥东侧。其后潮水不没，乡人呼为"仙人坟"。

百步桥此后屡经重修，较大的工程有：康熙年间，举人张泰、僧上机募捐重建。乾隆十年（1745），上海知县王侹重修。乾隆四十五年，周国桢等重建。嘉庆四年（1799），徐思德创捐重建。同治十年（1871），僧观竺募捐修葺栏杆。光绪十一年（1885），龙华寺僧文果募捐重建。光绪十八年，重修百步桥。

其中，乾隆、嘉庆年间的几次重修，皆为浩大工程。明代所修的百步桥，经历二百余年风雨之后毁坏严重，清乾隆时，里人倡议重建呼声甚高。先是，李宗袁捐资捞石，随后，周国桢捐银三千两，当地士绅也踊跃捐款，于是，定于乾隆四十五年（1780）春动工，乔钟沂等依苏州万年桥式修造，主持人为程丕杰、司慕琦、杨克昌等，至乾隆四十八年竣工。知县范廷杰曾记其事：

> 明张云程易石，迄今二百余年，屡修屡坏，李宗袁捐资捞石，周国桢发心创建，旋病卒，妻罗氏出遗资三千两。乔钟沂等依吴县万年桥式，筑石梭墩二，两岸鳌石，木横其中，铺砖于面，旁施阑槛。邑绅士又捐银项，余亦分俸。董其事者程丕杰、司慕琦、杨克昌等。始于庚子春，成于癸卯冬。桥长二十四丈，广二丈有奇，如龙如虹，翼然于浦面，为邑之巨观焉。❶

建成后，"桥长二十四丈，广二丈有奇，如龙如虹，翼然于浦面"，成为上海县一大景观。

百步桥昔有桥神亭，供奉土地神，光绪年间龙华寺僧人文果在桥南建福德祠，把土地神移入祠中。桥

---

❶ 唐锡瑞辑：《二十六保志》卷一《桥梁》。

神亭上有石柱，镌联云："百步跨虹梁，气象重新资众力；一亭如鸟翼，雨风小憩候行人。"在百步桥北，则有卧龙庙。

数百年来，龙华人群力毕举，对百步桥不惜巨资，屡坏屡建，使其始终保持宏丽壮观之规模。百步桥，成为龙华镇的又一标志性建筑。百步桥在龙华所具有的独特地位，主要基于几个因素：第一，此桥当黄浦之咽喉，为防护龙华及西南乡之要隘，明设兵防守，清初建炮台于此。第二，此为镇上之交通要道，闾井帆樯，行人往来，乃"都邑之孔道"。第三，亦为一地之景观，于此俯瞰清流，远睇帆樯，游目骋怀，风景万千。桥既成，"登而望之，闾井帆樯，烟云沙鸟，一一奔赴舄下，斯亦海邑一巨观"❶。到了民国，百步桥被改建成钢骨水泥结构之后，风格大异，不复古风，加之河道淤塞、周边生态变化等因素，桥梁已失昔日壮丽之观。

明清时期的龙华镇，寺庙宝塔，画船画桥，柳绕街市，十里桃林，一个典型的江南城镇，美丽富庶。

二、龙华塔："邑之文笔峰"

龙华塔在科举时代是一个象征，被视为上海县的"文笔峰"。（图1-32）

明代人李绍文所著《云间杂识》中专门记龙华塔：上海城南之龙华塔，乃"邑之文笔峰，故邑中官中秘者甚众"❷。并列举了一些事例：如张宾山官至尚书，顾小川官至光禄少卿，王隆槐官至尚宝卿、翰林典籍，顾砚山、乔水心官至大理评事，都与作为"文笔峰"的龙华塔有关。明代后期，上海出了几位进士，如黄体仁、徐光启，都曾在龙华寺念过书。说来，黄体仁还是徐光启的老师，他们都于万历三十二年（1604）中进士，其中，黄体仁为二甲三十二名，徐光启为三甲五十二名。

在《徐光启行略》及一些文人笔记中，提到徐光启于隆庆二年（1568）至万历初年在龙华读书的情况。一日，同学间游戏，言各人志向，有欲为富翁的，有想当道士的，光启则曰："是皆不足为也，论为人，当立身行道，学圣学贤。我欲做一高官，治国治民，崇正辟邪，勿枉为人一世。"❸

图1-32 龙华塔——"邑之文笔峰"

---

❶ 见吴琪清嘉庆年间所记，唐锡瑞辑：《二十六保志》卷一《桥梁》。
❷ （明）李绍文：《云间杂识》卷二《龙华塔》。
❸ 徐宗泽编：《徐文定公逝世三百年纪念文汇编》，圣教杂志社出版，土山湾印书馆1934年版。

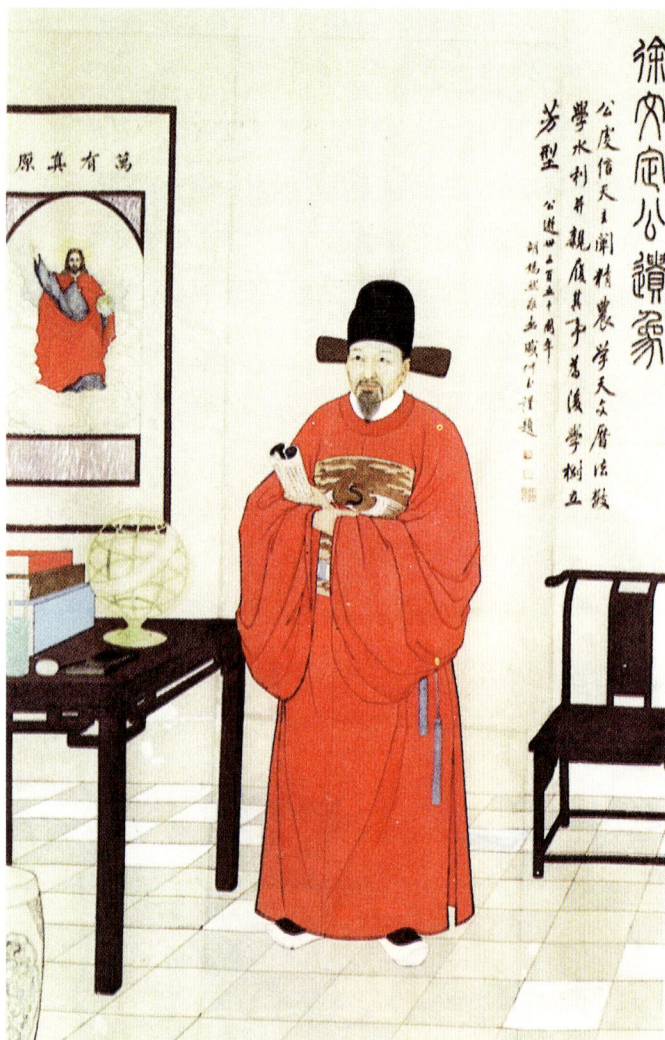

图 1-33　徐光启像

欽定四庫全書

農政全書卷一

明 徐光啟 撰

農本

經史典故

神農氏曰炎帝以火名官斲木為耜揉木為耒耒耨之用以教萬人始教耕故號神農氏白虎通云古之人民皆食禽獸肉至於神農用天之時分地之利制耒耜教民農作神而化之使民宜之故謂之神農典語云神農嘗草別穀烝民粒食後世至今賴之農丈人一星在斗西南老農主稼穡也其占與糠畧同與箕宿邊杵星相近蓋人事作乎下天象應乎上農星其殆始於此也后稷名曰棄棄為兒時如巨人之志其遊戲好種植麻麥及為成人遂好耕農相地之宜宜穀者稼穡之民皆法之帝堯聞之舉為農師帝舜曰棄黎民阻饑汝后稷播時百穀詩曰思文后稷克配彼天立我烝民莫匪爾極帝命率育奄有下國俾民稼穡豳風七月之詩陳王業之艱難蓋周家以農事開國實祖於后稷所謂配天社而祭者皆後世仰其功德尊之之禮實萬世不廢之典也

嘗聞古之耕者用耒耜以二耜為耦而耕皆人力也至春秋之間始有牛耕用犂山海經曰后稷之孫叔均始作牛耕是也嘗考之牛之有星在二十八宿丑位其來著矣謂牛生於丑宜以是月至祭牛宿及令各加蒭豆養牛以備春耕

漢食貨志后稷始甽田以二耜為耦

藝文志農九家百四十一篇農家者流蓋出農稷之官播百穀勸耕桑以足衣食

書洪範八政一曰食二曰貨（玄扈先生曰生之者衆食之者寡此言食也為之者疾用之者舒此言貨也）

周公曰嗚呼君子所其無逸先知稼穡之艱難乃逸則知小人之依

731-9

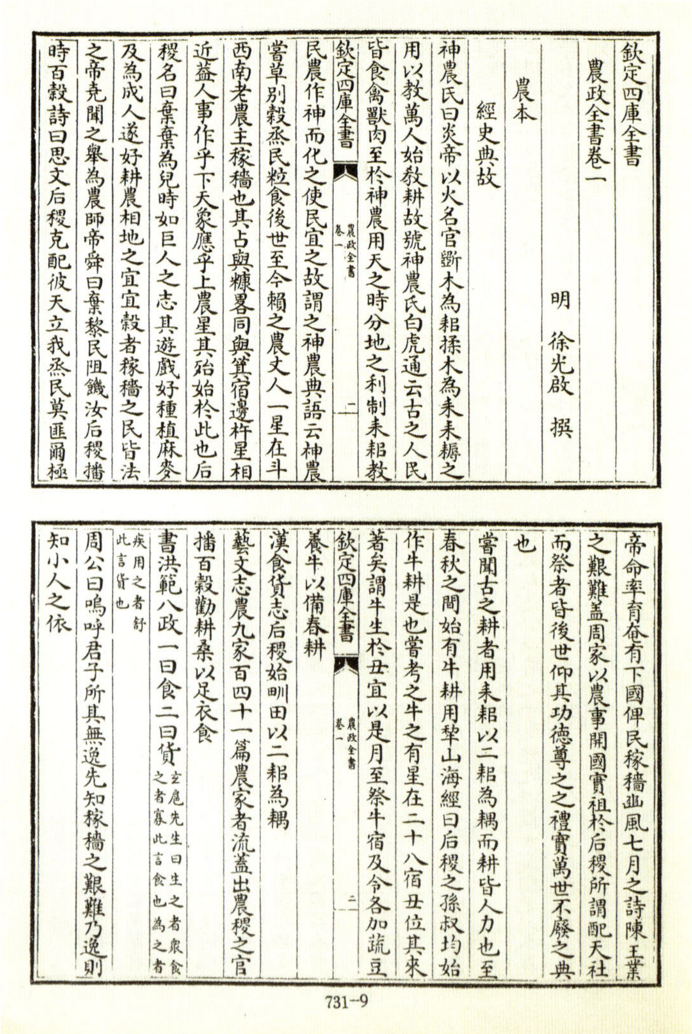

图 1-34　徐光启所著《农政全书》

徐光启在科举考试中成功，后来取得崇高地位，官至内阁大学士，死后赠谥“文定”。这样一位具有显赫功名的人物，早年曾在龙华寺读书，关于此事，后来传说甚多。（图 1-33，图 1-34）其中，有这样一则记载：

> 万历间，徐文定公发解时，龙华塔上恒见红光烛天，日夕不散。群鸦万计，朝暮翔舞，盘互塔杪，类虬龙腾跃。说者谓之龙见，亦经月而寝。盖塔下僧寮，当时文定公潜修地也。岂公文章光岳之蕴，至此而舒泄耶？抑天地精灵之气，至此而散见耶？[1]

---

[1] 民国《法华乡志》卷八。

于是，人们愈加相信龙华塔文笔峰之神异。"邑中文笔塔为峰，修卜登科喜气浓。"❶ 在以科举取士，强调"学而优则仕"的明清时代，人才的概念主要指科举人才。科举考试不仅关乎一家一族的兴旺，也是衡量一地人文之盛衰的重要指标，在人们的心目中，唯有科举，"此之谓学问，此之谓士子"。如此，被视为"文笔峰"的龙华塔，更具有了象征意义，"修之则邑中多中式者"，所以，屡屡修葺，期待本地涌现更多的举人、进士。

三、"沪城八景"与"龙华六景"

"八景"，是传统中国常见的一种构景手法，是对一个地方最具典型意义的自然和文化景观的高度概括、浓缩，每景取一个名，其名称既是对该景点的点题，也为游人勾画出一幅美丽的图画，营造一种优美的意境。除"八景"外，也有"六景""十景""十二景""十六景""二十景"乃至"百景"等，这些称法可称之为"八景现象"或"八景文化"。

明清时期一些文人曾提炼出上海的八大名胜：海天旭日、黄浦秋涛、龙华晚钟、吴淞烟雨、石梁夜月、野渡蒹葭、凤楼远眺、江皋霁雪，合称"沪城八景"。❷ 此八景中，大海、黄浦、龙华、吴淞、凤楼五景，皆有迹可指，无可争议。而"野渡""石梁""江皋"，因指示不明，后人对其所在多有疑问。"沪城八景"之中，尤以"龙华晚钟"最负盛名，经久不衰。

龙华，素为人文荟萃之地，从唐代皮日休的那首《龙华夜泊》，到后来的陆深、钱溥、陈继儒、张之象、顾从礼、归懋仪等，历代题咏龙华的诗作佳篇不少，内容则大多围绕龙华的寺、庙、塔。龙华寺的钟楼、钟声，也一直为文人墨客所赞颂。明代九樟居士黄瑾（号韬庵）有一篇《龙华寺重建钟楼记》，其中写道：

> 周缭柱之以石，三檐翼飞。上薄霄汉，巍然如崇山出地。洪音震发，若惊霆行天。穷壮极丽，为海邦列刹之冠。居者行者，罔不瞻仰赞叹，咸谓兴作大事，不宜无记。❸

晚钟响起，洪音震发，若惊霆行天，回荡于浦江两岸。明人潘大儒诗《龙华晚钟》曰："江寺鸣钟到夕曛，山僧不语带归云。一声两声人静渡，竹房香梵度氤氲。"❹ 那又是另一番意境。清人归懋仪更把"龙华晚钟"与苏州寒山寺的钟声作比："何处疏钟隔暮云，劳人暂息思纷纭。数声断续斜阳外，较胜寒山夜半闻。"❺

在佛教僧团的日常生活中，用钟的场合甚多。用处不同，其钟也有别，一般分三种：大钟、殿钟和僧堂钟。大钟，为丛林号令。早晨击之，"破长夜，警睡眠"；晚上击之，"觉昏衢，疏冥昧"。一般寺院都建有钟楼，置放大钟，寺院里大钟的声音每日皆可闻。信徒听到钟声，便会合掌还愿回向，所谓"闻钟声，烦恼轻，智慧长，菩提生，

❶（清）秦荣光：《上海县竹枝词》。
❷ 清嘉庆《上海县志》卷一《古迹》。
❸（明）黄瑾：《龙华寺重建钟楼记》，（清）张宸辑：《龙华志》卷六《艺文志》。
❹（明）潘大儒：《龙华晚钟》，（清）张宸辑：《龙华志》卷七《诗苑志》。
❺ 清嘉庆《法华镇志》卷一《沿革》。

图 1-35　龙华寺内的明万历钟

愿成佛，度众生"。在大雄宝殿里挂的钟，叫殿钟，是在召集众僧上殿时敲击。挂在僧堂前的钟，叫僧堂钟。僧堂钟较小，需要召集僧众时才击之，所以又叫集众钟。（图 1-35）

据载，龙华寺大雄宝殿内有洪钟一，明洪武十五年（1382）铸，铜质，重约三千斤，高六尺七寸，对径四尺五寸，厚三寸一分，声音洪亮。龙华寺有钟楼，始建年月不详。明宣德七年（1432），钟楼损坏严重，于成化十三年（1477）重建。黄瑾曾为之撰记。嘉靖三十二年（1553）倭寇抢劫遭毁，四十五年复修，"高及塔之小半，联级峻整"，钟重一万三千斤，故谚云"龙华钟应青龙"。入清，屡次修建。现存之钟楼，为光绪十八年（1892）重建。三层杰阁，飞檐丹柱，黄墙乌瓦，古朴之中显其壮美富丽。楼中有一竖井，直贯三层，中间悬挂一口青铜龙钟，乃光绪二十年重铸，高二米余，对径一点三米，重三吨多。月夜风清，钟声悠扬，可传数里之远。

龙华寺周边古迹甚多，如有龙井，在山门左右，一清一浊，非常奇异，俗称阴阳井。时有金鳗出入，大旱不涸。另有龙眼，有二，分列寺之东西。

至清康熙年间，龙华地方富庶，人文称盛，一些文人钟情于本地的名胜古迹，多有歌咏。里人张宸倡题"龙华六景"，具体为：杰阁鲸音、月明双井、回塘拱刹、广渚浮珠、秋江塔影、夜浦涛声。随后，兴彻（犀照）、道渊（农石）、瞿谷（式似）、张宿（月鹿）、超济（沛堂）、郑端揆（御弦）、曹垂璨（绿岩）等人同咏。题咏"龙华六景"的诗词很多，后张宸辑《龙华志》，收录了部分，在当时传为美谈。龙华之人文名胜，遂也声名远扬。（图 1-36）

四、龙华的那些大姓望族

说到龙华的人文，还要介绍这里的几家大姓望族。

清代人秦荣光在他的一首竹枝词中写道："张家浜最近龙华，四姓瞿张沈赵家。子姓聚居年八百，墓碑深刻未麻沙。"依稀可以寻觅到龙华早期的居民。秦氏的说法是有一定根据的。据当地文献记载：宋高宗南渡，张、沈、瞿、赵四姓由严陵徙居上海高昌里张家浜，浜近龙华。而其中的张姓，后称"龙华张"。龙华张的始祖叫铁一，乃宋相张商英之孙。经查，北宋确有一位张商英，为宋蜀州新津（今属四川）人，治平年间进士，曾任尚书右丞，进左丞，后拜尚书右仆射。政和初年，被贬官，遭流放。是否就是此人，

龍華塔尋梅覓句

滬城西南十餘里有龍華寺為梵剎精藍麀飛不
到梅檀林靜花木房深寺外一塔孤撐高出雲表
大有劃開峯對面直上筆凌雲之勢以故春秋佳
日士女如雲繡憶雕鞍騑闐喧鬧清涼世界意成
煩惱因緣失寺隣多以藝梅為業野橋日暝江店
春寒晴雪霏霏來不減羅浮鄧尉暇時偕二三勝侶
紅衫烏帽散步埜人雜落間嚼蕊徵吟殊有飄飄

13　　　　12

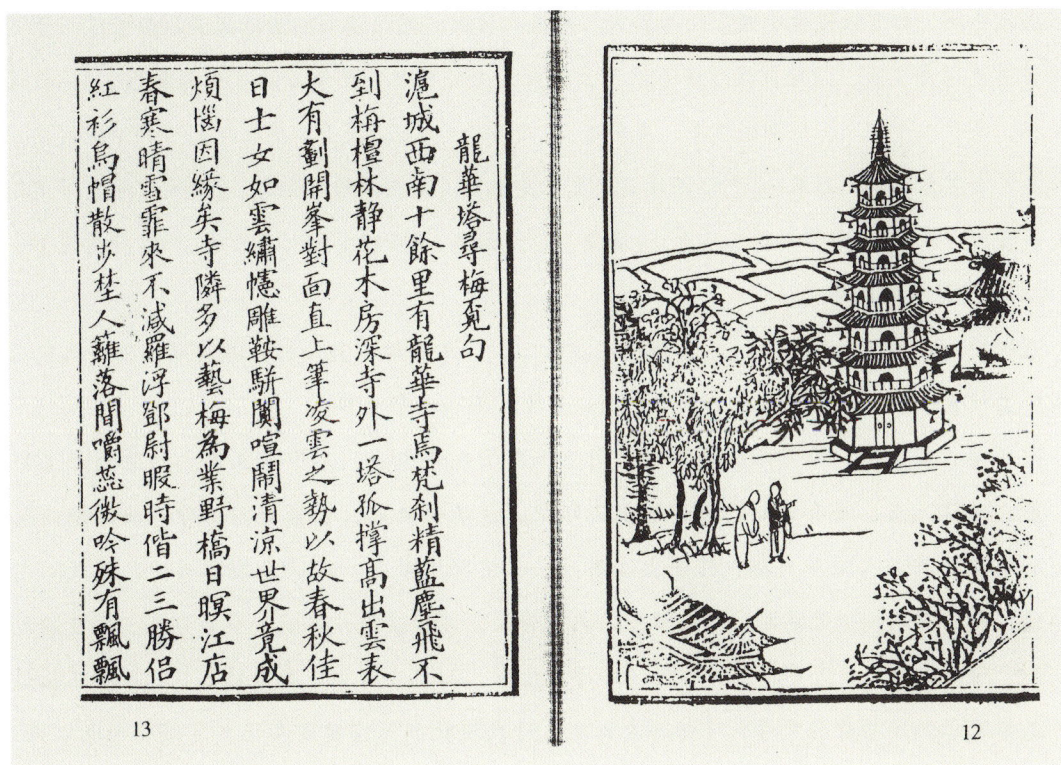

图1-36　清代张宸《龙华塔寻梅觅句》

无法考证。总之，这四姓自宋代移民到了龙华一带，此后，子孙繁衍，人口渐众。

关于这四姓在龙华的遗迹，在明清时期还有所留存。有张、沈、瞿、赵四姓墓，在二十六保二十三图，去张家浜半里多，临小河，其右稍北为沈家巷，墓前有石碑，题有"张沈瞿赵四姓始祖之墓"，碑侧又有元朝遗址。当地人传说：当年，这四姓先辈仗义结伴，生同居，死同穴，所以，张姓坟在张家浜，坟之右有沈家巷，坟之左有瞿家巷，只有赵氏后迁到上海县城南，被称为"亭前赵"。自宋代以来，这四姓聚居数百年，相保如初，里人称之"义坟"。

岁月沧桑，世事兴废，张、沈、瞿、赵四姓后皆流离各处，境遇各异。龙华张氏，在明清两代仍是人才辈出，成为簪缨大族。翻阅府、县、乡镇志书，时常可以读到龙华张氏子弟的事迹：

张萱，字德辉，号颐拙，明弘治十五年进士，三甲七十九名。先任鄱阳令，后为嵊县令，擢守茶陵，颇有政绩，历官湖广布政使参议，致仕返乡，卒年六十九，祀乡贤。在龙华里有别业秀野堂。著《汇雅前编》二十卷、《后编》二十卷、《西园全集》三十卷。其子鸣谦，字汝益。正德十一年举人，司理温州，有善政。后返乡，居乡十余年，好义乐施。

张之象，字月鹿，又字玄超，别号碧山外史，晚年号王屋山人。张萱之孙。幼颖异，以太学生游学南都（今南京），与何良俊、黄姬水诸人赋诗染翰，才情蕴藉，深为时贤所推。曾为浙江按察司知事。嘉靖年间，故宅遭倭寇焚毁，迁居松城。后居细林山，闭门读书。生活清淡，余资尽用于刻书。乌泥泾黄道婆祠荒屋废，捐地改建于张家浜听莺桥畔，并作祠祀。协修万历《上海县志》，品叙详雅，为世所推。卒年八十一。一生著述颇多，主要有：《四声韵补》五卷、《韵苑联珠》《韵学统宗》《盐铁论训解》《太史史例》一百卷、《史记评林》《史记发微》《楚骚绮语》六卷、《云间百咏》《文翰类选大成》一百六十三卷、《彤管新编》八卷、《唐雅》二十六卷、《唐诗类苑》二百卷、《古诗类苑》一百二十卷、《回文类聚》四卷等。

张敏中，字时用，原名楩，号朴斋，明嘉靖三十二年在仁和县任教，遇倭寇侵犯，敏中在昆山西北城率生徒督士卒捍御，城赖以完。迁周王府教授，年八十卒于家。

张所望，字叔翘，号七泽，龙华人。明万历二十九年进士，二甲第五名。初任刑部主事，奉使荣、襄、靖江三王，每有馈赠，皆谢绝。历郎中，任衢州太守，查察奸恶。升广西副使，在苍梧备兵，劝服罗运瑶族人编入户籍。转任左江参政，平定隆峒争乱。授广东按察司使，不就。又授湖广按察使，办理漕政，积劳病发，解职归乡。又召为山东右布政使，不受。居乡期间，修复垂圮的宁国寺，又于寺西偏建立黄道婆祠，并作记。终年八十岁，入祀乡贤祠。龙华镇有其别墅黄石园遗址。著有《龙华里志》《幅员名义考》《梧浔杂佩》《岭表游记》《宝稸堂杂记》《阅耕余录》六卷、《文选集注辨疑》等。子张积润，字次璧，号思恭，有《双真记》。（图1-37，图1-38）

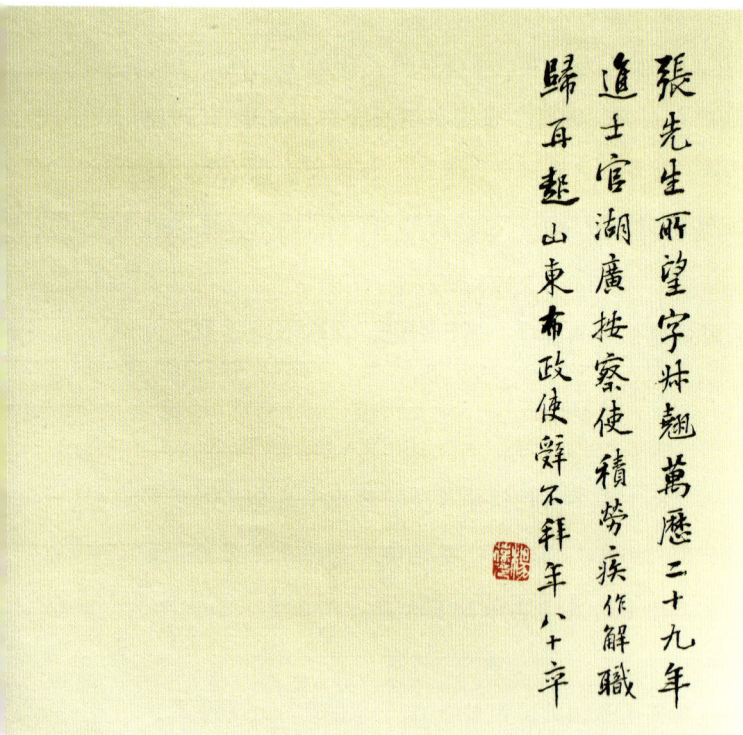

图1-37　关于张所望的记载（选自《松江邦彦画传》）

图1-38　张所望像（选自《松江邦彦画传》）

张所敬，字长舆，有文声，号黄鹤旌高士，明乡饮宾。著《峰泖先贤志》《酒志》三十篇、《骚苑补》一卷、《秉烛丛谈》《雪航漫稿》《潜玉斋稿》八卷、《春雪篇》《解弢篇》等，辑《明诗藻》，并撰《西牌楼张氏世谱》。

张肇林，字茂卿，号咸池，所望从弟。其父张景平，祀乡贤。万历三十五年进士，三甲六十一名。初任江西万安令，著惠政。调房山县，寻迁刑部主事。擢南通政司参议，因事罢归，卒。

道渊，字农石，俗姓张，清龙华里人，早年出家为僧。曾撰《龙华志》。

张宸，字青琱，号平圃，清龙华里人，与道渊同族。博学，工诗文，由诸生入太学，选中书舍人，官至兵部职方司主事。著有《芦浦庄诗》《北征使粤草》《平圃遗稿》等，并重辑《龙华志》八卷。其弟张宿，字月麓，有文誉，著《田间草堂集》。……❶

这一带的张氏子弟，皆尊宋代张铁一为始祖。子孙繁衍，其居所也散落各处，但他们都称为"龙华张氏"，且由来已久。在龙华，张氏营建了多处住所，其著者有：1. 秀野堂，在龙华里，额系宋文信公所书，张萱筑室居之。2. 黄石园，在龙华里，乃张所望别业，有宝稼堂、交远阁、野藻亭诸胜。张之象初迁龙华，明嘉靖年间，第宅遭倭寇所毁，遂迁往他处。此外，在西牌楼一带，张家也有宅第，后改作张氏宗祠。张之象曾捐六十余亩作祭田，备以报享。

张氏家族，人文荟萃，时称"张氏多贤"。以张之象后代为例，其子张云门，隆庆四年（1570）举人；其孙张齐颜，万历七年（1579）举人；又有一孙张齐华（张云辂之子），邑庠生，字彦伯，号茨若，幼慧能文。书香门第，数世绵延。

龙华张氏因在科举考试中的突出表现而远近闻名，蔚为大族。"一士登甲科，九族光彩新"，科甲出身，光宗耀祖。张萱中进士后，出而为官，祖上数代得以封赠，曾祖父张掖、祖父张术、父亲张熙，均因张萱仕，俱诰赠湖广布政使参议。张所望一家也是如此，曾祖父张文、祖父张大中、父亲张汝问，因张所望仕，俱赠山东布政司右布政使。其他，如张垠以子张鸣岐仕，赠刑部主事。张肇林仕，祖父张翼翔、父亲张景平俱赠通政使司参议。在龙华，还有为张家所立的坊表，如文范坊，为张杰立，在龙华南首。

张氏子弟热心地方事务，他们承担了本地一些桥梁及公共设施的建设。如明万历年间百步桥的修建，由张云程主持，共费金六千，张姓子弟踊跃捐助，"而出自云程者大半"。早些时候，龙华建造香花桥，乃由张正宗携妻朱氏捐助，而张正宗就是张云程的父亲。作为地方望族，自宋元以来，张氏家族对修桥铺路、兴修水利、赈济灾荒、修葺庙宇，等等，皆乐而为之，他们在"居乡美俗"方面起到了很好的表率作用。

值得一提的是他们对龙华地方文献的整理与保存。明代张所望曾著《龙华里志》，惜佚而不传。到清代的道渊（字农石，俗姓张，也是龙华张姓子弟）重撰，经张宸增辑，即成《龙华志》八卷，为龙华研究保存了大量珍贵的史料。（图1-39）

---

❶ 综合参见明万历《上海县志》卷八，以及清嘉庆《上海县志》卷十二、十三、十四等。

宋元时期，受时局影响，各地战事相继，硝烟弥漫，上海僻处海隅，独特的地理优势，使那些苦于战争相扰的百姓，找到了托庇之所。龙华一带也成为移民迁居之地。在移民人群中，也有不少文人墨客，他们的到来，使这一带的人文气氛更为浓厚。

如名士王逢，字原吉，号最闲园丁、最贤园丁，又称梧溪子、席帽山人。原籍江苏江阴，元末为避战乱，徙居青龙镇，后又移居龙华附近的乌泥泾。寓所取名为最闲园，居室为闲闲草堂，并自题园中藻德池等八景诗词，歌咏自适。明洪武年间，以文学征召，谢辞。所作《黄道婆祠》诗，乃今存较早歌咏黄道婆业绩的诗作之一，著有《梧溪集》《诗经讲说》《杜诗本义》等。在他的诗文中，有对龙华周边地区的一些描写。（图1-40）

一些家族迁居龙华后，历经数代发展，也成为这里的世家大族。如医学世家徐氏家族。这要从徐枢说起。徐枢，字叔拱，自华亭移居上海之龙华里。其先宋濮阳守熙，遇异人授扁鹊《神镜经》，遂有所悟。其父徐复（号神翁，后以子枢仕，赠太医院掌院），为元医学教授。徐枢继承父亲的医术，兼学诗于杨维桢[1]。明洪武二十七年（1394），诏授秦府良医。永乐十二年（1414），改枣强丞，明年因荐入太医院，掌御医，寻掌院事。宣德元年（1426），告归省墓，宣宗赐以诗，礼遇甚隆。年八十致仕，赐金带，遣中官护行。又七年卒于龙华。曾撰《订正王氏叔和脉诀》，有《足庵集》行世。

图1-39　康熙年间刊印的《龙华志》

徐枢后代大多习医，以医传家。儿子徐彪，字文蔚，少从父入秦。正统十年（1445），荐入太医院。医术高明，曾医治好多位王公贵戚，于是留在御药房。三年后，擢御医。景泰二年（1451），迁院判。撰有《本草证治明辨》十卷、《伤寒纂例》二卷、《论咳嗽分条》二卷。徐彪有二子，即徐镫、徐埙，都有声名。后代有一人在明嘉靖中为太医令。又有徐大楫，字若济，少敏悟，承其父徐天泽教解《灵素书》，"活人甚多"，著有《脉论辨讹》《医宗粹语》等。徐大楫的儿子兆魁，孙子凤如、金台，皆能世其业。

龙华的水土滋养着这里的人们，孕育出不少名门望族。

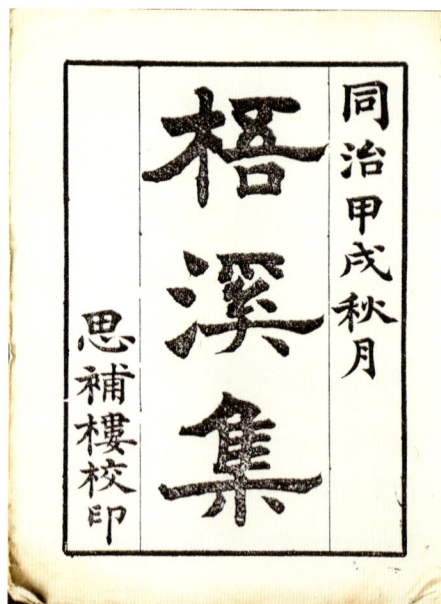

图1-40　元代王逢《梧溪集》书影

---

[1]　杨维桢，字廉夫，号铁崖，又号东维子，浙江诸暨人。元泰定进士，博贯经史，雄于诗文。元末，携家迁至松江，筑玄圃蓬台于吴淞江。往来于华亭、上海之间，遍游山水名胜，交结文士，诗酒酬答，才华风流，映照一时。

五、风水宝地

龙华其地民风淳朴，物产丰饶，风景优美，被视为上海的"风水宝地"，吸引了本地的一些世家大族前来置产，营建园林宅第。也有家族在这里选建墓地，墓园又往往与宗祠连在一起。墓地的周边，还分布着不少族田，有的设立义庄，有的建造祠堂，祭先敬祖，世代守护。

龙华一带，近黄浦江畔有古村居，以古松得名，元末明初，有名士曹迪隐居于此。曹迪，字简伯，在古村居置别业，中有清概轩、瓢乐山房、宝古斋诸景。古村居旁有小溪，曰锦溪，溪之上，有屋数十楹，用茅草葺之，人雅称为"锦溪茅屋"，系曹迪之孙曹贤所建。古松、古村、锦溪茅屋，这里充满了诗情画意。当年，有客人向曹氏问"锦溪"之义，答曰：

> 吾之锦，则吾溪之自有也。日月星辰丽于上，天之锦也；山川草木粲于下，地之锦也。烟云辉映，风水相遭。渚之花，汀之草，凫鹥雁鹭之翔集，烟霏雾雺之低昂，夹岸之丹枫，流波之素月，夫孰非锦乎！良天佳时，与二三友生考古今，论人物，壶矢博奕（弈），觞豆间设，或醉而纵步溪浒……回视吾屋，如在辋川图画中，则欣然而返。如是者逾五十年，盖人知吾屋之胜而不知以锦溪胜，知锦溪之胜吾屋而不知其出于自然，与所繇来者远也。❶

爱此水土而居此。明清以来，有不少诗文提及此地，如顾清撰《锦溪茅屋》，僧人宗泐有《古村居》之诗。（图1-41）

龙华有寺有塔，处黄浦大湾之中，视野开阔，民风淳朴，所以，上海有不少大族选择在这里建宗祠，置族田，如潘氏、毛氏、陈氏、郁氏、杨氏、孙氏、周氏、曹氏、王氏、陆氏、惠氏，等等。

潘家宗祠，清乾隆年间建，初在楼下，后移建到龙华镇南潘家塘。

毛氏宗祠，二十七保一图百步桥西，乾隆二十六年（1761）毛肇烈建。另有毛氏宗祠，在二十六保十四图，道光二十年（1840）毛祥麟建。毛祥麟，字瑞文，号对山，清龙华人，监生。官浙江候补盐运使。未几以疾归沪上，不乐仕进，乃以著述自遣。

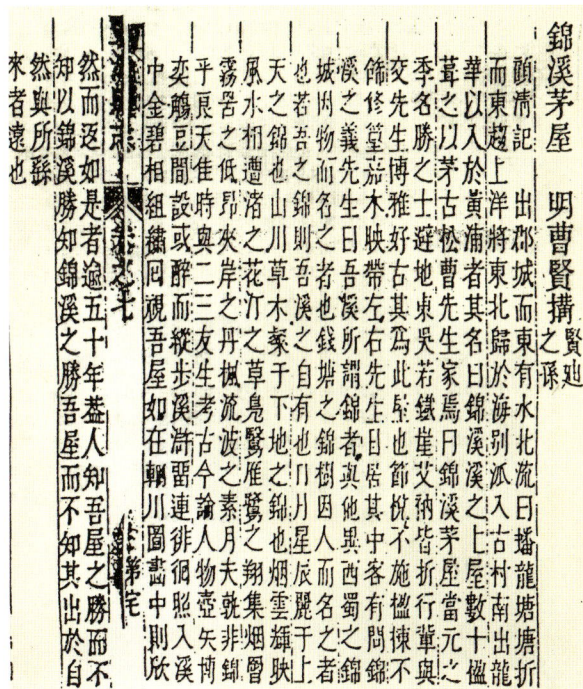

图1-41 明代顾清所撰《锦溪茅屋》（录自清乾隆《上海县志》）

---

❶ 锦溪茅屋，在龙华里，顾清曾有记。清乾隆《上海县志》卷七《第宅园林》。

其于诗文、绘画、音律、医术、药理等方面，皆有一定造诣。著述有《墨余录》《三略汇编》《史乘探珠》《事亲一得》《亦可居吟草》《对山医话》等。关于毛家，毛祥麟在其所著《墨余录》对家世有所追述："余家世籍湖南，自八世祖奉观公宦游苏台，爱吴中山水，遂居吴县之洞庭东山，村曰南望。"至奉观公后，其子孙均居于洞庭东山，"世业艺桑，传有毛公桑园"。原来，毛氏一支是从湖南迁来，先到苏州的洞庭东山。毛祥麟的高祖名君贤，有些文名，曾著《树桑记》及《爱吾楼诗钞》，刊行于世。毛君贤早逝，留下一个才三岁的儿子，这就是毛定西。"定西公年十二，来贾沪上，藉起其家，以捐助开河工，授布政司经历。" [1] 从此，洞庭毛家一支又定居在上海了。这大概在清乾隆时期。

陈氏家祠，在二十六保十并十三图，龙华镇南，道光十八年（1838）陈锜等公建，有祠田二十五亩。

龙华是块福地，一些士绅选择这里作为墓地。元朝，有上海市舶司提举盐官杨国材墓，在龙华寺左。处士王泳墓也在龙华，王逢有寿藏铭。明朝，则有湖广副使张鸣凤墓。四川布政使潘允端墓在龙华，申时行志铭。上海乔家祖孙三代（包括广西布政使乔懋敬，其子游击将军、赠都督同知乔一琦，及孙南京都督同知、赠太子太傅乔桓）墓地，在龙华北。山东佥事华亭俞汝为之墓，在龙华寺西，文震孟铭。山东布政使张所望墓，汪庆伯志铭。詹事主簿顾九锡墓，在龙华姚泾，黄洪宪表。赠工部屯田司主事朱家凤墓，子工部衡司郎中长世，在龙华北。

清朝，有赠中宪大夫李士达墓，在龙华西。赠文林郎曹垂纪墓，在龙华寺北。赠资政大夫郁润桂墓，子赠资政大夫、候选郎中彭年，盐运使衔恩贡生松年，在二十六保十三图，进士赵荣撰墓志并书。（图 1-42）

一些大族的墓地与宗祠是连在一起的。如郁氏家族，郁润桂、彭年、松年均安葬在二十六保十三图，而郁氏宗祠就建造在附近。郁氏原来生活在嘉定县南翔乡，主要从事农业生产，从五世郁润桂开始，迁往上海县城，起初跟随他人学做生意，后经营沙船业，因以起家。清嘉庆、道光年间，郁氏家族已聚集起万千财富，成为上海著名的经商家族。他们在上海县城内东乔家浜大量购地建宅，后到龙华乡购田五亩二分余，"以作宅兆"。道光六年（1826），郁润桂去世，葬于龙华，郁彭年、松年又在墓之四周购买田地数百亩，以墓前田数十亩种植柏树数百株，称为"墓园"，其余的作为后人墓

图 1-42 郁润桂像

---

[1]（清）毛祥麟：《墨余录》卷一《滋榛泉》。

地及祭田。随后在墓东建郁氏宗祠，名"宜稼堂"，取"宜尔子孙大田多稼"之意。位于二十六保十三图，毗连墓田 13 亩。后又有所扩展，计有地百亩，此为郁家祭田。（图 1-43）

在龙华置地后，郁氏子弟便经常往来于上海县城、龙华之间。郁松年少敏于学，弱冠入庠，旋补廪膳，道光二十五年（1845）恩贡生，素好读书，曾斥巨资收购收藏历代旧籍多至数十万卷，名闻大江南北，其藏书楼即冠之以"宜稼堂"。❶ 曾编述"宜稼堂丛书" 6 种 64 本，计229 卷。手自校雠，附以《校勘记》，类多精审可传。❷松年一生喜爱读书，手不释卷，闲来常驻龙华。道光二十二年五月，英法人攻破上海，即避难龙华："道光二十二年，壬寅五月，英法人攻破沪城，避难龙华，家中为匪抢掠一空……"❸ 虽流离，坦然处之。其子郁熙源，字星来，号深甫，勤学好古，后亦择龙华镇天香深处之屋为书斋，取其幽静也。

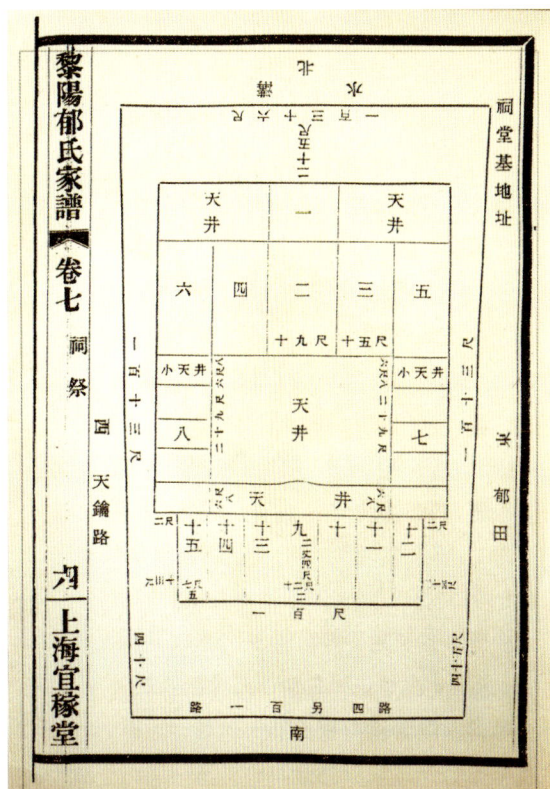

图 1-43 黎阳郁氏龙华祠堂基地址

龙华濒临黄浦江，沿岸芦苇丛生，水鸟扑扑而飞。滨江临浦，分散着一些村落，篱落村墟，民居错落，家给人足，鸡犬不惊，耕读传家，宛然世外桃源。这样的状态与意境，到了 19 世纪中叶，随着上海开埠发生改变。而这种格局的改变，也经历了一个过程，沿着黄浦江，由东而西，而南，沿岸的景观与景象逐渐发生变化。

从南浦、高昌庙一带，一直延伸到龙华，江南制造局在不断扩张，龙华也设立了分局，后成为龙华兵工厂，"在龙华寺后，同治四年设，专制火药、枪子、炮弹等军器"❹。此后的龙华，"陆有火车，水有舟楫，空有飞机，交通便利"❺。凡此，都为发展近代工业创造了有利条件。

龙华滨江地带由此步入了工业化时代。

---

❶ 清同治《上海县志》卷二十一《人物四》记载："郁松年，字万枝，恩贡生。父润桂，字淮林，善居积，家累巨万。兄彭年，字尧封，多才干，有知人称。松年好读书，购藏数十万卷，手自校雠，以元明旧本世不多见，刊'宜稼堂丛书'。兄殁后，值癸丑之乱，家人尽逃，松年守兄柩不去，克复后捐银二十万两，请永广上海学额、府学额各十名，得旨允准。松年加盐运使衔，卒年六十七。子熙源，庠生，钦赐举人，先卒。"
❷ 参见郁钟棠述《先曾祖考泰峰公行状》（《黎阳郁氏家谱》卷六）、王韬《瀛壖杂志》及清同治《上海县志》卷二十一。
❸ 参见郁钟棠述《先曾祖考泰峰公行状》。
❹ 吴莘耕编：《龙华今日》之《龙华之机关》。
❺ 朱志尧：《龙华实业之前途》，吴莘耕编：《龙华今日》之《龙华之实业》。

第二章

滨江工业的变迁

《**南**京条约》签订后，上海被迫于 1843 年 11 月开埠，随后开辟租界，开始了近代化的进程。爆发于 19 世纪 50 年代的小刀会起义和太平天国运动，都极大地影响到上海，波及黄浦江沿岸，也牵动着古镇龙华，打破了这一带原有的宁静。在清政府镇压小刀会起义和太平军的战斗中，龙华及滨江一带在兵防上所具有的战略意义初步显现，江南制造局龙华分局的设立拉开了这一地区近代工业化的序幕，也带动了周边道路、港口、铁路的建设。第一次世界大战爆发后，上海民族工业进入发展的"黄金时代"，从日晖港到龙华港，一些工业企业的设立与集聚，使黄浦江沿岸逐渐形成滨江工业带。1949 年中华人民共和国成立后，随着市区产业转移和街道工业的兴起，滨江工业带向西进一步拓展。20 世纪 90 年代，在徐汇滨江地区融入城市化的过程中，区域功能定位发生了转变，原有的大量工业关停并转迁，历时一个半世纪的工业时代结束。

第一节　近代工业化的开启

龙华作为上海的西南门户，在军事、交通等方面具有重要的战略地位。同时，上海对龙华也产生了多方面的辐射与影响，体现在工业上，龙华所建立起来的近代企业，有的是分局、分厂，有的是直接从市区搬迁而来，还有的是由沪上工商界人士投资创办的。江南制造局龙华分局、龙章机器造纸局、日晖织呢厂都设立于清末，从日晖港到龙华港，这一带黄浦江沿岸的工业化时代由此开启。

一、江南制造局龙华分局

江南机器制造总局，简称江南制造总局、江南制造局，也称上海机器局、上海制

图 2-1 江南制造局龙华分局

图 2-2 江南制造局黑药厂

图 2-3 江南制造局枪子南厂

造局，为清政府经营的新式军用企业之一。由李鸿章等在上海创办。同治四年（1865），李鸿章在上海虹口购买美商旗记铁工厂，把原设在上海的洋炮局和在苏州的洋炮局并入，又加上由容闳从美国采购来的机器，共同组建成"江南制造总局"。最初由李鸿章委派江海关道（苏松太道）丁日昌督察筹划。同治六年，由虹口迁到城南高昌庙，分建各厂，有机器厂、汽炉厂、木工厂、铸铜铁厂等，续建轮船厂，筑船坞，并设立翻译馆等，逐渐成为晚清规模最大的军工企业。就在江南制造总局不断扩充时，另建龙华分局，专门生产火药、枪支等，由此也使龙华成为中国近代工业的诞生地之一。

丁日昌是江南制造总局的具体筹办人。同治二年（1863）被李鸿章从广东调入上海，保举为总办，筹创江南制造局，旋授苏松太道，后迁两淮盐运使。同治六年，为江苏布政使，擢江苏巡抚，后几次回任。任内，受李鸿章之命，在龙华镇购地，建立江南制造局龙华分局，设立火药厂等。（图 2-1）

丁日昌等人选择在龙华筹建分局，是基于多方面的考虑。诸如龙华距高昌庙不远，沿江面浦，运输方便，地势开阔。同治九年（1870），江南制造局在龙华寺北购置田地八十余亩，拟建厂房，自制洋枪细药以及铜冒炮引等。按察使应宝时在当年十二月对龙华建厂有专记。

同治十三年（1874），黑药厂建成，仿制出黑色火药，此为上海最早制造的炸药。（图 2-2）光绪元年（1875），龙华镇设立枪子厂。（图 2-3）

官府在龙华建厂过程中，圈占了大量土地，由此引起一些纠纷。"龙华火药局购地案"的一些卷宗反映，围绕产权、价格等问题，官府与当事人陆文麓等人发生纠葛，持续了一段时间。❶ 光绪七、八年（1881、1882），江南制造局炮厂、子药厂等又陆续添购民田芦地，范围逐渐扩大。（图2-4）

光绪十八年（1892）、十九年，又在龙华添设栗色、无烟火药两厂，仿制栗色火药，试造无烟火药。❷（图2-5，图2-6）

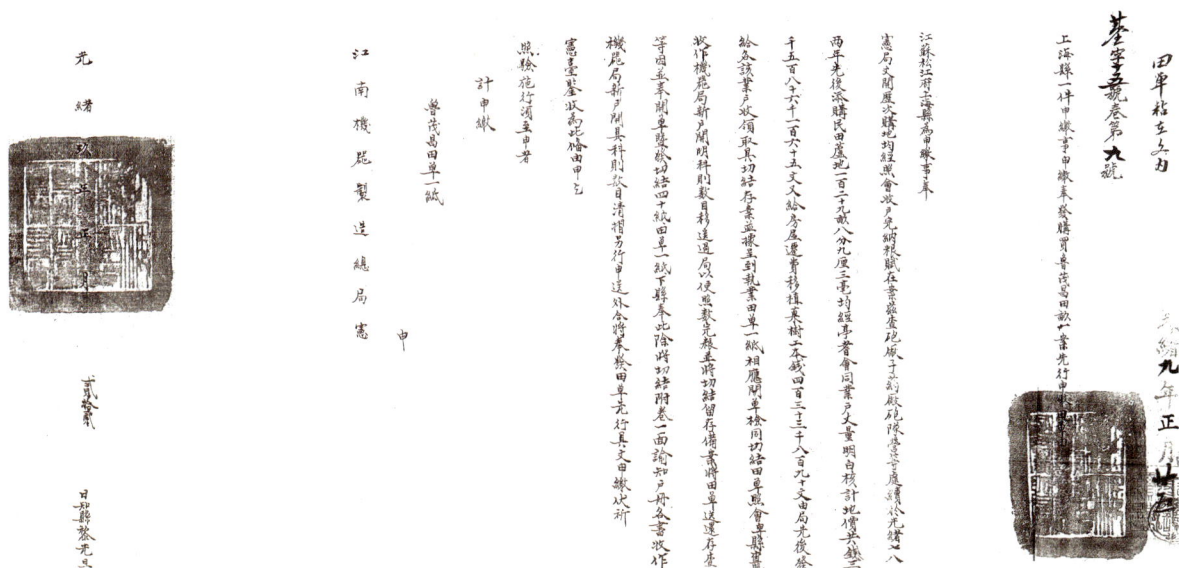

图2-4　江南机器制造总局到龙华扩充地基档案选

图2-5　江南制造局栗色火药厂

图2-6　江南制造局无烟火药厂

---

❶ 陆文麓（1856—1927），上海人，字崧侯。清附贡生。历任保安善堂及栖流公所董事，凡矜老恤贫、收养流民诸事，履行不懈。1907年选为上海城厢内外总工程局名誉董事。1912年选为上海临时议会议长、市政厅总董。当选任事后清理市债，百废俱举。1914年反对公共租界工部局在闸北扩大租界。任上海副经董（姚文楠任市经董），接管学务。1916年姚文楠辞职，陆文麓任上海经董，在任期间增加市立小学经费。1917年东亚同文书院在龙华百步桥租地建筑艇房，陆文麓以地属军事区域，不容混杂外国人，遂请当局交涉，卒得废约。1918年致电江苏督军、省长，反对行销烟土。官办市政改属民办，乃就市公所名誉董事，兼上海县修志局纂修员、上海市征访局主任、清丈局及商会董事、法租界公董局华董等职。1927年卒，享年72岁。

❷ 《江南制造局记》卷二《建置表》，光绪三十一年（1905）编印。光绪三十年，停止旧局黑药、栗色两厂。

经过数十年之经营，龙华地区的军工企业规模初具，在枪支、弹药等方面已具有相当的生产能力。（图2-7，图2-8）江南制造局在龙华的设厂及制造等情况，详见下表：

表2-1 江南制造局龙华地区军工企业基本情况

厂 名	制 造	机 器	员 役	厂 房
火药厂	黑药、栗色药、无烟药。	制黑药30匹马力汽机2部，24匹马力汽机1部，20匹马力汽机1部，15匹马力汽机1部，汽炉6座，提硝磺造药机19部，制栗药150匹马力汽机1部，汽炉2座。造药试药机器共20部，制无烟药120匹马力汽机1部，汽炉2座，造药机器30部。共86件。	委员4人，每月共支银80两；司事2人，每月共支银46两；匠目3人，每月共支银96两；工匠136人，小工11人，每六工共支银324两。	制黑药汽机汽炉房5所计15间，提硝磺焖炭造药房56间，堆栈20间，制栗药汽机汽炉房9间，焗紫炭碾硝磺造药房76间，试药房5间，制无烟药汽机汽炉房9间，炼镪水储药水造药房45间，栈房厂棚33间，住房5间，共273间。
枪子厂	来福枪子、林明敦枪子、马梯尼枪子、黎意枪子、格林枪子、旧毛瑟枪子、新毛瑟枪子、曼里夏枪子、智利比利枪子。每日可造3万余粒。	350匹马力汽机1部，24匹马力汽机1部，30匹马力汽机2部，汽炉3座，车床、舂床、刨床、锯床、钻床等共159具，手扳机器22具。各类机件108具，共296件。	坐班委员2人，每月共支银80两；管厂委员2人，每月共支银100两；司事7人，每月共支银140两；画图教习1人，每月支银28两；匠目8人，每月共支洋382元；工匠234名，幼童170人，小工64人，每六工共支银690余两。	机器汽炉房8间，工作厂房170间，储料房45间，办公房、库房、住房20间，共243间。

资料来源：《江南制造局记》卷二《建置表》，光绪三十一年（1905）编印。

局中全用西洋机器，于是百工会集。清光绪朝以来，日渐扩充，局中总办、委员之外，另聘洋人一名为教导。黑色、栗色、无烟等厂的洋匠，均为德国人，这些厂的机器设备也是从德国进口。当时购买制造无烟火药的设备花费巨大，计一万数千英镑。请来的德国洋匠，每月工薪三百银两，而且还要支付这些洋匠往来德国、中国的一切费用二百英镑，代价着实不小。各厂开设之后，陆续招募了一些工人，不少来自广东、浙江等地，多为技术工人，后也招收了一批本地人。

民国以后，江南制造局龙华分局改组为兵工厂，仍然从事弹药枪炮等的制造。据一份资料显示，至1916年4月，制枪厂能造七九轻机关枪48支、六寸白郎林（勃朗宁）手枪1 200支、七九步枪500支、机关枪筒50支、刺刀1 250把；枪子厂造七九及六五口径枪弹，日夜制造，每天能出9万颗；无烟药厂造枪炮用药，能日出200磅，磺强水每日能造1 500磅；制炮厂全年额造七五管山炮48尊、又陆炮12尊，还有各种炮弹及其他军火。军阀把持龙华时期，出品减少，代修代造。1927年以后，国民党占领龙华，整顿厂务，因需械万急，加工赶造，军火品种、数量激增，以月产各种枪弹为例，达280万粒。❶ 如此庞大

---

❶ 张伯初：《上海兵工厂之始末》，《人文月刊》1934年第5期。

图 2-7　江南制造局北厂房

图 2-8　江南制造局木模房

的军火制造，不仅需要相关的机械设备，也需要具备一定的存储运输条件，更需要一大批熟练工人、技术人员，背后体现的是一种综合制造能力。

1932 年"一·二八"淞沪抗战后，兵工厂亦随之停闭。厂中所有机件，分批迁往南京及汉阳后，军政部即派少数职员留厂看管，但厂中余件尚多，连同地产，约值五六百万元。❶1941 年太平洋战争爆发后，该厂被日军强行占领，改为生产罐装食品的工厂。抗日战争胜利后，由国民党接管，成为联合勤务总司令部兵工署驻上海修理处，1949 年 1 月，改称兵工署第六十一兵工厂，从事改装装甲车及修理枪械、大炮、坦克等。上海解放前夕，部分人员和机器迁运台湾。

一座巨大的军工企业在龙华开设分局、分厂，专制火药、枪子、炮弹等军火，给龙华带来的影响是综合性的，体现在几个方面：

第一，随着近代工业的诞生，龙华地区的人口结构、经济结构发生了变化。龙华有了第一代工人，出现了"男工女植"的现象，男的去工厂里做工，女的植棉种桃。工厂招收了大量外地工人，甚至也有外籍人员，他们出入于龙华，对当地的消费、治安等产生了很大影响。

第二，在龙华设立的军工企业，不仅涉及制造业本身，后面还连带着庞大的物料、军火的运输、存储。龙华是当时中国重要的军火生产基地，生产各种火药、枪支等。以枪子厂为例，品种甚多，有来福枪子、林明敦枪子、马梯尼枪子、黎意枪子、格林枪子、旧毛瑟枪子、新毛瑟枪子、曼里夏枪子、智利比利枪子，其生产能力是"每日可造三万余粒"，这些都要运往全国，供各地军队使用。如何运输是一个问题。除了龙华原有的河道港口可资利用外，后来陆续修筑多条马路、铺设铁路，都与军火原料、成品的运输有直接关系。沿岸筑路，"自高昌庙筑土路直达分局，两旁植柳无间断，路亦平坦，乡人因称之曰龙华马路"❷。

---

❶ 吴莘耕编：《龙华今日》。

❷ 陈伯熙编著：《上海轶事大观》，上海书店出版社据上海泰东图书局 1924 年版整理，2000 年版，第 128 页。

那时乡人所称的龙华马路，连通总局（高昌庙）与分局（龙华）。《二十六保志》也有一段关于龙华军工厂的注："光绪十九年六月，二十六保十三啚内有马路，总办刘康侯创始。二十六保铁路，自三十三年四月起筑，总办王丹揆，万民受害者多，益者寡。"❶清楚地说明了晚清龙华地区在交通环境、市政条件方面的改变与军工厂之间的关系。

第三，严重的安全问题。江南制造局龙华分局储存着各种火药，生产枪支弹药，犹如一个巨大的军火库，存在着严重的安全隐患。自军工厂创设之日起，就受到当地人的指责，认为这是"万民受害"。事实也的确如此，龙华在近代曾发生多次军火爆炸事件，原因不一，既有人为因素，也有因雷电等引起的爆炸，兹举数例：光绪二十四年（1898）七月初三半夜遭雷击，龙华火药厂3艘火药船爆炸，死多人，殃及方圆数里，部分民舍损坏。光绪二十六年七月十八日，龙华军火厂失火，毁去白药800磅，铜炮子6万筒，死伤多人，厂房炸毁，邻近民房倾圮。1915年5月30日夜11时，龙华火药厂失火，焚去无烟火药13 000余磅。1916年6月13日上午11时，龙华子药局之火药库黑药房忽然爆炸，当场炸死工匠4人，灼伤3人，并殃及周边。1927年12月8日，龙华子弹厂爆炸，全厂被炸毁，炸毁房屋12所，死4人，负伤者多人，原因不明。❷1928年3月27日，因龙华火药厂突然爆炸，造火药机器完全炸毁，又炸去厂屋7间，死伤工人未详，当局对此事非常注意，禁止上海各报登载，故社会上知者绝鲜。❸药库各种火药堆积如山，附近居民为此惴惴不安，成为龙华人久去不了的"心病"。

第四，如此重要的军工企业设在龙华，意味着谁夺取了这些军火，谁就拥有了庞大的军火资源，由此赋予了龙华在军事上的重要性。近代龙华所具有的重要战略地位，一方面取决于它的地理优势；另一方面，也与早期就设立在龙华的这所军工企业有关。后来发生了多次军事行动，进攻龙华，就是为了占领军火库，于是有了增派驻军的行为。军警的大量集聚，又极大提升了龙华的军事地位。后来龙华机场的开辟，也与此密切相关。凡此种种，在近代龙华演绎的一切，自有它的因因果果，不少事情的发生都有它的关联性。

图2-9　位于黄浦江边的龙章机器造纸公司（1908年）

二、龙章机器造纸公司

在龙华及周边地区，较早出现的知名企业有龙章机器造纸公司，创始于清光绪三十年（1904），厂址在龙华路5号。（图2-9）

❶ 唐锡瑞辑：《二十六保志》卷四《军工厂》。
❷ 《龙华子弹厂忽然被炸》，《晨报》1927年12月9日。
❸ 《龙华火药厂火药爆炸机器全毁》，《晨报》1928年3月29日。

龙章机器造纸公司是我国机器造纸工业中最早出现的一家官商合办造纸厂，也是中国第三家造纸厂。该厂后改组为"龙章机器造纸股份有限公司"，以庞莱臣为董事长，徐冠南、韩芸根、沈联芳、刘翰怡等为董事。资本总额为 61.6 万元（合规元 44 万两），其中官股占 13.6%，商股占 86.4%，1907 年开车出纸。龙章造纸厂占地 60 亩，主要机器设备是 100″ 多烘长网造纸机 2 台，从美商茂生洋行购置，美国制造。此外，拥有 1 200 磅打浆机 14 只，配备 1 000 千瓦发电机一台，可自行发电。该厂职工 400 余人，主要生产毛边连史纸，以"团龙"为商标，年生产能力 3 000 吨，运销京、津、营口、烟台，并长江各埠以及苏浙等处。（图 2-10〔1〕〔2〕）

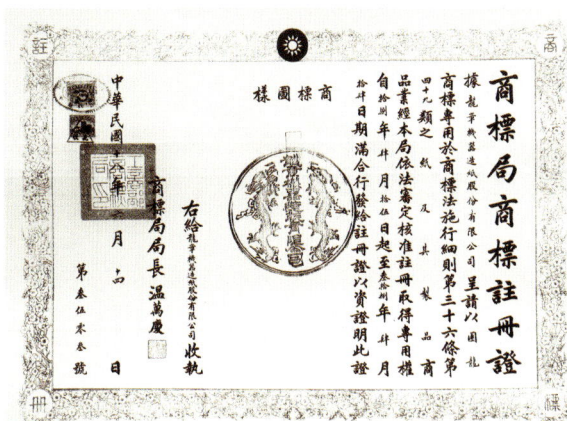

图 2-10（1）　龙章机器造纸公司商标注册证

民国时期，龙章造纸公司还作为著名企业成为上海中小学生的参观项目之一。当时一位学生的描写为我们展现了造纸厂内部的场景：

有一个春天的早晨，我们到龙华去远足，一阵钟声，大家齐集在操场上，排了队伍，出发了！经过了大街，穿过了小巷，不知不觉的已经到了日晖桥龙章造纸公司的门前。大家停了下来，王先生进去同他们接洽。接洽好了，大家才

图 2-10（2）　龙章机器造纸公司商标图样

进去，走到一间屋子，四面都是白纸，听先生说："这是折纸间。"再进一扇小门，只听见那机声轧轧的响着。有许多工人都在忙碌的工作着。

王先生告诉我们，造纸的原料，是用破布的。我国通常用的竹、桑、楮、稻藁等，外国用白杨、松、桧等，这家公司是用破布充造纸原料的。造纸的方法，先把破布截成短条，浸在石灰水中蒸煮，使成泥状。再放在漕里，加入适量的水和黏液，搅得极匀；另用有框的竹簀，掠一薄层，然后放在板上阴干，即成纸张。❶（图 2-11）

---

❶ 夏瀛：《远足龙华》，《小学生》1934 年第 1 期。

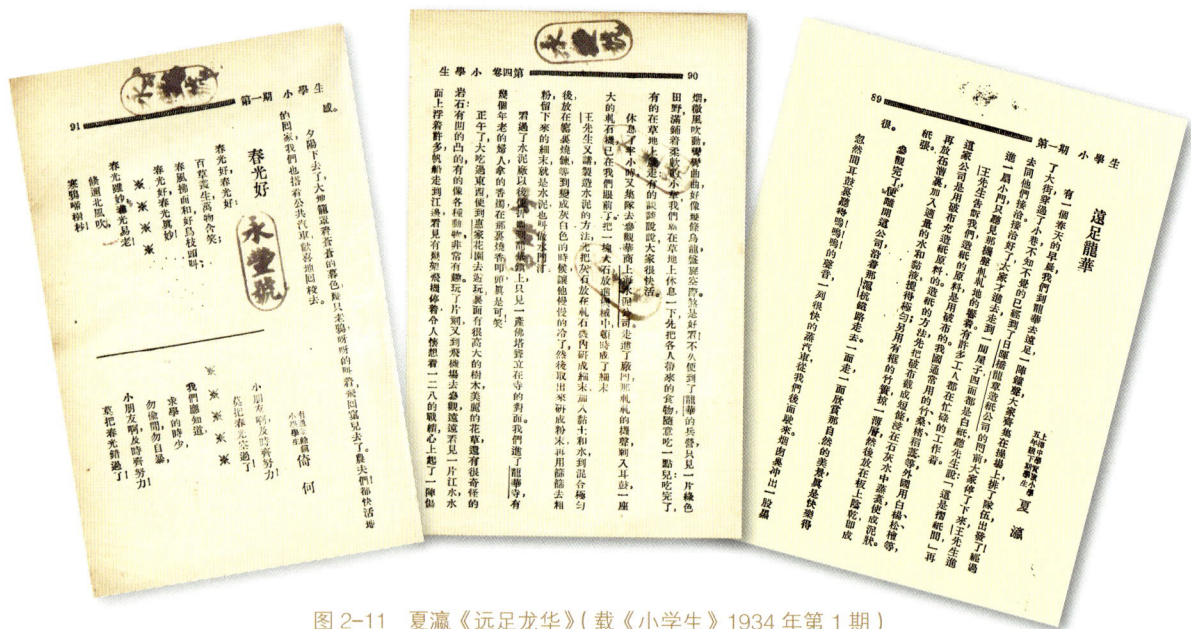

图 2-11　夏瀛《远足龙华》（载《小学生》1934 年第 1 期）

1930 年代，龙章造纸厂向国外定购制造道林纸机器一部，所出之各磅道林纸，质地甚佳，竟与舶来品不相上下，委托各商号代售，在华北、华中都有很大销路。

三、日晖织呢厂

1905—1907 年间，发展毛纺工业的呼声日盛，上海富商樊棻、叶璋、丁维藩、熊定保等人上书当时的两江总督端方，拟集股 50 万两，先收 25 万两，遵照有限公司章程，在上海日晖港附近建设日晖织呢商厂，购办机器，自运湖州羊毛，织造毡呢，并公举当时的候补四品京堂郑孝胥为总理。这个计划得到端方许可，1907 年春，开始筹建工厂，1909 年开工。

日晖厂临黄浦江，占地 80 余亩，工厂区居十分之八，职工住宅居十分之二。在工厂区里，纺织染整工场的建筑设备，平列两巨厦，每一种机器隔为一室。拣毛、洗毛、染毛、烘毛、打毛、梳毛、放线、织呢、缩呢、刷呢、染色、修呢都各成一间。工厂区之内，还有修机间、锅炉间、引擎间，又有储水池、提水柜、清水柜、水码头及囤栈办事房各两座。据有关资料记载，它的主要机器设备的数量，有粗纺锭 1 750 枚，毛纺机 49 台，染整机全套。9 台单节的梳毛机分头、二、三等三道，细纱机都是走锭式。❶

工厂开工后，由于外商企业的倾轧和企业本身的腐败，营业不振，不得不于 1910 年停闭。日晖织呢厂停闭后，在民国时局变幻、政权更迭中，历经产权不断转移和强买强卖。1915 年，上海日晖织呢厂被袁世凯收归北洋军阀政府所有，但地契仍在当地的军阀手里。起初在江苏督军齐燮元处，后又转到松沪护军使卢永祥之手。1919 年，上海丝商沈联芳、洋商龙飞马车公司买办郭建侯、煤商谢蘅牕、三新纱厂黄子轩等集资 8

---

❶ 上海社会科学院经济研究所编：《刘鸿生企业史料》（上册），上海人民出版社 1981 年版，第 245—247 页。

万元，向北洋军阀政府财政部承租日晖厂，年纳租金14 000元。沈联芳是当时上海总商会的副会长，北洋军阀政府官员章宗祥的亲戚。厂子租到后，改名中国第一毛绒纺织厂，以沈联芳为总经理，郭建侯为经理，沈联芳的妻弟陈蒲生为协理，黄子轩为厂长。中国第一毛绒厂起初采用湖州、山东等地羊毛，只纺火车牌绒线，由于缺乏技术人员，织机等设备都搁置不用。后来经兰州织呢厂的帮助，停纺绒线，才生产制服呢、军呢、春花呢、镜面呢等，以及驼绒和驼绒纱。但不数年，外货又相继进口，国产呢绒销售清淡，工厂开工很不正常。

1924年江浙战争后，军阀孙传芳入浙，地契又转入孙手。后来，傅筱庵托日商三井洋行出面，通过孙传芳的军需科长宋雪芹之手买进。1926年12月16日，仍由三井洋行出面转售于上海巨商刘鸿生，计价45万两。刘鸿生在购买地产时是以开滦矿务局会计主任英国人葛尔德的名义购进。日晖港可停靠万吨海轮，开滦矿务局鉴于上海的自有码头不够，所以才向刘鸿生商买沿浦基地，以备自建新码头。开滦矿务局以银90万两买下了日晖织呢厂的地产。成交时，刘鸿生提出附带条件，即开滦矿务局同意将合组开滦售品处的合同延长10年。此外，日晖织呢厂的厂房、机器设备及工房等仍归刘鸿生所有。随后，刘鸿生就将织呢厂的机器设备搬到周家渡，办起章华毛绒纺织厂。这样，刘鸿生转手间就赚得巨额利润。

日晖织呢厂坐落在内地，而且属于军事区域，政府已明令不得转契，但军阀和商人勾结，利用外人居间完成了强买强卖。1928年，上海县政府为日晖织呢厂被盗卖一事分呈国民政府军事委员会、江苏省政府、淞沪警备司令部、江苏省民政厅、江苏省财政厅，内容如下：

查日晖港织呢厂，于民国四年间曾奉省、道令知，收归省有，由省派员保管在案。嗣后如何情形，职县并无档案可查。……查日晖港织呢厂，坐落上邑念五保图，西接龙华军事区域，东连上海兵工厂，南濒黄浦，北通沪杭铁路。于民国拾三年被人偷转道契二张：一为英册第10324号，计地67亩2分2厘9毫；一为英册第11544号，计地14亩2分8厘1毫。访闻系由傅递筱庵等托日商三井洋行买进，于民国拾五年十二月十六日，仍由三井洋行出面转售于上海巨商刘鸿生，计价45万两。刘鸿生以开滦煤矿公司伙友葛尔德名义，注入道契。又于民国拾六年二月二十三日领升沿浦滩地21亩8分9厘1毫及方单地6亩8分6厘5毫。询据该厂管理员贺馥生声称，厂基系刘鸿生所置，自购进之后，未曾开工，现在沿浦建筑码头等语。经即约刘鸿生来署面询，而刘鸿生竟不答复。忽由葛尔德出面来函，将该日晖港织呢厂厂基，认为系伊所置之产，并签字声明为英国籍。最近闻〔刘鸿生〕又将该地售于开平公司，得价90万两。情节离奇。……伏思该厂坐落在日晖港口，密迩龙华及上海兵工厂重要区域。该处浦面，又为军舰常川驻泊之所，于军事行动，极关重要。……念五保图本系内地，又属不能转立道契之图份，乃当时奸商竟敢勾串前会丈局员偷转道契，并任以日商三井洋行出面承受，又由三井洋行转售与巨商刘鸿生，而又以开滦煤矿公司之伙友英籍葛尔德名义承受，辗转买卖，均以外人出面者，足见其明知盗卖官产为法律所不许，故欲假托外人之权力，以达其使政府处于无可挽回之地位。不顾国家丧失主权，惟知个人私年重利。……该处属于军事范围，如竟成为洋商地产，不独破坏洋商不能在内地置产之约章，且于军事动作在在堪虞。应请钧会、府、部、厅饬行咨请江苏交涉员，一面将该两号英册道契注销，一面与三井洋行及英人葛尔德严重交涉，将此案一切内幕，彻底追查究办，而保国土。❶

1931年1月7日律师张一鹏、刘祖望致刘鸿生函：

据北平劝业银行经理声称："民国十年，由前财政部以上海日晖织呢厂全部地基房屋财产抵押日金四十万元，立有合同，各执为凭。当时因前项地契在上海关监督署保管，未能银契两交。旋经前财政部函电提取契据，尚未寄京，即遇东南战事，停顿至今。国民政府成立，南京财政部派员调查，知此项契据确有盗卖情事。现闻此产已为开滦公司经理刘鸿生执管，显系明知故买，于法不能有效。请贵律师诉请法院，判令交还。"前来。本律师查该日晖织呢厂财产自民国四年大总统撤销江苏省收买合同之后，完全为国家所有，非经国家代表之财政部立约出售，自不发生卖买效力。北平劝业银行持有抵押优先权，前财政部逾期不能偿还本息，自应照约自由处分。应请阁下即日将前项产业交还押主，倘逾两星期置诸不理，即当依法起诉。祈赐复为盼。❷

这一案件结局如何，尚未发现进一步资料。但从后来日晖织呢厂地基变为开滦码头来看，南京国民政府对这一牵涉有外商利益在内的案件，并没有追究下去。

第二节　沿江工业带的形成

1912年中华民国的成立开启了一个新的时代，但徐汇滨江地区的工业扩展主要在第一次世界大战爆发后。一战爆发后，英、德、法等国被迫放松了在远东特别是中国市场的竞争，为民族工业的发展创造了有利时机，出现了近代上海工业发展的"黄金时代"。徐汇滨江工业带也在这一时期初步形成。

当时上海工商界中不少人看好龙华，认为此地适宜投资建厂。1921年9月发行的《工业杂志》一期中有这样的预测："龙华将有大工厂出现。龙华沿浦滩一带之民地，自今春以来，有富商郁姓拟在沿浦滩地方，创设厂栈，以冀振兴市面，广购田亩，计一千余亩之谱。惟现尚未开工建造。前日又有沪上某巨商，在于宣家浜北之小九园地方，购得民田八十余亩，亦拟建造工厂，田价每亩在四百元以上。"1930年2月的《工商半月刊》也有一篇文章提到上海龙华将有大规模丝厂出现，谓："海上丝业巨子莫觞清、汤也钦近在上海龙华中山路附近辟地二十余亩，建造新式丝厂，定名曰'日新改良丝厂'。自正月间动工以来，所有厂房业已完工，内部装置最新式缫丝车三百五十部，再缫车一百六十部，

❶ 上海社会科学院经济研究所编：《刘鸿生企业史料》（上册），第69—71页。
❷ 上海社会科学院经济研究所编：《刘鸿生企业史料》（上册），第71—72页。

自动煮茧机一部及其他检查机、黑板机等，莫不精巧异常。"这些工厂后来的发展情况如何，因时局变化不得而知。《工业杂志》《工商半月刊》等刊物预测龙华将有大规模的工厂出现，这些报道与评论，尽管带有宣传的意味，但龙华确实有吸引投资者前来兴办企业的环境与条件。

一、华商上海水泥公司的创办

华商上海水泥公司是近代龙华地区这一时期较早创办的著名企业之一。我国水泥工业在第一次世界大战以前非常落后，全国仅有启新洋灰公司唐山厂、湖北大冶水泥厂、广州的广东士敏土厂等3家，其出产的水泥全年约计165万桶，远远不能满足全国建设之需要，因此英国青州水泥及日俄水泥乘机倾销，以致我国水泥市场多被外人侵占。

在此背景下，1920年夏，开滦矿务局买办刘鸿生、刘吉生兄弟与裕甡锰矿公司经理李翼敬、怡和华顺栈买办刘宝余，共同邀集上海总商会会长朱葆三及上海商人谢仲笙、李拔可、张效良、杜家坤、韩芸根、赵文焕、陈箴堂、洪峨卿、祝伊才、张云江、吴寄尘、吴耀庭、董杏荪、夏履平、沈耕莘、徐作梅、田甫祥等，由23人共同发起，在上海创办水泥工厂。[1]

至于为何不在原料产地建厂，而选择上海，第一次发起人会议记录显示，他们认为："上海为万商云集之地，水陆交通之区，设厂于是，良有以也。况白石一吨可制水泥七十五吨，如厂基建在石山近边，其制就之水泥由火车或船只运至上海，所

缴运费较之运白石来沪，其价之昂贵，奚啻一倍。再以水泥运至中途，恐有走漏及偶遭潮湿而损失甚巨。即以不幸论之，船只或遭倾覆，则一船之水泥与一船之白石，其价格相差当为如何也。此乃厂宜设于上海也。"[2]据刘鸿生的儿子刘念义口述，刘鸿生把厂设在上海的原因是，他认为上海既是水泥的集散地，权衡生产与运销等条件，比在原料产地设厂要方便得多；同时又近在他的身边，便于管理，所以就一反惯例，把水泥厂设在上海龙华。[3]

1920年9月19日，第一次发起人会议决定公司名称为上海龙华水泥有限公司，资本总额银120万元，分作1200股，每股100元。聘刘宝余为经理，大冶水泥厂前工程师、德国人马礼泰为总工程师，前往各处勘探石山充作原料及计划设计建厂事宜，并派他们两人前赴德国订购水泥制造机械。9月23日，第二次发起人会议改定公司名称为华商上海水泥股份有限公司，股本减为100万元，由发起人认足。[4]

1920年12月25日，华商上海水泥公司股东大会成立，通过公司章程，选举朱葆三、刘鸿生、杜家坤、李翼敬、韩芸根、刘吉生、谢仲笙、张效良、李拔可等9人为董事，刘宝余、吴寄尘、陈文鉴、陈箴堂为候补董事，赵文焕、杨奎侯为监察人，丁效俭为候补监察人。（图2-12）

1921年1月8日，董事会成立，公推朱葆三为董事长，韩芸根为总经理，刘宝余为经理。

董事长朱葆三在上海商界享有极高的声誉。他是浙江定海人，出生于1848年，很早即来沪习商，1890年前后任英商平和洋行买办，一度为上海道署

---

[1] 上海水泥厂档案，上海市档案馆藏档。
[2] 上海社会科学院经济研究所编：《刘鸿生企业史料》（上册），第159页。
[3] 上海社会科学院经济研究所编：《刘鸿生企业史料》（上册），第159页。
[4] 上海社会科学院经济研究所编：《刘鸿生企业史料》（上册），第158页。

图 2-12 华商上海水泥股份有限公司董事会成员

三葆朱　　Chu Pao San

图 2-13　朱葆三

生鸿刘　　Lieu Ong Sung

图 2-14　刘鸿生

总账房。后从事银行经营，曾为中国通商银行总董，四明银行、浙江兴业银行、中孚银行等皆其所手创。次则保险业，提倡集资，先后成立华安永大保险公司、华兴保险公司及华安合群人寿保险公司。❶ 积极投资于近代工矿企业，对上海华商水泥公司的创办，朱葆三也作出了他的贡献。（图 2-13）

在具体筹办过程中，后来出现了一些变动。如 1921 年 2 月，南通张退庵、张啬庵（即张謇）兄弟加盟，投资 20 万元，经董事会决议列为发起人。而最重要的是，刘鸿生在水泥公司的作用与地位在逐渐提升。

刘鸿生，生于 1888 年，原籍浙江定海。他的祖父刘维忠曾在上海宝善街开设过一家戏院（丹桂茶园），他的父亲刘贤喜做过招商局的轮船买办。刘鸿生早年就读于圣约翰大学，中途辍学，后到上海工部局老闸捕房当教员，不久去会审廨当了翻译。1909 年，进入英商上海开平矿务局当职员。1911 年，出任开滦矿务局买办。为了扩展煤炭经营，刘鸿生在上海和长江下游各埠设立销煤机构。他是一位富有胆识的实业家，通过煤炭经销获得了大量的资本积累，并将之逐渐向工业领域投资。1920 年，在苏州与人合资 12 万元开办鸿生火柴厂。同时，积极参与在龙华的华商上海水泥厂筹建。（图 2-14）为什么刘鸿生对创办水泥厂有兴趣，这里有一段口述，颇足注意：

> 刘鸿生推销英国人控制的开滦煤，自己还设立煤号做煤炭生意，同时还经营码头堆放煤炭。煤炭出售后，剩下来的煤屑则很少去路。刘鸿生便动脑筋要解决这个问题。恰巧刘宝余

与李翼敬劝刘鸿生办水泥厂，这正合他的心意，因为水泥的制造需要大量的烟煤煤屑。煤屑的用途是磨成煤粉，在烧制水泥时，喷入水泥窑中，加强窑内火力的燃烧，使窑内由另一方面喷入的土石粉原料结成水泥。

> 水泥厂每年所用的煤屑数量很大。初办时期，每月生产三万余桶水泥，需要二千余吨煤屑，每年就需要二万多吨。水泥厂创办后，刘鸿生便解决了煤屑的去路。一方面在煤的销售上，可以增加一笔收入；另一方面又可在水泥厂方面取得一笔利润，一举两得。❷

这当然是事后的一种说法，但刘鸿生投资创办水泥厂确有自己的打算。

华商上海水泥公司在筹建过程中，资金周转屡次发生问题。水泥公司的股东大多是商人和买办，他们感到办实业不如做生意买卖赚钱容易，因此对该厂兴趣不大、信心不强。初创时期，资金缺乏，几次通过招股增资，结果大家都不肯拿出钱来。董事会几次讨论、议决、追缴，还是不能解决。1922 年 9 月，韩芸根辞去总经理职务。韩芸根是个买办，又是涌记煤号的经理，手里很有钱。当时华商上海水泥公司请他做总经理，是希望他能向水泥厂多投资，但韩芸根所认股份很少。水泥厂开办初期，资金不足，要他来解决资金问题，他便不愿意而坚决辞职不干。最后，刘鸿生才不得不亲自出任总经理。刘鸿生上任后，聘请吴清泰、华润泉为助理。前期投资问题均由董事刘鸿生出面解决，刘鸿生兄弟逐渐成为华商上海水泥公司的主要股东。

---

❶ *Biographies of Prominent Chinese*（《中华今代名人传》），Biographical Publishing Company INC., Shanghai, p.13.
❷ 原华商上海水泥公司襄理奚安斋口述，1963 年 9 月，上海社会科学院经济研究所编：《刘鸿生企业史料》（上册），第 158 页。

华商上海水泥公司的筹建项目甚多，建厂房、办公楼，安装制造水泥机器和发电机，还要自建装卸码头，备置驳船，并在浙江湖州、青浦、佘山等地寻找原料产地。在湖州设立采矿处，选择陈湾山开采石灰石；在佘山成立采泥处，购买佘山山地一百多亩，作黏土原料矿。

表2-2　刘鸿生、刘吉生投资华商上海水泥公司股份比重（单位：元）

投资人	1924年			1928年		
	股　数	金　额	百分比	股　数	金　额	百分比
公司实收资本	12 700	1 270 000	100.0	15 051	1 505 100	100.0
刘鸿生投资	6 633	663 300	52.2	7 210	721 000	47.9
刘吉生投资	1 000	100 000	7.9	120	12 000	0.8
小　计	7 633	763 300	60.1	7 330	733 000	48.7
其他股东	5 067	506 700	39.9	7 721	772 100	51.3

资料来源：1. 1924年资料，系根据华商上海水泥公司董事会会议记录和刘鸿生函件计算而成；1928年资料，系根据1928年3月21日华商上海水泥公司董事会呈全国注册局股东名簿所记载。
　　　　　2. 1924年实收资本不包括股息拨充股本的部分。刘鸿生股额据其本人1926年4月8日向华商上海水泥公司函报所持公司股数计算。刘吉生股额系据1920年9月10日第一次发起人会议记录的总股数计算。

1923年8月7日，华商上海水泥公司正式开工投产。关于该厂的基本情况，时人有一段非常详细的记载：

该厂占地二百亩，沿江广一千二百英尺。厂内屋宇俱用水泥造成，地基亦用水泥打底，故极坚固。烟囱亦系水泥所造，远东如上海一带，可称唯一无二之烟囱。办事室及住宅，亦仿新式建筑。堆栈异常开敞，现已堆置无数应用什物。桶厂则专制造水泥桶者，瞬息之间，可将大木柱切成槽形桶板及桶顶，见之令人咋舌。水泥储藏所屋宇尚未竣工，据闻完工后，颇似古代巴比伦建筑，并不似近时建筑品，此盖取其能以持久之故。码头有二，俱极宽大，以备卸煤及原料（如青石、烂泥、石膏等）之用。其石子上岸之码头，装有起重机，可将民船上装来之石子及烂泥，起至岸上。故沿码头一带，此项民船极多，俱装有石子及烂泥，以便起卸。船有湖州来者，有自松江来者，该厂于二处自备石山。据厂内办事人员所述，该厂所采原料，俱系上选。……

该厂水泥机器，系自德国有名之专制水泥机厂 G. Polysius of Dessau（引者按：普赛秀斯厂）定来，由前湖北水泥厂总工程师马立［礼］泰君监督其事。马君即系该厂现任之总工程师。机器系转轮式，每日包出一千二百桶，每桶净重三百七十五磅。其制造水泥方法，系用湿法，较之干法所出之水泥，品质为优。盖以湿法能使原料混合均匀故也。该厂所定机器，均系新式，能用力少而出货多。

厂内自有发电房，其发电机计有一千五百 K. W.（引者按：千瓦），五百 Volt（引者按：伏），皆系德国西门子电厂所造，而由彼厂中人装好。此外又设一分机，能司全厂电灯开闭，此为一百马力之打塞尔引擎，系用生油燃烧。至于水之装置与排水法，设备亦臻完善，为他厂所未经见。❶（图2-15，图2-16，图2-17）

---

❶ 怀馨：《参观华商上海水泥公司记》，《新闻报》1923年7月17日。

（参看本期一三八頁）

图 2-15　1923 年建成投产的华商上海水泥公司（一）

（参看本期一三八頁）

图 2-16　1923 年建成投产的华商上海水泥公司（二）

华商上海水泥公司的部分设备如引擎间、发电机、锅炉房，均由西门子公司承造，因此其技术人员也都聘用德国人。据公司的一份英文资料显示，华商上海水泥公司曾先后聘请马礼泰为总工程师，韦斯门为总化验师兼副工程师，卜克门为机械工程师，黎鸿汉为厂经理技术助理，戴兰璧为机匠头，等等。（图2-18）这些从德国聘请来的技师，待遇优厚，大大增加了企业的生产成本，另一方面也造成了管理和技术上的极大困难，反倒成为制约企业发展的一个障碍。

"象牌"的商标注册还曾引起一系列纠纷。早在1921年1月，董事会议决以"五彩象牌"

图 2-17 华商上海水泥公司

为华商上海水泥公司出品的水泥商标，并于1923年8月27日呈奉商标局核发审定书。1924年6月2日英国水泥公司来函，称上海水泥公司的"象牌"商标与该公司商标雷同，要求上海水泥公司更换，理所当然遭到拒绝。后来，又出现一些地方的水泥厂混冒上海水泥公司的"象牌"商标，于是，多次请求有关部门予以制裁，依法科罚，但屡禁不止。由此可见，走上市场不久，上海水泥公司的"象牌"水泥就成为全国水泥行业的知名品牌。（图2-19，图2-20，图2-21）

图 2-18 华商上海水泥公司的洋雇员

"象牌"水泥一经上市，就与启新厂的"马牌"水泥在各地市场展开竞销。1924年，华商上海水泥公司的生产能力为36万桶（每桶170千克），占全国水泥业生产总量的8.83%。但由于国内水泥厂之间存在激烈竞争，彼此压价，一度亏损。1925年6月，与启新厂等签订联合营业合同，为期5年。联营后即实行联合涨价，企业转亏为盈。1931年7月，又与启新、中国水泥公司订立联合营业草约，试行1年，颇获厚利。1934年是"象牌"水泥销量最好的一年。1935年，由于受经济萧条及时局动荡影响，产销量均缩减，当年产量为450 897桶（1934年为479 221桶），销量为419 557桶（1934年为481 883桶），盈利额只有6万元，而1934年的盈利额近70万元。❶"象牌"水泥的销路主要在上海，大约占总销量的四分之三，其余四分之一销往外埠。"象牌"水泥在上海的销额，约占上海市场水泥总销售额的三分之一左右。联营后，除在联营区域规定销额比例大于启新外，在上海市场上也占优势地位。❷

1936年，华商上海水泥公司的产销量都有所恢复，产量达到575 176桶，销量为589 716桶，盈利额超过38万元。可惜好景不长，1937年全面抗战爆发，公司的产销量直线下降，年产水泥仅369 200桶，工厂也被日军侵占。1938年3月底，由日军实行"军管理"，委托日商三井物产株式会社与小野田水泥制造株式会社为受托经营管理人。1942年12月，日军又迫使华商与日商三井物产株式会社、小野田水泥制造株式会社签订"租赁"契约，将华商上海水泥公司及采石、采泥机构全部出让给日方经营，作为解除该厂"军管理"的条件。

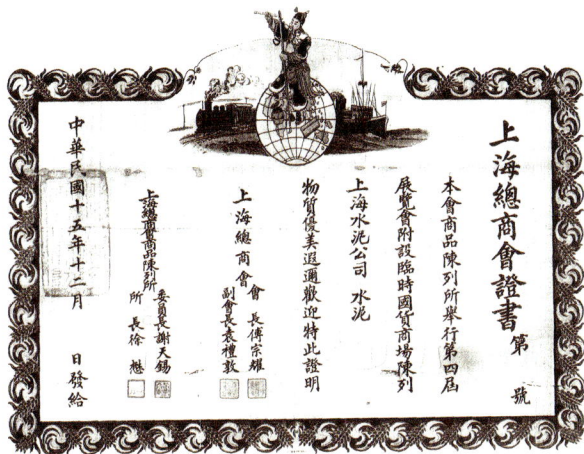

图2-19 "象牌"水泥获上海总商会颁发的证书

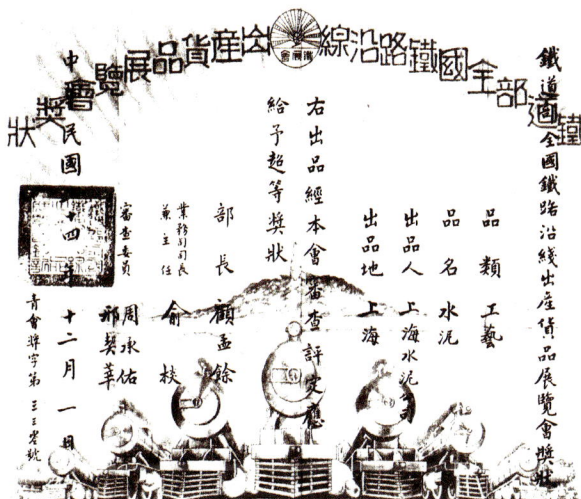

图2-20 "象牌"水泥获铁道部颁发的超等奖状

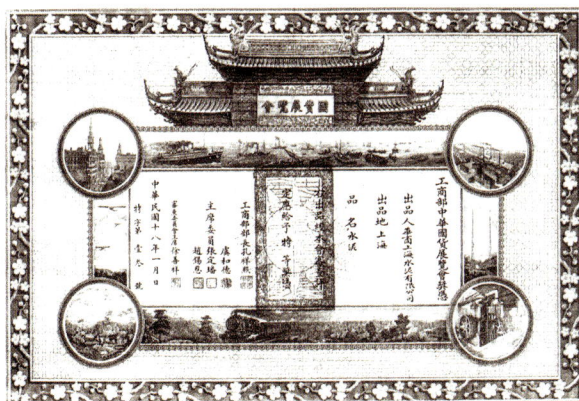

图2-21 "象牌"水泥获中华国货展览会特等奖

---

❶ 上海社会科学院经济研究所编：《刘鸿生企业史料》（中册），第104页。
❷ 上海社会科学院经济研究所编：《刘鸿生企业史料》（上册），第194页。

1945 年抗日战争胜利后，华商水泥公司收回上海工厂。其时，厂房与机器设备毁损严重，经修理整顿后复工。1946 年 6 月，华商水泥公司举行股东会议，修改公司章程，改名为"上海水泥股份有限公司"。由于美国水泥大量来华倾销，1946 年 7 月下旬，上海水泥公司即停止生产，当年，该公司的产量仅为 5 049 吨。1947 年 6 月，该厂再度复工，但处境困难，正值内战，燃料缺乏，资金困难，工厂生产时开时停，水泥产量不及战前一半，全年的产量也不到 1.6 万吨。后来厂房被国民党军队强行驻扎，生产又被迫停顿。

二、沿江工业带的形成

至 20 世纪 30 年代，徐汇滨江地区已经是工业密布。著名实业家朱志尧谈到龙华实业的前途时称："龙华今日，陆有火车，水有舟楫，空有飞机，交通便利，实业振兴。龙顺修船厂，上海水泥公司，隆泰、振新二皮棍厂，宝泰丝厂，大中染料厂，大明火柴厂，匠心针厂已先后创办矣。则日后之发达，势必将更盛于今日。" ❶ 在朱志尧看来，龙华兴办实业，具有其得天独厚的优势。（图 2-22）

另一位赫赫有名的实业家吴蕴初创办的天字号企业，是近代中国南方最大的民族资本化学工业企业集团，包括天厨味精厂、天原电化厂、天盛陶器厂和天利氮气厂及其附属事业。其中的天盛陶器厂就建在龙华。1934 年 3 月，吴蕴初从天原电化厂拨款 5 万元，在龙华镇租地建造天盛陶器厂。吴蕴初向法国厂商订购日产 200 只盐酸坛设备一套，并聘请德国化学陶器制造专家马塞尔、加斯洛为技师，生产盐酸盛器。取名"天盛"，意为天原解决盛器。天盛陶器厂的产品主要有多种耐酸陶管、瓷板、陶器阀门和鼓风机等，是为了解决天原产品所需的耐酸陶器。（图 2-23）

图 2-22 朱志尧与他的家人。左起：朱季琳、朱志尧、马氏（手捧朱朴斋遗像）、朱季球、朱云佐

图 2-23 吴蕴初（右一）在工厂查看生产情况

❶ 吴莘耕编：《龙华今日》。朱志尧（1863—1955），字宠德，号开甲，祖籍江苏青浦（今属上海市），生于上海董家渡，天主教徒。儿时曾从二舅父马相伯就读于徐汇公学。历任轮船招商局买办、江南造船厂经理、大德油厂总办、法商东方汇理银行买办。后陆续创办求新制造机器轮船、同昌油厂、同昌纱厂、大通仁记与中国合众两大航业公司，曾投资新诚米厂、汇西布厂、尼各老砖厂、安徽省涂铁矿等企业，并任华商电气公司、内地自来水厂、申大面粉厂、中国图书公司、苏路公司、大通、大达轮船股份有限公司等企业董事。

20 世纪 30 年代初期，有一份关于龙华地区工厂的调查如下：

表 2-3　龙华地区工厂调查表

工 厂 名 称	始 创 年 份	创 办 人	资　本（万元）
上海水泥公司	民国十年（1921）	刘鸿生	300
宝泰丝厂	民国十七年	汤贤庆	10
大中染料厂	民国廿二年	费藻鉴	10
隆泰皮棍厂	民国四年	袁荣标	5
大明火柴厂	民国廿二年	许宝铭	5
龙顺修船厂	民国二年	黄瑞交	3
东方软管厂	民国廿二年	计云平	1
振新皮棍厂	民国八年	杨锡华	1
匠心针厂	民国廿二年	朱云卿	1
中和肥皂厂	民国廿二年	陈澄清	1
重心化学工业第二制造所	民国廿一年	郁炳臣	0.5

资料来源：吴莘耕编《龙华今日》，实业印书馆（上海）1933 年版。

除上述企业外，后又陆续出现亚美电器厂、胜美缝纫机厂、大美染织厂、中华制棉厂、天盛陶器厂、大中华修配厂、龙华制钉厂、中华制钉厂、大中华拆船厂、上海拆船厂、大中华轮船公司龙华分公司、顺泰锯木厂、龙华勤益造纸厂、上海毛巾三厂、上海第三机床电器厂，以及一些修船厂、碾米厂、面粉加工厂、成衣加工厂等小型企业，拥有工人数千人。（图 2-24）

1946 年，宏文机器造纸公司上海厂（简称宏文造纸厂）创立。该厂系荣毅仁、荣志仁、李志方、李国伟、李统劼等集资筹建。当年的厂址也选定在龙华港口一带。向美国订购设备，设计产纸能力为日产板纸 20 吨，随后即动工兴建厂房，后因建材等物资缺乏，工程进度缓慢，直到上海解放时还没有完工。

据《上海市第七区公所保甲整编段第一段分段划分图》显示，英商龙华船厂也坐落于此，毗邻日晖港车站。（图 2-25）

图 2-24　龙华塔上远眺，周围工厂林立

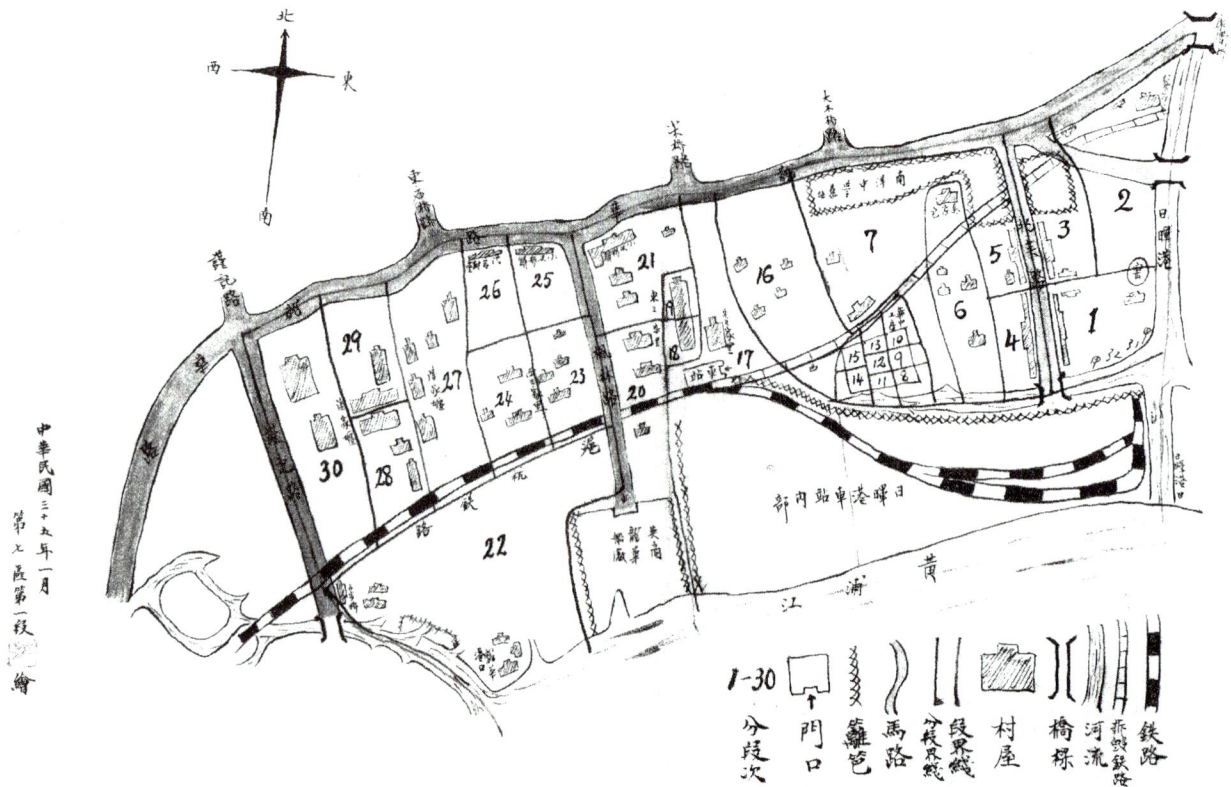

图 2-25　民国三十五年（1946）上海市第七区第一段绘制的《上海市第七区公所保甲整编段第一段分段划分图》，涉及黄浦江沿岸

经过数十年的发展，在龙华及其周边地区逐渐建立起包括军工、造纸、建筑材料、船舶修理、染料、丝绸等一批工业企业。其中，有不少是伴随着军工厂而产生的加工企业，或者是配套企业，如机械制造厂、修配厂等。

第三节　工业带的拓展与转型

1949 年上海解放以后，由于行政区划的调整，今徐汇滨江地区的范围大致包括当时的龙华区和常熟区。

一、龙华地区的工业发展

龙华地区工业得到很大发展，这一时期发展起来的工厂，情形不一：有的原是近代企业，1949 年之后又有了新发展；有的是从其他地方迁入龙华；有的从本地发展起来，属于镇办企业或社办企业（乡镇企业）。按当时的企业性质来分，主要有国营企业、集体企业等。其中规模较大的国有企业有：中国人民解放军第七三一五工厂、上海水泥厂、上海飞机制造厂、上海协昌缝纫机厂、上海亚美电器厂（上海无线电二十六厂）、上海大理石厂、龙华肉类联合加工厂、上海感光复印纸厂、上海中华家具厂、上海东风木材厂、上海市木材公司南方木材厂、上海球拍厂、上海第二毛条厂、上海毛巾三厂、上海第三机床电器厂，等等。百人以上的集体企业有：上海砂轮机厂、上海工艺编织厂、上海环球制鞋厂、上海市衡器厂、上海宝塔食品厂、上海工业洗衣机总厂、上海水泥厂特种水泥分厂、上海长乐电器厂，等等。

1. 中国人民解放军第七三一五工厂

上海解放后，对龙华兵工厂实行军管，称为军械部第一分厂，隶属南京军区，1965 年改称中国人民解放军第七三一五工厂，主要承担部队军械维护，轻、重武器检测工具与备件的制造。1984 年，有职工 714人。在确保完成军品任务的前提下，也开发民用产品，于是，在 1986 年另设上海龙华机械厂，一厂两名，"保军转民"。这家历史悠久的著名军工企业在新时期开始了部分转型。

2. 上海水泥厂

1949 年 6 月后，华商上海水泥公司恢复生产。1954 年 7 月实行公私合营。1955 年 5 月 1 日，改名为上海水泥厂，隶属上海市第二重工业局领导。1956 年 1 月，私营的天祥实业股份有限公司实行公私合营，并入上海水泥厂，成为该厂的第四车间。同时，上海水泥厂改由中央重工业部建筑材料管理局领导。

经过几次大规模的改建扩建，上海水泥厂发展迅速，这可以从一组数据中得到反映：

表 2-4　1949 年至 1984 年上海水泥厂基本情况表

年　份	职工人数	水泥产量（万吨）	工业总产值（万元）	利润总额（万元）
1949	328	2.74	148.1	10.77
1960	2 485	45.62	1 914.3	−897.70
1978	2 016	65.59	3 033.0	135.80
1984	2 241	72.54	3 727.7	630.14

资料来源：《上海水泥厂七十年》编委会编《上海水泥厂七十年（1920—1990）》，同济大学出版社 1990 年版，第 190—191 页。

上海水泥厂逐渐成为建筑材料行业的龙头企业。品牌产品"象"牌 425 号矿渣水泥 1989 年度被评为上海市优质产品。产品 900 号高级快硬水泥、硅酸盐水泥超早强外掺剂（简称 SH 外掺剂）、SZ-I 型彩色硅酸盐水泥曾分别获上海市重大科技成果奖、科技进步奖和优质产品奖。

1989 年，上海水泥厂与丹麦史密斯公司签约，新建一台日产熟料 2 000 吨的窑外分解干法水泥生产线。1993 年，上海水泥厂将该生产线与香港联合国际工业（上海）有限公司合资成立上海联合水泥有限公司，注册资金 2 400 万美元，投资总额 6 000 万美元，生产 525 号硅酸盐和普通硅酸盐水泥，注册商标"泰立"。产品主要应用于国家重点工程项目，并出口东南亚地区。

图 2-26（1） 1959 年上飞公司龙华厂区景象一
（中国商飞上海飞机制造有限公司提供）

图 2-26（2） 1959 年上飞公司龙华厂区景象二
（中国商飞上海飞机制造有限公司提供）

图 2-26（3） 1959 年上飞公司龙华厂区景象三
（中国商飞上海飞机制造有限公司提供）

3. 上海飞机制造厂

上海飞机制造厂，位于宛平南路百步桥，生产技术上以原南京国民政府中国航空公司和中央航空公司的香港起义人员与留沪人员为基础发展起来，从百多人的修理队，发展到 1967 年为 3 000 多人的大厂。❶1950 年 9 月 1 日，军委民航局上海办事处在龙华机场成立飞机修理队。1951 年 2 月，飞机修理队扩编为"军委民航局机械修理厂上海分厂"。1952 年 7 月 1 日改名为"国营五二一厂"。1956 年 2 月 1 日，国营五二一厂改名为"中国人民解放军空军第十三修理工厂"（简称空军 13 厂）。（图 2-26〔1〕〔2〕〔3〕）1965 年 7 月 1 日，空军 13 厂改名为"中国人民解放军第五七〇三厂"（简称解放军 5703 厂）。1992 年 7 月 14 日，上海飞机制造厂作为国营第五七〇三厂的正式厂名，对外开展各项经营活动。❷（图 2-27）

修理队成立后即着手修复"两航"遗留在龙华机场的 48 架美制 C-46、C-47 等型号的破旧飞机。❸1952 年 5 月后，第二修理厂先后划归重工业部航空工业局和空军管理，其主要任务为部队修理、改装运输机、通讯机、直升机、强击机、喷气式歼击机和教练机，并生产部分飞机零部件，仅 1960 年就修理、改装飞机 306 架。在修理、改装飞机的同时，空军 13 厂于 1958 年 9 月首次试制成功"飞龙 1 号"水上飞机；1965 年试改装成功无人驾驶的无线电遥控靶机；1983 年又与美国魁基飞机公司合作生产 Q2 轻型飞机获得成功。上飞厂从飞机修理队开始至 1984 年，共为空、海军部队

---

❶ 毛贤晟（国营第五七〇三厂）：《发扬爱国主义精神，为建设四化贡献余生》，上海市档案馆藏档。
❷ 《上飞六十年》编委会：《上飞六十年》，上海大学出版社 2011 年版。
❸ 《关于要求承接国外飞机修理业务的请示》，上海市档案馆藏档。

图 2-27　1990 年代龙华厂区门口（中国商飞上海飞机制造有限公司提供）

和援外修理、改装 40 多个型号飞机 3 400 多架。❶1952 年—1985 年间，上海飞机制造厂固定资产投资共计 11 582.9 万元。❷ 上海飞机制造厂在飞机修理和飞机制造方面，取得了许多辉煌的成就。（图 2-28）

① 修理 C-46、C-47 飞机

1949 年秋，军管会组织了一批机务人员，选择一架情况较好的 C-46 运输飞机进行修理。但修理工作开始不久，便遭到暗藏的敌特分子破坏，装到飞机上的关键零附件被偷偷拆走，使飞机修理工作无法进行。这件事引起军管会的警惕，考虑到上海刚解放不久，时机还不太成熟，只得决定暂时停止修理飞机的工作。❸

1950 年 9 月 1 日，民航办事处从龙华机场参加政治学习的原"两航"员工中抽调一部分人员，正式成立了飞机修理队，开始对龙华机场遗留的残机进行修复。11 月初完成第一架 C-46 飞机的修复工作。11 月 8 日，军委民航局局长钟赤兵、副局长唐凯发布命令予以嘉奖，特命令修复的 C-46 为"上海号"机，以

❶ 上海航空工业志编纂委员会编：《上海航空工业志》，上海社会科学院出版社 1996 年版。
❷ 《上海飞机制造厂工业普查甲类表》，1985 年 5 月，上海市档案馆藏档。
❸ 《上飞六十年》编委会：《上飞六十年》，第 24 页。

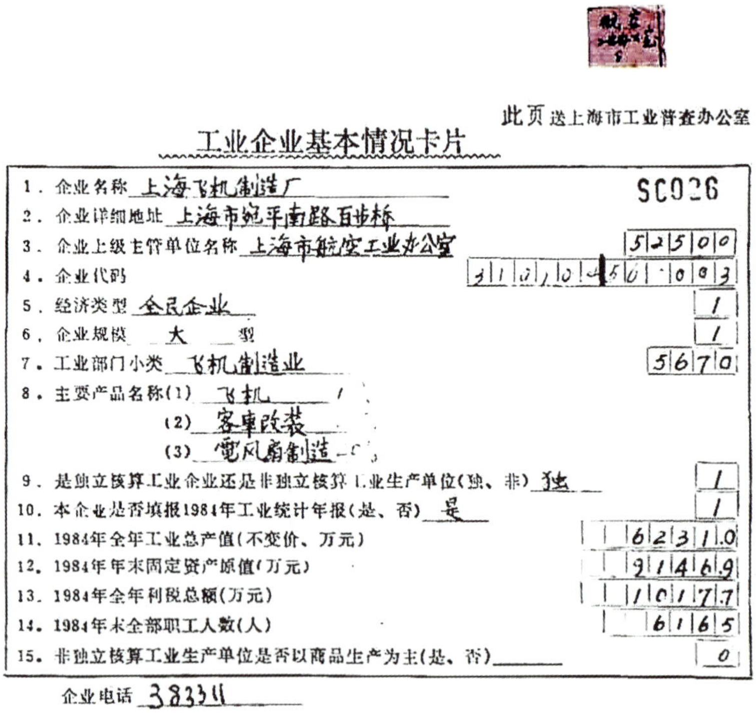

此页送上海市工业普查办公室

工业企业基本情况卡片　　　　　SC026

1. 企业名称　上海飞机制造厂
2. 企业详细地址　上海市宛平南路百步桥
3. 企业上级主管单位名称　上海市航空工业办公室　　　|5|2|5|0|0|
4. 企业代码　　3|1|0|0|4|5|6|1|0|0|3|
5. 经济类型　全民企业　　　　　　　　　|1|
6. 企业规模　大　型　　　　　　　　　|1|
7. 工业部门小类　飞机制造业　　　　|5|6|7|0|
8. 主要产品名称（1）飞机
　　　　　　　（2）客车改装
　　　　　　　（3）电风扇制造
9. 是独立核算工业企业还是非独立核算工业生产单位（独、非）独　　|1|
10. 本企业是否填报1984年工业统计年报（是、否）是　　　　|1|
11. 1984年全年工业总产值（不变价、万元）　　　|6|2|3|1|0|
12. 1984年末固定资产原值（万元）　　　|9|1|4|6|9|
13. 1984年全年利税总额（万元）　　　|1|0|1|7|7|
14. 1984年末全部职工人数（人）　　　|6|1|6|5|
15. 非独立核算工业生产单位是否以商品生产为主（是、否）　|0|

企业电话　38334

图 2-28　上海飞机制造厂调查表

志纪念。[1] 11 月 9 日，民航局庆祝中国、中央两航空公司光荣起义周年之际，举行了 C-46 飞机的命名典礼，并成功完成了试飞任务。[2] 12 月，第 2 架 C-46 飞机完成修复工作，被命名为"上海 2 号"。（图 2-29〔1〕，图 2-29〔2〕）1951 年又修复 C-46 运输机 9 架，分别编为上海 3—10 号及天津号。此外，广州和重庆民航人员也来沪各修复 1 架 C-46 运输机，分别编为广州号、重庆号。至此，"两航"遗留在龙华机场内的 C-46 运输机，凡可修理和拼修的均已修复使用。

C-46 运输机修理成功后，职工们生产热情高涨，1951 年 4 月将龙华机场 1 架机身破旧不堪的 C-47 运输机修复使用，作为向"五四"青年节的献礼，命名为"中国青年号"，并于 5 月 3 日飞往北京，参加首都庆祝"五四"青年节活动。

9 月，修理队又将 1 架满身破洞的 C-47 运输机修好，迎接 1951 年国庆节，向中共中央主席毛泽东献礼。当时军委民航局报经政务院总理周恩来批准，将飞机命名为"国庆号"。因国庆节北京机场关闭，无法飞京，遵照周恩来总理批示，改在上海举行命名仪式。9 月 29 日，在龙华机场举行了命名典礼和献机仪式。（图 2-30）10 月 14 日，"国庆号"飞抵北京西郊机场，由中央人民政府办公厅处长陈昭代表政府举行了欢迎仪式。

C-47 飞机的改装是将机身货舱参照美国道格拉斯飞机公司生产的 DC-3 客机进行改装。主要改装工作是在机内两侧加装航空座椅，根据使用单位的不同要求而增减，有 15—25 座。货舱门改为登机门，铺设地板和地毯，在机身后部加设厕所等生活设施，并加装行李架、饮料柜、防音隔热设备、冷热气导管设备及毛料蒙顶等。只有 1953 年由废旧机修复、改装出厂的 1 架 111 号飞机，按上级要求改成客货两用机，货舱前部按客机形式加装 6 个座椅，货舱后部仍保留货机设备的装置，工厂根据要求作特殊改装交付使用。1951 年—1953 年，共修理和改装 C-47 飞机 11 架。

---

[1] 《上飞六十年》编委会：《上飞六十年》，第 24—25 页。
[2] 《"上海号"光荣命名》，《文汇报》1950 年 11 月 10 日。

图 2-29（1） 1950 年，第一架经修复的美式 C-46 飞机被命名为"上海号"（中国商飞上海飞机制造有限公司提供）

图 2-29（2） 1950 年 11 月，"上海号"机命名典礼（中国商飞上海飞机制造有限公司提供）

图 2-30　1951 年 9 月 29 日，"国庆号"飞机命名典礼（中国商飞上海飞机制造有限公司提供）

②"飞龙 1 号"水上飞机

1958 年在"大跃进"形势下，空军 13 厂党委根据职工要求自己制造飞机的愿望，分析了当时厂内技术力量较为雄厚，厂址紧靠黄浦江，原有水上跑道等有利条件，提出制造水上飞机的打算，经上级批准后，决定造出飞机向国庆节献礼，命名为"飞龙 1 号"。

"飞龙 1 号"是单发上单翼活塞式水上飞机。机翼为木质骨架结构，翼展 12.09 米。机身为复合结构，构架用钢管焊接而成，构架上装有木质骨架。机长 8.76 米，包括驾驶员共乘 4 人。浮具为半硬壳式结构，有单独密封舱，长 5.83 米，宽 0.70 米。空机重量 992.3 千克，有效载重 312.7 千克。最大速度 130 千米 / 小时，起飞离水速度 75—80 千米 / 小时，着水速度 70—75 千米 / 小时，航程 300—600 千米（根据负载情况），起飞滑跑距离 250—280 米。动力装置为 1 台 M-11ФР 五缸星型发动机，起飞功率 160 马力。

"飞龙 1 号"的制造采取边设计、边施工的方法。其主体部分是以苏制雅克-12 作样机，设计的关键在其水上浮具和相应的构架上，而浮具的设计重点又在阻力小和水平稳定性良好两大环节，兼顾水面飞溅、构造简单等因素。浮具设计方案初步确定后，又制成 1∶10 模型，进行水面试验和排水量试验，根据试验结果再修正浮具的设计参数。浮具的强度经计算和静力试验验证。

1958 年 8 月 7 日全面开工，经过 39 天的制造和总装调试，于 9 月 15 日进入试飞准备阶段。第一次试飞是装起落架在陆地上起降，当证明飞机性能达到原设计要求时，才装上浮具准备在水上试飞。22 日下午，飞机下水试行，发现水舵工作不灵活、转弯半径过大、牵引困难等故障。上岸排除后，于 23 日再次下水，由试飞员余廷祥、彭金廷和张兴远进行多次试飞。试飞结论：该机起飞、着水性能和稳定性、操纵性良好，不易产生俯仰和跳跃现象，适用于近海救护和教练。

"飞龙 1 号"自开工至试飞成功，整个试制周期仅 48 天。9 月 26 日，正在出席中共空军工程部第 2 次代表大会的全体代表来电、来函表示热烈祝贺。28 日上午 8 时，举行"飞龙 1 号"下水典礼和飞行表演。（图 2-31〔1〕〔2〕）中共上海市委书记处书记许建国，上海市副市长盛丕华、赵祖康，空军工程部副部长罗野岗，苏联顾问奥沙奇以及空军第四军、海军东海舰队、上海市妇女联合会、大专院校的代表和各界知名人士，观看了飞行表演并表示祝贺。

10 月 2 日，空军工程部委托工厂组织鉴定，鉴定结论为：飞机原材料、工艺性能、总装配、各项校验及试飞性能均符合使用要求，成品鉴定合格，准予出厂使用。同时规定使用寿命为 400 小时，期限 3 年。水上飞机试飞成功见报后，引起强烈反响，各地纷纷来信要求订货。由于工厂修理、改装飞机任务日益繁重，且有关飞机制造的统筹规划属一机部四局，因而空军工程部决定空军 13 厂停止水上飞机的制造。

图 2-31（1）　1958 年 9 月 28 日，"飞龙 1 号"试飞现场（中国商飞上海飞机制造有限公司提供）

图 2-31（2）　1958 年 9 月 28 日，上海飞龙机器厂❶庆祝全国第一架水上飞机诞生典礼大会（中国商飞上海飞机制造有限公司提供）

❶　上海飞龙机器厂为当时空军 13 厂第二厂名。

③ 研制运 10 飞机

运 10 飞机是中国首次自行设计、自行制造的大型喷气客机。飞机最大起飞重量 110 吨，最大巡航速度 974 千米 / 小时，最大实用航程 8 000 千米。客舱按全旅游、混合、全经济三级布置，可分别载客 124、149、178 人。运 10 飞机由上海飞机研究所设计，五七〇三厂制造总装，上海航空电器厂承制起落架，并得到上海市和航空部内外 300 多个单位的协作支援。

根据上海市的要求，航空工业领导小组于 1970 年 7 月 26 日向军委国防工业领导小组提出《关于上海、广州地区制造飞机问题的请示》。7 月 30 日，国防工业领导小组原则同意航空工业领导小组的请示，并上报国务院。经国务院总理周恩来批准，国家计委、军委国防工业领导小组于 8 月 27 日联合批复，原则同意上海市试制生产运输机的报告，并纳入国家计划。试制生产所需技术资料、试制费、原材料及计划下达等，均由三机部统一归口。该任务定名为 708 工程，飞机代号运 10（Y-10）。

研制工作自 1970 年 8 月国家计委、军委国防工业领导小组向上海下达研制大型客机任务开始，即 708 工程。1970 年 12 月 19 日，市工交组向全市有关工厂下达运 10 飞机的研制任务：五七〇三厂制造和总装大型飞机，航空电器厂制造飞机起落架，上海电动工具厂制造飞机反推力装置等。❶（图 2-32）

为了明确运 10 飞机研制中的若干重大问题，1973 年 6 月 27 日，国务院、中央军委批转上海市革委会《关于研制大型客机的请示报告》和国家计委《关于上海研究试制大型客机问题的报告》，明确大型客机的研制工作由上海市统一领导，并负责组织实施，技术业务由三机部负责归口，中央有关部门大力协同，积

图 2-32　1981 年 12 月 8 日，运 10 飞机转场试飞北京，首都各部委 67 个单位 4 600 余人参观
（中国商飞上海飞机制造有限公司提供）

❶ 上海航空工业志编纂委员会编：《上海航空工业志》。

极支持；研制进度和建设规模，本着由小到大逐步发展的精神，零批试制 3 架样机、12 台发动机；同意上海市以现有三机部、航空研究院、空军来沪的 600 多名设计人员为基础，组建大型客机设计院；同意将空军 5703 厂下放给上海市领导；同意海军航空兵和 5703 厂共用大场机场，有关机场跑道延伸和总装厂房等建设由上海市负责等。

1972 年中央军委审查通过飞机总体设计方案，1976 年 7 月制造

图 2-33　运 10 飞机（摄于 20 世纪 70 年代，中国商飞上海飞机制造有限公司提供）

出第一架用于静力试验的飞机，于 1978 年 11 月全机静力试验一次成功。1979 年 12 月制造出第二架用于飞行试验的飞机，于 1980 年 9 月 26 日首次试飞一次成功。（图 2-33）之后进行研制试飞和转场试飞，证明运 10 飞机性能良好，符合设计要求。运 10 飞机的试飞成功，在国内外引起强烈反响。美、英等国航空界纷纷发表评论，认为"这是中国航空技术的重大发展"，"使中国民航工业同世界先进水平的差距缩短了 15 年"，"在得到这种高度复杂技术时，再也不能说中国是一个落后国家了"。

运 10 飞机的试飞成功，填补了中国航空工业的一项空白，是一项重大科技成果。在设计技术上，有 10 个方面为国内首次突破；在制造技术上，也有不少新工艺是国内首次在飞机上使用。经过大量试验和试飞实践，证明运 10 飞机具有较好的操稳特性和安全性，它不易进入尾旋并易于改出尾旋；具有较好的速度特性，其阻力发散马赫数优于同类飞机（注：阻力发散马赫数是指飞机上出现激波，阻力骤增时的马赫数，运 10 飞机出现激波较波音 707 飞机迟）；具有较好的机场适应性，在当时的机场条件下，可使用的国内机场较波音 707 和三叉戟飞机为多。还具有较大的发展潜力，如改装发动机、加长机身，可提高其经济性；如在机身开个大舱门，可改作客货两用机或军用运输机。同时也是预警机、空中加油机合适的候选机。通过运 10 飞机的研制，共取得有应用价值的成果 147 项，其中获得部、市级以上重大科技成果奖 36 项。1986 年，运 10 飞机又获上海市科学技术进步一等奖。但是，由于当时的历史条件，提出运 10 飞机设计任务时，主要从首长专机考虑，要求能"跨洋过海"，航程达 7 000 千米，致使飞机结构及载油重量增加，商载减少。

运 10 飞机首次试飞成功后，由于经费原因，研制工作难以继续进行。1980 年底，上飞厂写信给中央领导反映运 10 飞机的研制情况。翌年 4 月，国务院副总理薄一波要求组织专家进行论证。6 月，上海市政府和三机部联合在上海召开运 10 飞机专家论证会，与会专家充分肯定上海研制运 10 飞机所取得的成果，并提出应走完研制全过程的建议。会后，三机部和上海市政府提出继续研制的 4 个方案，但未获批复。

1982 年起运 10 飞机的研制基本停顿。❶

④ 修理安−12 飞机

1974 年，上飞厂为了集中力量研制运 10 飞机，不再承担修理飞机任务，但后来出现生产任务不平衡、工时利用率较低的状况。因此，该厂于 1979 年 8 月 28 日上报三机部，要求修理安−12（АН−12）等飞机。三机部于 1979 年 12 月 26 日批复，明确定点上飞厂承担该型飞机的大修理任务，并对安−12 飞机修理的计划安排、修理原则、修理价格等作了明确规定。

安−12 飞机是苏联生产的大型运输机，其结构、性能与国内生产的运 8 飞机基本相同。空军送修的第一架安−12 飞机于 1980 年 4 月开始试修，至 1981 年 5 月试飞成功。7 月 7 日—10 日，市航办在上飞厂召开安−12 飞机试修鉴定会，空军有关部门的代表参加。与会代表审查通过了《关于安−12 飞机试修鉴定报告》，对上飞厂首架安−12 飞机的修理结果表示满意。

1982 年 8 月 20 日，根据航空部下达的任务，由中航技公司与上飞厂签订合同，为约旦王国大修安−12 飞机，修理周期为 10 个月。为约旦王国修理的第一架飞机于 1983 年 6 月 24 日进厂，随后陆续送修共 4 架。至 1984 年止，工厂共大修安−12 飞机 6 架。❷（图 2-34〔1〕〔2〕）

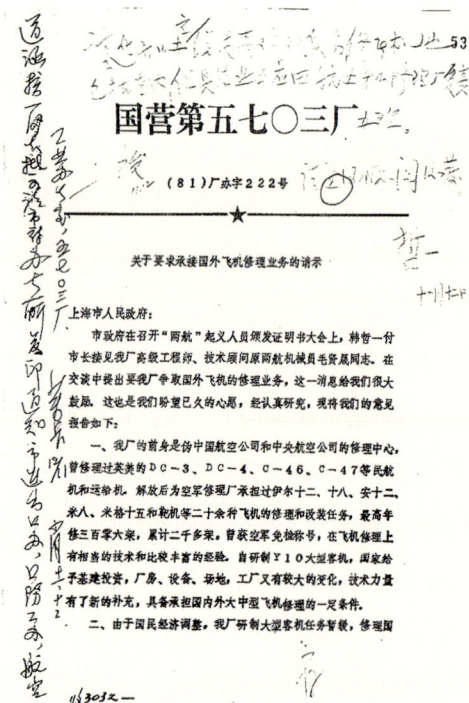

图 2-34（1）　国营第五七〇三厂要求承接国外飞机
　　　　　　　修理业务的请示（节选）

图 2-34（2）　国营第五七〇三厂要求承接国外飞机
　　　　　　　修理业务的请示（节选）

---

❶ 上海航空工业志编纂委员会编：《上海航空工业志》。
❷ 上海航空工业志编纂委员会编：《上海航空工业志》。

⑤ Q2 轻型飞机

Q2 飞机是由美国魁基飞机公司提供材料、部分零件，上飞厂制造及装配的轻型飞机。该机结构简单，操作方便，重量轻，油耗低，气动布局先进，飞行品质优良。在国外，一般用于游览及体育运动。在国内，还可用于林业、农业、通讯、联络等方面。

经美国麦道公司补偿计划部经理吉内斯的介绍，魁基飞机公司委托美国雷马斯特（REVMASTER）航空公司总裁霍瓦斯来沪商谈合作生产 Q2 飞机事宜。1981 年 9 月 25 日，美方代表在瑞金宾馆与中方代表市航办飞机处副处长吴作权、上飞厂副总工程师杨世骧以及三机部、中航技公司的有关人员进行洽谈，并就上飞厂生产 Q2 飞机签订了《Q2 飞机备忘录》。据此，上飞厂于 1982 年 1 月 9 日派出 3 名工程师赴美国魁基飞机公司考察学习。回国后，工厂于 5 月 20 日与魁基飞机公司签订了 ATE/USA/81B6124 散装件来料加工试制 10 架 Q2 飞机的合同。10 月 24 日，魁基飞机公司提供的首批 2 架散装件共 55 箱海运到达上海。经开箱验收，发现配套不全，缺少技术文件和样板图等。因此又于 11 月 1 日签订《关于 ATE/USA/81B6124 合同备忘录》，并确认此备忘录和合同作为 Q2 飞机生产的执行依据。

Q2 飞机气动布局的特点是采用鸭式布局，主翼和鸭翼都是夹层复合结构，其翼展均为 5.08 米，无后置平尾。机体主要结构全部采用玻璃钢。机长 5.97 米，座舱宽度 1.1 米，并排双座。最大起飞重量 453.6 千克，空机重量 234.5 千克，最大速度 289.7 千米 / 小时，实用限 4 527 米，航程 1 097.6 千米。装有 1 台 REVMASTER2100-DQ 四缸活塞发动机，最大功率 64 马力。

1982 年 11 月 16 日，首批 2 架 Q2 飞机正式开工生产。1983 年 2 月 28 日，飞机的主要部件主翼、鸭翼、前、后机身、升降舵、副翼、方向舵等全部制造完毕，并经鉴定合格，可以装机使用。在部件对接过程中，由于棉绒胶等材料不够，只能先装配 1 架飞机。5 月 19 日，魁基飞机公司委派雷马斯特航空公司项目经理、飞行员席林（Eric Shilling）到上飞厂执行试飞任务，并处理技术问题。5 月 20 日，首架 Q2 飞机经静力加载试验，证明主翼、鸭翼结构刚性和强度完全符合技术要求。同年 6 月 4 日，中方飞行员郭干平随同美方试飞员席林按试飞大纲进行试飞。首次试飞着陆后，席林翘着拇指连连称赞好极了。当天连续试飞 3 个起落，席林确认试飞合格并签字。

1983 年 6 月 8 日—10 日，航空部在上飞厂召开 Q2 飞机鉴定会。与会代表认为：上飞厂对 Q2 飞机的来料加工从家庭制作形式转化为工业生产形式，对原设计作某些改进，丰富制作依据，交付的第一架飞机符合合同要求，获得美方试飞人员的好评，同意颁发产品合格证，可以转入小批量生产。同年 9 月，在上海市新技术、新产品展览会上以整机样品展出，获国家经委颁发的优秀新产品奖。接着，工厂相继完成第二架 Q2 飞机和第三至六架机身、主翼、鸭翼等结构件的制造。但由于美国魁基飞机公司总裁驾驶新机失事身亡，Q2 飞机返销美国的合法性尚未获认可，魁基飞机公司即宣布破产，以及大量缺件等原因，致使 Q2 飞机无法继续生产，只好中止合同的执行。首架 Q2 飞机留厂作样机，第二架飞机调给上海航宇科普中心展览。

⑥ 生产歼 7 Ⅲ 型飞机吹气襟翼

1982 年 3 月 30 日，三机部决定将歼 7 Ⅲ 型飞机吹气襟翼定点在上飞厂试制、生产。歼 7 Ⅲ 吹气襟翼是新型歼击机的配套件，为国内第一架在结构布局上参照原型机自行设计的附面层控制高效能增升装置，并首次采用无铆接盒段全尺寸无孔蜂窝结构件。1982 年 4 月，上飞厂与成都飞机研究所、贵州云马飞机制造厂共同签订经济合同和技术协议。同年 6 月 11 日，工厂对参加试制的工作人员进行动员和技术交底，确定试制工作由一名副总工程师负责，下设型号主管，具体掌握厂内外技术协调。试制生产按工厂原有体制业务归口，各负其责。

根据航空部的要求，上飞厂又承担第二批歼 7 Ⅲ 吹气襟翼的生产任务，于 1988 年 11 月完成交付。1988 年 12 月，云马飞机制造厂又向上飞厂提出订购歼 7 Ⅲ 吹气襟翼的要求，上飞厂于 1990 年 6 月完成交付。

上海飞机制造厂承担运 10 飞机的研制任务后，于 1972 年 1 月开始扩建。初期基建集中在龙华厂区，在型架厂房、模线样板厂房大体完工，大件车间预制柱和屋架已完成，钣金厂房和黑色金属热处理厂房正准备铺开时，由于运 10 飞机总体设计方案变动，对机场跑道长度要求提高，而龙华机场跑道仅长 1 820 米，又无法延长，不能满足大型客机安全起飞和着陆的要求，因而基建工程被迫停止施工。

1973 年 6 月，经国务院、中央军委批复，同意上海市与海军共用大场机场。于是上飞厂着手在大场建立新厂区。1974 年 8 月，经市工交组和市城建局批准，在大场机场及其附近征、拨土地 550 亩，建筑面积达 8.35 万平方米，新增金属切削设备 233 台，总投资 5 850 万元。从此，基建重点转到大场。

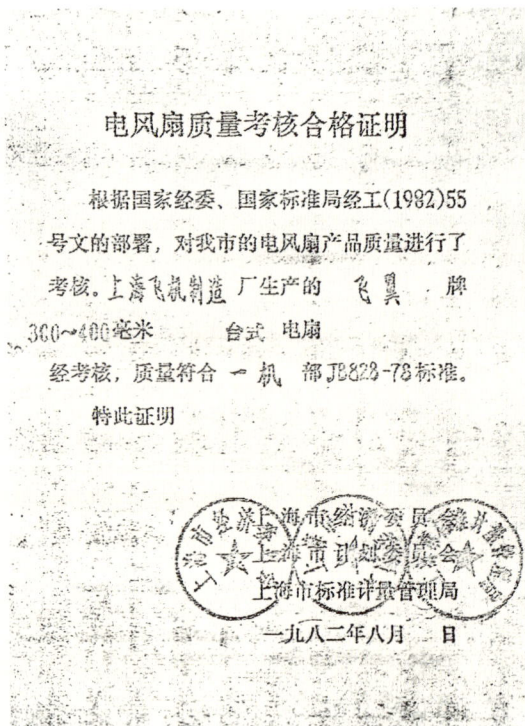

图 2-35 上海飞机制造厂的飞翼牌电扇获得国家质量认定

龙华厂区在这次扩建中增建镁合金铸造、黑色金属热处理、型架制造、金属蜂窝制造和模线样板等 5 个厂房，加上仓库、动力设施等配套项目共 18 项，建筑面积 21 858 平方米。1976 年扩建工程进入收尾阶段。

从 1980 年起，上海飞机制造厂先后与美国麦道、波音、派克·爱培克斯公司等签订来料加工生产飞机主、前起落舱门以及航空液压零件等航空零部件合同。❶

上海飞机制造厂为贯彻以民养军的方针，大上民品项目，民品有飞翼牌电风扇（图 2-35）、客车❷、升降梯、液压油马达、消防云梯车、窗帘导轨等。该

---

❶ 上海飞机制造厂于 1985 年—1994 年间与麦道公司合作生产 35 架 MD82/83 飞机，其中 5 架返销美国。1994 年 12 月作为主承制商，承担 20 架 MD90-30 飞机的总装和质量控制。1997 年与美国波音公司签订了生产 1 500 架份波音 737NG 飞机水平安定面合同，至 2000 年底已累计交付 62 架份。

❷ 1991 年 11 月，飞翼牌 SF6900、SF6970、SF6120 等 3 个系列 6 种车型获得生产许可。1992 年 8 月，上飞厂生产的飞翼牌汽车被评为"全国公认名牌"汽车，飞翼牌 6940 客车被评为"92 消费者信得过国产车银奖"。

厂生产的液压钢索联动直升梯共有 16 米、12 米、9 米、8 米、7.5 米、5 米等 6 种规格，1960 年开始投产，先后提供给首都人民大会堂、北京先农坛体育场、中国历史博物馆、中国美术馆、中央电视台、湖南省展览馆、中国民用航空浙江省管理局、四川省展览馆、上海铁路局、上海新江机器厂等单位。❶

　　上海飞机制造厂还开办了附属的大学，即七·二一大学。1974 年 9 月，上海五七〇三厂七·二一大学成立，第一期开设了飞机工艺和飞机结构设计两个专业，学制 2 年，学员 61 人，于 1976 年 11 月毕业。1978 年 8 月，开始面向本市航空工业系统招生，设"机械制造工艺及装备"和"数控设备"两个专业，学制 3 年，经过入学考试，择优录取了 57 名学员，于同年 10 月开学。1979 年 4 月，上海市国防工办对七·二一大学组织检查验收，规范学校的管理，学校基本具备了职工高等学校的条件。❷

　　20 世纪 50 年代创建的上海飞机制造厂，是新中国重要的飞机研发制造基地，为我国的民用航空事业发展作出过重大贡献，如今已成为徐汇滨江的特殊记忆。始建于 1953 年的 101 机棚，采用苏联建造技术，空间网架结构，施工工艺精良，现由日本建筑师藤本壮介设计改建为余德耀美术馆，成为上飞厂龙华厂区的历史遗存。（图 2-36〔1〕〔2〕）

图 2-36（1）　龙华厂区最大厂房 101 机棚动工（摄于 1953 年 8 月 27 日，中国商飞上海飞机制造有限公司提供）

---

❶《关于 5703 厂生产的液压钢索联动直升梯纳入部计划的请示报告》，上海市档案馆藏档。
❷《关于申请验收五七〇三厂七·二一大学的报告》，上海市档案馆藏档。

图 2-36（2） 原上海飞机制造厂旧址（红色建筑为 101 机棚的一半，白色建筑为汽车生产车间，摄于 2017 年 10 月 10 日）

二、常熟区的工业

今徐汇滨江，其中部分地段历史上属于常熟区（参见 1950 年 10 月刊印的上海市龙华区、徐汇区、常熟区等一带地图）。1949 年上海解放后，根据 7 月份所作调查，当时所属行政区常熟区的工业有大小工厂195 家，其分类统计如下表：

表 2-5　常熟区所有工厂统计表

业　　别	家数	电动	手工	10人以下	10—50人	50—100人	100—200人	200—400人	400—600人	1 500—1 700人
第一组										
冶炼	2	2			2					
五金染色	1	1			1					
机器	16	10	6	12	3	1				
钟表	3	3		1	2					
五金零件	11	6	5	6	4	1				
钢铁用具	1	1			1					
电器用具	3	3		2	1					
化工	10	5	5	2	7	1				
橡胶	3	3			3					
小计	50	34	16	23	24	3				
第二组										
棉毛纺织染	76	31	45	31	33	6	3	2	1	
棉纺品复制	23	13	10	9	10	1	1	1	1	
小计	99	44	55	40	43	7	4	3	2	
第三组										
卷烟	2	2			1					1
火柴	2	2					1	1		
造纸	1	1				1				
锯木	3	2	1	1	2					
印刷	3	3			3					
食品	14	5	9	4	7	1	1	1		
文具	6	6		1	3	1	1			
电影	2	2					1	1		
其他	13	4	9	6	6	1				
小计	46	27	19	12	22	5	4	2		
合计	195	105	90	75	89	15	8	5	2	1
百分比	100	53.8	46.2	38.5	45.6	7.7	4.1	2.6	1	0.5

资料来源：常熟区接管委员会编《上海市常熟区概况调查》，1949 年 9 月，徐汇区档案馆藏档。

上表第一组为金属工业、化学工业等重工业范围，第二组为棉毛纺织染及棉纺品复制工业，两组共149厂，占全部工厂的76.4%，若仅就表面分析，则本区为重工业及纺织工业区，但若进一步分析则又大谬不然，如按动力来源分析，149家工厂中用电力推动者78家，仅占52.3%，手工推动者竟高达47.7%以上。如再按每一工厂雇佣职工人数来分析工厂规模的大小，则尤为明显。如149家工厂中，雇佣职工在10人以下的是63家，占43.6%。这些工厂实际上只是小规模的作场而已。其次，雇佣职工在10人以上50人以下的工厂67家，占45%。这些工厂有很多亦只是规模较大的作场，或已具有工厂雏形的作场。严格来说，在第一、二两组的149家工厂中，够得上称为工厂的大概不会超过30%。这些工厂雇佣职工人数最多亦不过600人，而且在149家工厂中不过一两家而已。第三组是日用品工业，计46家，占全部工厂数的23.6%，这一组工厂里除了卷烟、火柴、食品等以外，其余各业的规模比第一、二组更小。

三、滨江工业区的转型

"八五"期间，随着城市建设、旧区改造的需要和经济布局、产业结构调整，原有的工业企业发生了重大的变迁，尤其是间插于闹市区、居民区有污染源的工厂，都进行了搬迁、关并或改造，据各街道（镇）的不完全统计，1990年末前存在、2005年末先后被湮没的市（部）属工业企业有158家，仍在原址正常生产（含改制易名、紧缩规模）的有74家。详见下表：

表2-6　市（部）属工业企业变迁统计表（1990年末—2005年末）

所属街道（镇）	关　　并	搬　　迁	原　址　生　产
斜土路街道	上海长虹色织厂、上海东风制针厂、上海无线电九厂分厂、上海徐汇木材厂、上海矿产原料厂（5家）	上海三新毛巾厂、上海电影附属工厂、上海激光技术实验工厂、上海茶叶公司茶厂、上海分子筛厂、上海庄臣有限公司、上海毛巾五厂、上海卫生材料厂、上海隧道机械厂、上海天山回民食品厂、上海第十六毛纺织厂、上海南洋西服厂、上海磨料磨具厂、上海航空标准件厂、上海市电话局汽车修理厂、上海日用金属制品厂、上海龙华机床电器厂、上海第三机床厂（18家）	上海塑料制品公司塑料三厂、上海教学仪器厂、上海交通汽车修配厂、上海汽车软轴厂、上海汽车修理十厂、上海申花油画笔有限公司、上海亚华印刷机械有限公司、上海伯奈尔-亚华印刷包装机械有限公司（8家）
龙华街道	上海无线电二十六厂、上海毛巾三厂、上海第三机床电器厂、上海第二毛条厂、上海中华家具厂、上海大理石厂、上海东风木材厂、上海第二建筑构件厂、上海环球制鞋厂、上海消防器材三厂、上海市第二市政工程公司机修厂、上海南市木材厂、上海卢湾混凝土制品厂、上海华东电扇厂、上海工业洗衣机总厂、上海机械电子设备厂、上海金鹿无线电厂（17家）	上海协昌缝纫机厂、上海飞机制造厂（2家）	中国人民解放军第七三一五厂、上海水泥厂、上海水泥厂特种水泥分厂、上海龙华肉类联合加工厂、上海球拍厂、上海淮海食品机械厂、上海新艺绣品厂、上海长乐电器厂、民航上海航空维修工程公司、上海森大木业有限公司、上海富士德时装有限公司（11家）

所属街道（镇）	关　　并	搬　　迁	原 址 生 产
长桥街道	上海醒狮铜材厂、上海华美无线电厂（2家）		上海长桥水厂、上海宏文造纸厂、上海现代科技印刷厂、上海市政沥青混凝土厂、上海泰山耐火材料厂、上海华一制针厂、上海中药包装厂、上海人造板厂、上海光华桅灯厂、上海长春胶塑厂、上海沪中冶金制品厂、上海白猫（集团）公司、上海西派埃温度仪表公司、上海光耀特种涂料有限公司（14家）

资料来源：上海市徐汇区地方志编纂委员会编《上海市徐汇区志（1991—2005）》，上海辞书出版社2011年版，第157—159页。

　　沿着徐汇滨江，值得记述的工厂企业还有不少，如上海白猫（集团）公司，为全国洗涤用品大型工业企业之一。其前身为赵春咏于1948年创建的一家化学工厂（制皂厂）。[1]1958年开始研制合成洗涤剂产品，改建成合成洗涤剂制造厂，曾试制出我国第一包合成洗衣粉——工农牌合成洗衣粉。1966年改名为上海合成洗涤剂厂，主要产品有合成洗衣粉、工业用洗涤剂、硬脂酸、药用甘油，以及生产洗衣粉的配套原料，其中的合成洗衣粉在20世纪80年代出口量曾占全国出口总量的三分之一，蜚声海内外。"白猫牌"洗衣粉曾多次荣获国家银质奖和轻工业部、上海市的优良产品奖。"永星牌"硬脂酸和药用甘油等在市场上享有良好声誉。1995年10月，由原上海合成洗涤剂厂改制组建为上海白猫（集团）有限公司（简称白猫集团），公司注册资金2.89亿元，注册地和公司所在地为上海市龙吴路1900号。（图2-37）

　　徐汇滨江的工业发展，从萌芽到壮大及至转型，历时一个半世纪，从晚清到民国，以及中华人民共和国的不同时期，经历的类型亦多，有早期的官办企业、官商合办企业、民族资本企业，到后来的市（部）属企业、区属企业、街道（镇）企业等，其间的复杂演进，凸显了近代以来徐汇滨江工业化的变迁脉络，投射出不同政权和制度对于这一区域变革的影响。

　　徐汇滨江工业带作为沪南工业区的延伸，其形成不同于与之齐名的沪东、沪西工业区，沪东和沪西工业区都是在租界扩张的直接推动下发展起来的，外商企业所占比例也很高，企业性质则主要是与民生相关

---

[1] 马学强、钱军主编的《阅读思南公馆》（上海人民出版社2012年版）曾提及赵春咏：约生于1902年，江苏南通人。赵春咏早年来沪，从一家纱布店跑街伙计做起，出入于花纱布市场与证券交易所，逐渐步入商界。起初与人合伙经营纱布店，抗战爆发后，国民政府组织沿海工商企业内迁，赵春咏借用已停业的永新薄荷油厂的名义，内迁重庆，拟从事薄荷油生产，但因自东南亚订购的设备在战乱中丢失，改办永新化学公司，从事肥皂生产，并参与金融活动。赵春咏于1948年投资筹建上海永新化学工业股份有限公司，地址在当时的上海县华泾乡永泰村，即今上海市龙吴路1900号，购置土地四十多亩建造厂房。1949年建成肥皂工场。后赵春咏等另组裕华油脂公司，并与上海永新化学工业股份有限公司合伙，组建上海永星化学工业股份有限公司。50年代初成为公私合营上海永星化学工业有限公司。

图 2-37　上海白猫（集团）有限公司厂区（摄于 2009 年，土山湾博物馆提供）

的棉纺织业、缫丝业、面粉业、烟草业、化工业等轻工业。沪南工业区的形成则完全是中国政府的推动，其开端早于沪东和沪西工业区，始于 1865 年因洋务运动而起的官办企业——江南制造局，龙华地区工业则是伴随着江南制造局龙华分局的创办而起步，由龙华火药厂而至民国时期的龙华兵工厂，都是政府军工企业的所在地。与军工企业相伴的则是军事重地的管理，龙华地区从清末至民国都是驻军的主要地区，淞沪警备司令部即坐落于此。其中虽有上文所提及的日晖织呢厂被军阀与商人勾结，利用日商三井洋行和英国人居间完成了强买强卖，但日晖织呢厂坐落在内地，而且属于军事区域，政府已明令不得转契是一个事实。因此，沪南工业区及其延伸的徐汇滨江工业带，自近代以来始终处于华界，是中国政府主导和管理之下的工业重地。

第三章

水、陆、空兼备的交通
运输、物流仓储基地

今天徐汇滨江地区的黄浦江段江面开阔，腹地河港交叉纵横，其水运优势在明清时期便已经逐步体现。（图3-1）到了近代以后，特别是随着沪杭甬铁路的通车和沿江工业化的发展，进一步放大了其地理优势，使得这个本来游离于市区的地方顺势发展成为上海地区少有的水、陆、空各式立体交通兼备的地区，水有船艘，陆有火车、汽车，空有飞机，从水上到陆路，从地上到天空，从交通到仓储，构筑成了近代上海重要的交通运输、物流仓储基地。（图3-2）

图3-1　龙华机场鸟瞰（选自《千年龙华：上海西南一个区域的变迁》）

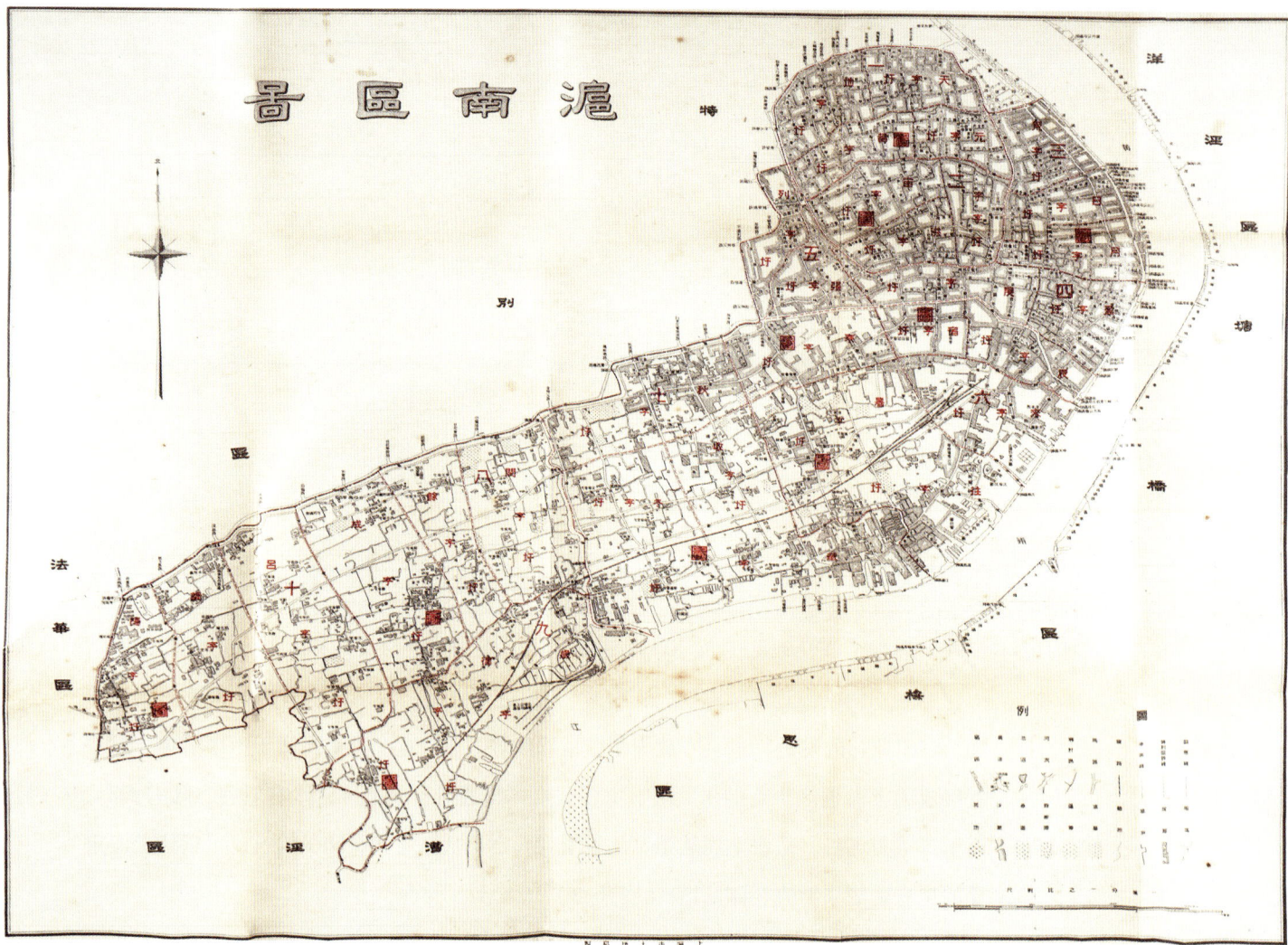

图 3-2 日晖港以西沿江地带（选自《沪南区图》，1933 年刊印）

第一节 沧桑巨变：日晖港

徐汇滨江地区浦江沿岸江面开阔，可航行巨轮，沿岸有淀浦河、日晖港、龙华港和张家塘港等多条河流汇入，其中日晖港是最为著名的一条河流，日晖港数百年来的沧桑巨变恰恰是徐汇滨江发展的一个缩影。

日晖港是黄浦江支流，原长约 2 200 米，河道原北接东芦浦和肇嘉浜，可连蒲汇塘、李漎溪等，与吴淞江通；有陈家港、雪龙港、老高昌港等分支流。日晖港原名日赤港，崇祯《松江府志》卷三《堰闸》中便载有日赤港石闸："在西城外六里许，万历十二年（1584），本府通判邹志学，知县颜洪范建，已废，今拟筑大坝。"清同治《上海县志》卷三《水道·支水》载："日赤港又名日晖（俗呼石灰）港，浦水入北流，为新港，有里、外日晖桥。"清代这里两岸多为田野、旷地、荒冢，间有村落。同治六年（1867），江南机器制造总局迁高昌庙沿江地区，日晖港的宁静逐步被打破，码头环周形成内日晖市和外日晖市。到清末，这里逐步成为上海西片重要的物资集散地之一，船只可经李漎溪、蒲汇塘，西南通松江城，西北连吴淞江，港内随黄浦潮汛涨落，货船云集。（图 3-3）

据 1914 年出生，世居打浦桥的锦同村 49 号居民董兰英回忆：她小时候，从日晖港向南入黄浦江，向西通蒲汇塘，可去松江、淀山湖。沿另一条河（当为东芦浦）向北，经过淡井庙，可直通苏州河，那时柴船、运菜的船一直这样走的。❶ 随着航运日兴，肇嘉浜、日晖港交汇处的里日晖市、今制造局路南段的高昌庙市和今龙华东路、开平路一带的外日晖市开始并称为城南三市镇，外日晖市还设有厘金局，对过往货船征收厘金，上海闽商泉漳会馆最早的落脚点也在这里，由此可想昔日这里的繁华。

此后，随着南市的兴起和沪杭甬铁路的兴建，这里的发展步伐日益加快。日晖港两边辟筑了煤屑小路，东侧称日晖东路，西侧称日晖西路。为便利两岸行人往来，相继建造了里日晖桥（肇嘉浜南至斜徐路）、平阴桥（斜土路）、康衢桥（康衢路，今中山南一路、中山南二路）、外日晖桥（龙华东路）。1920 年代，日晖港沿港工厂日增，在高昌庙至日晖港沿斜土路、龙华路形成沿江工业带，日晖港呢织厂、龙章造纸厂、开平煤码头等相继建于港口三角洲地带，在国民政府的《大上海计划》中，这里被划为沪南工业区。1937 年 12 月 14 日，伪上海市警察局长朱玉珍在给伪大道市政府的报告中称：经日晖港"由外埠运送到大米、猪、羊、菜蔬等物，为数甚巨"，称这里与曹家渡一起成为"外埠商运往来必经要道"。（图 3-4）

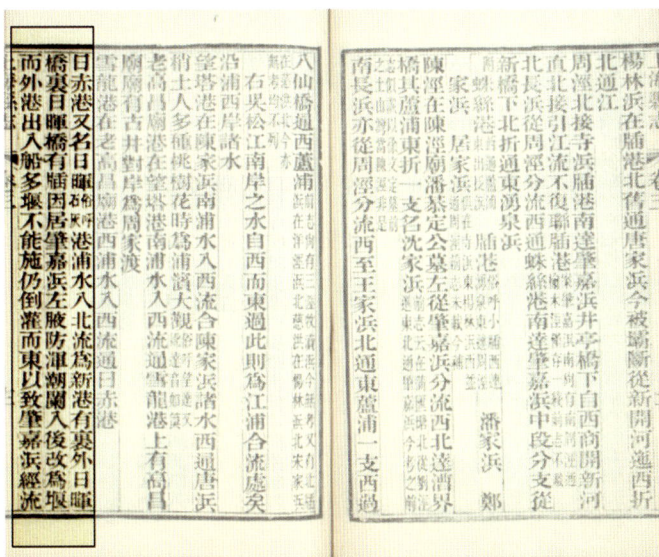

图 3-3　清同治《上海县志》中的记载

图 3-4　日晖桥市街被毁状况（选自《抗战画报》1937 年第 4 期，夏晓霞摄）

日晖港的命运始终与肇嘉浜紧密相连。清同治《上海县志》便详细说明了当年日赤港石闸被废的原因："里日晖桥有闸，因居肇嘉浜左腋，防浑潮阑入，后改为堰。而外港出入船多，堰不能施，仍倒灌而东，以致肇嘉浜经流尽淤。"❷ 当时里日晖桥位于日晖港与肇嘉浜的汇合处，打浦桥的对岸，由于日晖港

❶ 2001 年 12 月 10 日，新新里、锦同两居委部分居民座谈会记录稿，时藏卢湾区档案馆，转引自许洪新：《侵华日军是制造打浦桥棚户区的元凶》，《上海革命史资料与研究》第 7 辑，上海古籍出版社 2007 年版，第 464 页。

❷ 清同治《上海县志》卷三《水道·支水》。

河长相对较短，河道又深，每逢潮汐，黄浦江水倒灌而入，可一直冲向肇嘉浜，潮汐带来的泥沙，造成肇嘉浜河道的淤塞。为了保证肇嘉浜这条当时重要的运粮航道畅通无阻，便在里日晖桥外侧建造闸坝，以阻挡黄浦江混潮。但是随着明末清初龙华闸毁，日赤港坝坍塌，肇嘉浜首、尾、中三段俱受浊流冲激，一日两潮，泥沙日益淤积，几成平陆。乾隆十四年（1749），当时的知县李文耀经过查勘之后，认为应于龙华口内闸桥地方复建石闸，以御大浦浊潮；同时在日赤港与肇嘉浜交界处坚筑大坝，以防浦潮半腰冲入；再留下薛家浜一路，落潮出浦，这样上流泗泾、七宝水流可下贯蒲汇塘，注于肇嘉浜，归并合流，水势迅速，足以刷去泥沙。❶ 但是这个提议并没有变为现实，而且由于从日晖港入黄浦江的船只日益众多，为保证通行，建坝堰这个方案从此再未付诸实施。

1914年4月8日，袁世凯为镇压革命党人，让沪海道尹兼外交部江苏交涉员杨晟与法国驻沪领事甘世东签订《上海法租界推广条款》11条，以巡捕房驱逐在法租界活动的革命党为条件，给予公董局在越界筑路区域行使警权和征税权，从此"北自长浜路（引者按：今金陵西路、延安中路），西自英之徐家汇路，南自斜桥、徐家汇路沿河至徐家汇桥为止"的大片地域全部划归公董局管辖。❷ 为阻止租界进一步扩张，也为了改变老城厢的面貌，地方士绅开始在沪南修筑马路。宣统元年（1909），因蒲肇河工之便，在南岸筑土道，出斜桥至日晖港口，是为斜日路。在1914年—1915年间，工巡捐局又将此路接至徐家汇，筑斜徐路。而肇嘉浜的北岸早由法租界当局于咸丰九年至十年间（1859—1860）为抵御太平军进攻，自斜桥沿肇嘉浜北岸强行辟筑军用马路，即今徐家汇路。自此以后，由于受两岸马路的限制，肇嘉浜东段河道淤浅日甚，而且汇合陆家浜入黄浦江的通道也日渐塞断。到了1926年6月，又填筑陆家浜，筑陆家浜路。❸ 此后肇嘉浜遂退缩至打浦桥，与日晖港合流入黄浦，日晖港便成为沪南唯一的水运要道。按照当时制定的内河通航标准，这里与高桥港、洋泾港等29条河流被确定为二等干河，属于内河装卸港区。这时15吨木船能直航至打浦桥，法租界及沪南一带所需农产品之供应均赖此输给。另一方面，法租界的沟管污水，除了东部直接出口至黄浦江外，大部分沟管都是排泄至肇嘉浜，由此汇合一并流入黄浦江。所以无论是从水道运输，还是排泄污水而言，日晖港河道在当时的地位都非常重要。（图3-5，图3-6）

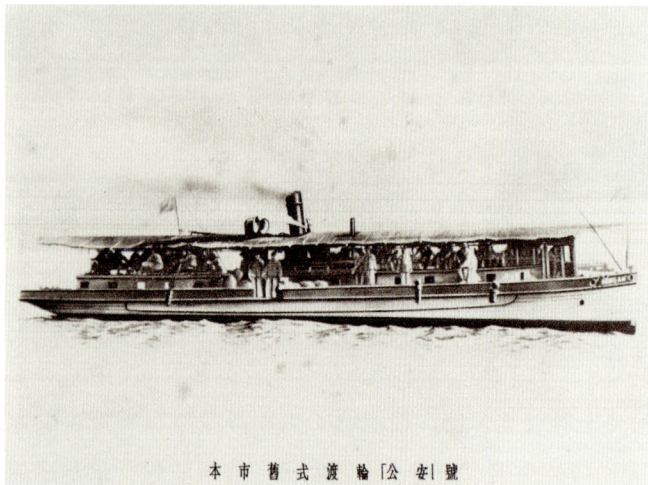

图 3-5　黄浦江轮渡（选自《上海市轮渡》，上海市兴业信托社市轮渡管理处编，1937年刊印）

---

❶ 清乾隆《上海县志》卷二《诸水》。
❷ 民国《上海县志》卷十四《租界沿革》。
❸ 民国《上海县志》卷十一《特别工程》。

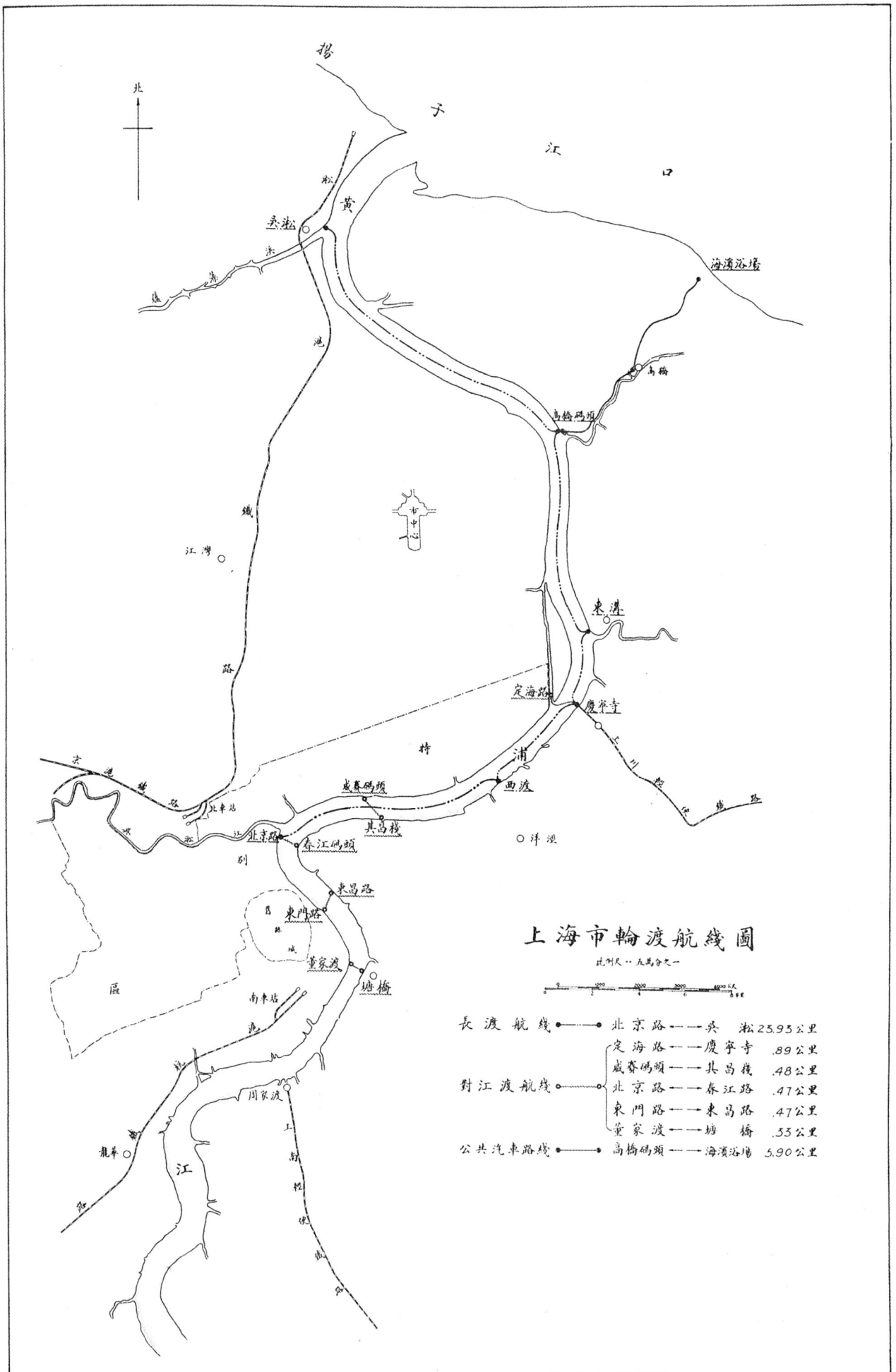

图 3-6 《上海市轮渡航线图》(选自《上海市轮渡》)

但这段河流自清末疏浚以后，一直未曾治理，至1920年代，水深已不及3英尺，上游更是狭隘不堪，载重30担以上的船只已不能通过。1924年便曾发生严重阻塞事件，当时水警经过调查，称这里不仅船多水浅，又兼船只行驶，不遵定章，任意横行，使河港浅狭地方被其阻塞断。决定以后凡遇涨潮之时，便派令警员驾船在该港之浦滩起，至浦肇河止，疏散交通。❶ 但此举只是治标不治本，无法彻底解决日渐严重的淤塞问题。而且当时河两岸有农田万顷，因河身淤塞，不只旱年无从取水，以资灌溉，而水流不畅，每遇淫雨，即有淹没田禾之虞。加之徐家汇以东至日晖港一带两岸工厂日增，污水均以此为归纳，法租界污水也大半注入此处，导致这里河水大量遭到污染，秽气熏蒸。陆家浜填没之后，淤塞更加严重，1926年4月，法公董局曾专门雇用大号驳船一只，装置捞泥机，停靠在垃圾码头一带，对日晖港自打浦桥至潘家木桥一段靠北河道进行疏浚。❷

到1927年，上海市工务局专门制订了日晖港及蒲肇河（即蒲汇塘河和肇嘉浜）疏浚计划，其中日晖港一段自日晖桥起，至黄浦江止，总长6440英尺，设计新河槽断面底阔30英尺，面宽80英尺，最高时水深12英尺，最低为6英尺，在落潮时，水之深度亦可使浅水小轮用载重300担以上货船通行无阻，工程费包括挖泥费、护岸石块费等，总计91804元。❸ 计划曾称，如果两边河岸没有驳岸等设施，难免有崩塌之虞，但如果同时建造驳岸，则需费颇巨，因此当时只是在每段面另筑护岸石块。然而时间一长，没有驳岸的风险还是日益加剧。1929年，工务局便发现康衢桥北堍因无驳岸，路基日渐坍隐，碍及筑路进行。因此经呈请市政府核准后，在该处加筑驳岸。❹（图3-7，图3-8）

然而此后入港废水剧增，港水严重污染。另据资料记载，也正在此时，这里有包粪商在打浦桥西侧设置粪码头，粪船借道航行。到1947年，粪船被迁至港边。粪便溢流和垃圾倾入，使日晖港水质污染更加严重。"八一三"事变后，日军又在肇嘉浜西段徐家汇一带断浜截流，修筑公路，此后日晖港与肇嘉浜形成"丁"形水系，肇嘉浜东、西段几成死浜，淤浅益甚，形成上海的"龙须沟"。对于日晖港而言，由于黄浦江潮水无从宣泄，每届涨潮，挟带大量泥沙，日积月累，淤塞也日益严重，其航运作用也随之大减。（图3-9）

也就在这一时期，日晖港一带和肇嘉浜一样，也变成了上海著名的水上棚户聚集区域。当时曾经有篇文章《闲话日晖港》绘声绘色地描述这里的情况：

> 日晖港这一个地方，离都市不远，而一切迥异于都市的村落。这里没有高大的洋房，平坦的柏油路，也没有迷人的爵士音乐，和闪烁的霓红灯光，更没有站在时代线上的姑娘，过着布尔乔亚生活的少年，所谓港里，见不到硕大的军舰，富丽堂皇的皇后轮，什么总统号什

❶《疏通日晖港呈复》，《时报》1924年1月11日。
❷《开挖日晖港一带靠北河道》，《时报》1926年4月8日。
❸《开浚日晖港及蒲肇河计划》，《上海特别市工务局业务报告》1929年第2—3期。
❹《市工务局加筑日晖港驳岸》，《新闻报》1929年9月30日。

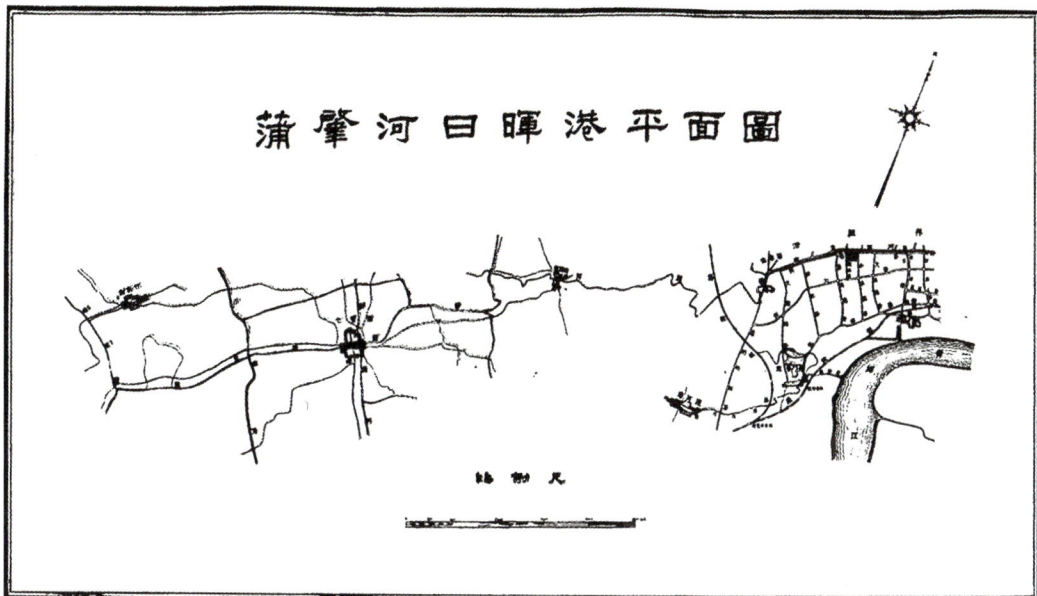

图 3-7 《蒲肇河日晖港平面图》，"开浚日晖港及蒲肇河计划"（选自《上海特别市工务局业务报告》1929年第 2—3 期）

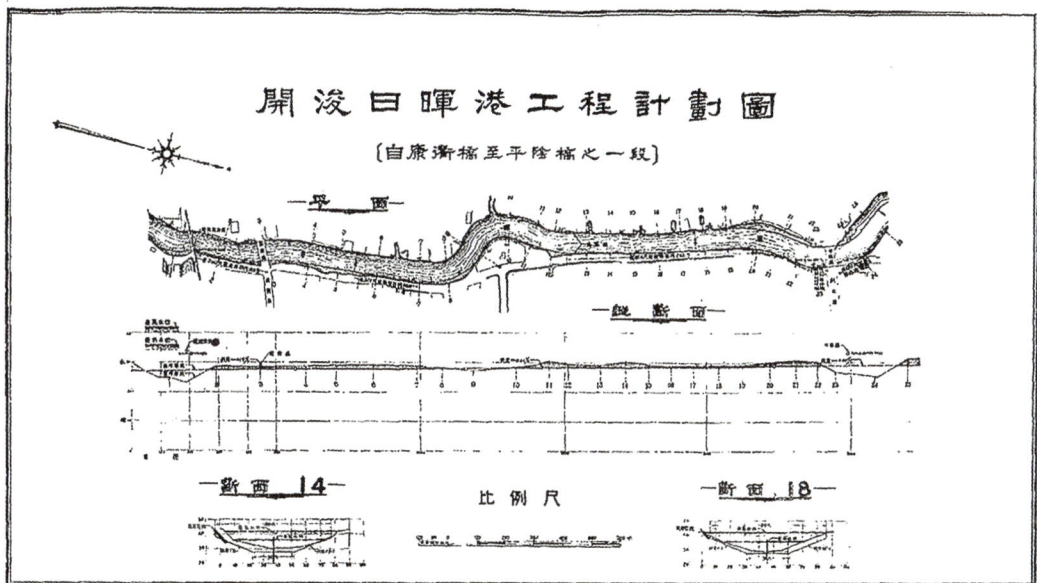

图 3-8 《开浚日晖港工程计划图》，"开浚日晖港及蒲肇河计划"（选自《上海特别市工务局业务报告》1929年第 2—3 期）

日晖港之战于黑烟中乃告结束

After the smoke of Jihhui Creek Battle had cleared.

图 3-9 日晖港之战于黑烟中乃告结束（选自《中日战事史迹》，1937 年刊印）

么袖珍舰，更是看不到它的踪影，只有首尾相衔，从江北划来的怪破旧的艒艒船。这里听不见密司或密司脱的呼声，和其爱情的声调，冲进耳膜来的都是大三子、狗六子、你妈的，或是小杂种，敢，你敢，种种呼声。除了几座铅皮盖成的堆货栈以外，其余尽是不满五尺高的茅棚，他们都钻爬似的过着棚户生活。洗涤、饮料，都汲取于这一条黄泥汤似的而又含蓄着不可名状的臭气的港水，"卫生"当然谈不到呀！脂粉香更闻不到啦！在热天，只有劳动者的汗臭，和腐烂了垃圾被太阳薰炙出来的异味。❶

1939 年时，从浦东曹家宅至日晖港曾经开通一条民运航线，领到济渡执照后定名为日曹线。但到了 1940 年代，这里在常水时期仅可航行 5 吨左右小船，较大或重载的船只则需俟黄浦涨潮，水高位增之时方可驶入港内。每于此时，船只争相竞进，航路阻塞，拥挤不堪，对于运输安全及效率方面有极大妨碍。根据当时的勘探，从打浦桥至瞿真人路一段，约长 750 米，河底纵坡尚称平均，但河水低浅，不利航行。自瞿真人路至康衢桥一段，约长 420 米，其纵坡下游高而上游低，淤积甚厚，水流停滞，唯河水稍深，故停泊船只，略较便利。向南一段，约长 780 米，河底纵坡，或高或低，水流速度及河道情形，均不一律，枯水行船，甚为困难。而到了河口附近，因已到达与黄浦会接之处，故淤塞情形较为轻微。总之，当时全河颇不整齐，河口普通枯水深度为 7 分米，流速及流量亦甚紊乱，污水无法宣泄，航行方面亦仅限涨潮之际，方有舟楫之利。1945 年 10 月，确定了日晖港河道整理计划，设计枯水深度为 1.2 米，河口挖土尝试为 5 分米，水道计划宽度为 16 米。此计划呈由上海市工务局核议，工程预算为 5 500 余万元，后为节省经费，将原计划设计河底减少 10 米，预算缩减到 4 400 余万元。❷（图 3-10）

日晖港
新建之货栈

图 3-10　日晖港新建货栈（选自《京沪周刊》1947 年第 11 期）

❶ L：《闲话日晖港》，《陕行汇刊》1936 年第 9 期。
❷ 吴文华：《沪南日晖港河道之整理》，《工程报导》1946 年第 9 期。

另一方面，由于大量污水均由日晖港排出，每值豪雨高潮，原法租界境内地势较低的区域便顿成泽国，绵延数日。1947年8月，上海工务局沟渠工程处为减轻这一地区雨后积潦，便在日晖港北端建成了第九防洪唧站及闸坝工程，此后肇嘉浜水流得以控制，对于低洼积水的改善，初著成效。当时坝分东西两部，用以阻止高潮倒灌。其中西部为土坝，以水泥胶砌的块石敷面；东部则用混凝土制成，设有自动闸门三扇，坝孔面积较出口于肇嘉浜的沟管截面积之和略大。当坝外潮水高于坝内水位时，闸门即自动关闭。反之，当低潮时，闸门启放，用以排泄坝内浜水。唧站共设泵机三座，每分钟之总出水量为6万加仑。当时预计法租界雨水最高峰时全部流入水量为12 000万加仑，5小时后浜水即由闸门自动排出。❶第九防洪唧站是上海地区沟渠设备中第一个将闸坝、唧站配合使用的，从设计至完工耗时一年，总投资计法币3亿元。❷此后，这一地区的雨后积水情形得到了明显改善。然而也正是由于这一工程的实施，日晖港与肇嘉浜彻底隔断，肇嘉浜变成彻底的死水，日晖港也随之成为黄浦江的内港。（图3-11，图3-12）

1949年后，日晖港仍然是黄浦江支流中重要的一段。据1953年的统计数字，日晖港每天通过的轮船达130艘。不过1953年，日曹线已经改成从曹家宅到鲁班路，可见此时日晖港的通航条件已经日益恶化。1955年，肇嘉浜整治工作开始，肇嘉浜被填埋，同时在打浦桥南日晖港河道上建成肇嘉浜泵站，日晖港也随之缩

图3-11　日晖港第九防洪唧水站（选自《上海工务》1948年第13期）

图3-12　日晖港唧水站工程（选自《建设评论》1948年第1卷第4期副本）

至1.83千米左右，分东西两口，中为三角洲，上有开平装卸区，自东水道北延，成为卢湾与徐汇两区之界河。其中航道只剩自平阳路至黄浦江1.36千米这一河段，宽20—30米，常年水深3.4—3.6米。因港狭、水浅、桥低，这里仅可通航10吨级以下船只，主要担负沿岸工矿企业及环卫部门的水运任务。肇嘉浜泵站服务面积14.4公顷，内设专用于抽排污水的机泵6台套，每秒能抽排污水3.85立方米入日晖港。至

❶ 吕季方：《日晖港防洪唧站与法租界排水之关系》，《上海工务》第15期。
❷ 顾康乐、盛如南《日晖港闸坝及唧站工程报告》，《工程报导》第26期。

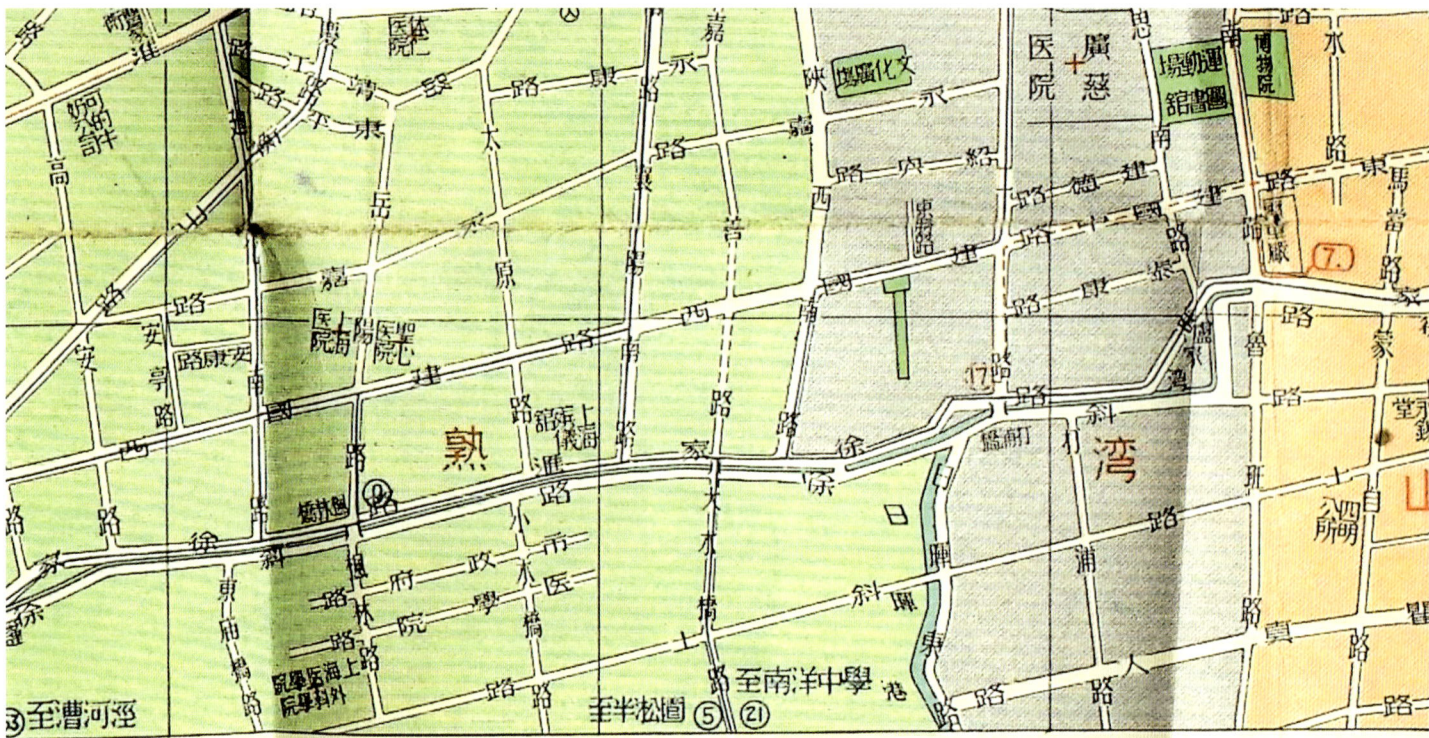

图 3-13 《上海市分区街道图》(局部，1953 年)，标注了肇嘉浜、日晖港等

1991 年，最高日排污水量达 100 余万立方米，平均日达 20 余万立方米。此后，日晖港实际上成为该泵站的出水明渠，徐汇、卢湾、南市区雨污水和静安、长宁部分污水均从这里排放。另一方面，1950 年代在这里增修了垃圾处理码头，据 1959 年的统计，当时日晖港码头岸线实际使用长度排在全市 15 座垃圾码头的最末位，但垃圾日装载量已跃居第一位，每日达 420 吨，占全市总量的四分之一。同时这里又逐渐发展成为上海市区最为重要的粪便运输河道和最大的粪码头，所以这里的水质污染日趋严重。1960 年代，为了将污水综合利用，曾实施了日晖港引流工程，计划引污水进行农田灌溉。后因环境污染加重，重金属超标，灌溉停止。(图 3-13)

1970 年代中期，日晖港的污水一度实施调控排放，水流环境有了一定改善。但到了 1980 年代，随着经济的发展，入港废水骤增，港水变黑变臭。由于肇嘉浜泵站排放入日晖港的污水，携带有各种杂质沉积河底，且含大量有毒有害物质，污泥沉积日益增高。河道淤浅日甚，严重影响货运航行，码头使用率降低。加上这里是当时卢湾区乃至上海最大的垃圾、粪便转运站，垃圾、粪便每天在这里装船后经黄浦江运输出去，导致环境恶化日益加剧，近百米处就可嗅到臭味，既影响居民健康，也有碍观瞻。环保部门曾经在这里做过测试，日晖港细菌种类应有尽有，不计其数。这里的水质至底泥，主要污染物全部超标，其中氨氮超标 18.8 倍，油超标 5.5 倍，水质污染为六级，居黄浦江十大支流污染之首。在夏天，污水散发的毒素竟使周围 10 米范围内看不见蚊子。因此日晖港改造日益受到从市民到上海市政府的关注。

进入 1990 年代以后，上海城市建设步伐加快，当时的卢湾区政府率先提出利用土地批租东侧的"斜三基地"。1991 年 9 月 26 日，市政府确定了"填浜、埋管、拓路、绿化"的日晖港环境综合整治方案。在从日晖港肇嘉浜泵站至中山南一路康衢桥的 1 070 米河道里埋置箱涵，用于排放雨污水。在填埋后的河道上辟筑"四快二慢"的瑞金南路，并利用车行道分隔带植树绿化。工程历时两年，耗资逾亿元，于 1994 年 12 月 23 日竣工通车。昔日臭水浜变成了林荫道，改善了城区生态环境和道路交通，加快了打浦桥地区

的建设步伐。另一方面，1992 年 12 月，在开平路桥北东侧 8.7 亩土地上，动迁了 137 户居民和市蔬菜购销站码头，投资 1.1 亿元，重新建设了一座现代化环卫综合码头。1994 年 1 月 24 日，新环节码头建成，占地面积 8 300 平方米，岸线长 133 米，设有 100 吨卸驳船泊位 3 个，建有集装箱吊运桥式装卸机械和低水位自卸机各 1 台，还有容量 400 立方米的贮粪池 1 座及泵房，当时日吞吐垃圾 1 000 吨，日装卸粪便 500 吨。此外，为了确保防汛安全，经过 8 年建设，至 1997 年又建成了日晖港从中山南一路到黄浦江河段及黄浦江沿江总长 4.5 千米，能防御千年一遇潮汛的防汛墙。此后日晖港仅保留近黄浦江 0.76 千米的河道，宽 15 米，水深 6—7 米。

图 3-14　打浦路越江隧道平面图（上海市档案馆藏）

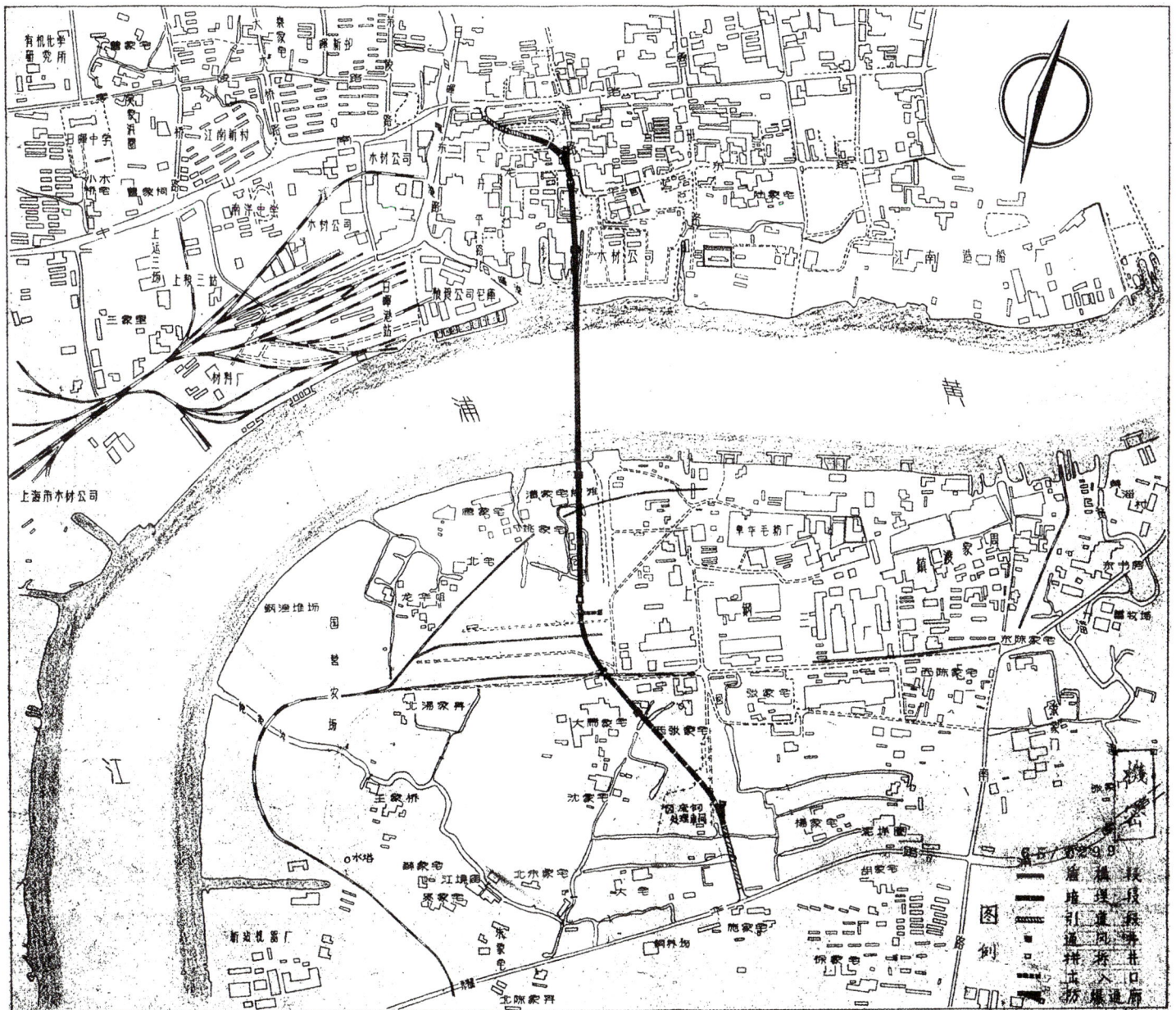

打浦路隧道平面图　　　1:1万　　　65.12

为迎接 2010 年上海世博会，上海市政府对国内第一条水底公路隧道——打浦路老隧道进行大修，并新建了一条打浦路复线隧道，组成一对双向 4 车道规模的越江通道。（图 3-14）由于这一复线工程浦西主入口位于日晖港之上，因此又对日晖港进行清淤填浜工程，填浜面积约 11 810 平方米，日晖港也被整治成景观河流。2010 年世博会前夕，政府又在原日晖港东西两侧沿江段先后建设了（原卢湾区）南园滨江绿地和徐汇区滨江大道，免费向市民开放。如今，整个绿地位于黄浦江南延伸段，东与世博园区相邻，紧靠卢浦大桥；南濒黄浦江，隔岸为湿地公园；西接徐汇滨江景观大道，总面积为 73 350 平方米，是 2010 年上海世博会配套工程。南园滨江绿地与一般滨江绿地不同，保留利用了一大批旧工业遗址，比如原来码头的立柱框架，顶部经过膜结构处理后，成为如今别具一格的江面亲水平台，造型犹如等待启航的船头。

2016 年 9 月 29 日，连接徐汇、黄浦两区滨江断点的"北连"工程——日晖港人行桥开放试运行。日晖港人行桥是黄浦江两岸公共空间 45 千米贯通工程的重要组成部分，桥梁南接徐汇滨江公共开放空间，北接黄浦南园绿地，是一座具有独特"Y"字空间造型的景观步行桥，桥长约 80 米。整个桥梁的设计力求体现技术与艺术的融合，并与卢浦大桥遥相呼应，成为黄浦江两岸一大精致亮点。两岸景观资源尤其是亲水平台为市民游客所共享，体现了沿江开放空间的公共性、连续性，也是"还江于民"的一项重要工程。（参见图 4-25）未来，徐汇滨江将向南延伸 5 千米绿色堤防岸线，同时新增公共绿地 30 万平方米，形成"滨江大道动线""自然体验动线"和"滨水动线"三条生态景观动线，并将田园、湿地、森林、草原等四个版块的绿色环境主题纵向贯穿、横向交叉，与徐汇滨江腹地形成多个景观地带供公众使用。

第二节　上海第一座水陆联运码头：开平码头和北票码头

徐汇滨江地区河港交叉纵横，且邻近黄浦江，拥有良好的港口，很多近代企业之所以选择在这里购地建厂，很大程度是看中了这里具有的优越航运条件，便于原料、工业成品的大规模转运。这些水运优势在近代继续得到发挥，使之成为黄浦江沿岸港口体系中不可或缺的重要组成部分。到 1949 年时，这里便有属于经济部的龙华船厂码头、交通部的日晖港东站码头、龙华飞机场码头等，其中最重要的码头则是开平码头和北票码头。

开平码头位于日晖港上游，原为光绪三十三年（1907）上海富绅樊棻等人创办的日晖织呢厂，后因经营不善而于宣统二年（1910）停闭。民国后，因债权关系被北洋军阀收归，但并未复工。1924 年，傅筱庵采用一些不正当手段，以日商三井洋行的名义将其从军阀孙传芳手下购进。1926 年，英商开滦矿务局鉴于上海的自有码头不够，便与民族资本家刘鸿生商买沿浦基地，以便自建码头。刘鸿生便以英国人葛尔德的名义再从三井洋行的名下将这一地块买进，于次年将其转售给英商开滦矿务局，原厂房设备则由刘鸿生搬到周家渡，办起章华毛绒纺织厂，刘鸿生于转手间赚得了巨额利润。1928 年，上海县政府曾为日晖织呢厂被盗卖一事

提起诉讼，但最后不了了之。❶

　　1928—1930 年，英商开滦矿务局便在此开工建设开平码头，全名为"开滦矿务局开平码头"，当时建成钢筋混凝土码头 1 座和木结构固定码头 1 座，分别长 530 英尺（161.5 米）和 280 英尺（85.3 米），前沿水深 −25 英尺（−7.6 米），专为开滦矿务局卸运煤炭之用，码头上铺有铁轨，可供桥式卸煤机行驶。在 1930 年，这里还安装了一套在当时比较先进的桥式卸煤机，使用电力驱动。这套设备包括负荷 3 吨的轨道移动式桥式起重机 1 台、煤场移动起重机 1 台，以及传送带、筛煤机和过磅系统等，卸船能力为每小时 300 吨。卸载一艘 7 700 吨的煤船，只需 100 名工人，就可在 26.5 小时内卸空。而纯用人力装卸，在当时需要 400 名工人连续作业 72 小时。

图 3-15 《开平煤矿码头敌登陆筑工事》（选自《新闻报》1937 年 11 月 11 日）

　　1937 年，开平码头在"八一三"战事中被毁，此后被日本霸占，改为海军军用码头，一度处于瘫痪状态。抗战胜利时，码头上所有的机械设备都被日军拆走。英商无奈之下，只能将其一分为二，其中码头东部的三分之一仍属于开滦矿务局，西部的三分之二则由刘鸿生之侄刘念祖租用重建，属于上海码头公司，后改名为"上海码头商行日晖港码头仓库"，主要卸运与堆存联合国善后救济总署的物资。（图 3-15）

　　1925 年，时任北票煤矿公司董事长的刘垣呈请交通部，以为公司产煤日增，上海为通商巨埠，将来公司之煤运销上海必成巨额，拟在上海建筑吃水较深的码头及地址较宽之仓库，俾煤斤运沪，起卸趸仓，较为便利，查得沪杭甬铁路局日晖港地方有沿黄浦港地基一段，正在填筑，颇合建筑码头仓库之需，故拟向该局承租，自行建筑码头，以备存储煤斤及其他营业之用。❷ 至 1929 年，北票码头建成，当时有 2 只浮码头，全长 400 英尺（121.9 米）。1937 年被日本侵占后，洋码头被拆走，只剩下 2 个木板码头。抗战胜利后，国民政府接管了该码头。1949 年，国民政府的资源委员会在此建造了钢筋水泥码头，同时盖起了 2 座仓库，当时码头装卸业务分别由资源委员会和铁路材料处划分管辖。（图 3-16）

　　1949 年上海解放后，开平码头和北票码头的装卸业务开始均由上海搬运工会承接，继而由上海搬运公司承办，至 1952 年 1 月则由上海港务局接管，移交第四装卸作业区管辖，1954 年则归属上海港日晖港装卸服务站。"一五"和"二五"期间，上海工业生产有较大发展，并先后实施了对杨树浦、闸北、南市发

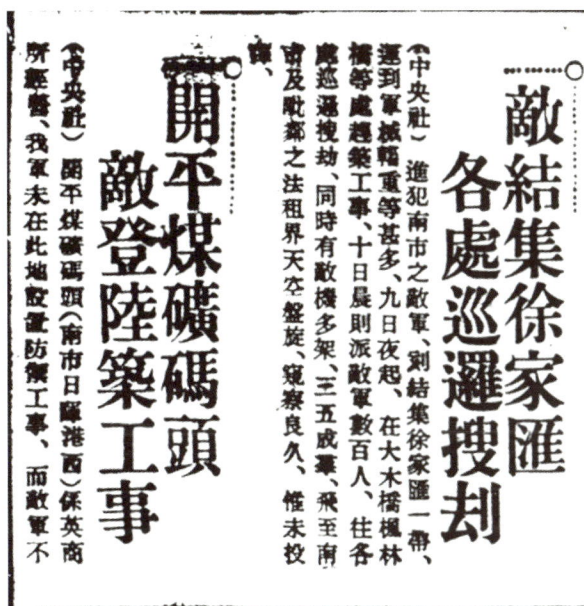

---

❶ 《刘鸿生企业史料》，第 68—69 页，第 246 页。
❷ 《北票煤矿请租日晖港地基》，《新闻报》1925 年 9 月 28 日。

电厂和吴淞煤气厂的扩建和改造，煤炭需求也随之增长。因此从1955年开始，对开平和北票码头进行了改建。（图3-17）

当时，上海港没有水陆联运码头，由火车转交轮船或由轮船转交火车的物资，要用卡车和驳船来往接运，限制了港口潜力的发挥。1955年11月1日，根据上海"一五"计划所规定的关于逐步实施水陆联运的方针，开工修建开平水陆联运码头。这项工程包括原开平码头的修整加固、填平新日晖港、延伸铁道、增加码头设备及建造装卸工人的福利设施等。新修建的开平码头为框架栈式结构，全部用钢筋水泥，将原有木质重新改建，除在码头新修8 000米的混凝土强石和煤渣道路外，并由铁路南站延伸两条铁路专线至码头上。1956

年5月1日，上海港第一座水陆联运码头落成典礼举行，根据新华社当日的消息，下午4时，行驶在码头专用铁路线上的机车和停泊在码头边的轮船同时鸣起汽笛，庆祝水陆联运开始。新码头建成后，火车可以开到码头。火车、轮船通过机械直接装卸货物，不但加快了物资周转速度，而且提高了火车、轮船的使用率，投产后8个月内，即增加货运量35万吨，节约运输费用300多万元，此后每年因加速商品流转和加速车船周转而节约的费用在1 000万元以上，码头吞吐能力则比过去提高两倍以上。与此同时，北票码头的改造工作也同时完成，成为第二座水陆联运码头，并与开平码头一起均改由上海港第六装卸作业区管辖。北票码头虽然以前有铁道岔道设备，但码头狭小，只能停靠几百吨的小船，扩建后接长57米，总长130米，成为第六装卸区的第六泊位，可停靠万吨以上巨轮，同时铺设专用铁道3股，与新龙华车站相连，吞吐能力同样增加两倍以上。为使用火车进出码头运货，专用铁道旁设置了卷扬机房，配置了牵引火车的大功率卷扬机。

1959年后，上海港务局又在北票码头的上游处扩建成龙华码头，计2个泊位，即第七、八泊位。新建工程均由上海市筑港工程局承建，结构为高桩梁板式，其中第七泊位长210米，宽27.5米，码头前沿泥面标高-9.0米；第八泊位长128米，宽23.5米（其中码头部分宽17.5米，平台部分宽6米，排架间距7米），码头机标准高+5.0米，码头前沿设计泥面标高-9.0米。此后统称为北票码头，含六、七、八三个泊位。至此，开平、北票码头共有5个万吨级泊位，码头岸线全长808.9米，水深-9米—11米，陆地面积约19万平方米。陆路有船厂路卡车通道与市区相连，后方有铁路专线，组成水陆联运。

图3-16 《北票煤矿请租日晖港地基》（选自《新闻报》1925年9月28日）

当时上海码头普遍设施简陋，装卸工艺落后，作业主要靠船吊、流动皮带机，工人劳动强度大，生产效率低，环境条件差。到了 1970 年代，随着中美关系逐步趋于正常，外贸运输任务急剧增长，港口码头吞吐能力越来越不适应生产发展的需要。1973 年，国务院总理周恩来提出了"三年改变港口面貌"的要求，上海港开始了"三年大建港"的大规模建设，期间开平码头和北票码头都得到改造。其中开平码头在 1973 年—1975 年间将原码头拆除，改建为 2 个万吨级以上泊位，均为高桩板梁结构，码头长度从 242.6 米扩展至 307.9 米，新建仓库 2 座，总面积 10 866 平方米，堆场 19 820 平方米。另外配置了负荷 10 吨的门座起重机 4 台及其他装卸机械，为随时掌握现场生产情况，还配备了电视监控。改造后，年吞吐量由 62 万吨提高到 100 万吨。北票码头 1973 年先对八泊位进行技术改造，建立了第一条海煤装卸机械化作业线，利用原有码头负荷能力，配置桥式起重机进行卸煤作业，场地上装置皮带机和堆煤机进行运输和堆装，后方设置横向高架皮带机，横跨空中直通市煤建公司龙华煤场。1978 年，又按同样工艺对七泊位作了改造，舱底作业配置了抛料机、刮抛机及推耙机。各种设

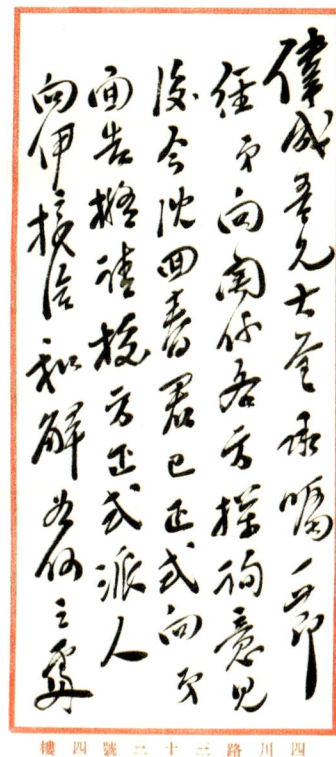

图 3-17　北票煤矿公司便笺

施配套成龙，形成以水进陆出为主的工艺流程。当时八泊位作业线配有台时量 180 吨的 10 吨门座起重机 2 台，桥式起重机 2 台，堆煤机 2 台及总长 952 米的高架带输送机和轨道漏斗等。七泊位作业线配有 10 吨门座起重机 2 台，10 吨桥式起重机 3 台，堆煤机 2 台及总长 1 032 米的高架带输送机，其中两条与码头垂直纵向的主输送带，每小时可通过煤炭 1 120 吨。作业线全部操作过程均受中心控制室控制，在技术上则采用了带式输送机程序控制、堆煤机无线电遥控等当时国内较先进的技术。七、八泊位改造后，由于采用了先进的设备和工艺，煤炭装卸效率也大大提高。年通过能力由 198 万吨提高到 475 万吨，卸 1 艘 2.5 万吨"州"字型煤船由 36 小时缩短到 23 小时，装卸效率提高 37%，劳动生产率则由 5 180 吨 / 人年提高到 9 430 吨 / 人年。1981 年 5 月，六泊位也进行了改建，长为 163 米，场地设置固定皮带机，与七、八泊位皮带机相接，三个泊位和煤场的装卸工艺全由中心控制室统一调度和指挥，充分发挥了现代化管理的威力。这一码头于 1982 年 8 月竣工投产，泊位年通过能力由 85 万吨提高到 155 万吨。至此，改造后的北票码头总延长 514.97 米，计有 3 个万吨级以上泊位，前沿水深 -9.5 米。到 1987 年，北票码头完成吞吐量 968.4 万吨，比改造前 198 万吨提高了 389%，至 1990 年，吞吐量更达到了 1 053 万吨。装卸工人也从以体力劳动为主的普通工向以使用机械为主的技术工转变，"装卸工"的含义至此发生了天翻地覆的变化。

1984 年，由于上海港体制改革的需要，北票码头和开平码头分离，北票码头与上海港第七装卸区合并，组建上海港煤炭装卸公司。当时这里取得了全上海港第一个配套改革试点的成功，并在全国港口企业中率先实行了经营承包责任制。1985 年 12 月 13 日，原开平码头成立了开平装卸公司。其管辖范围东面邻近打浦路隧道，西面则与铁路上海南站毗邻，当时开平装卸公司拥有 2 个万吨级泊位，有 2 条铁路专用线，共计 950 米，陆地面积 73 570 平方米，码头长度 307.9 米，仓库 4 座，面积 9 548 平方米，堆场 18 块，面积 3.2 万平方米，拥有各类装卸机械 75 台，1992 年货物吞吐量为 224.5 万吨。

随着中国经济在 20 世纪末开启的腾飞，北票码头的发展也越发加快，这里不仅保障着上海市部分电力系统，也承担着浙江、江苏、福建等省市部分煤炭供应的装卸和中转任务，北票码头的重要性不言而喻，它成为名副其实的华东地区的能源中心。然而虽然一座城市的发展离不开工业的助力，不过，在城市和经济发展到一定程度之时，工业带来的环境问题不可避免地成为社会焦点。由于北票码头从事煤炭装卸的特殊性，其每天频繁的运输带来的煤粉扬尘污染，也在很长时间内一直困扰着周边居民，北票码头对污染的治理也提上了日程，力争控制污染，在抓生产的同时保障环境。早在 1980 年代末，上海港煤炭装卸公司便投资 142 万元，对北票码头和中华南栈码头进行防粉尘改造，安装了微机控制的洒水降尘设备，全港实现了炉、窑、灶基本不冒烟。但是这种改造并不能一劳永逸地彻底解决污染问题。2010 年举办的上海世博会成为城市发展和更新的一次契机，而北票码头的历史使命也终于来到结束的那一天。2009 年，有上

海煤炭储运枢纽、华东能源中心之称的北票码头结束了它在浦江之滨的驻扎。

然而，北票码头留下的记忆并没有就此终止。在西岸的开发和建设中，北票码头一步步实现了"工厂变公园、废墟变艺术、旧区变新城"的华丽转身。北票码头的工业用地得以再次利用，成为龙美术馆（西岸馆）的所在地。在大舍建筑设计事务所的设计下，塔吊、海事塔、火车站、轨道、工业传送带等元素，与充满理性和冷静气质的龙美术馆主建筑相得益彰，这也成为展示当代艺术的理想场所。昔日的北票码头如今成了上海极有艺术气质的滨江景观之一。这里保留了 2 座红色钢塔吊和 1 座钢筋混凝土的煤炭装卸漏斗，塔吊下方还有当年北票码头的煤炭传送带，这个传送带，经过精心修复，又加上了一些新的创意，便成为长达 420 米的高架空中观景廊道，廊道连接着沿江的两座红色塔吊。这可是黄浦江沿岸唯一的空中视觉平台。

第三节 "远东民用航空总站"：龙华机场

龙华机场是民国时期上海与外界联系的最快捷通道，陆续开辟国内航线，以及多条国际航线，不仅成为中国规模最大、设施完备的一个民用机场，也是远东民用航空的总站。

上海是近代中国最早进行飞机试飞的城市。清宣统元年（1909），法国飞行家佛朗（Vollon）在上海用苏姆式双翼飞机试行表演，不幸机毁殒命。20 世纪 20 年代初，鉴于航空业的重要性，国家曾制定《全国航空线路计划纲要》，确定了几条干线，其中

最重要的就是京沪航空线，并考虑在北京、上海等地设置航站。几经筹备，因时局影响，一直未能取得很大进展。直到 1922 年，德国人舒德勒协助卢永祥在龙华修建飞机场，上海航站建设才有了实质性的突破，上海航空交通也开始发展起来。

龙华机场原为北洋政府松沪护军使署的江边大操场。操场辟建始于 1915 年末。当时，松沪护军使署"以沪地防军向以寺庙、会馆等公共房屋为驻扎之所，即原有之沪军营、炮队营及斜桥南首之新营房亦皆地址狭窄，仅能驻扎一团，别无宽大驻军基地，且全师合操亦无广大操场"，因驻扎军队之需，经过勘查，选定在黄浦江边的龙华镇百步桥南十六保十三区境内，自东汤宅、吴家起至宣家宅为止，租地三百余亩，建造营房、操场等。❶ 1916 年 10 月，龙华大操场建成。❷ 1922 年，皖系的浙江督军卢永祥通过上海恰比奥斯克洋行，购得 6 架法制"布莱盖"-14 式飞机和 4 架"毛兰"式单翼教练机。之后，他在德国人舒德勒协助下，命北洋军驻上海陆军第十师择定原松沪护军使署的龙华大操场改建成军用机场，同时建造 6 间竹房和 3 大间瓦房，用以装配和存放飞机。❸ 至此，龙华大操场正式辟为机场，亦是上海第一个由陆军管辖的军用机场。

1929 年 6 月，经国民政府军政部批准，由航空署接管龙华机场，并设立龙华水陆航空站，管理机场一切。不久，又改名为管理所、飞机场及航空站等。❹ 就在同一年，为了发展全国商务邮务航空事业，国民政府在 1929 年组织成立中国航空公司，性质为官办。1930 年 10 月 1 日，当时国民政府的交通部与美商中国飞运公司组建新的航空公司。新组公司仍沿用"中国航空公司"名称，为中美共同经营，中方占股权的 55%，美方占 45%。中国航空公司成立后，总事务所即设在龙华机场。❺ 当时，中国航空公司使用的多是水陆两用飞机，而龙华机场一带江面地处僻隅，且有港湾，极利水上飞机起降，中国航空公司遂利用龙华机场附近黄浦江面为飞机起降之所。当年，中国航空公司就在龙华机场建造了第一座长 30 米，宽 24 米和高 5.5 米的钢筋混凝土结构飞机库。❻（图 3-18）

图 3-18　龙华机场辟建于 1922 年，1929 年投入民航运输

---

❶《沪地建筑大营之先声》,《申报》1915 年 12 月 27 日。
❷《筑造操场之告成》,《申报》1916 年 10 月 8 日。
❸ 欧阳杰：《中国近代机场建设史》，航空工业出版社 2008 年版，第 54 页。
❹ 胡汇泉：《筹组龙华飞行港公司意见书》,《公用月刊》1947 年第 15/16 期合辑。
❺ 欧阳杰：《中国近代机场建设史》，第 359 页。
❻ 欧阳杰：《中国近代机场建设史》，第 331 页。

1932 年 "一·二八" 战事后，龙华操场不再驻军，中国航空公司职工逐渐将场内原驻军营房拆除，恢复和改进公司在场内的使用设施，并筑建停放飞机的水泥场地。不久，为发展业务需要，中国航空公司增添陆行飞机，开始修建陆地机场各项设施。至 1933 年末，龙华水陆两用机场初步建成。对此，1934 年 1 月 15 日出版的第 218 期《飞报》中还专门作了介绍：

中国航空公司因中美航空行将成功，特于龙华水面建筑一伟大之远东水陆飞行港，该港动工已多时，现在水港部份，已经完全工竣，至于陆地机场之设备，正在努力进行，不日亦可正式完成……全港在龙华沪杭线之附近，该地前为黄浦江，后为龙华镇，水陆俱有，地点颇佳，全港面积有数千英尺，现在机场上面……辗轧颇平，可以停落飞机……所谓水港，仅系黄浦江畔之水面而已，该地并无船只经过，港中筑有一狭长之水栏，浮于其上，栏作浅碧色，专供机员之行走上落处。……在水港旁之陆港，虽占地极广，现在停留飞机，但建筑草率，尚须改良，已有该公司唤雇工人甚多，每日进行筹辟，拟于全场之中，建筑一条狭长飞行大道，该道成立，飞机可自陆上飞跃至空中，甚为便利……❶

是年 3 月，中国航空公司又在龙华机场建造当时全中国最大的大型机库，该机库长 175 英尺（约 53 米），宽 120 英尺（约 37 米）。机库采用钢筋砖石筑建，四面装有明窗，左右为储藏室，可储备各种飞机零件，并设有各种消防设备；另一侧为机航组办公室，设有办事室、机师室等。机库入口处高 9 米，其大门启闭均采用滑动槽门。机库入口前设有较大的空地，类似于现在维修机坪的性质。❷6 月末，该机库落成，可容飞机 10 余架。（图 3-19）

当时上海已经是远东最大都会，但是这里的航空事业与其地位并不相称。1933 年 9 月，时任美国大陆航空公司总经理鲍莱来沪时便声称："中国航空前途之发展实不可限量，今日世界各国无与为匹。中国幅员广大，而交通制度之发达，较诸世

上海龍華停機場

The Landing Station at Lung Hua, Shanghai.

图 3-19　上海龙华停机场（选自《良友》1929 年第 40 期，刘沛泉摄）

❶《中国航空公司建筑之龙华水陆飞行港，水港已筑竣》，《飞报》1934 年第 218 期。
❷ 欧阳杰：《中国近代机场建设史》，第 331 页。

界各国瞠乎其后，推原其故，实缘经费浩大，遂致因陋就简。夫建造大道或铁路需费固巨。第以开辟航空线较之则所费有限，只须广场一方，建筑一航空港及备船数艘而已。凡熟悉世界航空情形者，皆觉以上海之繁荣，而无一适当之航空港，实为交通上之缺点，为上海与中国全部利益计，此举实急不容缓。"❶ 为了尽快发展上海的航空事业，1934年5月，中国航空公司拟具有关龙华机场的扩充计划，提出将"龙华机场扩充为上海水陆商业航空港"，上呈交通部。❷ 当时的计划是：（1）要将现有的龙华飞机场面积，逐渐扩大至 698 412 平方英尺，以期同时可容七八架航空运输飞机自由起落，并满足国际旅行飞机的停留；（2）配备夜间飞行的各种灯火设备，缩短各航线的航时，使空运更加迅速；（3）沿航空港的江边，分设浮筒，并建码头，以便利飞机停泊及乘客的便适；（4）航空港地面，改筑长 3 000 英尺，宽 100 英尺的柏油跑道 4 条，分南北、东西、西北及东北等向；（5）在航空港旁，建筑乘客休息室、候机室、饭堂、航空旅舍。龙华航空港的建设计划极为庞大，在当时算是个特大工程，若完成全部项目，预算约需百余万元，可见其雄心勃勃。

中国航空公司考虑到工程所需费用巨大，又涉及圈购民地之难事，实非公司独力所能举办，因此在独资建造飞航必需的各项设施的同时，将拟定的龙华水陆飞行港之扩充计划，呈请交通部转咨内政、军政各部和上海市政府等，会同协助进行。后

经交通部派员协助上海市政府圈定民地，并由交通部拨款征地 700 亩。1934 年，上海市政府以沪西电力公司缴纳专营权代价一部分，计国币 60 万元，作为投资龙华机场之用。建成后的龙华机场面积将达 1 000 余亩，水陆均可停降，是上海当时唯一大型商用机场。❸9 月，中国航空公司召开公司第五届股东年会，总经理戴恩基在报告公司业务情况时称："龙华新机棚已竣工，建筑费银洋 10 万元；本年度在龙华收买民地 27 亩 3 分五厘，现在建筑新机棚之基地即在其内；龙华机场筑有煤屑碎砖跑道两条。"❹

1931 年 2 月，国民政府交通部和德国汉莎航空公司合办的欧亚航空公司（全称欧亚航空邮运股份有限公司）成立，经营欧亚间的航空邮运。❺1934 年 12 月 16 日，欧亚航空公司总部从虹桥机场迁至龙华机场，为业务需要，也开始在机场兴建机库厂房等设施。随着欧亚航空公司的迁入，龙华机场业务量增大，因此欧亚航空公司又对机场进行了扩建，建起了新机库，并附建修理厂、电信间、职员办公室及设备精良的候机室。新机库工程由当时积极推行"现代主义"的奚福泉建筑师设计，沈生记营造厂承建。于 1935 年奠基，至翌年 6 月完成，耗资达国币 15 万余元。全屋宽 200 余英尺，深达 150 英尺，正门向南，中为宽 165 英尺，深110 英尺之飞机库。铁门八扇，以滑槽启闭，左右为宽 20 英尺之二层房屋，前为中圆形，凸出于大门两侧，其后则为一层之厂房，全屋以紫色泰山面

❶《上海需要一航空港》,《申报》1933 年 9 月 20 日。

❷《公牍：交通部批第一五七八号》,《交通公报》1934 年第 565 期。

❸《中航欧亚合用之龙华大机场大部竣事，下周可全部落成》,《上海商报》1934 年 12 月 25 日。

❹《中航公司股东年会》,《申报》1934 年 9 月 30 日。

❺ 欧阳杰：《中国近代机场建设史》，第 360 页。

图 3-20　飞机降落龙华机场（摄于 1937 年）

砖及水泥建成，色彩柔和。至房屋之用度，后部及东首之底层为工场，东首上层为无线电房，西首前部上下均为办公室，后部下为旅客休息室，上为堆栈，屋顶为平台，东西各辟大门，供职员及旅客出入。[1] 欧亚公司的飞机库全部梁柱均用钢筋混凝土结构，屋架为大跨度的梯形钢桁架结构，机库库面阔 50 米，进深 32 米，创造了近代中国建筑桁架跨度最大的纪录，可容纳大小飞机 7 架，或停放 3 架德制容克大型飞机。其平面构型和立面造型无不体现了现代工业建筑的特征，设计之周密、布置之精美，以及外廓之雄伟，在当时远东地区堪称一流。[2]（图 3-20）

至 1936 年，经上海市政府及中国航空公司、欧亚航空公司的不断修建，龙华机场所有应备的飞行指挥调度、通信电台、机库厂房、机务维修、器材供应及乘客候机室等设施已粗具规模，不仅可供水上飞机起降，而且陆地跑道已增长至 1 200 米，能容 DC-2 型及以下各型飞机起降，成为当时中国最好的一个民用航空机场。

1935 年 7 月 9 日，上海市公用局奉上海市政府之令，接管龙华机场航站房屋及卫士宿舍。后来，又经上海市第 292 次市政会议议决，组建龙华飞行港管理处。是年 11 月 21 日，龙华飞行港管理处正式成立。1936 年 9 月，国民政府军事委员会饬令将龙华飞行港管理处移交龙华航站接收。是年 10 月 7 日，国民政府行政院在南京召集上海市政府和航空委员会，商讨龙华飞行港管理处隶属事宜。经行政院 283 次会议议决："龙

[1]《欧亚公司新建机棚》，《申报》1936 年 6 月 24 日。
[2] 欧阳杰：《中国近代机场建设史》，第 332 页。

华飞行港归航空委员会所有，由航空委员会规定办法暂委上海市政府管理。"嗣后，上海市政府仍着龙华飞行港管理处照旧管理，并将该管理处章程与规则加以修订，呈报行政院核定。但还没有得到核准，"八一三"战事爆发，龙华机场遂沦陷敌手。[1]

龙华机场是当时全国各航站中设施最完备、最先进的，这是与它的地位分不开的。当时中国航空公司的航线贯通中国东西南北主要干线，具体经营沪蓉（后改名沪蜀）线、沪平线、沪粤线，这三条航线，均以龙华机场为起点。至1936年，中国航空公司的载客人数达到一万余人次。欧亚航空公司开通的航线则有：第一线，从上海经南京、天津、北平及满洲里，经亚洲俄国至欧洲。第二线，从上海经南京、天津、北平及库伦以外之中国边境，经亚洲俄国至欧洲。第三线，从上海经南京、甘肃及新疆之中国边境，往亚洲俄国，或遇必要时经中部亚洲至欧洲。值得一提的是，1936年10月24日，中美航空线首次试航成功，该航线以洛杉矶为起点，中经檀香山、中途岛、威克岛、关岛、菲律宾、香港，最后抵达上海龙华机场，计13 194千米，航程12天。[2]（图3-21）

图3-21　道拉斯格飞机在龙华飞机场卸下邮件之情形（选自《交通职工月报》1937年第5卷第1期副本）

[1] 胡汇泉：《筹组龙华飞行港公司意见书》。
[2] 《中美全线试航成功》，《申报》1936年10月25日。

对于龙华机场的重要性，当时曾有这样一段论述：

> 惟上海一站，因是地为远东最大之商埠，华洋荟萃，商贾辐辏，远非各地可及，现在公司（引者按：中国航空公司）所办三条航线及欧亚航空公司所办之沪新航空线，均以此埠为起讫之点，外国飞机之来华者，亦多以是地为经停升降之所，就事实上言，已成为远东民用航空之总站。❶

1937年7月7日，抗日战争全面爆发。是年11月，上海沦陷，龙华机场被日军侵占。至1944年，日伪为了军事上的需要，先后两次强圈民地扩充龙华机场。第一次强占2 395亩，每亩给予"中储券"（汪伪政府中央储备银行发行的纸币，全称"中央储备银行兑换券"，抗战胜利后，国民政府以1元国币折合"中储券"200元的比价收兑）3 391元，作为补偿青苗及拆迁的津贴；第二次强占3 051亩，每亩给"中储券"39 795元。两次强圈民地共计5 446亩。❷由于这两次都属强占民地，所给予的津贴费并非征用土地的地价，且没有办理过征收手续，因此当时乡民们都未领取。百步桥宅、王家宅、徐家宅、老徐家宅、汤家宅、李家宅、宣家宅、郑家桥、项家宅等二十多处龙华老村落均被强行拆毁。附属仓房及龙海船厂、华利船厂、天主堂、铁路农场还有瓜豆园、顾家花园亦多拆改。

日伪在龙华机场虽然并未增添机库，但是增建了两条碎石跑道，其中一条长约1 524米，又将原来只可停放10余架飞机的停机场地，开拓至可以容纳100余架重型轰炸机，还添建了几条东西向的辅助滑行道，以及不少房屋。与此同时，对中国航空公司和欧亚航空公司的原有航行设施，也作了不同程度的破坏。

抗战胜利后，上海市政府派员前往龙华机场调查，以便恢复接管，此时该机场已由航委会派空军驻守，一度供美国陆军部和海军部使用。1945年10月，美军第十四航空工程队曾经对龙华机场进行全力修理，包括扩展降落地带，并在降落地带上铺以钢席，面积达15万平方英尺，并重建营房，设立管制塔等。❸稍后，因国民党"还都复员"和民航运输需要，经交通部商得空军司令部同意，美军和驻场空军移至江湾机场，中国航空公司迁回龙华机场。此前，欧亚航空公司于1943年3月改组为中央航空运输公司，收归国营，直属交通部。1945年9月16日，中央航空运输公司抗战胜利后第一架飞机由重庆飞抵龙华机场，运载邮件20多千克。1946年初，中央航空公司也迁回龙华机场。两个航空公司都添置了一部分飞机，尤其是中央航空公司购买了驻华美军的剩余飞机，投入复员运输后，使当时航空业务量呈现出空前发展的局面。

但是这时的龙华机场设施由于遭受日伪军不同程度的破坏，助航设备、通信设备、航空气象设备等缺乏，虽有南北、东西及东北西南向之跑道3条，也都是碎石道面，又因上海风向关系，以南北向跑道为主要跑道，而该跑道已呈高低不平之状，加上场地排水不佳，每逢雨天，积水成患，飞机起降比较危险，要随时将低陷处填平才能勉强

❶ 交通部年鉴编纂委员会：《交通年鉴·民用航空编》，交通部总务司1935年版。
❷ 胡汇泉：《筹组龙华飞行港公司意见书》。
❸《上海市大观》，《稀见上海史志资料丛书》第7册，上海书店出版社2012年版，第332页。

使用。而且此时龙华机场的管理尚未统一，对于机场的各项经营管理业务，只是由中国航空公司和中央航空公司根据公司需要各自处理。因此，交通部为谋求今后中国民航之合理发展，并为其他地方机场管理权统一规范起见，1946 年 5 月 15 日，在南京召集上海市政府、空军总司令部、军政部海军处及中国航空公司和中央航空公司等有关部门开会商讨对龙华机场的管理办法。

在这次会上，上海市公用局提出了筹组龙华飞行港公司意见书，并提及建设发展龙华机场的紧迫性与重要性：

> 世界各国战后对于民用航空事业均突飞猛进，我国民用航空亦正积极发展。上海为远东交通枢纽，不独为国内航空线之中心，且国际航空线亦多将伸展至上海。如美国航空公司飞机将由美国经火奴鲁鲁、中途岛及东京至上海；西北航空公司由欧洲经印度来上海，其所用的飞机为 C 四十六型和 C 四十七型以及 DC 四型巨机，以后或将使用更大之巨机，故上海若不迅即建设完善之民航机场以应急需，则远东方面之国际民航站将由马尼刺或香港起而代之。抑有进者，世界各国对于军用及民用机场均予划分，绝不并混，良以民用机场管理办法与军用机场截然不同，前者之使命在予旅客以便利，而后者之任务则有保持军事机密之必要。虽任何机场在战时均可征为军用，但在平时如不予以划分，则以根本要求之不同，势将两损而无所益。上海现有江湾、大场、虹桥、龙华等数处机场，其中龙华机场战前原属民用，由市政府管理，现在设备简陋，跑道已破坏至不可使用之地步，急待整修及扩充，以适应伟大之任务，惟政府财力有限，故拟筹组公司，招集商股，协力经营，并先成立龙华飞行港公司筹备委员会以利进行。❶

由于此时龙华机场的跑道磨损状况日趋严重，不容久等，因此，该局先拟具一份意见书，对如何管理龙华机场提出了具体的可行性方案，以使该机场成为一个由上海市政府、国防部、交通部及中国航空公司、中央航空公司共同参加的具有法人资格的企业单位，实行对内对外的统一经营。计划将龙华机场发展成为每日平均起落飞机 60 架，每月货运 2 000 吨，客运 30 000—40 000 人的大型机场，并制订了征地 11 500 亩，容纳 10 000 英尺以上的大跑道，扩建费用 138 亿元的大型计划。但是，鉴于当时各种因素，筹组龙华飞行港公司的方案终成纸上谈兵，未能实现。（图 3-22）

图 3-22　龙华机场（摄于 1947 年 10 月 6 日）

---

❶ 胡汇泉：《筹组龙华飞行港公司意见书》。

由于当时中国已参加国际民航组织机构，而国民党空军司令部又呈请行政院，指定广州、天津、昆明和上海4处为国际民航飞机入境机场，其中又以上海的龙华机场最为重要，所以龙华机场的一切设施设备需要符合国际民航组织所规定的标准。为此，中国航空公司委托基泰工程司拟定了一份南北跑道工程设计草案呈报交通部，并建议由专家组织委员会，或由交通部成立机场工程处，统筹办理建设龙华机场的各项事宜。另外，基泰工程司也建议将龙华机场南北向跑道改建为混凝土道面，作为扩建该机场的第一步工作。（图3-23）

国民党交通部采纳了中国航空公司和基泰工程司的建议，于1946年10月11日设立龙华机场修建工程处，直属交通部管辖，由陈祖东任处长，石裕泽任副处长，并拨款国币90亿元，用于龙华机场南北向跑道的改建。同时，交通部又聘派专家成立龙华机场工程评议委员会，指导工程处工作。是年12月19日，跑道改建工程正式开工，先准备材料，至次年2月28日完成道面基础，3月7日起铺设混凝土道面，至6月2日完工，同月23日开放使用。改建后的南北向混凝土跑道长1829米，宽50米，道面厚0.28—0.40米，是当时国内最好的一条跑道，可供70吨以内的飞机起降，即使当时被称为"空中霸王"的DC-4型巨型客机在满载时，只需滑行跑道的一半长度，就可以离地飞向空中。

然而就在1946年年底，上海发生了多起空难事件，死伤惨重。1946年12月14日下午5时20分，从南京飞往上海的中国航空公司第67号客机抵达上海龙华机场，因机场风势猛烈，暮色朦胧，致使飞机操纵失灵，猝然撞上跑道边停放的大华公司的一架飞机，使该机严重损毁，第67号客机左翼引擎爆炸起火。不到十天，12月25日，上海浓雾密布，在这一天之内，中央航空公司和中国航空公司的三架民航客机先

图3-23 龙华机场老照片

后坠毁于上海，称为"十二二五空难"。其中，中国航空公司第 115 号飞机在降落过程中坠落于龙华机场一里路之外，右翼折断，机尾崩散。中国航空公司第 140 号飞机在强行着陆后，坠毁于龙华机场西南端的第三跑道上，起火爆炸，死 26 人。中央航空公司第 48 号机于晚 9 时坠落于龙华机场外西南 1 600 米处，机上 34 人无一人生还。❶

　　事故的发生虽然有天气的因素，但是机场设施陈旧、管理存在漏洞也是重要原因，因此社会各界对于民航安全几乎失却信心。为了应对这一灾难，交通部民航局于 1947 年 1 月 20 日正式成立，负责规划建设全国的民航事业。民航局成立后，鉴于民用机场与军用机场的管理方法截然不同，加上上海当时已成为远东空中交通枢纽，不独为国内航空线中心，国际航空线亦将延伸至上海，而龙华机场又是国内第一个按照国际民航组织规定的标准进行扩建的机场，所以很有必要建立一个管理机构，对该机场实行统一的经营管理。因此，民航局于

○影留時機下場機華龍海上在日六十月九(者包皮攜手行前)三第勒斐克洛 ↑
Rockefeller III arrived at the Lunghua Aerodrome on Sept. 16.

图 3-24　洛克斐勒访华（选自《艺文画报》1947 年第 2 卷第 3 期，康祖艺摄）

1947 年 3 月初下令筹组上海龙华航站筹备处。是年 7 月 1 日，正式成立交通部民用航空局上海龙华航站（简称龙华航站），隶属民航局。（图 3-24）

　　鉴于当时上海在全国的重要地位，民航局成立后，在拟定修建各民航机场的计划时，将上海龙华机场列为首位，拟按照国际民航组织规定的 B 级标准扩建，除了南北向跑道改建工程之外，其他预定的建设项目有：建造一座面积约 7 500 平方米的 5 层业务和客货运综合大楼；修建一条长 1 200 米、宽 30 米、道面厚 0.55 米的柏油滑行道；建筑面积为 28 000 平方米的混凝土停机坪；建造可容 300 人办公的房屋，以及机场排水、水电等辅助设施。另外，还要装设各类助航、通信、气象、夜航等设备，以期于最短期内，使其成为现代化之机场。（图 3-25）

　　龙华机场南北向混凝土跑道完成后，其他建设项目陆续展开。航站大厦设计直接参照了当时美国华盛顿国家机场的航站大厦实例，为建筑面积约 7 500 平方米的航站业务和客货运综合楼。大楼的平面呈弧形对称布局，总长 500 英尺，宽 84 英尺。主楼为五层，底层和二层以旅客服务为主，三层拟设为 ATC 工作室、气象站、电报房和管制处及航空公司办公室等业务部门，四层为进近台工作室及器材储藏室，中央部分的顶层设有指挥塔台和塔台工作室。左侧配楼底层设有飞行员休息室、理发室、餐室等，二层为供旅客

---

❶ 张蒋：《民国上海空难简史：以 1945—1949 年为重点的考察》，上海书店出版社 2015 年版。

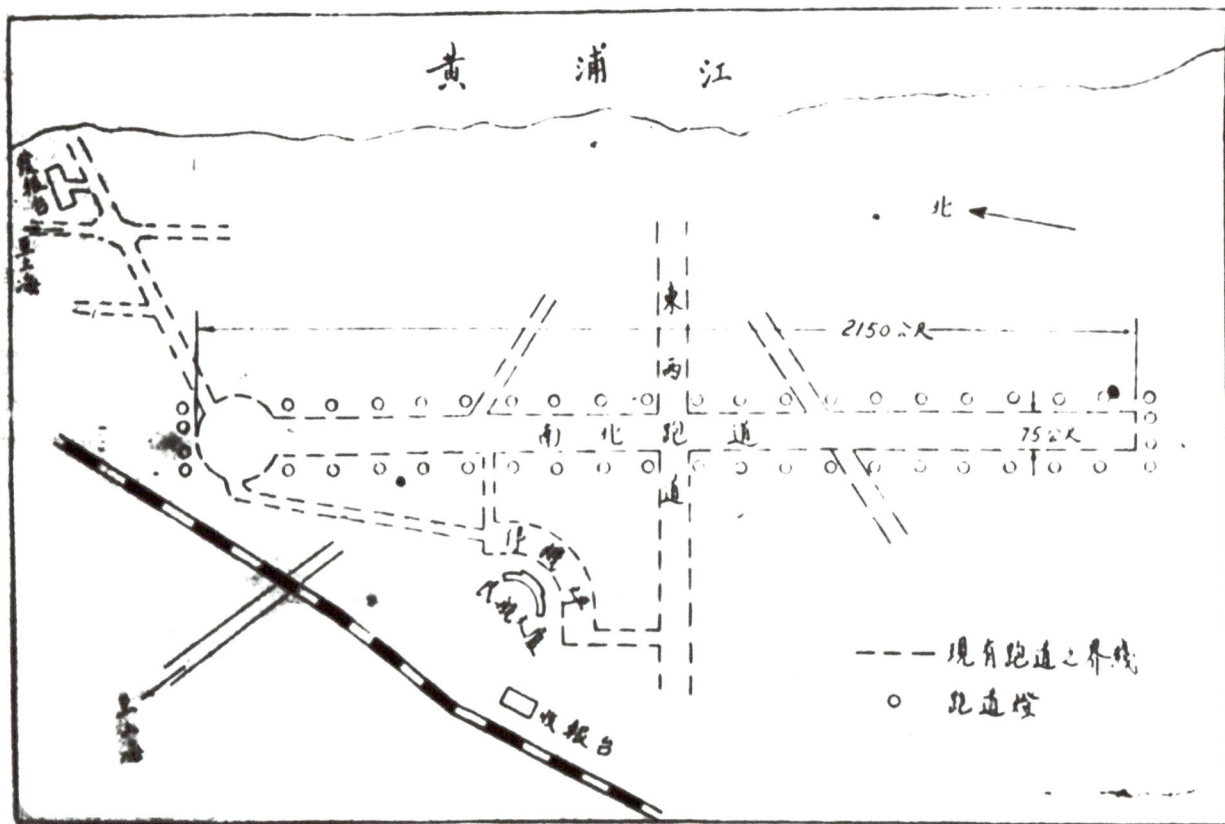

图 3-25 上海龙华机场跑道灯之装设计划（选自《民用航空》1947 年第 1 期，庄炎生绘）

休闲的酒吧和大餐厅等。右侧配楼底层为龙华航空站办公室，二层则设为特别候机室和办公室。大厦的骨架工作于 1947 年 12 月 12 日开工建设，次年 8 月 8 日竣工。第二期砖墙门窗及外部粉饰工程于 1948 年 7 月中旬开始，年底全部完成。此后因建设经费短缺，加上时局变化，不得不停工。时至 1950 年，才由国家将其续建为候机大楼，不过内部功能布局和设计标准都作了相应调整。这座龙华机场航站大厦当时无论在建设规模、设计理念、流程组织等方面均属远东一流水平，是近代中国最具现代意义的大型航站楼，堪称是中国近代民用机场建筑发展史上的里程碑式建筑，后被列为上海市第四批优秀近代历史建筑保护单位。❶ 至此，龙华机场不仅成为中国民用航空运输的枢纽机场，而且还是当时远东地区最大的一个国际民航机场。（图 3-26）

中国航空公司迁到龙华机场后，除恢复旧有各线外，陆续增辟新航线，先增辟沪台线，1946 年增辟沪加、沪汉、沪菲等线，1947 年增辟沪郑陕、沪汉昆航线，并试航南洋线。这一年的 10 月 6 日，中美航线正式开航。❷ 1948 年增辟上海仰光线，并筹辟上海东京、上海至西贡、新加坡、吧城线及上海至欧洲航

---

❶ 欧阳杰：《中国近代机场建设史》，第 357 页。
❷ 《民航史展开新页，中美线今日开航》，《新闻报》1947 年 10 月 6 日。

图 3-26   龙华机场航站楼

线。中国航空公司在龙华设调度总站，所有飞往国内外的飞机均由总站集中指挥。该总站掌握当日全部航机随时动态，并根据沿途各站气候及场站情形发布指挥航机前进、停留或改道的命令。而中央航空运输公司拥有的飞机主要是 C-46 及 C-47 机型，陆续开通的航线则有沪渝（上海—南京—汉口—重庆）线、沪昆线、沪平线、沪陕线、沪兰线、沪港线等。1946 年，龙华机场日均升降飞机 20 余次，年客、货运量分别达 26 万人次和 750 万吨。（图 3-27，图 3-28，图 3-29）

上海解放后，龙华机场由军委华东空军接管，不久，机场组成了临时飞机修理队，抢修废弃的飞机。

机场职工不怕敌机的轰炸袭扰，经过十多天奋战，修复一架美制 C-46 运输机。上海市市长陈毅曾亲自登上飞机视察试车。试飞成功后，经上海市军管会批准，命名为"上海解放号"，编为"上海 1 号"。后又修复了"上海 2 号"。1949 年 11 月 2 日，中共中央决定在中央人民政府人民革命军事委员会下设立民用航空局（简称军委民航局）。1950 年 5 月 9 日，军委民航局上海办事处成立清产核资管理委员会，开始着手龙华机场的整顿、清资和恢复工作。是年，龙华机场候机大楼（原航站综合大楼）建成，由军委民航局上海办

↑「中央航空运输公司」旅客排队上机时的情形，秩序有条不紊。
Passengers are going on board the aeroplane.

图 3-27   中央航空运输公司旅客排队上机时的情形（选自《艺文画报》1948 年第 2 卷第 7 期，夏晓霞摄）

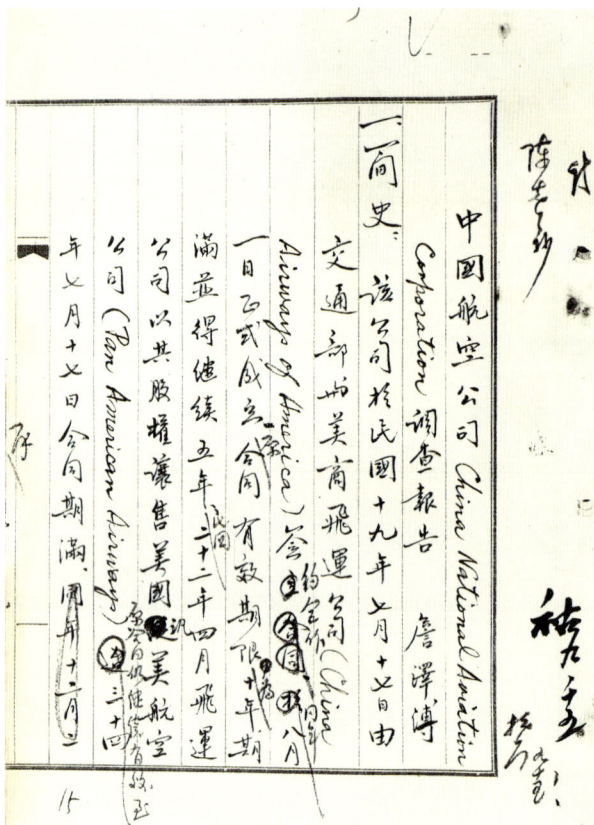

图 3-28　中国航空公司（龙华机场）档案资料选

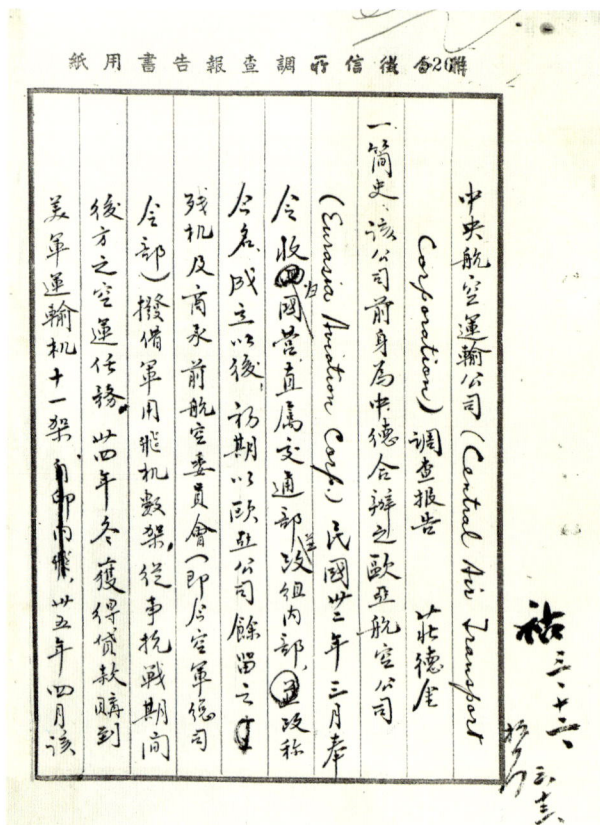

图 3-29　中央航空运输公司（龙华机场）档案资料选

事处接管。1952 年 5 月 7 日，政务院、中央军委作出《关于整编民用航空的决定》，决定民航局改为空军建制，直属空军司令部，并将民用航空的行政管理和企业经营机构分开，改设民用航空局和民用航空公司。是年 8 月，军委民航局上海站（简称民航龙华航站）成立，至 9 月 25 日，军委民航局华东管理分局改为军委民航局上海管理处，实施政府管理民用航空的职能。

1952 年 8 月 23 日，龙华机场开辟了解放后的第一条航线——上海经武汉至重庆，全程 1 514 千米。后又陆续开辟上海经南京至北京，上海经杭州、南昌至广州，上海经武汉、西安至兰州的航线。至 50 年代末，龙华机场已开辟 11 条航线，覆盖全国各主要城市，并设国际航班，拥有 28 架民航飞机。整个 50 年代，龙华机场是上海唯一的航空港。每年，有数以千计的中外领导人和各界人士进出上海，从龙华机场起降。解放初期的龙华，是上海的空中门户，也是重要的通道，所以，各方面都比较重视龙华镇的市政建设。1959 年 8 月 3 日，龙华机场大道筑成通车，一些公交线路也陆续开通到了龙华。（图 3-30）

至 1964 年，龙华机场的主要设施有：主跑道长 1 830 米，宽 80 米，厚 0.35 米，砼道面，可供伊尔 18 型以下各型飞机起降；副跑道长 1 181 米，宽 50 米，厚 0.35 米，碎石道面；扇形停机坪 1 个，面积 3.08 万平方米，可停伊尔 14 型飞机 9 架，或伊尔 18 型飞机 5 架；泥结碎石滑行道 1 条，联络道 2 条（其中 1 条是东西跑道）；导航设备、调度指挥塔设在候机大楼上层，有超短波台 1 部，在 50 千米范围实施日夜指挥，有南远、近归航台，北近归航台，航向下滑信标台，着陆探照灯，永久性夜航灯光设备，日夜均可起降飞机，另有气象台，可为飞行及训练提供气象保障；油库计有油罐 8 个，最大总容量 550 吨，正常储存航空汽油 400 吨。（图 3-31）

到了 20 世纪 60 年代，龙华机场面临着被替代的危机。由于邻近上海市区，地理位置受较大限制，已不能适应民航事业的进一步发展，于是，有关部门考虑迁移上海民用航空港。1964 年 4 月，上海民用航空港由龙华机场迁往虹桥机场。面积广大的龙华机场，其功能、用途随之发生重大变化。龙华机场逐渐成为一个训练基地和航班飞机的备降场，初为试飞站，后名为航站。这里除了上海飞机制造厂（即五七〇三厂）、中国民用航空一〇二厂外，还设立了上海市飞机设计研究所，另有民航上海中等专业学校、上海市航空运动学校。

1982 年 8 月 7 日，民航上海管理局下发《关于恢复上海龙华航空站的通知》，将龙华试飞站恢复为中国民用航空上海龙华站（简称龙华航站），隶属民航上海管理局，并明确规定由龙华航站统一负责龙华机场区域的管理，承担民航飞机（包括民航一〇二厂大修、改装飞机的试飞）的飞行调度、指挥、通信、气象及地面有关保障；负责机场区域治安、秩序的管理和设施的维修等任务。

1989 年 3 月 9 日，民航总局根据国务院《民用机场管理暂行规定》，批准颁发了龙华机场的使用许可证，并明确龙华航站为龙华机场的管理机构。是年 9 月 15 日起，民航华东管理局下属华东开发公司在龙华机场开办空中游览项目，其飞行路线由龙华沿黄浦江至南浦大桥，折向华亭宾馆、上海植物园，至锦江乐园后返回龙华机场，使用的是运 5 型飞机，为人们从空中俯瞰上海市优美宏伟的景色提供服务。该游览项目至 1992 年停止。此后龙华机场一直是供小型固定翼飞机和直升机使用的通用航空机场。（图 3-32）

进入 1990 年代，龙华机场的发展陷入停滞，一度面临被废弃的危险。1999 年 1 月 6 日，上海市政府授权徐汇区政府对龙华机场违章建筑及脏乱差现状进行大规模综合整治。进入 21 世纪之后，随着西岸的开发，龙华机场迎来了新生。2014 年初，由昔日的龙华机场机库改扩建而成的余德耀美术馆开幕迎客。3 000 多平方米的老机库保留下航空业简约的设计元素，

图 3-30　龙华机场（摄于 1958 年）

图 3-31　龙华机场（摄于 1958 年）

图 3-32　原龙华机场航站楼（摄于 2017 年 10 月 10 日）

又与新建部分的玻璃大厅有机融合。此后，部分龙华机场内原上海飞机制造厂旧厂房改造为创意园区"西岸艺术中心"，又吸引了诸多国内知名画廊入驻。与此同时，同样由飞机制造厂老厂房改造变身的上海摄影技术中心、由油库改造而成的上海油罐艺术中心、吸引全球顶级的苏富比拍卖行中国区落户的西岸传媒港、龙美术馆西岸馆，越来越多的艺术机构在百年机场和它滋养的临空地带生长起来。而由原来的航站楼改造而成的西岸图书馆也已经立项，成为西岸文化走廊的重要组成部分。

2016年，国务院发布《关于促进通用航空业发展的指导意见》。2017年，民航局发布通用航空"十三五"规划，中国通用航空事业迎来春天。在规划中，我国提出"十三五"末通航产业整体规模超过1万亿元的目标。在此背景下，沉寂多年的龙华机场迎来新生。2016年，龙华直升机场改建工程开工，共设有23个直升机位，并于2017年竣工。2017年底，龙华机场正式获颁B类通用机场许可证，开始进行以应急医疗救援为主的试运行。另外，龙华机场还承接了华东管理局正在承担的民航局通航改革试点项目，设立华东通航服务中心。2018年的12月18日，上海民航龙华机场（华东通航服务中心）无人机基地和中国民航科普教育基地举行了启动仪式。该中心现可办理涉及通航、飞标、航卫、审定、公安等方面的38项业务，是一个功能全、服务优、智能程度较高的综合性行政服务平台，将原先分散在不同地点、不同部门的通航政务审批业务，在政务大厅内集中开设窗口，实现一站式办理。华东通航服务中心主要涵盖以公益服务为核心的政务服务和以数据增值为核心的商业服务。其中政务服务是中心建设的基础和保障，具体包括行政审批服务和运行保障服务。通过实体大厅、线上系统，实现华东地区所有通航相关的行政事务与运行计划统一入口受理，资料统一化管理。

第四节　百年历程：南浦火车站

铁路在近代交通运输中占据重要地位，沪杭甬铁路的建成对徐汇滨江地区意义尤为重大，这里此后便成为上海铁路枢纽的重要组成部分之一。

清光绪二十四年（1898）七月，英国向清政府索办5条铁路之权，其中之一为苏杭甬铁路。同年九月，清政府和英商怡和洋行签订借款草合同，但因英国在南非进行殖民战争而一直未签正式合同。光绪三十一年，粤汉铁路废约运动兴起，江苏、浙江两省绅商联合请求清政府废止借款合同，自筹资金修建苏杭甬铁路。两省分别成立商办铁路公司，集股协力修建，商定以两省交界处枫泾镇为界，各自修建境内的线路。光绪三十二年九月，沪杭铁路杭州至枫泾段开工，宣统元年（1909）竣工，同年四月通车。光绪三十三年二月，上海至枫泾段开工，宣统元年竣工，同年闰二月通车。六月，浙路、苏路在枫泾接轨，上海南站至杭州闸口沪杭全线投入营运。全线长186.2千米，其中苏路上海南站至枫泾段长61.2千米，浙路闸口至枫泾段长125.0千米。沪杭铁路尚未通车前，沪枫段先在上海的东面、西南面兴筑了2个火车站，一个是建于光绪三十四年三月的上海南火车站，位于今黄浦区车站路一带，这是沪杭线的始发站，主要为客运，兼营货运。另一个于光绪三十三年一月建在日晖港附近，便取名为日晖港货栈。日晖港货栈建造的初衷是要先在新龙华站至日晖港码头建成一段铁路，用以运输从水路运来的修建沪杭铁路用的大量钢轨、钢梁、水泥、道砟、枕木等铁路物资，这条铁路也是日后新日支线的前身。当时日晖港货栈只有 2 条半线路，主要依托黄浦江及码头，从事煤炭、木柴等装卸。（图 3-33）

1913 年至 1914 年，苏路、浙路相继由商办收归国有。1916 年，上海又修建了北站至新龙华的联络线，长 16.6 千米，这年 12 月 4 日，沪杭铁路新龙华站至上海北站接轨通车。自此，沪宁、沪杭两大干线衔接起来。此后沪杭铁路起点由上海南火车站改移到上海北站，上海南火车站至新龙华站间的一段铁路由沪杭铁路干线改为上南支线，上海南火车站仍办理客货运输。1925 年，因日晖港车站货运营业异常发达，而从黄浦江驳运装船各货停泊浦滩，搬运至车站货栈非常不便，便在车站附近的江边建筑码头一座，并添筑钢轨支路一条，以便驳货上栈，遂投资工料费 15 万元建筑码头，至 1928 年全部完工。从此日晖港货栈成为当时上海地

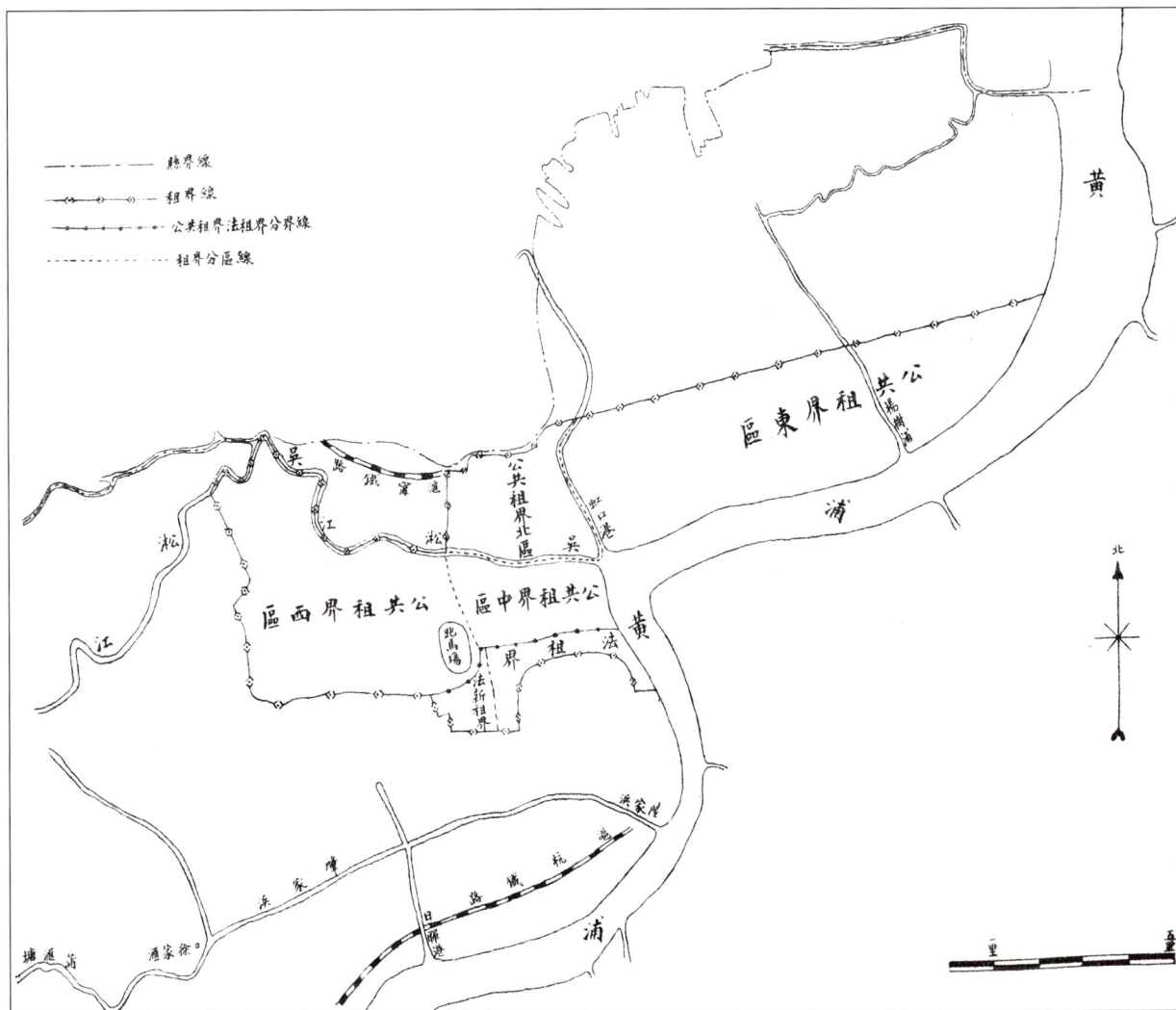

图 3-33　民国初年的日晖港、沪杭铁路（选自民国《上海县续志》）

117

图 3-34　滨江沿线一段铁路——沪杭铁路日新支线

区唯一自备专用码头的铁路车站。[1] 1926年，亚细亚和美孚两家公司又在此建筑栈房、煤栈等。[2] 当时北票煤炭公司的煤炭，亚细亚及美孚公司的煤油以及粮、米等物均由黄浦江驳运至此，换装货车，转运内地。

1937年8月13日，"八一三"事变爆发，日军进犯上海，上海南火车站遭到日机轰炸，毁坏严重。此后只能将剩下的铁路设备拆除，其货运业务移至日晖港货栈。日晖港货栈开始承担起两站的货运和一小部分客运业务，改称为日晖港站，当时有木质码头1座。而新龙华站至日晖港站4.1千米的这一段也被称为新日支线，主要承担黄浦江的水陆联运业务。（图3-34）

抗战胜利后，日晖港站专营整车货运，并新建铁驳船浮码头1座。至1949年5月上海解放前，这里只有10条半线路，日均装卸车仅30辆左右，年到发货物量不足10万吨。（参见图2-25）

1953年、1956年这里又经过两次大规模改造和扩建，这个曾经荒地连片、芦苇丛生、设备简陋的老站，一跃而成为初具规模的新货站。1958年，经铁道部定名为上海南站。当时这里南面沿黄浦江，东西两侧与开平、北票码头毗邻，是上海地区唯一拥有自备码头的车站，与其他货运站相比，具有独特的优势。

60年代，国家又对新日支线进行了整修。新日支线开始修建时，为节省经费，所用材料和施工质量均较低劣，路基宽度仅5.5米，道砟颗粒甚大，厚度不足，没有排水设施。1965年，工务部门用美制45公斤/米和波兰制42千克/米再用钢轨换下老化的37千克/米钢轨，更换了腐朽的轨枕，增加垫钣，线路技术状态有所改善。随着运量的增加，行驶机车类型更换，线路质量下降，1984年又用国产43千克/米、50千克/米再用钢轨换下磨耗老化的钢轨，进行线路整修，并增加了排水设备。（图3-35）

同时，上海南站也经过了多次扩建，1975年改建北区站场，由上海铁路分局设计并组织施工，投资280万元，兴建装卸线2条，改建股道2条，新增货位90多个，同时增建了货运营业大楼。1978年，上海东站腾出站址改建上海新客站，原东站承办的水陆联运货物及货运中转业务也大部分改由上海南站承担。当时南站沿江木质简易码头已陈旧不堪，有关部门遂研究南站浦江码头改建方案。1982年，经上海市政府交通办公室和上海铁路局审批同意，码头工程开工，并于次年竣工。当时整个码头主体为钢筋混凝

---

[1] 《时报》1925年9月1日。
[2] 《日晖港浦滩之建筑工程》，《新闻报》1926年1月9日。

图 3-35　龙华境内的铁路线（摄于 2003 年 10 月 29 日）

土高桩梁钣结构，全长 546 米，宽 26 米，面积 14 228 平方米。前沿水深 4 米，有 4 个泊位，靠泊能力为 2 000 吨级，码头铺设铁路装卸线 2 条，计长 1 487 米，配置内燃桅杆吊、轨道吊、折臂吊和皮带机等各类装卸机械 11 台，最大起重能力 45 吨，为上海铁路地区单机起重量之最，设计年吞吐能力为 240 万吨。90 年代时，上海南站是办理整车到发和水陆联运的一等货运站，有水运码头 1 座，年吞吐量 546 034 吨，陆运年到发量 5 515 899 吨，运量在上海铁路分局主要货运站中名列前茅。车站货场面积 26.9 万平方米，分南、中、北三个货区，通过站内 8 条交通干道和 21 条装卸作业线连成网络，布局合理，进出畅通。1997 年始，生产布局调整，货运规模逐年减少。2005 年 5 月，随着新上海南火车站启用，更名为铁路南浦直属站（简称"南浦火车站"），成为综合一等站，管辖线路长度 230 千米，主要办理接列车、调车作业、列车编组及客、货、装、整车、集装箱到发运。车站货场面积 25.86 万平方米。2005 年时，水运到货、转运量 628 791 吨，陆运到达量 1 365 531 吨，发送量 1 787 737 吨。

2009 年 6 月 28 日，由于站址位于 2010 年上海世界博览会规划展区范围内，南浦火车站宣布关闭，随之正式退出历史舞台，其货场设备迁至新建的闵行火车站，仅在原址保留了一段铁轨，还有一台 1987 年大同机车工厂出产的、隶属上海铁路局金华机务段的火车头以及几节绿皮车厢，作为历史的见证。

今天在瑞宁路 111 号原铁路南浦站十八线仓库建有上海"星美术馆"，成为上海西岸文化走廊的起点。美术馆使用面积约 3 077 平方米。美术馆专门设有"南浦 1907"保存原铁路南浦站的工业遗存，其中北侧保留贯穿场地总长达 2.5 千米的一段铁轨，还保留了原来的枕木和老火车头，让人重拾上海工业时代的记忆。东侧则保留了 2 个绿色龙门吊，现在这个区域内的很多路面也是用从前铁路南浦站、北票码头的枕木和石材建造的，这些都有着城市工业化进程的历史性记忆和象征意义。

第五节 上海 30 万吨保障粮基地：上粮六库

早在 1950 年，刚刚成立的人民政府为稳定市场，从各地调入粮食，原有仓库不敷使用，上海市粮食公司便在日晖港开平码头租用上海码头公司的场地建成了当时的第十五仓库，其时仓库拥有 7 个库房，面积 71 776 平方尺，夏季仓储容量为 5 740 000 千克，冬季为 861 000 千克。不久粮食市场稳定后，这一仓库就被裁减。1956 年，上海市粮食局在当时的上海县龙华乡（即现龙吴路 2050 号）征用农田建立了第六粮食仓库，简称"上粮六库"。

这里东靠黄浦江，北靠淀浦河，与火车站、码头都非常近，交通非常方便。最初设计的建筑面积为 16 097 平方米，投资 157.25 万元。[1] 此项工程当时由市粮食局基建人员设计。随着工程的不断修改完善，最终于 1958 年落地成仓的六库，当时拥有 31 幢定型库房、54 250 吨仓容，建筑面积 33 387 平方米，配套生产、办公、生活建筑面积 2 454 平方米，总投资 214 万元。得天独厚的地理优势，加上巨额的投资，使上粮六库从建成伊始便占据不可或缺的战略地位。

1960 年 1 月 1 日，上粮六库划为国家粮食储备库，当时命名为上海市华港路国家粮食储备库，后又称为〇三〇一仓库，1961 年 3 月 10 日，又对外恢复为上海第六粮食仓库。1965 年 3 月 1 日，对内使用的〇三〇一仓库番号也取消。

1963 年起，又在上粮六库边上建设龙吴路油库，当时设计油罐储存油脂 600 吨，1964 年增建 7 000 吨，1965 年增建 4 500 吨，总计 12 100 吨，同年龙吴路油库改名为第四油库。当时上粮六库和第四油库承担接受各地调入上海的粮食、油脂，接运为中央代管中转的油脂等任务。上粮六库仓容为 11 400 万斤，吞吐流转量为 16 万吨，每月吞吐量 13 400 吨，秋粮入库旺季时吞吐量可达 22 500 吨。第四油库吞吐流转的油脂全年达 10 万余吨，平均每月都在 1 000 吨上下。随着两个仓库的日益发展，原有的设备已经无法容纳。如这里有码头一座，可停靠 1 艘 2 000 吨的船只，但当时上粮六库每月最高有 26 艘轮驳靠岸装卸，第四油库每天船舶吞吐量 500 多吨，每天平均 1 艘轮船靠岸装卸，码头便无法同时满足两家的需要，导致积压严重，影响业务正常进行，尤其严重影响粮油的中转任务。另外淀浦河经过上粮六库北

---

[1] 《上海市粮食局关于建议利用多余劳动力争取完成六库土方工程的函》，上海市档案馆藏档。

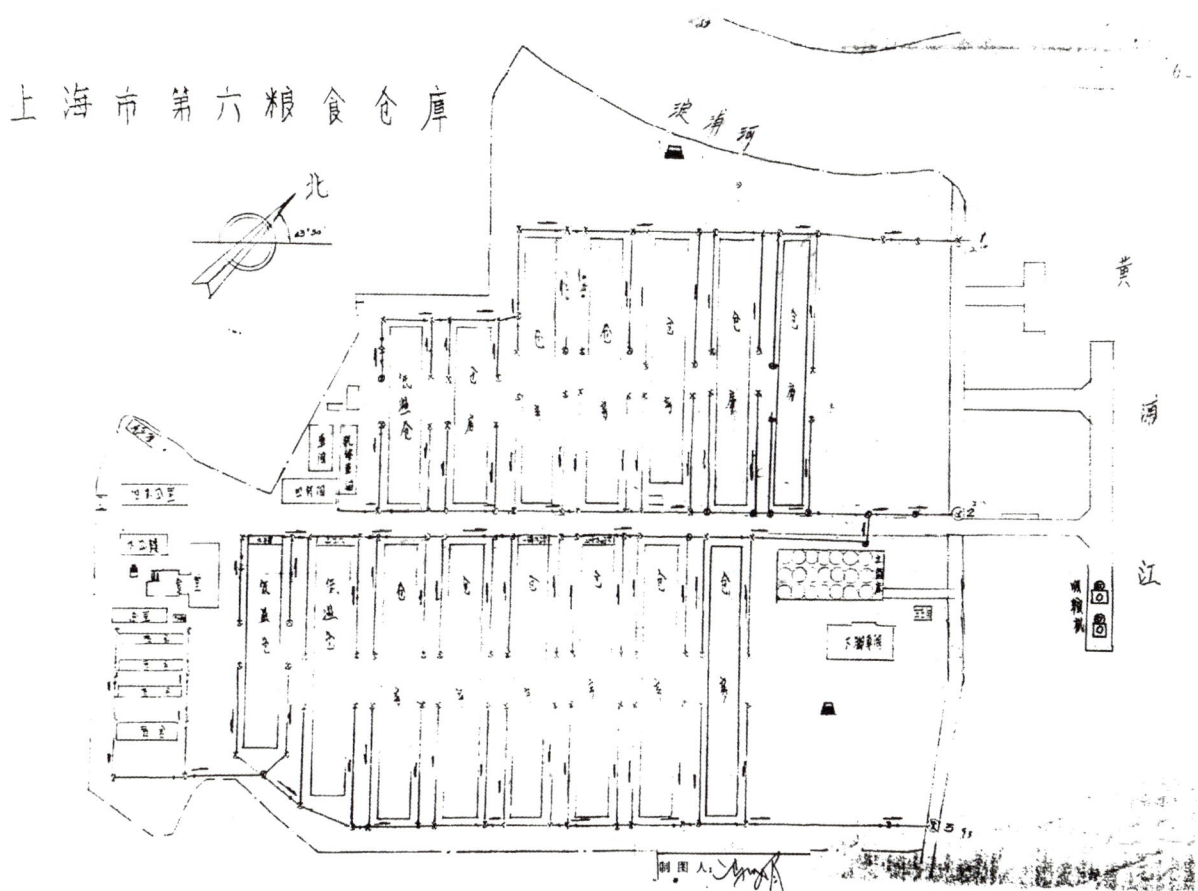

图 3-36　上海第六粮库平面图（1963 年，选自上海市档案馆馆藏档案）

侧，与黄浦江衔接，这里河道弯曲，河底较深，水流很急，上粮六库处于河道弯曲一侧，两岸大都是土驳岸，经受冲刷之后坍塌严重，急需改造。因此在 1965 年，上海粮食局提出建设钢筋混凝土码头，同时修建石驳岸 670 米。当时由于种种原因未能列入计划实施。[1]1967 年，上海粮食局再次提出新的方案，将工程分成三期，第一期建设一座钢筋混凝土码头，可停靠 1 000 吨的轮船，总投资 40 万元。第二期改造驳岸，增加岸线土地 15 亩，总投资 14 万元。第三期改造 450 米的石驳岸。此方案获得批准，不久便付诸实施。[2]（图 3-36）

此后，上粮六库不断进行改造扩建，逐步成为上海 30 万吨保障粮基地。1974 年，上粮六库对烘干机升降设备的滚筒进行改装，将 8 只平滚筒改为鼠笼式空心滚筒，减少了粮食的损失。1976 年，扩建港外二线立筒库，建成钢筋混凝土立筒仓，主要用作进口粮的接收、贮存和转运，于 1981 年正式投产。由于

[1]《上海市粮食局第六粮库、油脂仓库建设码头驳岸工程设计书》，上海市档案馆藏档。
[2]《上海市粮食局关于建筑油脂四库码头驳岸工程的投资审批文件》，上海市档案馆藏档。

受到飞机航道的限制，立筒仓高 28 米，装粮高度为 22.9 米，由 21 只直径 8.5 米的筒仓、12 个星仓和工作塔组成，占地仅 2 000 平方米，容量却高达 23 000 吨，在当时的各仓库中装粮高度最低，单位仓容却最高，造价也最低。立筒库面临黄浦江，前沿有栈桥式散粮专用码头，码头长 70 米、宽 15 米，通过 120 多米长架空连廊上的皮带输送机，将码头和立筒库工作塔有机地联系在一起。在筒库尾部由近 20 米长的架空皮带输送机连廊，与六库原有房式仓连接。筒库为钢筋混凝土结构，内径 8 米，3×7 排列，为增加星仓仓容量，在横向两圆仓间拉开 1.5 米。在工艺布置中，充分利用了筒体间半星仓的面积，在其中布置了二台提升机，是当时国内立筒库中粮食输送距离最短，工作塔跨度最小，面积最省，工艺布置最紧凑和合理的一个。筒库通过散粮码头接收船舶来粮。码头上有两台门式吸粮机，台时产量为 100 吨。吸粮机卸载后通过接收皮带机，经码头转运塔由栈桥内 200 吨／时生产能力的皮带输送机进入工作塔。入工作塔后分成两路，经检斤、清理后入筒仓。除码头进粮外还预留有包折散进粮点。筒仓发放时通过工作塔内检斤后，由生产能力为 100 吨／时的栈桥发放输送机，经码头转运塔提升、输送后发放到驳船。筒仓粮食也可通过输送、提升，进工作塔内两只汽车发放仓，每只仓容量为 60 吨，经自动秤检斤后，分别进两只定量仓，可直接作汽车连续发放，发放能力为 50 吨／时。筒仓粮食还可转运到筒体尾部的两

只"半星仓"，经仓底引桥输送机入房式仓进行灌包和堆垛，作包装发放。筒库内筛理出的下脚和各风网中经除尘器汇集的尘土和轻杂，通过风运入下脚车间。杂质经筛选提取部分碎粒粮外，还将下脚进行分离，并分别作饲料和肥料处理。❶ 这一设计使得六库从粮食接收、贮存到发放均完全做到机械化。1982 年，上海市粮食储运公司又对立筒仓机械设备进行改造。同时在市仪表局的协助下，首次在国内立筒库中运用微机、工业电视、无线电话获得成功，实现了对筒仓作业过程的监测自动控制。这套设备投入使用后，筒仓设备故障率明显降低，筒仓作业稳定性、安全性、可靠性都有较大提高，同时也改善了作业环境的振动和噪声，降低了工人排除故障的劳动强度，实际生产能力提高了 20% 左右，取得了较为明显的经济效益。❷ 这是计算机应用技术在上海市甚至整个国内粮食筒仓作业中的首次尝试，自动化程度当时在全国居领先地位。上粮六库筒仓工程是当时全国所建筒仓中技术最全面，使用效果最好的工程之一，1986 年曾被评为商业部粮科院优秀设计工程。❸（图 3-37）

1982 年—1984 年，为提高大米储存质量，增强保鲜能力，通过用墙体保温、屋顶隔热、安装空调等方法，结合苏式仓升高，全市市级骨干粮库投资 140 万元建造低温仓，其中上粮六库建设 7 座，每幢配备窗式空调 8 台，保持室内恒温 18—20℃。❹ 1985 年又建设上粮六库楼房仓，建筑面积 27 000 平方米，总投资 1 131 万元。

❶ 徐嘉瑞：《立筒库工业的发展》，《粮食与饲料工业》1986 年第 5 期。
❷ 上海市粮食储运公司：《上粮六库筒仓作业微机自控系统》，《粮油仓储科技通讯》1985 年第 3 期。
❸ 梁传珍、王荣帅：《上海第六粮库基础设计中的几个问题》，《郑州粮食学院学报》1987 年第 3 期。
❹ 《上海市粮食局关于调整上粮六库、十库低温仓建设内容的函》，上海市档案馆藏档。

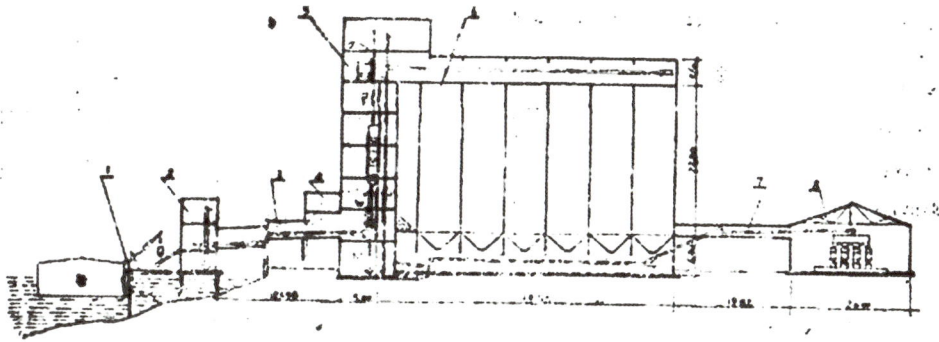

图2　纵剖面

1、码头　2、快活塔　3、刮风室　4、搅拌室　5、工作塔　6、筒仓　7、料斗　8、打包间

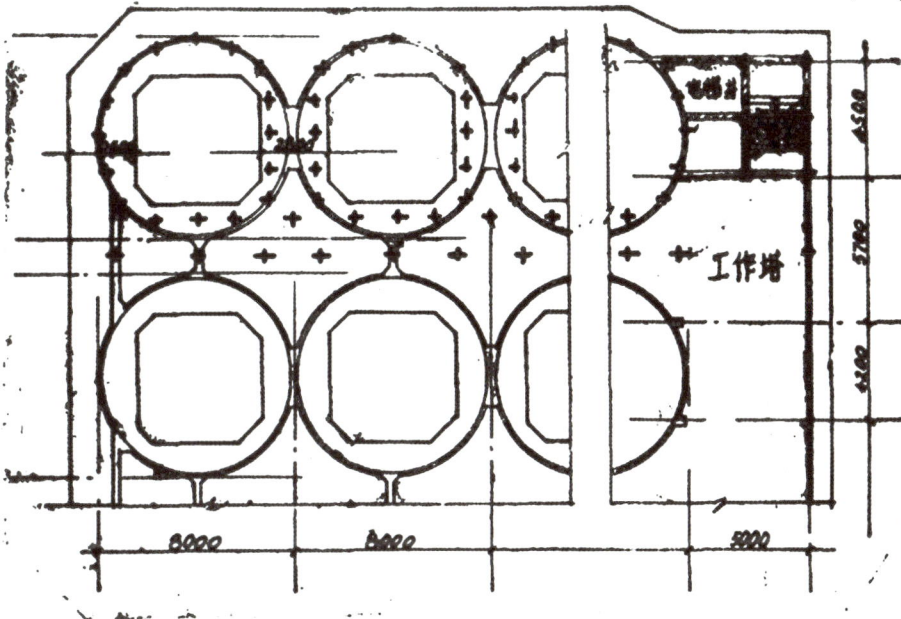

图3　基础平面

图3-37　上粮六库立筒工程平面图（选自《上海第六粮库基础设计中的几个问题》,《郑州粮食学院学报》1987年第3期）

1973年，第四油库投资83万元，新建油罐7 000吨。1978年，投资90万元，新建钢筋驳岸325米。1980年，第四油库扩建钢板油罐10 000吨。至此，第四油库占地面积86亩，油罐总容量3.17万吨，配套生产、生活、办公建筑面积6 300平方米，拥有270米长的1 000吨级码头1座，可接卸散装和桶装油脂。1989年，第四油库又增征地16.1亩，带征7.2亩，为扩大沿江油脂吞吐，再次增建10 000吨油罐。在这一时期，上粮六库和第四油库常年储备保障粮约15万吨，食用油4万吨，是全市重要的保障粮基地。

1998年8月，上海市以原上海市粮食局所属企业为基础，组建上海良友（集团）有限公司，上粮六库也归属于良友集团下属上海市粮食储运公司。2004年，上海粮油仓储有限公司成立，上粮六库也更名为龙吴粮食仓库。2015年5月7日，按照上海市委、市府的总体部署，光明食品集团与良友集团实施联合重组，良友集团成为光明集团的全资子公司。进入21世纪，良友集团加大科技投入，推广储备粮科学管理，龙吴粮库完成了"包改散"（即包装改散装）工程改造，通过机械化自动装卸技术，打造新的物流链，粮食流通由袋装运输、人工搬运向散储、散装、散卸、散运的"四散化"运输方式转变，在不扩大占地面积的前提下，改建后粮食仓容翻番，粮食作业水平全面提高。同时又进一步推广无线粮情检测、环流熏蒸、机械通风和谷物冷却等"四新"技术，加强科技储粮、绿色储粮，提高储备粮食的宜存率和安全性，为上海粮食市场"保供稳价"作出新的贡献。

上粮六库历经60年辉煌，不仅仅是重要的粮食基地，更是反映当时经济与工业水平的一把标尺，在上海民族工业的历史中有着非凡的工业价值及意义，同时，也给上海人民留下了不可磨灭的时代印记。

2017年，上海市黄浦江两岸45千米贯通工程积极推进，面积共计约348亩的上粮六库成了徐汇段沿线中占地面积最大的被动迁单位。为配合贯通工程建设，在市政府关于上粮六库异地选址方案尚未明确的前提下，光明集团、良友集团克服自身困难，积极支持配合，陆续于5月份、9月份向建设单位腾让交付了工程建设范围用地，为全线黄浦江贯通工程及淀浦河桥建设提供先决条件，对推进城市建设进程起到了不容忽视的作用。通廊、卸货墩、塔吊、工业漏斗这些上粮六库具有工业意义的建筑物仍然继续保留。特别是上粮六库的立筒仓，这个由21个圆筒连接在一起的上筒仓形成一个弧边组成的盒子，更成为区域内最特殊的标志性建筑。未来秉承上海CORNICHE理念，这里的工业遗存将升级改造，逐渐转变为丰富多彩的文化休闲活动区，构筑粮库旧址的N次方空间，在寓教于乐中，唤起人们对这些曾经有着辉煌历史的工业遗迹的文化记忆。（图3-38）

图3-38 徐汇滨江的巡逻船（摄于2001年1月23日）

徐汇滨江在传统时代临江通河，水系纵横，舟船往来，航运通畅，随着人群的集聚，渐成集市贸易。近代以后，先是江南制造局在此设厂，带动工业发展，这里优越的航运条件，良好的港口，便于原料、工业品的大规模转运，而沪杭甬铁路的通车和龙华机场的建成，更成倍放大了效应，使得这一原本的城市边缘地带一跃而成上海少有的水、陆、空交通条件兼备的地区，码头林立，仓储发达，构成了一个立体发达的空间体系。随着上海的迅速发展和扩张，这里又从城市边缘渐渐变成城市的中心，旧有的铁路、码头、机场、仓库反而成为进一步发展的制约因素。今天，随着整个上海产业结构的升级换代，它们相继完成了历史使命，但是它们留下的记忆并没有就此终止，而是在西岸的开发和建设中，一步步实现了新的华丽转身。

第四章

徐汇滨江的华丽蝶变

世纪之交的徐汇沿江地区，曾被人们戏称为"烂泥湾"，那里工业企业集中，各类码头密布，环境污染较为严重，转型发展步履维艰，当时的人们大概很难相信它未来将会成为徐汇发展的新引擎。但进入 21 世纪以后，徐汇区充分利用上海综合开发黄浦江沿岸战略的出台以及 2010 年世博会的筹办等各种机遇，顺势打出"滨江"牌，不断挖掘、扩大自身优势，与各方力量展开合作，最终实现了跨越式发展。

在十年不到的时间内，徐汇沿江地区通过自身努力逐渐改变了 20 世纪八九十年代以来的"烂泥湾"形象，到 2010 年世博会前后，随着滨江公共开放空间一期工程的建成，这一地区已然化茧成蝶，成为上海黄浦滨江最为璀璨的一张名片，与浦东的世博园区遥相呼应，引起国内外社会各界的广泛关注和肯定，被视为徐汇区极具发展潜力的板块之一，也为此后上海"西岸"的进一步规划和发展奠定了坚实的基础。

第一节　日渐凸显的岸线："徐汇滨江"

"徐汇滨江"作为一个整体概念的出现是比较晚的，至少在 20 世纪 90 年代以前，在大多数人的印象中，徐汇境内的沿黄浦江一带从属于不同的工厂企业、码头仓库，部分地块甚至还是一片芦苇滩地，沿岸是割裂的而不是整体的，与中心城区相比，这里是偏僻的、边缘的，也很少进入人们的视野。

1990 年后，尤其是随着浦东的开发开放，沿江地区开始受到人们的关注。90 年代，市、区有关部门也有调整徐汇沿江地区发展路径和战略的意图，但效果并不明显，直到 2002 年，随着上海市黄浦江两岸综合开发战略的出台，这一情况才发生了重大变化。

一、"烂泥湾"：2000 年左右的徐汇滨江地区状况

就地理位置而言，徐汇滨江地区正好处于黄浦江的一个弯道上，蜿蜒曲折的黄浦江流恰似一条飞舞的玉带，镶嵌在徐汇区的东部边界。

历史上，这里阡陌纵横，也曾是一派田园风光。近现代以来的一百多年间，由于这里拥有十分重要的码头资源，因此陆续吸引了大批的工厂企业进驻，成为当时上海重要的交通运输、物流仓储和生产基地，聚集了铁路南浦站、北票煤码头、上海飞机制造厂、龙华机场、上海水泥厂、白猫集团、上粮六库等大型

工业厂区，形成了一条相对封闭的传统工业岸线，是一个典型的工业区，对于徐汇乃至上海的发展曾经起到过积极的推动作用。（图4-1）

然而，随着时间的推移，在工业发展过程中产生的一些问题日积月累，逐渐暴露出来。整个沿江区域码头料场集聚，由于长期缺乏整体管理，周边环境每况愈下，粪车、土方车、运煤车从早到晚来往不息。而一到下雨天，更是满地泥泞，往来的居民、职工等甚至只能扛着自行车回家。因此，这个昔日曾经为徐汇，乃至上海发展作出过巨大贡献的黄浦"第二湾"已经越来越跟不上时代的发展，各种问题层出不穷，成了老百姓眼中的"烂泥湾"，在新的社会经济条件下亟须加以转型，寻找新的出路。

图4-1 黄浦江沿岸徐汇区段（约摄于1995年4月，徐汇区档案馆提供）

（一）沿江地区功能定位失调

直到 20 世纪 90 年代末，徐汇沿江地区的用地总体上还是以工业、仓储等生产性用地为主，居住用地分布较为零乱。一份徐汇区政协 1999 年的调研报告显示，当时徐汇区境内黄浦江沿岸地区人口、经济、社会、资源和环境发展严重失调，原来的功能定位已明显滞后于社会经济的发展，存在很多问题：

第一，90 年代徐汇沿江生产性岸线占了 90% 以上，用地性质则以仓储、运输为主，间有少量的生活用地。其中工业用地约 2.4 平方千米，仓储用地约 1.7 平方千米，居住用地约 1.43 平方千米，机场用地约 2.8 平方千米，其他用地约 1.42 平方千米。（图 4-2）而且在 90 年代前中期，黄浦江下游一些工厂和码头还曾陆续搬迁至徐汇区境内，所以当时的仓储和粗放型工业用地有着继续增长的趋势，利用滨江岸线的优势发展工业和仓储业，仍然是当时许多人的普遍观念。比如，1990 年初，当时承担着徐汇区大部分工矿、企事业单位和广大居民日常所需建筑材料供应的徐汇区建筑材料公司本来拥有日晖港 10 号码头和日晖西路 60 号仓库，但在 1991 年时，因不敷使用，进一步提请上海市建委在日晖港为其安排一个新的水运口岸码头，并获得批准。❶（图 4-3，图 4-4）

图 4-2 黄浦江徐汇区段码头（约摄于 1995 年 4 月，徐汇区档案馆提供）

图 4-3 北票码头（约摄于 1998 年，徐汇区档案馆提供）

图 4-4 检查前的码头情形（摄于 1997 年 9 月 22 日，徐汇区档案馆提供）

---

❶《关于要求在日晖港康瞿桥以南新拓港区内安排水运码头的报告》，徐汇区档案馆藏档。

第二，徐汇沿江土地使用效率较低，潜在的级差效应没有开发出来，一些单位低效益地占用大量土地，有的被空置，比如斜土街道一处被称为"俘虏营"的空地，面积 10 万平方米，有的被出租，绝大部分则被用作沙石料堆场和码头。开平码头占地 13.46 万平方米，上海船运公司龙华装卸站的煤场占地 6.22 万平方米，华东木材一级站占地 8 万平方米，上海耐火材料厂占地 25 万平方米，等等。作为一片毗邻市中心的土地，长期被闲置或低效率使用，这是徐汇乃至整个上海地区的损失。

第三，徐汇境内的沿江企业生产作业比较粗放，导致环境污染十分严重，所以沿江地区是当时徐汇区工业污染和废水排放的集中区域。有很多工业单位的生产和仓储环节都是露天和不封闭的，各种粉尘飘浮在空中，风大时，有些粉尘和煤灰甚至可以飘散到淮海路。所以，本地群众甚至开玩笑说：那时的沿江地区"东南风是煤灰，西南风是水泥灰，西北风是（龙华寺的）香灰"。

同时，废水排放也逐年增加，不仅有大量的工业废水，而且还有大量的生活废水，邻近黄浦江边的水面上到处漂浮垃圾，导致水质恶化，河水、江水黑臭。（图 4-5，图 4-6）另外，噪声污染也是周边群众反映很大的问题，主要包括码头作业噪声、机场飞机起降的噪声、重型卡车的噪声。根据相关监测，当时在龙吴路上，即使晚上的噪声也达到了 70 分贝。在这样的环境下，附近居民的正常生活被严重影响，更因此而经常引发一些社会矛盾。

在这一时期编制的《上海市徐汇区可持续发展综合实验区实施规划》（1999—2005）中，地方政府也意识到，当时内环与外环之间的黄浦江沿江地区有很多家污染严重的大型工业企业，使黄浦江沿岸成为徐汇区工业污染源的集中分布地之一，大量的工业污染物和生活污水被排入黄浦江和龙华港等，这种状况与可持续发展的目标是背道而驰的。

此外，龙华机场周边的机场河全长近 6 千米，流经龙华机场和周边的十几个小区，由于河道狭窄，以及周边违章建筑和沿河

图 4-5　龙水南路垃圾码头（约摄于 1989 年，徐汇区档案馆提供）

图 4-6　宛平南路百步桥河道（摄于 2001 年 6 月，徐汇区档案馆提供）

单位及居民生活污水的排放，河道淤塞，河水发黑，常年散发臭气，也成为沿江地区一个重要的污染源。

第四，由于种种原因，该地区的市政配套设施严重不足，公共绿地更是少之又少，14千米长的沿江岸线上几乎没有绿化。整个区域只有少数的几条东、西向道路，南、北向道路均为断头路，由于长期缺乏修缮，已有的道路或破损不堪，或有路无名，还有一些则是有名无路，地下管线也难以为功能开发提供配套服务。

根据当时的调研情况，徐汇区政协提议：徐汇沿江地区的发展必须及时加以调整和重新定位，使其符合徐汇区可持续发展综合实验区的总目标。❶

（二）沿江地区长期缺乏统一规划和管理

由于历史原因形成的管理上的条块分割，2000年前后徐汇沿江地区的改造和开发事实上已涉及国家铁路、民航部门以及大量的市属单位，所以，当时仅靠徐汇区的力量无法推动沿江地区的改造，需要市政府进行统一谋划。

在这一片区中，龙华机场地区的情况尤显特殊。该地区的范围南到龙水南路，北抵龙华港，东至黄浦江，西至日新支线。（图4-7）由于特殊的原因，这一地区长期规划未定位。机场内单位分属于不同的系统，脏乱差现象比较严重。1998年，经上海市政府授权，曾成立龙华机场综合整治领导小组办公室，对龙华机场地区的社会治安、外来人口和市容环境卫生等进行属地化综合管理，但效果却并不如人意。

2000年编制的《上海市城市总体规划》中，曾经设想将龙华机场南部少量用地作为直升机停机坪，用于城市救灾和交通管理，其余大部分土地由工业和对外交通用地转为居住和公共设施用地，不过这一定位却迟迟没有得到相关部门的认可，因此导致龙华机场地区功能定位不清晰，直接影响了机场地区的基础设施建设和土地开发。

另外，20世纪90年代以后，各个房产开发企业也陆续在本地区开发建设了若干小区，"金龙花园""民苑""华龙新苑""机场新村""机场新村新建小区"等居民小区相继出现，建筑面积近30万平方米，居民约6000余户，共有5个物业公司进行管理。

值得指出的是，由于各个开发单位在开发中存在各自为政的现象，因此在一定程度上导致了该地区住宅建设缺乏统一规划。加之功能定位的不清晰，使得机场地区的市政基础设施远远未达到居住区规划要求，机场内部绿化、公共服务设施缺乏，道路狭窄拥挤，排水系统、污水处理系统不完善，一到汛期，经常暴雨成灾，居民怨声载道。

此外，当时龙华机场沿江地区还分布了大量码头、仓库，一些单位擅自改变码头使用性质，经营黄沙、石子等建筑材料的驳运、中转等运输业务，大小运输车辆频繁来往，致使相关道路路面严重受损，堵塞交通，污染环境。❷

---

❶ 《对我区黄浦江沿江地区的现状、规划及可持续发展情况的调查与建议案》，《关于要求在日晖港康瞿桥以南新拓港区内安排水运码头的报告》，徐汇区档案馆藏档。
❷ 《上海市徐汇区人民政府关于控制龙华机场地区开发规划，推进机场地区综合管理的请示》，《有关龙华机场地区情况的汇报》，徐汇区档案馆藏档。

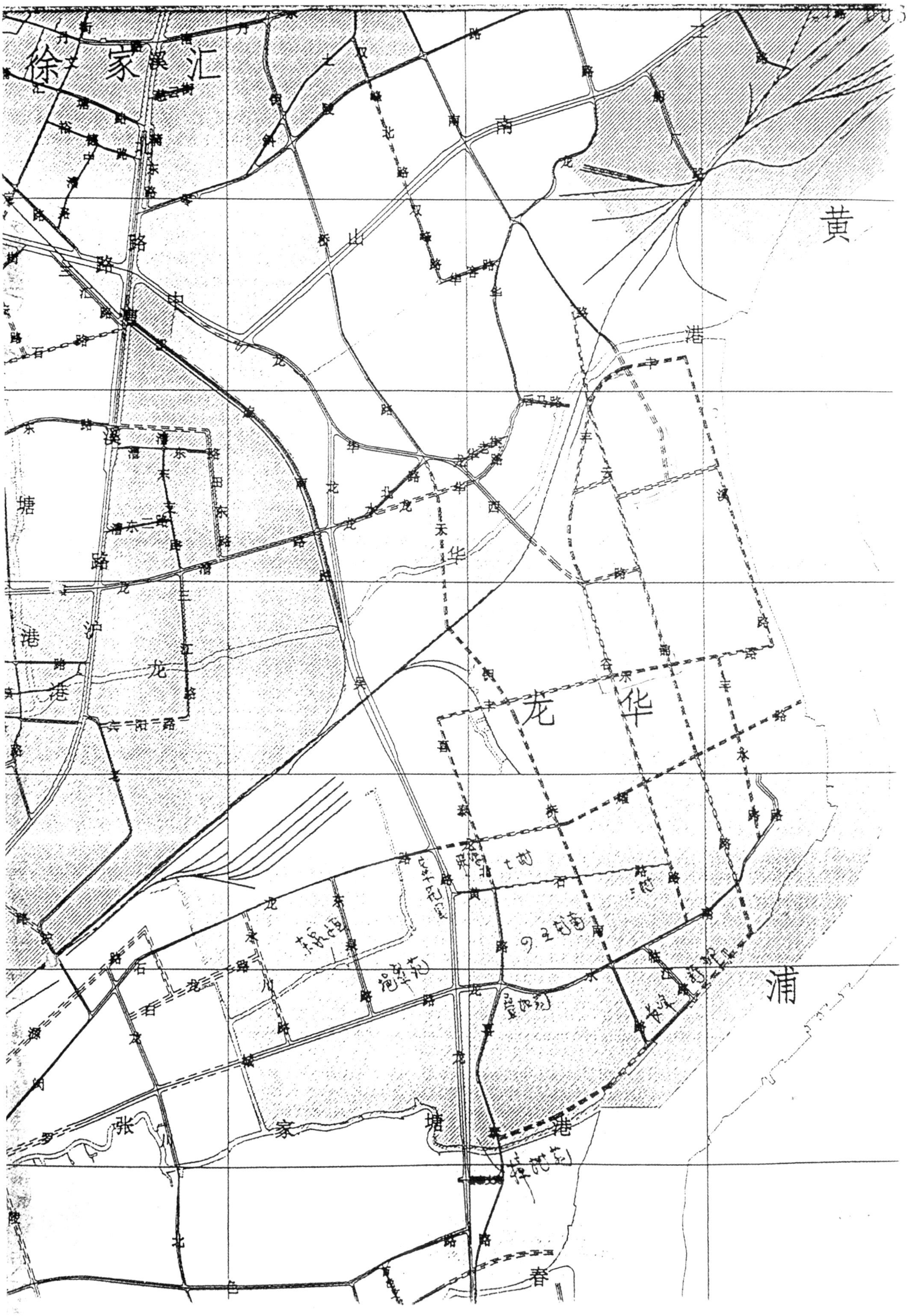

图 4-7　龙华机场区域图（选自《有关龙华机场地区情况的汇报》）

二、2002 年以前的初步治理

但徐汇沿江地区的优势无疑也是很明显的，蕴藏着非常大的发展潜力，2000 年前后，市、区的一些部门已经注意到这一点。综合而言，徐汇沿江具有的优势表现在以下几个方面：

一是交通优势十分明显。由于该地区毗邻内环线、徐浦大桥和外环线，所以交通十分便利，与当时正处于如火如荼开发中的浦东新区更是隔江相望，这是其他沿黄浦江地区所不具备的优势。

二是大量的工业用地实际上可以加以调整，转变用地性质。事实上，20 世纪 90 年代末很多沿江企业经济效益并不是很好，粗放型、污染型工业正在逐步衰退中，它们也有意向搬迁或者就地改造，希望通过改变用地性质来充分利用现有的土地资源，同时助推企业发展。

三是当时的徐汇区人口分布不够合理，人口过分集中在环线内，致使环线内交通、治安等问题比较突出，如果结合老城改造，将一部分人口分散到沿江地区，也是一个可行的思路。

四是沿江及附近地区有着十分丰富的历史人文资源，包括黄道婆祠和黄道婆墓等在内的众多名人故居和陵墓，龙华庙、龙华塔等宗教文化古迹，龙华旅游城、上海龙华烈士陵园、上海植物园等历史人文与自然景观，这些都是不可再生的宝贵资源。当时在龙华地区，依托于龙华寺举行的庙会已经开展多年，产生了十分积极的影响。

所以，如何发掘这些潜在的优势，整合徐汇沿江地区的资源，使其成为徐汇未来发展的重要一极，

已经逐渐地自觉或不自觉地进入了地方政府的视野。

（一）沿江地区的环境治理

1. 水环境治理

黄浦江沿江水环境治理包括两个层次：一是水域污染的治理；二是黄浦江防汛工作的展开。

关于沿江及其附近地区水污染的治理，徐汇区政府一直十分重视。1998 年开始，区政府实施了龙华港水系综合整治一期工程（图 4-8），该工程包括龙华港、漕河泾港、张家塘港、东上澳塘港 4 条区骨干河道，总长 10.8 万米，历时 5 年完成，总投资 19 122.49 万元。该工程一方面是进行河道治理，通过拆除河岸违章建筑，清除污泥，修理驳岸；另一方面则是将治水与新兴住宅小区的建设相结合，塑造亲水景观，提高住宅建设品位。

2002 年 4 月，区政府又实施了龙漕水系污水截流工程，涉及区境内的龙华港、漕河泾港、新港和张家塘港 4 条河道。由于当时沿线有些地区排水管网不齐全，污水直排龙华港、张家塘港，进而汇入黄浦江，严重影响了黄浦江水质，因此，相关部门决定对直排河道的污染源进行截污纳管。至当年底，完成截污排管 4 960 米，大大改善了龙漕水系和黄浦江的水质情况。❶

至于沿江的防汛工作，区政府也极其重视。徐汇区在 1999 年完成了机场河出口、滨江大道等 19 处的防汛墙建设，根据相关统计，至 2002 年，徐汇区境内有"上海新增 110 千米黄浦江沿线防汛墙"建设工程范畴的淀南片黄浦江沿线防汛墙，总长约 8.6 千米，历年已建成高标准防汛墙 12 段，

---

❶《徐汇年鉴（2003）》，汉语大词典出版社 2003 年版，第 226 页。

图 4-8　龙华港（约摄于 1998 年，徐汇区档案馆提供）

总长 0.85 千米。这些防汛设施的建设，从生活、生产等多个层面，安全、有效地保证了沿江乃至整个徐汇地区的发展。

沿江绿化工作在 2000 年左右也有所开展，1999 年徐汇境内新建了 10 000 平方米的滨江绿地。（图 4-9）在同年制订的《上海市徐汇区可持续发展综合实验区实施规划（1999—2005）》中，还进一步提出"随着本区龙华港水系环境综合整治一期工程的推进，同步进行沿河岸的绿化设计与建设；并着手本区黄浦江岸滨江大道绿化建设，在每年推出样板段建设的同时，逐步把样板效应深入推广"❶。

2. 沿江地区新道路的辟建和人口的初期导入

20 世纪末徐汇沿江地区道路系统存在诸多问题，这是制约该区域发展的一个重要因素。但这一局面也在逐渐发生改变，在各方力量的推动下，一些新道路在 90 年代被渐次开辟了出来。

早在 1994 年，沿江地区的日晖港道路工程就被列为上海市实事工程，其范围从肇家浜路至中山南二路，全长约 1.1 千米。（图 4-10）1997 年，徐汇区动工辟建天钥桥南路，至 1998 年 5 月竣工。该路从龙水南路至黄浦江，全长 390 米。1999 年，为了进一步完善龙南地区的道路网络，改善该地区的交通条件，徐汇区建设委员会又辟建滨江路，该路西南起天钥桥南路，东北至临江路，全长 420 米，当年竣工，无污水管道。今天看来，几条道路的修筑或许已经平平无奇，但在当时，这些工程对于改善沿江局部地区的交通状况无疑是

---

❶《徐汇年鉴（2000）》，汉语大词典出版社 2000 年版，第 50 页。

图 4-9　徐汇滨江大道绿化（摄于 2001 年 2 月 12 日，徐汇区档案馆提供）

图 4-10　日晖港道路改建后情景（摄于 1995 年初，徐汇区档案馆提供）

有其积极意义的。

随着滨江地区人口的逐渐增多，龙华镇在1999年还成立了滨江居委会，当时共有居民小组15个，户数378户，人口1 134人，地址在天钥桥南路1249弄1号甲。

（二）可持续发展视野下的专题调研

黄浦江沿岸地区对于徐汇未来发展的重要性日益凸显，正是在这样的背景下，市、区相关部门自20世纪90年代开始，陆续展开对该地区现状和发展潜力的相关调研活动，并提出了一些有益的建议。

1998年7月，徐汇区计划委员会就曾组织力量对徐汇沿江地区进行调查，完成了《统一规划综合开发：徐汇区黄浦江沿江地区调查》的报告。1999年6月，区计划委员会又将黄浦江沿江地区的开发建设列为优先项目，书面上报《中国21世纪议程上海市徐汇区优先项目龙华地区黄浦江岸线的改造与开发研究》。❶

1999年，根据"九五"规划，徐汇区被确定为上海市首批可持续发展综合实验区，成为实施可持续发展战略的重要基地，在为此而编制的《上海市徐汇区可持续发展综合实验区实施规划》中，进一步明确指出，徐汇区地理位置优越，特别是南部沿江地区还有一定的发展余地，但是"内环和外环之间黄浦江沿江地区尚有多家污染严重的大型工业企业，降低了该地段土地级差价格，也限制了环线以北密集人口的疏解"。同年11月，徐汇区政协为了"积极配合区政府实施可持续发展战

略，保护水环境，实现城市滨水地区人与自然的和谐发展"，组织部分委员专家对沿江地区展开了深入调研，此后形成了《对我区黄浦江沿江地区的现状、规划及可持续发展情况的调查与建议案》的报告，并被列为主席建议案。该建议案向区政府呼吁紧紧抓住上海市城市总体规划修编的契机，向上争取，努力实现对本区黄浦江沿江地区进行重新定位。❷

（三）建设"黄金走廊"：沿江地区开发早期规划的酝酿和出台

1999年，徐汇区规土局初步编制完成了《徐汇区城市"十五"规划及2015年远景规划》，在这一规划中，较早提出徐汇区要合理调整用地布局，逐步形成东侧沿江为绿化游乐区和高档生活区，西侧为工业和新兴技术开发区，中部以商贸中心为主的城市格局。

与此同时，徐汇区规划部门实际上已经在责权范围内着手对沿江部分地区的规划进行控制性调整。比如根据当时批准的《铁路以南结构规划》，对沿江某些工业、仓储用地予以改变用地性质；会同市规划院编制的《华泾镇控制性详细规划》，对华泾镇范围内的淀浦河沿岸地区作出规划调整，改变建材码头、仓库的性质；同时也要求沿江居住区内建设15米宽的公共绿地等。❸

2000年3月，区政府在《徐汇区国民经济和社会发展第十个五年计划与2015年规划纲要（初稿）》中，将"做好黄浦江沿江地区改造规划，启

❶《上海市人民政府关于区政协〈关于我区黄浦江沿江地区的规划与可持续发展建议案〉的办理答复函》，徐汇区档案馆藏档。
❷《对我区黄浦江沿江地区的现状、规划及可持续发展情况的调查与建议案》，徐汇区档案馆藏档。
❸《上海市徐汇区人民政府关于区政协〈关于我区黄浦江沿江地区的规划与可持续发展建议案〉的办理答复函》。

动沿江污染企业拔点工程"列为城市功能布局调整的重要内容之一。同年4月，徐匡迪市长来徐汇区展开调研，徐汇区相关领导进一步表达了开发沿江地区的意向。

引人注目的是，在2000年编制的徐汇区"十五"规划中，进一步提出要构建"三城两点一线"的发展框架，以此增强徐汇的综合竞争力。其中的"三城"，即指徐家汇商城、上海体育城和龙华旅游城；"两点"是指上海南站和光大会展中心；"一线"则明确为徐汇区境内的黄浦江滨江沿线。根据"十五"计划，"该线从徐汇、卢湾两区交界的日晖港到徐浦大桥，全长约8.8千米，滨江地区面积约8.5平方千米"。当时决定按照"统一规划、分步实施"的原则，通过用地改性、污染性企业的搬迁和置换、明确龙华机场功能等多种形式，将该地区建设成为集居住、旅游休闲为一体的"黄金走廊"。❶

与此同时，"十五"规划中还提出，要加强滨江地区的生态环境保护和建设：一是要根据城区功能定位和形态布局，重点对黄浦江滨江沿线的污染企业实施关停并转，二是要以龙华港水系综合整治为龙头，实施截污纳管，控制生活污染，改善河道水环境。

在2001年《徐汇区政府工作报告》中，明确提出要高标准、高起点启动编制区域内黄浦江沿江地区的改造规划。同年3月，徐汇区召开住宅发展信息发布会，将龙华、滨江和华泾地区列为"十五"期间的重点建设区域，并且要有相关的市政配套跟进。5月，徐汇区政府编制了《上海中心城区徐汇次分区规划》的初稿，决定将黄浦江地区功能调整为生活居住区，"沿黄浦江规划一条滨江大道，作为以步行绿化为主的景观通道，并沿主要道路、河流向城区内延伸，与沿蒲汇塘、虹梅路的绿化带等绿地形成一体"。❷

是年7月，又进一步完成了《徐汇区沿黄浦江地区控制性详细规划》的初稿，明确将黄浦江沿江地区划定为：

> 东以黄浦江为界，西至龙华西路、龙吴路，南到徐浦大桥，北起日晖港、中山南二路，总面积10.9平方千米，其中陆域面积为9.05平方千米，水域面积1.85平方千米，沿黄浦江岸线长度为8.8千米。❸

在该规划中，认为"沿黄浦江区域将成为区境今后几年城市建设与发展的热点"，因此要从以下几个方面入手，提升徐汇沿江地区的发展层级：首先要调整沿江地区的用地布局，改变规划范围内以工业、仓储等生产用地为主，居住用地分布凌乱的情况，有计划地把一些工厂、仓库搬出沿江地区；其次要进一步加强黄浦江沿岸地区和城市内部的有机联系，特别要改善城市道路交通结构，加强滨江地区的可达性，开辟沿江步行系统，并且着手规划龙耀路—耀华路、上中路—华夏路两条隧道；再次要构筑沿江绿化走廊，并向城市内部渗透，与城市公共绿地结合，形成独具特色的绿化体系。通过以上几个方面的努力，尽快把沿江地区建成集住宅、公建、绿地为一体的高级住宅区和休闲景观区。❹

❶ 《徐汇年鉴（2001）》，汉语大词典出版社2001年版，第11页。
❷ 《徐汇年鉴（2002）》，汉语大词典出版社2002年版，第176页。
❸ 《〈徐汇区沿黄浦江地区控制性详细规划〉初稿完成》，《徐汇年鉴（2002）》，第176页。
❹ 《徐汇年鉴（2002）》，第176页。

三、徐汇滨江的初步定位：2002 年黄浦江两岸综合开发计划的提出及其影响

2002 年初，在新的条件下，上海市委、市政府以更大规模和更高起点全面展开了新一轮的城市建设，按照"百年大计、世纪精品"的指导思想，作出了实施黄浦江两岸综合开发的战略决策，该计划坚持高起点规划、高水平开发、高质量建设，力图使黄浦江两岸成为当时上海践行转型发展的重要区域。（图 4-11）同年，市黄浦江两岸开发领导小组及申江两岸开发建设投资（集团）有限公司成立，两岸地区总体规划和结构性规划启动编制。

黄浦江两岸综合开发的启动涉及当时上海中心城区的七个区，覆盖面积广，给黄浦江沿江地区的发展带来了历史性的机遇，市规划局开始着手编制黄浦江两岸地区规划，并通过国际招标，确定了杨浦大桥和南浦大桥之间的黄浦江沿江地区规划，同时还涉及南浦大桥至卢浦大桥之间的规划。

就在这一年，徐汇区政府向当时的市委市政府提出要加快编制《徐汇区黄浦江沿岸地区规划》，以与市委、市政府的决策相呼应。在该规划最初的设想中，徐汇区政府明确提出要将黄浦江沿岸地区建设成为集居住、旅游、休闲为一体的世界级水岸。

在此后编制的规划中，徐汇区黄浦江沿岸地区作为南延伸段被纳入了新一轮黄浦江两岸规划核心区，统一加强规划控制和管理。根据上海市滨江地区开发总体规划，徐汇沿江段开发的功能定位主要为居住、文化、旅游、高科技商务办公及生态保护等五大功能。

关于南延伸段的范围，在刚开始时确定为卢浦大桥—内环线—宛平南路—石龙路—龙吴路—外环线（徐浦大桥）—济阳路，但由于存在将龙华机场跑道西侧部分划出规划范围的问题，所以后来徐汇区政府又提出将内环线—龙华西路—龙吴路—龙耀路—云锦路—宛平南路作为协调区，纳入黄浦江两岸规划范围，并获得批准。❶

为了积极响应和主动配合黄浦江两岸综合开发计划，在 2003 年的徐汇区政府工作报告中，区政府进一步提出要关停迁转沿江污染企业，重点改善相关地区的大气污染状况，使其尽快进入快速发展的轨道。这一思路在基层工作中也得到了延展，比如龙华街道 2003 年的工作总结中便有不少内容涉及这一区域的环境治理、文明社区创建等工作。

滨江开发战略在徐汇地区实施时所遇到的另一个难题是一些大型企业的土地规划性质很难改变，特别是龙华机场地区。当时，滨江地区的龙华机场航站与上海铁路南浦站两家单位，用地面积便达到 168.7 公顷，占整个沿江地区规划面积的 18.6%，受其影响的土地面积更占到总土地面积约一半以上，而因为受到各方面条件的限制，改变其原先的规划性质难度极大。当时，相关部门也希望在现有条件的基础上，初步进行一些调整，以配合滨江地区的开发。比如针对龙华机场地区的情况，便提出要加快机场地区的公共设施和市政基础设施建设，建议从龙华机场内各单位出让土地的收入中以及沿江码

---

❶《上海市徐汇区城市规划管理局关于徐汇区黄浦江沿岸地区规划的报告》，徐汇区档案馆藏档。

图 4-11 2002 年，按照"百年大计、世纪精品"的要求，黄浦江两岸综合开发正式启动（上海西岸开发〔集团〕有限公司提供）

头置换中提取一定的公共积累，用于统筹建设该地区的绿化、道路等市政设施和社区服务设施，以满足居民群众的要求等，但这些举措也还只是小修小补。

所谓窥斑而知豹，仅此一例便充分提醒我们，实际上在黄浦江综合开发战略提出之始，被戏称为"烂泥湾"的徐汇滨江的发展就面临着诸多的不确定性，它所具有的"优势"还没有完全显现出来。

彼时，外滩是上海的地标，几乎所有与上海相关的影像，都会把那里作为最重要的场景，浦东陆家嘴也已经逐步发展成为金融中心。此外，北外滩、南外滩、东外滩等也纷纷加入竞争行列，都具有很强的发展潜力。2004年初，上海国际客运中心项目、外滩风貌延伸段整治工作启动，浦东耀华地区部分地块开始拆迁收储，北外滩、卢湾沿江等多个沿江开发单元有序出让，外滩隧道、人民路隧道等交通设施以及东昌滨江绿化景观项目等开始大规模集中建设，凡此，都对徐汇滨江地区的开发形成了巨大压力。但压力也是动力，挑战与机遇并存。

第二节　对标世界的规划引领

凡事预则立，不预则废。在2002年以后的发展中，徐汇区历届政府对滨江规划、建设高度重视，将其视为徐汇未来可持续发展的重点区域，强调要从区域功能结构调整入手，前瞻性地作好战略调研，形成滨江地区的功能定位和产业发展规划。在这一过程中，他们尤其注重对国外先进规划理念

和做法的借鉴，以此为起点，力图将徐汇滨江地区打造成世界级的城市水景岸线。

一、他山之石：国际城市滨水区规划的经验

从世界范围来看，很多滨水的国际大城市在其历史发展过程中对于滨水地区的认识和利用都曾经有一个不断调整和深化的过程，积累了相当丰富的经验和教训。尤其是相关规划方面的经验，更值得借鉴与学习，徐汇区政府相关部门在滨江地区规划之初便已经意识到了这一点。

在国际城市滨水区规划方面的成功案例中，早期的有美国芝加哥的湖滨地区。芝加哥位于五大湖之一密歇根湖的西南端，在19世纪末发展成为当时美国最大的钢铁中心和制造业基地，同时也是美国中西部最大的金融、商业和交通中心，湖滨地区布满了铁路、码头、仓库和工厂。1898年芝加哥举办世界博览会，以此为契机，湖滨地带进行了新的景观建设。世博会后的1909年，主持世博会规划的D. H. 伯汉姆和班奈特制订了著名的"芝加哥规划"，将湖滨地区从铁路、仓库、工厂密布的地区转变为一个开放的公共空间。在此后的一个多世纪中，湖滨地区不仅成为芝加哥的公共活动、文化娱乐中心，更成为世界闻名的旅游胜地和会展中心。

英国伦敦金丝雀码头（Canary Wharf）的开发始于1987年，其目标是要打造一个集符合国际最高标准的商务空间和高品质的城市环境建设于一体的"绿地上的大型商务中心"，经过十多年的开发，该地区也最终成为伦敦新的商务金融中心，汇丰、花旗等国际金融机构和路透社、《每日电讯》等知

名报纸、杂志社等均落户于此，真正形成了一个高端的商务集聚区，也是伦敦城市更新的典范。

巴黎的塞纳河左岸地区，包括巴黎东南角13区靠近城市环线的大片铁路和工业用地，占地约130公顷，沿塞纳河长2.8千米。由于历史原因，这里分布了较多的仓库和厂房，同时也拥有火车站等建筑，呈现零散与不均质的状态。第二次世界大战后，随着工业的现代化发展，该地区的大片土地成为工业废弃地，同时由于战后巴黎主要的金融机构都设于巴黎西部，因此造成巴黎城市东部的进一步衰落，东西部发展不平衡的现象十分明显。左岸的改造始于1992年，其开发进程前后延续了十年左右，巴黎城市规划院将左岸划分为三个片区，其中A段为旅游区，B段为旅游和商业区，C段为工业区。在开发过程中，开发者一方面重视左岸滨水特色的保持和塑造，另一方面又注重对该地区历史文化的传承和保护，延续其历史文脉，从而使得巴黎左岸成为世界范围内滨水地区改造的典范。❶

从这些著名的世界城市滨水地带的开发案例中，可以看到前瞻性的规划起到了引领性的作用，它们或者善于利用世博会等重大会议所提供的契机发展会展功能，或者依托旧码头的再开发来吸引投资，助力金融中心的建设，还有的就是充分利用区域内历史文化遗产的保护与传承，延续城市的历史文脉，因此成为世界闻名的文化旅游胜地。这些不同的经验可以为徐汇滨江的开发提供有益的借鉴与思考。

二、接轨国际的滨江地区早期规划

徐汇滨江地区的开发从一开始就坚持高起点规划的理念，本着对历史负责、对人民负责、对社会负责的态度，坚持超前性、整体性、可持续性和可操作性的原则，同时积极引入国际规划设计方案征集等做法，力求将各方面对沿江开发的先进设想、超前意识融合到徐汇滨江地区的综合开发中，从源头上提升黄浦江综合开发的理念。❷

（一）2003年的初步设想

2003年，徐汇区人民政府已经明确提出要以黄浦江两岸地区进行系统整体的功能重构和用地调整为基础，遵循可持续发展原则，将黄浦江沿岸南延伸段规划成为产业布局合理、交通便捷、环境优美、景观独特、生态平衡的地区，与中段、北段及滨水区腹地共同形成社会环境协调发展、充满活力的城市滨水区，切实做到"规划高起点、建设高标准、管理高质量"。从以下几个方面对滨江地区的规划进行了设想：

一要重构滨水区功能，优化城市布局结构。合理调整滨江地区产业比例与土地使用，突出以生态居住为主，并考虑文化、旅游、高科技、商务、商业等五大功能，同时特别强调要避免该地区的产业真空化，不能完全成为住宅区。

二要明确滨水区的土地利用模式，激发滨江活力。对当时松散无序的城市用地进行修补、填充与整合，明确快速道路、水道、绿带、生态通道等区

---

❶ 参见孙静毅：《徐汇滨江地区功能定位与产业规划研究》，华东理工大学2011年硕士学位论文，第14—19页。
❷ 《徐汇区黄浦江综合开发工作小结和2004年工作计划》，徐汇区档案馆藏档。

域性廊道系统，形成清晰的土地综合使用模式，恢复滨江活力。

三要构筑滨水生态系统，提供适宜物种栖息的开放空间。保证滨河绿地的连续性和最小宽度，构筑水体—植物—社区的生态系统，加强既有的生态要素，剔除不利因素，引入新的自然要素，全面恢复黄浦江南段的滨水自然生态。

四要提高滨江地区的可达性和亲水性。通过对车行和人行的动线系统规划，从功能与景观两大原则出发，加强公共交通组织，联系各滨水公共活动中心，同时根据该区域特点采取形式多样的，以自然形式为主的防汛措施，提高亲水性。

五要创建层次明晰的景观体系，建设个性化城市新区。结合黄浦江在该区段优美的弯道与走向，构筑具有丰富景深感，个性强烈，富有戏剧性的滨江视觉焦点序列，构筑区域—路径—焦点的景观体系，形成尺度开阔，富于个性的城市标志性景观区。

六要倡导"新城市主义"街区，塑造新型邻里模式。树立松散的居住用地，依据紧凑、适宜步行及功能复合原则建设尺度适宜的城市街区，创造亲切宜人的新型居住邻里模式。❶

无论从哪个方面来看，这些设想均具有前瞻性，可以说是谋定而后动，其中的一些元素在很大程度上实现了与国际城市的接轨，并始终得到贯彻执行，为此后进行较大范围国际招标，引进国际规划理念打下了一定的基础。（图4-12）

---

❶《上海市徐汇区人民政府关于答复区政协〈关于黄浦江徐汇段开发建设若干建议的建议案〉的函》，徐汇区档案馆藏档。

图 4-12　2003 年 6 月 1 日《上海市黄浦江两岸开发建设管理
办法》开始施行（效果图，上海西岸开发〔集团〕有
限公司提供）

（二）借鉴国际经验，对滨江相关单元深入规划

2003年徐汇区黄浦江沿岸南延伸段规划得到进一步深化，并陆续获得相关部门和上海市政府的批准。

当时根据相关的规划，徐汇区境内的黄浦江南延伸段沿岸地区被分为B、C、D三个单元。其中B单元由瑞金南路—日晖港—黄浦江—龙华港—宛平南路—中山南二路所围合，面积182.3公顷，岸线长1.9千米；C单元南起上中路中环线，北至龙华港，东起黄浦江，西至龙吴路，土地面积439.1公顷，岸线长约4.3千米；D单元南至外环线，北至春申港，东至黄浦江，西至龙吴路，土地面积119.3公顷，岸线长度约2.2千米。整个南延伸段被规划为产业布局合理、交通便捷、环境优美、景观独特、生态平衡的地区，同时也是充满生机与活力的城市滨水区。同年，上海市政府批准《黄浦江南延伸段结构规划》。当年还完成了D单元规划设计方案国际招标以及B、C两个单元规划设计国际招标的前期准备工作。在一些区块的管理方面，相关基层部门也在积极行动，如龙华街道办事处方面曾就合并龙华机场新村、东航居委会等事宜进行协调。

2004年开始，徐汇区政府相关部门陆续开展滨江地区规划功能咨询和国际方案征集，着手编制控制性详细规划和滨江核心地区城市设计，完成规划技术储备。同年，分别举行了黄浦江南延伸段B、C单元地块规划功能咨询国际招标评选会。其中B单元由德国HPP公司中标，该公司将这一单元确定为枫林生命科学园区的重要组成部分，功能以科研办公、商务展示为主。C单元由英国合乐公司中标，并且在当年得以完成。该公司在咨询规划中，以生态型滨水城区、人性化生活、多样性文化、丰富的滨水岸线和新型城市肌理为设计理念，突出了地区中心、旅游、现代服务业、滨水居住生态几大主题，并且建议释放龙华机场建设用地，在沿江设置直升机停机坪，用于防灾救护。❶

2005年—2008年间，徐汇区对滨江地区的目标定位作了进一步深化。2005年，徐汇区黄浦江南延伸段B单元和C单元的控制性详细规划编制都得以完成。其中B单元的功能定位以医疗、研发、商办和居住为主，在具体布局上，规划构筑"十字型"空间骨架，形成"一核、二轴、二片"的功能结构布局。"园区中心"以十字轴线交点形成，以滨水开敞的大公共空间为核心，发展多元复合的"枫林交流中心"，包含商务、会展、商业、文化、休闲等综合功能，促进生命科学功能组团之间的联系。区域内有当时规划的轨道交通7号、12号线经过。

C单元的功能定位为地区中心，以居住、旅游、航空、高科技产业、现代服务业、生态功能为主，布局结构为"一心、两轴、两带、三区"。其中"一心"是龙华地区中心，也就是滨江公共活动中心，将是规划区的标志性区域，也是黄浦江南延伸段的景观高潮区之一，"两轴"包括龙耀路和云

---

❶《徐汇年鉴（2005）》，汉语大词典出版社2005年版，第173页。

锦路两条景观大道共同形成的十字结构轴线，是规划区的重要骨架，"两带"是指沿着黄浦江岸线的绿化带和云锦路西侧的公共服务设施带，"三区"则是指以云锦路为界分成的东片公建活动区和西片居住区、产业研发区。区域内有当时规划的轨道交通 11 号线经过。此后，又完成了黄浦江南延伸段 D 单元的控制性详细规划。以上三个规划陆续获得市政府的批准。❶

毫无疑问，这些控制性详细规划的制订为徐汇滨江的进一步开发奠定了坚实的基础。

尤其值得一提的是 2003 年—2004 年间，为了给黄浦江综合开发的高起点、高立意预留发展空间，徐汇区政府还特别对相关项目和区域改造进度展开了控制和引导工作。区政府与上海市浦江办一起反复协调东航 102 厂、百汇花园等一批可能对黄浦江综合开发产生重大影响的项目，并且控制了陆家堰、兆丰路基地和夏泰浜基地的改造进度，以保证其改造可以和黄浦江综合开发的总体战略意图相一致。❷

三、CORNICHE 规划理念的引入与滨江公共开放空间的建设

2007 年徐汇区展开徐汇滨江公共开放空间的国际方案征集。这里所说的"滨江公共开放空间"，是指龙腾大道（当时为规划中的丰溪路）与黄浦江之间的岸线空间，用地面积约 163.3 公顷，岸线长度约 8.4 千米，腹地宽度约 40—300 米，按照当时

的规划，主要由公共绿地、广场、公共活动设施、配套服务设施和水泥厂原址改造的文化演艺园区等构成。

通过广泛的国际方案征集，徐汇区政府从英国 PDR 事务所、易道公司和土伦公司等三家国际顶级规划公司中进行选择，最后确定由英国 PDR 事务所主设计师担任方案落实的总规划师，参与到滨江公共开放空间的规划、设计和建设的全过程中，监督指导所有相关的规划设计、建筑设计、工程设计和施工过程。

由于 PDR 事务所的参与，徐汇滨江公共开放空间的建设引入了"上海 CORNICHE"的规划理念。所谓 CORNICHE，本义是指一条从法国夏纳到尼斯的沿地中海海滨大道，人们可以在这一大道上观景休闲，因此 CORNICHE 就成了高品质生活的代名词。徐汇滨江的建设首次将这一理念引入中国，从多方面打破了传统的规划设计观念，试图通过四级梯度空间设计及楔形绿化原则，将城市景观从滨江岸线引入区域腹地。通过岸线改造和绿化覆盖率的提升，打造上海唯一可以驱车饱览黄浦江景色的滨水景观大道，并设计了休闲自行车道、休闲步道等多重休闲空间，可以让市民零距离接触黄浦江。同时，通过开放宜人的沿江空间、便捷完善的交通系统、工业时代的人文遗产、城市记忆，努力将徐汇滨江建成开放、便捷、绿色、具有魅力的公共活动空间。

---

❶《徐汇年鉴（2006）》，汉语大词典出版社 2006 年版，第 172 页。
❷《徐汇区黄浦江综合开发工作小结和 2004 年工作计划》，徐汇区档案馆藏档。

第三节 "世博会"前的先导开发

2002 年 12 月 3 日，在摩纳哥蒙特卡洛，中国上海成功获得 2010 年世界博览会的主办权，实现了百年圆梦。中国 2010 年上海世界博览会，简称中国 2010 年上海世博会。❶ 这是发展中国家首次举办综合类世界博览会。2010 年上海世博会的主题是"城市，让生活更美好"。这一主题在世博会历史上第一次采用，它表达了全人类想在未来过上更美好生活的共同愿望，反映了新世纪全新的经济和社会发展理念。2010 年上海世博会，是世界经济、科技和文化博览的盛会，也是展示一个更加开放、充满活力的中国走向世界、融入全球的重要舞台。（图 4-13）

世博会的筹办与召开，给上海城市发展带来了巨大机遇，同时也是当时正在酝酿中的徐汇滨江开发的另一个非常重要的窗口期。对于徐汇区而言，如何按照科学规划推进滨江区域的开发和建设，从而更好地服务世博，成了一项重要的任务，历届徐汇区委、区政府一直都在思考这个问题，也希望紧紧地抓住这个机会，全方位推进徐汇滨江开发，使它真正成为与上海世博会园区隔江相望，黄浦江两岸开发的新亮点。

一、申博成功对徐汇滨江开发的初步影响

事实上，随着上海申博的成功，早在 2003 年的政府工作报告中，徐汇区政府就已经提出要"认真研究上海筹办世博会对黄浦江徐汇段综合开发的推进作用，增强机遇意识，积极呼应，主动接受辐射。按照'百年大计，世纪精品'的要求，围绕世博会'城市，让生活更美好'的主题，学习借鉴国内外先进的设计理念，积极与世博会主展馆地区规划相衔接，统一规划，分期开发，建设成为集商务、居住、旅游、休闲为一体的黄金水岸"。❷

2003 年 3 月 31 日，徐汇区委召开常委扩大会议，开展"世博会与上海新一轮发展"大讨论，进一步提出要抓住机遇，由市、区联手

图 4-13 中国申博成功，上海新天地（摄于 2002 年 12 月 3 日）

---

❶ 中国 2010 年上海世博会的展期为 6 个月，2010 年 5 月 1 日开幕，至 10 月 31 日闭幕。
❷ 《徐汇年鉴（2003）》，第 6 页。

加快规划开发黄浦江徐汇段。同年 5 月，徐汇区人
大代表专题视察、调研黄浦江徐汇区段沿江规划和
开发工作，也提出了要把"黄浦江徐汇段规划与开
发放在世博会和上海新一轮大发展的大背景下来谋
略决策"，特别要处理好徐汇区与世博会和上下游
区域的关系。

2006 年 1 月通过的《上海市徐汇区国民经济
和社会发展第十一个五年规划》中，更明确提出要
以筹办 2010 年上海世博会为契机，加强黄浦江沿
岸（徐汇段）的规划与建设，营造良好的周边环
境，"十一五"期间，将滨江休闲居住商务区作为
徐汇六大功能区之一加以重点建设 ❶，主要功能为
公共休闲、高级居住、创意产业、特色旅游、商务
和教育等。

随着世博会筹办工作的深入推进，按照市委、
市政府的统一部署，徐汇区政府及其相关部门进一
步加强了与相关对口单位的合作，其中一项重要工
作就是和上海市浦江办的合作。

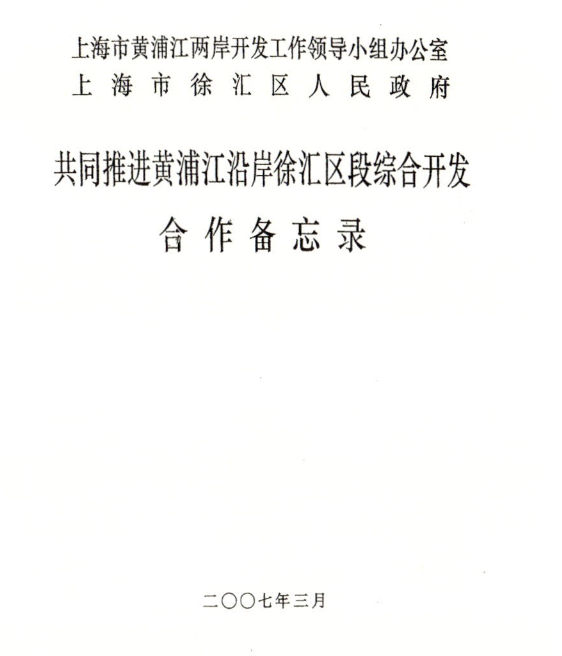

上海市黄浦江两岸开发工作领导小组办公室
上海市徐汇区人民政府

共同推进黄浦江沿岸徐汇区段综合开发
合作备忘录

二○○七年三月

图 4-14 2007 年 3 月，上海市黄浦江两岸开发工作领导小组
办公室、徐汇区人民政府签订《共同推进黄浦江沿
岸徐汇区段综合开发合作备忘录》

2007 年 1 月，上海市浦江办领导到徐汇区共商黄浦江徐汇段的开发工作。徐汇区主要领导要求有关职
能部门围绕世博会召开的总体要求，积极配合市浦江办，加强工作对接，特别要抓紧对滨江地区 B、C 单
元的规划编制和报批工作，加快与浦江办建立合作开发机制。2007 年 3 月 14 日，徐汇区人民政府和市浦
江两岸开发工作领导小组办公室签订了《共同推进黄浦江沿岸徐汇区段综合开发合作备忘录》，明确"市
区联手、以区为主"的建设机制以及"政府主导、企业主体、市场运作"的开发原则，以土地收储、基础
设施和公共环境建设为切入点，正式进行滨江地区功能结构的升级，以激发地区活力，推动城市"棕地"
（即废弃、闲置的工业或商业用地）的开发。（图 4-14）

与此同时，明确由徐汇土发公司 ❷ 与市申江集团共同出资组建上海徐汇滨江开发投资建设有限公司，
负责黄浦江沿岸综合开发南延伸段 B、C、D 单元开发建设的组织实施和管理工作。是年底，徐汇滨江公
司按法定程序完成了工商登记等手续。

---

❶ 其他五个功能区分别为徐家汇、铁路上海南站、衡山路—复兴路历史文化风貌区、枫林生命科学园区和漕河泾开发区。
❷ 上海徐汇土地发展有限公司（简称徐汇区土发公司）成立于 2003 年，是以土地前期开发和基础设施投资建设为主营业务的国有独资专业
　公司，由徐汇区国有资产监督管理委员会主管。

在徐汇滨江地区发展中，围绕龙华机场地区的规划与开发一直是有关部门需要面对的一个难题。在积极推进筹办世博会的背景下，2008年，中国民用航空华东地区管理局和上海市发展和改革委员会终于签订了《共同推进龙华机场地区规划建设框架协议》，根据该协议，龙华机场将被调整为民用直升机场，这就为徐汇滨江的进一步开发扫清了障碍。

同年7月15日，徐汇区政府与中国东方航空签订合作备忘录。根据该备忘录，东航公司将参与徐汇滨江地区的开发建设、产业功能调整等工作，为把滨江地区建成以航空管理、航空服务为特色的现代服务业集聚区提供支持。

为了支持滨江地区的开发，浦发银行等金融机构也加强了与徐汇区政府的合作，为滨江地区土地前期基础性开发和公共环境建设提供长期贷款。

二、"迎世博600天行动计划"与徐汇滨江基础设施的建设

2008年，上海公布《迎世博600天行动计划》，要求围绕"城市，让生活更美好"的世博会主题，配合世博会的筹办，加快设施建设，大力推进枢纽型、功能性、网格化的重大基础设施工程建设。

在该计划中，按照上海市和徐汇区两级政府的统一部署，根据"依托世博、配套世博、服务世博"的原则，滨江地区的主要市政基础设施建设和综合环境整治是600天行动计划的重要内容，区域内的"七路二隧"、轨道交通和滨江公共开放空间等都被列为世博配套工程，这为徐汇滨江开发提供了重大机遇。

随着相关工程的推进，土地收储工作成为滨江地区开发的重要基础，在这一过程中，相关部门

和公司坚持同步收储、整体开发的原则以及市政动迁与土地收储相结合的原则，通过不断创新收储模式，以大型国有企业和沿江生产性码头动迁为重点，加强与大企业、大集团的合作，借助各方优势，加快推进了滨江地区的土地储备和基础性开发工作。至2009年，完成了滨江地区上海水泥厂和联合水泥公司、龙华机场、北票码头等18家单位约55公顷土地的动迁收储，为相关项目的顺利实施创造了条件。

1. "七路二隧"重点工程的建设

所谓"七路二隧"，是指为了配合世博会的召开，在徐汇境内新辟或改建的七条道路和两条隧道，包括龙华中路、宛平南路、云锦路、东安路、瑞金南路、枫林路、丰溪路和打浦路越江隧道复线及龙耀路越江隧道，它们都位于徐汇滨江区域内。

"七路二隧"工程的推进始于2007年，总共涉及动迁居民566户，动迁单位111家。2008年上半年起，由区动迁办、区专项办和区动迁公司牵头，全面启动居民动迁工作。至年末，居民动迁工作已基本结束，单位动迁基本完成签约腾地任务。

在完成前期办证和拆迁工作后，2008年12月1日，徐汇区政府召开世博配套工程"七路二隧"建设誓师大会暨云锦路工程开工仪式，世博配套道路施工随之全面展开。2009年，东安路、宛平南路改建基本完工，龙华路、云锦路、丰溪路等道路建设也按计划推进，并陆续建成通车。（图4-15，图4-16）

2010年4月，龙耀路越江隧道建成投运，成为一条全新的滨江快速通道，把大批从上海南站入沪的游客快速输送到世博园区，标志着徐汇世博配套项目建设的任务全面完成。（图4-17，图4-18）

图 4-15　宛平南路龙华路交汇口街景（摄于 2017 年 10 月 10 日）

图 4-16　云锦路跑道公园（摄于 2017 年 6 月 30 日，上海西岸开发〔集团〕有限公司提供）

图 4-17　施工中的龙耀路隧道（摄于 2009 年，上海市地方志办公室提供）

图 4-18　即将通车的龙耀路隧道（摄于 2010 年 4 月，上海市地方志办公室提供）

　　"七路二隧"工程修筑道路总长 13.5 千米，隧道长约 7 千米，使徐汇区境内肇嘉浜路以南，龙吴路以东，涉及斜土、枫林、龙华、长桥等四个街道，约五分之一的市政版图发生了变化，从而也搭建起了连接世博园和滨江开放空间的快速通道。

2. 龙华港桥的建设

　　龙华港桥作为世博配套工程，是徐汇境内最大的内河桥梁，也是滨江公共开放空间的重要节点。（图 4-19）它的建设始于 2009 年，当年 11 月 18 日就实现了主桥钢结构吊装就位和结构合龙，2010 年 5 月 1 日顺利完工。（图 4-20）

　　龙华港桥整座桥梁桥全长 345 米，其中主桥长 165 米，总重量 3 220 吨，采用桥梁界首创的双层桥面连续钢板梁结构，上层桥面为四车道加预留有轨电车道，下层桥面为人行和非机动车通道。由于上下层桥面宽度相差较大，横断面采用了倒梯断面，涉及十多项先进技术。（图 4-21）

　　由于特殊的地理位置，龙华港桥对于工程景观的要求非常高。该桥由徐汇土发公司成员企业滨江公司全权负责建设，在经过多轮国际方案征集后，最终由上海市政工程设计研究总院和美国马达思班建筑师事务所联合中标。龙华港桥取名为"龙之脊"，其设计理念基于仿生学原理，模拟生物脊柱，将其形象特征几何抽象化，赋予了视觉上的张力，仿佛一条长龙的脊背卧于水上，远看又像是"双眼皮"，横卧于龙华港上，结构造型大气，十分具有个性魅力，是黄浦江畔、千年龙华古刹旁连接龙华港南北两岸城市商务区和滨江公共开放空间的重要纽带。

　　龙华港桥作为徐汇区最大的内河桥建成后，为龙腾大道的全线贯通和滨江公共开放空间一期的初步建成打下了扎实的基础。（图 4-22）

图 4-19　龙华港泵闸（摄于 2006 年 3 月 9 日）

图 4-20　建设中的龙华港桥（摄于 2009 年 11 月 8 日，徐汇区档案馆提供）

图 4-21　龙华港桥夜景（摄于 2010 年 8 月 9 日，上海西岸开发〔集团〕有限公司提供）

图 4-22　2010 年龙华港口卫星图（徐汇区建设和交通委员会提供）

3. 徐汇滨江地区轨道交通建设的推进

轨道交通对于徐汇滨江地区开发的重要性是不言而喻的，早在 2002 年的《徐汇区沿黄浦江地区控制性详细规划》（初稿）中便已经明确提出，要改善该地区的城市道路交通结构，实行道路、轨道和水上交通的并重发展，以此加强滨江地区的可达性。

上海获得世博会主办权后，市域内的轨道交通建设明显加快，根据相关规划，确定在徐汇滨江区域内设有相关站点的主要有 7 号、11 号和 12 号三条线路，涉及的动迁工作面广量大，比如当时龙华机场内上海龙华国际汽配城中存在大规模的历史存量违法建筑，严重影响了轨道交通 11 号线的施工，相关部门为此做了大量工作，从而保证了 11 号线的顺利开工。（图 4-23）

轨道交通建设与"七路二隧"的建设也是互相配合和支持，为了保证轨道交通建设的顺利进行，东安路、云锦路、龙华路等道路的施工和最终完成时间都曾一再加以调整。

在各方力量的配合下，世博会召开之前，滨江区域内的相关轨道交通建设最终得以顺利完成，滨江地区的可达性大为加强。

三、滨江公共开放空间一期的建设与开放

2008 年 12 月 18 日，徐汇滨江公共开放空间综合环境建设暨丰溪路（后改称龙腾大道）新建道路桥梁工

图 4-23　地铁 11 号线龙华站 2 号出口（摄于 2017 年 10 月 10 日）

程奠基仪式在丰溪路举行，这标志着滨江公共开放空间建设的全面启动。滨江开放公共空间的建设总用地面积约为 92 公顷，涉及动迁单位 33 家，在具体施工过程中，为了有序推进该项工程，将丰溪路和滨江公共开放空间项目合并运作，实现了统一指挥、统一协调、统一规划设计、统一前期动迁、统一施工建设。

至 2010 年 5 月 1 日，经过一年半左右的建设，徐汇滨江公共开放空间一期正式建成开放，开放仪式在龙华港桥举行。同时，沿江而建的龙腾大道也正式通车，美丽的风景与浦江对岸世博园中的建筑群遥相呼应。（图 4-24）

徐汇滨江公共开放空间一期工程，北起日晖港，南至徐浦大桥，岸线总长 3.6 千米，总面积 24.7 万平方米，其中公共绿地 14 万平方米、广场空间 8 万平方米、亲水平台 1.3 万平方米。整个区域将城市道路与沿江景观相融合，林荫大道、人行步道、休闲自行车道贯穿南北，防汛墙与亲水平台有机结合。（图 4-25）

值得一提的是，为了让市民能够近距离地感受黄浦江的美丽，在"上海 CORNICHE"理念的指导下，徐汇滨江在设计之初就提出不砌水泥防汛墙，龙腾大道采用了区别于一般道路的断面形式，路面标高从原先的 4.5 米抬升为 6.5 米，与二级防汛墙的高度相同，同时沿江路基逐级向后隐藏至绿化带中，确保市民驾车或行走在龙腾大道上能够将浦江美景一览无遗。抬高的路基不仅不会破坏美观，而且防汛标准也达到了"千年一遇"，实现人与环境的和谐，龙腾大道也成为世界一流的以人为主题的滨水大道，真正做到了"还江于民"。（图 4-26）

图 4-24　2010 年 5 月，徐汇滨江开放空间一期建成（摄于 2010 年 8 月 7 日，上海西岸开发〔集团〕有限公司提供）

图 4-25　日晖港桥（摄于 2017 年 12 月 25 日，徐汇区档案馆提供）

图 4-26　龙华港桥和海事塔（摄于 2010 年 8 月 22 日，上海西岸开发〔集团〕有限公司提供）

为了体现 CORNICHE 的设计理念，东起龙华路，西至东安路的瑞宁路的道路断面形式和建设标准也和龙腾大道完全相同，与后者共同构成了绿树成荫的 CORNICHE 滨江景观大道。同时，龙腾大道还通过路中绿化隔离带的方式，种植了三排行道树，在树种上则选取了最能代表徐汇人文特色的法国梧桐树，这些树木与沿江最外侧的一排银杏树构成了 4 排大树林立的格局，四季交替，层次分明，完美诠释了 CORNICHE 绿树成荫的概念。

此外，滨江公共开放空间沿岸还有着极具规模的亲水平台区。亲水平台通过水中栈道沿江横向延伸，对徐汇滨江亲水生态空间进行了全面演绎。人行碧水间，广大市民可以亲身去体验 CORNICHE 的幽静与惬意，"慢生活"的方式，通过水岸风情的实际感受，传导给游客一派优雅舒适的生活意象。

低碳示范区的建设则展现了滨江开放空间的另一面。在滨江地区，无处不体现低碳、节能、环保的要求，如重点推行节能环保设备应用，利用风力发电为场地照明，广泛使用 LED 节能灯具，采用生态透水混凝土、太阳能发电、无线喷灌技术等，其目的都在于最大限度地提高土地和资源利用率，也使滨江地区成为上海绿色发展的典范区域。

通过多年的规划和世博会前的先导开发，尽管仍然存在配套设施尚未完全到位、公共服务设施基础较弱、旧区环境有待进一步改造等问题，但总体而言，2010 年世博会召开前的徐汇滨江地区在新外滩的竞争中已经逐渐后来居上，具备了以下几大优势：（一）借助于服务世博会的重点工程"七路二隧"以及密布的公路交通，穿境而过的城市快速路、高架和地铁，使自身具有了辐射周边地区的能力。（二）借助于 CORNICHE 的设计理念，实现了高密度的绿化覆盖率，有效改善了该地区的环境面貌，将历史遗存建筑、城市公共设施、多重节点的广场、立体交通系统、码头等不同的资源，完美地整合在沿江岸线风光中，为市民提供了一个和谐的滨水休闲活动空间。（三）借助于徐汇区的腹地优势，充分利用徐汇区经济、商业、教育、卫生事业发达，科研机构院校云集的特点，使自身成为一个很好的辐射地带。

世博会开幕前，一个以转变经济发展方式为核心，以超前的科学规划为前提，集宜商、宜居、生态休闲为一体的崭新的徐汇滨江新区，美轮美奂地呈现在了世人面前，使人们对它的未来充满了更加美好的期待和憧憬。

第五章

上海西岸：城市新地标

作为"后世博时代"徐汇滨江地区的全新称谓和城区品牌,"上海西岸"(WEST BUND)在近十年来的城市更新中遵循"规划引领、文化先导、生态优先、科创主导"的发展理念,注重水、绿、人、文、城的融合发展,从一条不太被关注的、较为封闭的传统工业岸线华丽转身为"迈向全球城市的卓越水岸",让历史的厚重感与滨水都市的现代性在这里得到完美的融合。

如今的西岸,以人工智能(AI)、文化艺术(ART)"双A"为引擎,以西岸传媒港、西岸智慧谷、西岸金融城为枢纽,逐渐构建起文化创意、科技创新、创新金融三大产业互为支撑的国际创新创意产业群,一个创新、开放、生态、人文的世界级城市新地标正在展露峥嵘。

第一节 打造"西岸文化走廊"

提起"西岸",也许在几年前,还是一个相对陌生的名字。如今,西岸已然是上海一个无法忽视的城市地标。唐代诗人贾岛的《剑客》诗云:"十年磨一剑,霜刃未曾试。今日把示君,谁为不平事?"若将最后一句改为"今日把示君,皆为艺文事",便是上海西岸近十年不断书写城市文化传奇的形象注脚。

然而,罗马非一日建成,一个新城区的规划、建设与功能形成,往往都要经历较长时间的酝酿、调整与更新。徐汇滨江区域就是如此,它的"文化聚集区"的定位并非一蹴而就,而是一个逐渐整合演化、日益清晰明朗的过程。

徐汇滨江进入人们的视野,是在 2010 年上海世博会前夕徐汇滨江公共开放空间建设首期工程完成之后。作为世博会配套工程的重要组成部分,徐汇滨江公共开放空间

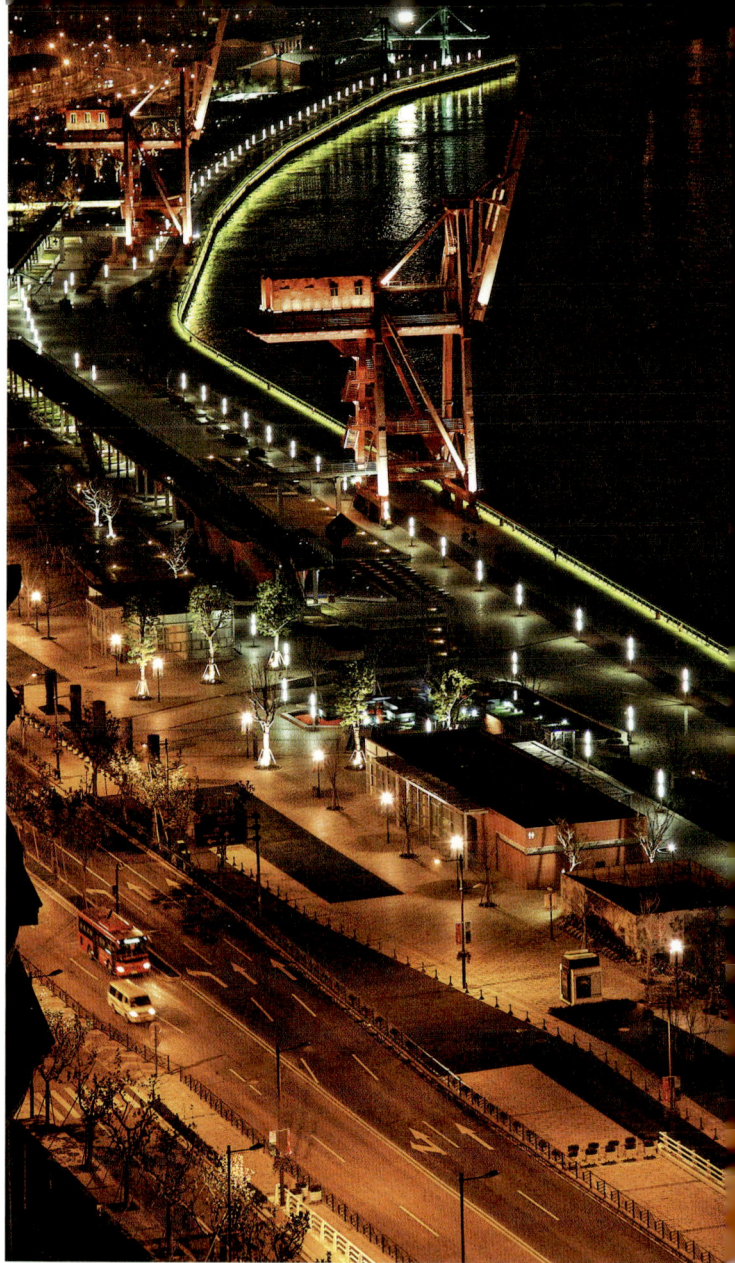

图 5-1 2010 年 12 月 18 日改造完成后北票码头前后对比（上海西岸开发〔集团〕有限公司提供）

综合环境建设一期工程于 2010 年 4 月竣工，从瑞宁路日晖港至中航油库段，还原了 30 万平方米滨水公共开放空间，公共环境得到极大改善，整体面貌焕然一新。在这个空间里，拥有公共绿地面积 14 万平方米，广场铺装 8 万平方米，伸向江面的亲水平台 1.4 万平方米 ❶，很好地实现了"还江于民""以人为本"的规划理念。尤其是首次将法国"CORNICHE"理念引入徐汇滨江，打造出一条 3.6 千米长、整体被抬升至 6.5 米防汛墙高度、可以驱车饱览黄浦江壮丽景色的滨水景观大道——龙腾大道，真正做到了"还水于民，还景于民"。据统计，一期工程建成的滨江绿带、"龙之脊"观光桥、休闲步道、亲水平台等，每天吸引约 2 万人次市民和游客前来观光。❷（图 5-1）

沿江公共开放空间首期工程完成后，昔日铁路货站、沙石码头、煤炭堆场、水泥厂、造纸厂等污染大

---

❶《徐汇滨江公共空间一期建成》，《解放日报》2010 年 4 月 22 日。
❷《让百姓共享沿江美景才是出发点》，《解放日报》2011 年 8 月 7 日。

户扎堆的徐汇滨江虽然启动了"生产型岸线"向"生活型岸线"的转变，然而，如何真正实现区域功能结构的转换与地区活力的复兴，成为滨江开发建设者必须面临的一道难题。正如时任上海西岸开发（集团）有限公司（以下简称"西岸集团"）规划管理部部长叶可央所说："沿江的环境绿了，生态好了，人来了。但是人到这个区域到底来干什么？必须得有功能和内容来支撑，这样城市才会有活力。"❶ 那么，沿江岸线新功能究竟该如何定位？新开发路线应如何设计？这个关乎全局的方向性问题曾经引发徐汇区委区政府反复讨论，一度纠结未决。当时正值黄浦江两岸地区"十二五"发展规划制订之期，许多房地产商和企业希望从中获得机会。

2011 年 8 月 7 日《解放日报》头版刊登《要的究竟是什么？》一文，直指徐汇滨江整体开发的主旨与原则应该是"以人为本"，注重群众的共享、公众的感受、市民幸福感的提升，文章提到：

近年来有过一个口号，叫"经营城市"。如果片面强调"经营"，把城市这个公共空间当成企业来做，单纯强调"产出"，就会偏离"造福人民"这个城市发展的最终目标。徐汇区同志提出的"究竟是要税收第一，还是要老百姓的口碑"的问题，十分有针对性。这其中反映了两种不同的发展观。徐汇区固然有自己的区情，它的经济状况较好，"力把"较大。但是，在正确看待城区建设的"效益"问题，

把众多市民的幸福感作为最大的社会效益这一点上，却是我们可以共同关注、共同借鉴的，这体现了我们搞建设、想问题、做决策的一个根本出发点。❷

"不算税收算口碑"、以追求群众幸福感作为徐汇滨江的发展导向，与"十二五"期间上海决心加快转变经济发展方式直接相关，即"从制造业唱戏到服务业担纲，从投资拉动到创新驱动，从保障民生到创造百姓更加美好生活"❸。因为在后危机、后工业化、后世博时代，建立在大投资、大出口、房地产价格高企基础上的增长模式已经难以为继。"率先转变发展方式，是中央赋予上海光荣而艰巨的历史重任，也是上海未来发展的出路所在。上海要当好科学发展、社会和谐的排头兵。"❹ 时任上海市市长韩正的讲话掷地有声。2012 年 5 月，中共徐汇区委书记孙继伟在接受《第一财经日报》采访时也说，我们应从上海城市发展和徐汇经济转型的战略高度，考虑滨江开发，寻求经济突围，不能复制陆家嘴模式，也不能把它做成一个郊区化的开发模式。❺

在"坚定转型，加快转型，科学转型"的战略背景下，徐汇滨江的功能定位初露眉目。2011 年11 月，在《黄浦江两岸地区发展"十二五"规划》（送审稿）中，徐汇滨江明确被列为上海"十二五"重点发展的五大区域之一。总体规划是"应与龙华地区综合改造相衔接，重点发展高端商务，建设具

❶ 叶可央口述，胡端、吴劼、潘鲁健采访整理，2019 年 4 月 28 日。
❷《要的究竟是什么？》，《解放日报》2011 年 8 月 7 日。
❸《上海转型正扬帆》，《解放日报》2011 年 11 月 25 日。
❹《上海转型正扬帆》。
❺《徐汇滨江：让城市会呼吸》，《第一财经日报》2012 年 5 月 2 日。

有综合功能的国际化高端服务经济集聚区"，而徐汇滨江核心商务区中，拟特设用地面积约为10公顷的一个商业文化特别发展单元，利用大量保留的上海水泥厂原工业建筑物作为基础空间要素，打造独有的以音乐为特色的文化主题园。❶ 这是世博会之后徐汇滨江区域功能规划中首次出现"文化"概念的表述，这预示着以房地产、旅游休闲为基调的传统城市水岸建设思路正在悄然发生改变。不过，此时的"文化主题园"还只是一个浅层次的初步谋划，站位并不高，涵盖度还不够。

徐汇滨江真正将核心竞争力锁定在"文化"上并上升到宏观战略层面，是2011年12月在徐汇区第九次党代会上提出打造"西岸文化走廊"品牌工程战略。该战略提出，徐汇滨江要依托丰富的历史资源，活化工业文化遗存，发挥沿江开放空间优势，打造上海的文化新地标，以文化点亮城市，激发地区活力。在这个战略中，"西岸"与"文化走廊"的概念都是首次出现。所谓"西岸"，在当时来说，内涵与外延相对简单，还只是指地理意义上的黄浦江以西的滨江岸线；而"文化走廊"之说，据后来西岸集团总经理助理兼文化产业部部长陈安达称，也还没有明确要建成文化核心区，只是通过文化的先行导入，带动区域的发展。❷ 换言之，2011年底的这次具有重要转折意义的党代会实质上确定的是"文化先导战略"。

"文化先导战略"的确立是需要眼光与魄力的，因为文化项目一般周期长，回报相对不高，且具很强的不确定性。但优势在于能避开黄浦江两岸其他地区开发"千人一面"的同质化问题，实现差异化发展。另一方面，文化的先行导入，不能悬浮在纸面上，必须有实体性的项目作为支撑，才能真正发挥文化引领效应。而这些概念性的蓝图，终于在2012年逐渐变为现实。对徐汇滨江来说，2012年是实现功能结构蝶变的关键节点。

这一年迎来了"三件大事"，引燃了如今西岸雏形的信号，分别是龙美术馆（西岸馆）、余德耀美术馆、"东方梦工厂"的签约落户。前两者代表民营美术馆的入驻，后者代表大型娱乐产业集群的入驻，这三支"利箭"的齐发，是西岸由"生活型岸线"进一步向"文化型岸线"转型的风向标。2012年7月7日，龙美术馆（西岸馆）和余德耀美术馆签约仪式在徐汇滨江规划展示中心举行，8月动工兴建，标志着"西岸文化走廊"品牌工程正式启动。

在这两座美术馆的建筑过程中，鲜明体现了徐汇滨江特有的工业历史遗存的活化利用。其中，由收藏家刘益谦、王薇夫妇参与投资的龙美术馆（西岸馆），选址于始建于1929年的北票码头，主体建筑为独特的"伞拱"结构，并将原北票码头构筑物"煤漏斗"改造为时尚空间"斗廊"，从结构到材料，再到空间的直接性与原始感，均体现了美术馆极具敏锐的当代性，使其与场地的工业文明气息浑然一体。而由印尼华人收藏家余德耀及其基金会投资的余德耀美术馆，则由原上海飞机制造厂机库改造扩建而成，老仓库和新建玻璃大厅的相互对比，让建筑在拥有工业历史气质的同时充满时尚和现代感。（图5-2，图5-3）

❶ 《黄浦江两岸重塑重点区域》，《城市导报》2011年11月18日。
❷ 《典藏今艺术／专访陈安达，西岸无限大》，参见 http://www.sohu.com/a/121344708_488954。

图 5-2　2014 年 3 月 28 日，由著名收藏家刘益谦、王薇创办的国内规模最大的私立美术馆——龙美术馆（西岸馆）建成开放并举办首展"借古开今"（上海西岸开发〔集团〕有限公司提供）

图 5-3　余德耀美术馆（原为上海飞机厂机库，摄于 2019 年 5 月 14 日）

"文化建设，不是划出一块文化用地就成了，而在于要找到具有足够带动力、影响力的项目。"❶ 如果说龙美术馆（西岸馆）、余德耀美术馆的入驻是"西岸文化走廊"品牌工程的启动篇章，那么中美文化合作交流项目"东方梦工厂"的引入，则为西岸文化地标的打造注入了更强大的动力，奠定了起飞的基石。

2012年2月，时任国家副主席的习近平出访美国期间签订的重大中美合作项目中，有一项是由华人文化产业股权投资（上海）中心（有限合作）牵头中方公司与美国梦工厂动画（DreamWorks Animation SKG）共同组建上海东方梦工厂影视技术有限公司及上海梦工厂文化传播有限公司（简称"东方梦工厂"，英文名为 Oriental DreamWorks）。"东方梦工厂"汲取并融合好莱坞尖端电影技术与资源，结合对中国文化、市场以及消费者的深刻洞察，协力为中国及全球消费者打造世界一流、多元创新的娱乐体验；同时深耕中国市场，致力于培养卓越的国际化本土人才，助力提升中国家庭娱乐产业在全球的竞争力与影响力，并期望以"中国制造"的原创故事影响世界观众。6月，该项目宣布落户徐汇滨江。

2012年8月7日，"东方梦工厂"落户新闻发布暨签约仪式在徐汇滨江规划展示馆举行，时任中共中央政治局委员、上海市委书记俞正声，中共上海市委副书记、上海市市长韩正，国家广电总局副局长张丕民出席并共同按下按钮，启动"东方梦工

厂"项目。该项目总投资超过200亿元，首轮投资约3.3亿美元，超过美国洛杉矶总部规模❷，主要由两大业务板块构成：一是影视产品及衍生产业，二是位于徐汇滨江的大型都市文化集聚区——"梦中心"。❸ 影视内容及其衍生产业的开发，主要由上海东方梦工厂影视技术有限公司负责。该公司在2016年与美国梦工厂联合拍摄出品《功夫熊猫3》，在2017年面向全球发布首部由东方梦工厂本土原创的动画电影。"梦中心"集聚了一系列剧场影院群落、文化创意企业、会展观光景点、餐饮商业设施等。❹

据陈安达介绍，"东方梦工厂"项目的引进，为徐汇滨江进一步发展确定了文化创意、传媒产业发展的基调，它当时的核心愿景是运用美国梦工厂的资源开发中国原生IP，制作成为动画电影向全世界发行。❺ 不过，这个项目的分量与意义还不止于此。在"西岸"整体规划的推动者、时任中共上海徐汇区委书记孙继伟看来，规划设计的"西岸文化走廊"是一个融通中外的文化窗口，是中国文化走出去的一个新地标。作为迄今为止最大的中外合作文化交流投资项目，"东方梦工厂"将代言东方，使"西岸文化走廊"成为对话世界传媒的"梦中心"。

龙美术馆（西岸馆）、余德耀美术馆、"东方梦工厂"的签约落户，标志着"西岸文化走廊"的打造开始受到各界的广泛关注。在此基础上，2012年12月28日，对徐汇滨江地区开发行使综合职

❶ 《徐汇滨江打造西岸文化走廊》，《解放日报》2013年8月16日。
❷ 《徐汇滨江：梦在这里真实呈现》，《东方早报》2015年5月21日。
❸ 《东方梦工厂落户徐汇滨江》，《文汇报》2012年8月8日。
❹ 《东方梦工厂落户徐汇滨江》。
❺ 陈安达口述，王健、袁元、陆佳采访整理，2019年4月28日。

图5-4 2012年12月28日上午，上海徐汇滨江地区综合开发建设管理委员会、上海西岸开发（集团）有限公司成立（上海西岸开发〔集团〕有限公司提供）

能的"上海西岸开发（集团）有限公司"正式成立，该公司是经徐汇区人民政府授权，全面负责并实施徐汇滨江地区综合开发建设的国有独资企业集团。（图5-4）与一般地产开发商的开发模式不同，西岸集团成立伊始即以文化创意产业链为土地开发的突破口，将自身定位为功能性企业，服务于区域开发一体化建设。❶

"西岸文化走廊"的打造，不仅体现在产业业态，而且注重文化生态。自2012年起，除了文化硬件项目的引进，西岸也开展了大量软性文化活动，包括"上海西岸音乐节""西岸建筑与当代艺术双年展""西岸艺术与设计博览会"。举办这些文化活动，起初的立足点主要是为着力打造的"西岸文化走廊"聚集文化人气与社会影响力。因为在当时西岸产业业态还不是特别明朗的情况下，通过这些文化活动，可以更多地为"西岸"宣传和营销，以塑造它的文化标签。❷

---

❶ 《西岸集团：打造全球城市卓越水岸》，参见 http://www.sohu.com/a/239663892_481760。
❷ 陈安达口述，王健、袁元、陆佳采访整理，2019年4月28日。

图 5-5　2013 年西岸音乐节（摄于 2013 年 10 月 1 日，上海西岸开发〔集团〕有限公司提供）

在这些活动中，时尚娱乐性最强的"西岸音乐节"以超强的人流聚合效应，率先为正在描绘的"西岸文化走廊"蓝图书写了浓墨重彩的一笔。

2012 年 9 月 30 日至 10 月 2 日，作为上海首个本土品牌的大型户外音乐节，"上海西岸音乐节"选择在黄浦江边东安路、枫林路和龙腾大道所围成的 5.7 万平方米指定区域举行。音乐节导演组将整个演出区域和舞台全部重新打造，并将徐汇滨江过去的历史氛围和文化特色融入其中，如码头、集装箱等概念和元素，展现了一个后工业风格的特别舞台和园区设计。活动期间，汇聚了海内外先锋音乐人 15 组，包括世界著名电影导演库斯图里卡率领的无烟地带、法国国宝级音乐家扬·提尔森、美国跨界吉他大师凯耶里·米努奇、两度"格莱美"最佳男歌手奖得主迈克尔·伯顿、韩国人气偶像团体"神话"成员李珉宇和申彗星，我国港台及内地的苏打绿、黄耀明、何韵诗、许巍、痛仰乐队、杭盖乐队等 ❶，从每天 17 点至 23 点奉献不间断表演，三天的活动吸引了近 6 万观众进场。

自 2012 年至 2014 年，"西岸音乐节"连续举办了三届，成为形塑"西岸"标识度的重要抓手。（图 5-5）

2013 年 10 月，与"音乐节"搭配呼应的另一个重量级的文化活动应运而生，这就是由西岸集团、中国美术学院、同济大学等联合主办的"西岸建筑与当代艺术双年展"在徐汇滨江正式揭幕。

作为全球唯一的以建筑与艺术为固定主题的国际双年展，"西岸 2013 建筑与当代艺术双年展"云集了近 80 位国内外知名建筑大师、68 位卓越的艺术家，如总策展人张永和、建筑策展人李翔宁、艺术策展人高士明、

---

❶ 《"上海西岸音乐节"大牌云集》，《文汇报》2012 年 9 月 12 日。

"普利兹克奖"得主王澍、中国先锋戏剧大师牟森、中国声音艺术之父姚大钧、著名女性策展人郭晓彦等。首届"西岸双年展"分为室外建造展与室内主题展两部分。室外展部分为"营造"（Fabrica）国际建造展，建筑师的建造与艺术家的作品彼此呼应，让当代最为前沿的两种生产方式与行动方式互相激荡；室内展以"进程"（Reflecta）为题，分为建筑、戏剧、影像、声音四个特展，从西岸所构造的四种文化现象（梦工厂、音乐厅、美术馆、新建筑）出发，启动当代建筑、声音艺术、影像艺术、当代戏剧的系统研究，彰显中国社会的自我更新意识和实验创造精神。❶（图 5-6）

　　双年展是西岸的一个高起点、国际化、学术性文化事件，它融合了建筑与当代艺术，立足本土又面向国际参与开放。建筑是空间的艺术，它塑造三维的形体，打造各类事物的载体，而艺术又为建筑所创造的空间赋予全新的内容。❷ 在来自建筑领域的策展人李翔宁看来，"建筑、影像、声音交融在一起，这是中国几代建筑设计师和文艺工作者送给上海黄浦江的一件'礼物'"，为西岸成为先锋文艺的"试验场"打响了品牌。

图 5-6　2013 年 10 月 20 日，首届西岸建筑与当代艺术双年展盛大开幕（上海西岸开发〔集团〕有限公司提供）

---

❶ 上海艺术研究所编著：《上海艺术发展报告（2012—2013 年）》，上海人民出版社 2014 年版，第 141—142 页。
❷ 西岸 2013 建筑与当代艺术双年展组委会编：《西岸 2013 建筑与当代艺术双年展 建筑分册》，同济大学出版社 2013 年版，第 17 页。

　　更重要的是，双年展不仅是建筑家与艺术家的作品入驻、展示，而且开始让他们参与或主导西岸某一区域的开发，比如绿地、办公楼宇与文化场馆的设计。因为根据以往的艺术园区开发规律，一般艺术家与机构都会选择相对偏远，市场成熟度不高，但相对生活成本较低的园区去前期进入，而园区开发之后随着生活成本的提高，反而出现艺术家与机构离开的局面。❶ 对此，时任徐汇滨江开发建设有限公司总经理的李忠辉说，请建筑师与艺术家共同参与某些建筑的设计，通过空间营造与艺术生产的融会整合，可以有效地避免这种情况。

　　如果说举办"西岸音乐节"与"西岸建筑与当代艺术双年展"主要是从人气指数与文化标签方面去让人发现"西岸"，那么"西岸艺术与设计博览会"的召开，则不再限于单纯的吸引人气，打造口碑，而是开始思考文化与实体产业的关系、文化艺术如何与市场接轨的问题。正如陈安达所说："音乐节虽然很热闹，有很多人来的，有很多粉丝。但是，音乐节的热闹它只局限于音乐节举办的当时，这是第一个局限。第二，音乐节所带来的人，不是跟着音乐节这个事情来的，是跟着明星来的。也就是说今天他是刘德华的粉丝，刘德华来他也来，而这些人并不留在这个区域，或者说音乐节所带来的明星资源未来不会留在这个区域，它和这个区域的发展没有太大的关系，它只是点上的一个活动。"❷ 但是艺术与设计博览会不一样，它不但能为西岸吹进艺术的东风，还能吸引更多产业要素的进驻，比如最直接推动艺术潮流的画廊，就是一个个实体的公司，也是艺术品产业中所谓的一级市场。（图5-7）

图5-7　西岸艺术与设计博览会外景图（摄于2018年11月7日，上海西岸开发〔集团〕有限公司提供）

---

❶ 《西岸文化走廊：沪上艺术地标的崛起》，《中国文化报》2014年8月16日。
❷ 陈安达口述，王健、袁元、陆佳采访整理，2019年4月28日。

2014 年 9 月 25 日，由西岸集团与著名艺术家周铁海合作主办的首届"西岸艺术与设计博览会"在徐汇滨江龙腾大道崭新亮相，展场选址为原上海飞机制造厂冲压车间改造而成的西岸艺术中心。本次盛会以"5+25"的创新模式登场，分为 5 天博览会与 25 天特展，共邀请 HAUSER & WIRTH、Sean Kelly、白立方、大田、洗澡堂、香格纳、佩斯等 20 余家中外知名画廊以及 10 余家设计机构参展。博览会日主要以优质的精选作品满足收藏家的收藏需求；特展日

图 5-8　西岸艺术与设计博览会内景（摄于 2018 年 11 月 7 日，上海西岸开发〔集团〕有限公司提供）

则以美术馆级展览的形式满足普通公众与艺术爱好者欣赏艺术的需求。❶（图 5-8）

就一般的大众认知而言，画廊应该设在创意园区，比如普陀区莫干山路的 M50 创意园就是一个典型的例子。然而，陈安达坦言，从国际知名的画廊选址来说，选择落户城市商务区却是大势所趋，像香港的中环是全球重要的画廊如白立方等在亚洲最重要的阵地，尽管他们为此要承担相当高昂的租金。❷ 可以说，西岸艺博会的举办，不单是一场夺人眼球的艺术盛宴，更重要的是推动画廊作为文化业态进入西岸，使之能在"西岸传媒港"整个商务区生根发芽。

2014 年，对徐汇滨江来说，是继 2012 年之后又一个重要节点，因为 2012 年签约落户的三大文化先导项目至此已化为现实。3 月 28 日，龙美术馆（西岸馆）正式建成开馆并举办首展"借古开今"；5 月 17 日，余德耀美术馆建成开放，并举办首展"上海星空"。12 月 27 日，占地约 19 公顷、总建筑面积超过 100 万平方米的"西岸传媒港"宣布正式开工建设，标志着这一备受瞩目的大型滨水文化传媒商务区建设再立里程碑。这三大项目从蓝图到现实，标志着"十二五"期间徐汇滨江着力打造的"西岸文化走廊"已初具雏形。（图 5-9）

作为"西岸文化走廊"的配套工程之一，2014 年徐汇滨江关港地区建成上海第一个"艺术品保税仓库"，这也是西岸打造艺术品产业链，"文化"品牌价值日益增强的标志。中国的关税始终是艺术品交易市场躲不过的难题，面对国内日益增多的买家与藏家，国际拍卖行不甘心止步于缓冲区的香港，试图在北京、上海插旗，"保税仓库"的需求应运而生。（图 5-10）

---

❶《上海西岸艺博会主打设计艺术》，《中国商报》2014 年 10 月 9 日。
❷ 陈安达口述，王健、袁元、陆佳采访整理，2019 年 4 月 28 日。

图 5-9　西岸传媒港效果图（上海西岸开发〔集团〕有限公司提供）

图 5-10　西岸艺术品保税仓库正立面（摄于 2015 年，上海西岸开发〔集团〕有限公司提供）

西岸的保税仓库跟新加坡自由港合作，目标是专做服务于艺术品的保税仓储、保税展示、物流服务机构，而且只针对艺术品。与浦东自贸区更多服务大宗商品类不同，西岸的保税仓库首先服务于美术馆大道上的所有机构，如龙美术馆（西岸馆）展出的鸡缸杯、在西岸注册的苏富比的拍卖预展展品、设计上海（Design Shanghai）的海外作品、西岸艺博会里的海外展品等。保税仓库拥有目前国内最先进的安保硬件和技术设施，仓库入口处设有防撞桩，待办妥安检手续之后才可入内。总建筑面积2 000多平方米的仓库，共设有20—150平方米不等的库房几十间，每间都保持摄氏21—22度的恒温，55度以下的恒湿。❶尽管库房租金不菲，但前往预订的国际知名拍卖企业及重量级藏家还是络绎不绝。

西岸艺术品保税仓库的挂牌运营，为正在建设中的"西岸文化走廊"接轨国际艺术品市场提供了可靠的硬件配套。

第二节 文化、生态、科创交相辉映

随着"十二五"期间"西岸文化走廊"初具雏形，"文化先导"作为西岸开发建设的先期战略取得了预期成果，整个地区的活力与魅力通过"文化引爆"得到显著激活，已然成为上海中心城区新的文化地标。正如陈安达口述中提到的："2015年的时候，上海西岸在整个文化圈尤其是当代艺术圈已经很有知名度了，因为'龙馆'和'余馆'都是很重量级的，艺博会又有很多海外的重要画廊来了。"❷然而，文化性地标的营造固然引人注目，但它不是城市发展的全部。城市的更新与振兴不仅仅需要新的形象，更关键的还在于要有新的经济基础，能够为社会提供更多的就业机会。而经济得以有基础，必须依靠产业的引入，也只有以产业发展为基石的"产城融合"，才会带来更深层次的城市物质空间的振兴与发展。

进入"十三五"时期，作为示范引领城市发展的核心区域，包括西岸在内的黄浦江两岸发展开始面临2035年上海建设全球城市目标下城市功能布局调整的新要求、新形势、新挑战。即要立足于全球视野，适应世界经济格局的新变化和产业变革的新趋势，充分发挥优势，在整体定位、产业发展、空间布局、配套服务等各方面全面升级，成为上海市功能提升的核心支撑空间。❸2015年，中共中央政治局委员、上海市委书记韩正指出，徐汇滨江作为中心城区唯一可大规模成片开发的区域，要从上海未来发展的视角思考如何裁剪这块宝贵的"大衣料"。2016年上海公布的《黄浦江两岸地区发展"十三五"规划》中提到："作为增强城市功能和发展能级的重要空间载体，黄浦江两岸地区成为串联外滩—陆家嘴地区、世博园区、前滩地区、徐汇滨江等重点区域的发展轴线，对全市创新驱动发展、经济转型升级的带动引领作用进一步凸显。"这就要求徐汇滨江结合其区段的开发条件和建设时序，"加大基础开发建设力度，注重功能提升"。❹（图5-11）

❶ 《西岸艺术品保税仓库投运》，《解放日报》2014年7月22日。
❷ 陈安达口述，王健、袁元、陆佳采访整理，2019年4月28日。
❸ 《黄浦江两岸地区发展"十三五"规划》，参见 http://www.shanghai.gov.cn/nw2/nw2314/nw2319/nw2404/nw41413/nw41414/u26aw50889.html。
❹ 参见《黄浦江两岸地区发展"十三五"规划》。

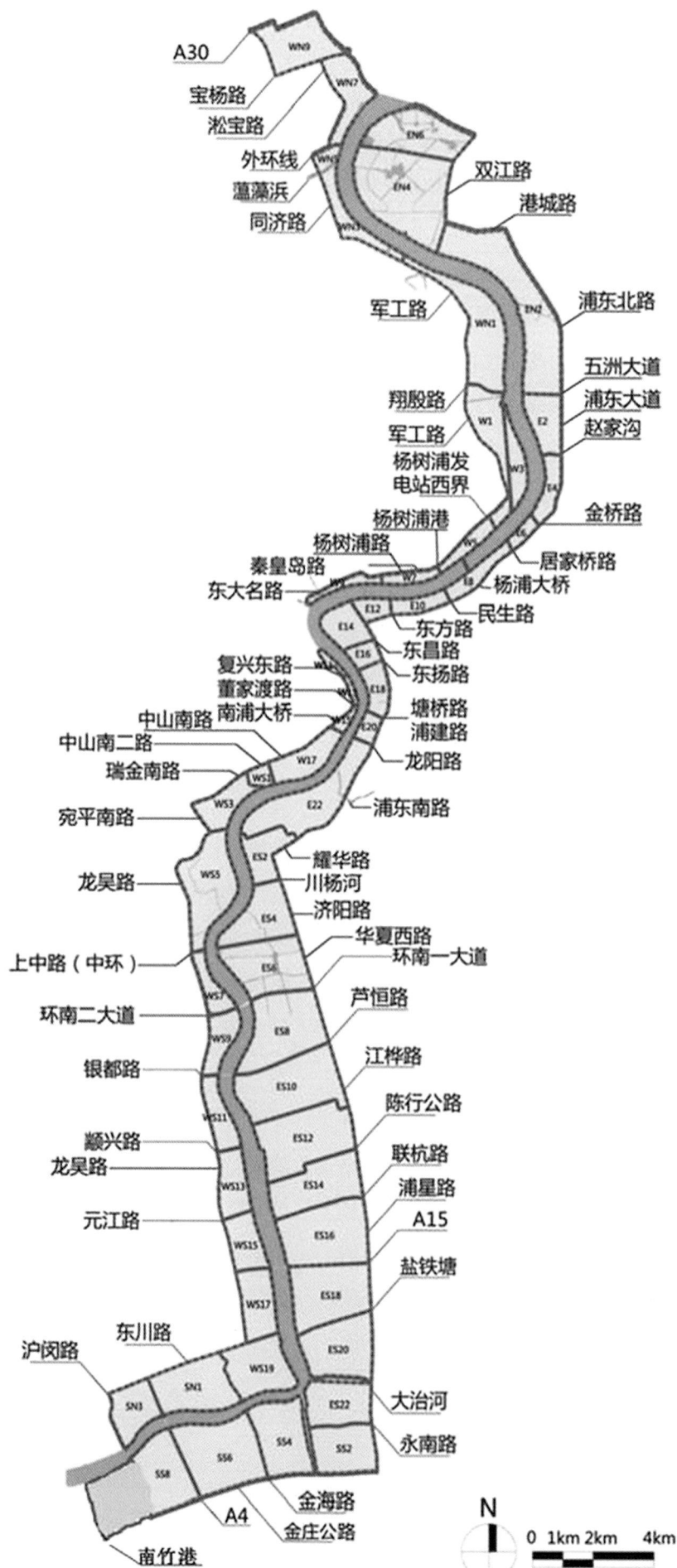

图 5-11　黄浦江两岸地区"十三五"发展规划范围（据上海市人民政府公开信息）

在此背景下，自 2015 年起，西岸开发建设的导向开始向核心产业功能板块倾斜，在文化继续先发的同时，逐渐加重"产业主导"的分量，力争打造上海创新驱动发展、经济转型升级的先行区、"四个中心"建设功能的集聚区。对"产业主导"的理解，时任徐汇滨江开发建设有限公司总经理的李忠辉这样说：

> 在整个滨江开发过程中，我们不是急于简单地把地拍卖给开发企业，而是以产业总部为主，这样可以加速地区的产业功能形成。第一步，我们把功能型的企业、旗舰型的企业，或者说能够引领这个地区发展的企业招进来，比如像梦工厂、民航四大中心等，这些都是文化传媒、航空服务的标志性企业。在这个基础上我们又形成传媒港，把湖南卫视、腾讯、万达信息等引进来，这样一来，它的地区的核心功能就起来了。第二步是把产业型的企业引进来，就是把总部经济引过来，我们给你土地，给你资源，以此带动徐汇产业结构调整，为区域经济服务。这就是徐汇滨江开发决策过程当中的一个重要思路——产业主导。❶

在引进功能型、产业型企业总部的过程中，以"上海梦中心"为旗舰的"西岸传媒港"最先浮出水面。据起初的规划，"西岸传媒港"基地东至龙腾大道，南至黄石路，西临云锦路，北至龙爱路，规划总用地面积约 19 公顷，可开发用地约 12 公顷。❷ 据相关负责人介绍，"西岸传媒港"贯彻"文化先导，产业主导"的理念，以文化传媒和信息通信产业为核心，容纳整个产业链环节，形成具有活力的文化传媒产业聚集区、一体化设计且富有活力的功能复合型商务社区、依托滨江景观资源的滨水休闲活动区，以梦中心、兰桂坊、湖南卫视入驻为契机，打造动画、传媒、休闲娱乐相融合的时尚体验式商业体，并带动一批高端商业、商务项目落地。❸ 2015 年 6 月 24 日，腾讯签约入驻西岸，标志着西岸传媒港的文化传媒产业格局基本形成。（图 5-12）

继"西岸传媒港"落地开工之后，为了培育一批文化特色产业集群，加强金融对文化全产业链的支持，推进文化产业与相关产业融合发展，深化与金融机构的战略合作势在必行。2014 年 12 月 1 日，徐汇区委宣传部、徐汇区文发办、徐汇区发改委（金融办）、徐汇区财政局联合发布《徐汇区关于深入推进文化金融合作发展的实施意见》，提出以徐汇滨江等核心区域为重点，抓住中国（上海）自由贸易试验区的辐射机遇和溢出效应，发挥功能性作用。❹

2015 年 7 月 2 日，中国人民银行上海总部与徐汇区政府签署徐汇滨江战略合作备忘录，双方将依托滨江地区建立"国际性创新型金融集聚区"，共同推进各类国际性、创新型、功能性金融机构以及相配套的金融专业机构和金融中介机构集聚发展。这是人行上海总部首次与区县政府建立战略合作关系。滨江地区经过几年打造"西岸"文化，基

---

❶ 李忠辉：《登高望远，打造徐汇世纪精品》，《浦江纵横》2019 年 3 月刊。
❷ 《"梦工厂"将落户"西岸传媒港"》，《文汇报》2012 年 6 月 15 日。
❸ 《西岸传媒港整体开工》，《解放日报》2014 年 12 月 29 日。
❹ 《徐汇区四部门联合发布〈关于深入推进文化金融合作发展的实施意见〉》，《徐汇报》2014 年 12 月 1 日。

图 5-12　WS5 单元改造后的西岸传媒港（摄于 2019 年 3 月 31 日，上海西岸开发〔集团〕有限公司提供）

图 5-13　西岸金融城效果图（上海西岸开发〔集团〕有限公司提供）

础设施逐步完善，文化产业、文化机构相继入驻，成为文化气息浓厚的城市公共空间。但滨江 8 平方千米的腹地做什么，此前规划较模糊。"金融集聚区建设，让滨江有了产业支撑。" ❶ 双方签署的备忘录显示，产业金融与金融产业的深度融合将是探索重点。在滨江集聚区的建设过程中，将围绕科技金融、文化金融、绿色金融、消费金融、养老金融等领域，推进金融业与优势特色产业的融合。据徐汇金融办相关负责人介绍，滨江将推进国家级文化金融合作试验区的建设，设立文化类创投引导基金来参股和吸引各类市场化文化产业投资基金。❷ "徐汇滨江金融集聚区"建设的启动，是西岸着手打造上海新的文化金融"标志性区域"的开始，也是"十三五"期间西岸首次尝试构建文化产业和创新金融产业的互动关系。（图 5-13）

　　文化传媒与创新金融产业布局定调之后，2016 年，整个西岸的载体建设与功能开发又迎来了一个重大的发展契机，这就是涉及浦东、徐汇、黄浦、杨浦、虹口五个区（杨浦大桥至徐浦大桥两侧约 45 千米岸线）的滨江公共空间全面贯通工程宣告启动。作为上海城市发展"主动脉"的黄浦江两岸，45 千米长的滨水岸线，是上海向世界展示城市风貌与城市气质最重要的空间，被列为上海 2035 卓越的全球城市中央活动区。❸ "贯通工程"是上海新一轮城市发展对黄浦江两岸地区提升城市品质，打造世界一流滨水区域的必

❶《徐汇滨江将建创新型金融集聚区》，《解放日报》2015 年 7 月 3 日。
❷《徐汇滨江将建创新型金融集聚区》。
❸《沿线企业单位腾地集中签约》，《文汇报》2016 年 11 月 5 日。

然要求。《黄浦江两岸地区发展"十三五"规划》明确指出，要向世界一流的滨水区域看齐，紧跟全球最新发展潮流，示范整个城市的发展方向；同时要坚持"以人为本，造福于民"的根本宗旨，实现公共环境空间还江于民，增强大众休闲活动和公共活动参与性，建设成为大众亲近自然、休闲娱乐、享受生活的高品质场所。❶

2016 年 9 月，按照中共上海市委、市政府提出"至 2017 年底实现黄浦江两岸 45 千米岸线公共空间基本贯通"的工作要求，黄浦江徐汇段正式启动实施 8.4 千米贯通工程岸线建设，北起日晖港，南至徐浦大桥，这标志着西岸开发建设迎来新一轮发展机遇。（图 5-14）

为满足市民的不同需求，一次体验四种不同的西岸，西岸贯通提出了建设四大主题空间：从北向南依次建设活力示范区、文化核心区、自然体验区、生态休闲区。❷ 它们一起构成高品质滨水开放共享区段，为市民提供更优质的环境和文化休闲享受。西岸给贯通工程定下了一个"小目标"：把"望得见江、触得到绿、品得到历史、享得到文化"的美丽水岸给予市民。不论是想在林荫大道驱车看江景，还是探索城市记忆、寻找有故事的工业遗存，或是走一遭水上游览观光，西岸都将一一满足，从而刷新市民的休闲方式。（图 5-15）

图 5-14　WS7 单元改造后的贯通工程徐浦大桥节点（摄于 2018 年 7 月 18 日，上海西岸开发〔集团〕有限公司提供）

---

❶ 参见《黄浦江两岸地区发展"十三五"规划》。
❷《西岸发来"表情包"，你爱哪一款》，《文汇报》2016 年 12 月 2 日。

图 5-15　驱车在龙腾大道欣赏江景和上海深秋美景（摄于 2017 年 11 月 24 日，上海西岸开发〔集团〕有限公司提供）

为了这个"小目标"，西岸定了一个期限：2017 年底，建成 8.4 千米驱车看江景的景观大道、50 公顷公共开放空间，沿江跑道、亲水步道、休闲自行车道都完成南北贯通，实现城市生活与滨江空间充分的交织互动。具体来说，主要聚焦两大骨干工程："南拓北联"工程与"三纵三横三道"的路网建设。据李忠辉介绍，龙腾大道向南延伸 2.5 千米，并力争辟通至徐浦大桥；大木桥路、小木桥路，将形成 WS3 单元的完整路网；建成的云锦路、丰谷路、天钥桥南路、龙兰路、龙启路、黄石路，将使 WS5 单元新增"三纵三横"骨干路网。❶ "这不仅是满足交通需求，更要成为一道靓丽的城市风景线。我们力争将每条道路建成文化路、每一座桥筑成艺术桥，真正提升基础设施品质。"李忠辉拿云锦路举例，该路两旁已种满银杏等树木，秋冬季节，那里就成了美丽的金色大道，云锦路公共绿地成为名副其实的"上海中心城区最美的林荫大道"。（图 5-16）

在空间开拓上，"南拓北联"工程全面升级西岸的公共环境。"北联"工程主要是打通徐汇滨江与黄浦滨江在日晖港的"断点"。2015 年 9 月，日晖港人行桥工程开工，2016 年 9 月，竣工试运行。至此，市民无须绕行，就可以从外滩一路沿着黄浦江漫步至西岸，使两岸的景观资源充分为市民、游客所共享，并为打通黄浦江贯通工程跨区"断点"起到示范作用。❷ （图 5-17）

---

❶ 《西岸南拓：你要的慢生活，就在这里》，《文汇报》2016 年 1 月 13 日。
❷ 《闲庭信步，可从外滩直至西岸》，《文汇报》2016 年 9 月 29 日。

186

图 5-16　黄浦江两岸贯通工程项目淀浦河桥（摄于 2018 年 8 月 29 日，上海西岸开发〔集团〕有限公司提供）

图 5-17　人们在徐汇滨江公共开放空间享受跑步的乐趣（摄于 2010 年 8 月，徐汇区档案馆提供）

　　黄浦江贯通工程的"南拓"部分于 2016 年正式动工，即在先行开放的龙腾大道亲水岸线 3.6 千米的基础上，向南延伸约 5 千米绿色堤防岸线，新增公共绿地近 30 公顷，形成"CORNICHE 滨江大道动线""自然体验动线""CORNICHE 滨水动线"三条动线，并将"田园、湿地、森林、草原"四个板块的绿色环境主题纵向贯穿、横向渗透，与腹地形成多个节点。❶ "南拓"之后，龙耀路将往南延伸至徐汇华泾地区，直达徐浦大桥。市民沿龙腾大道步行，比在外滩更加靠近黄浦江，充分满足上海人对亲水平台的需求。（图 5-18）

　　正当黄浦江两岸 45 千米岸线贯通工程于 2017 年全力推进时，获得新空间与载体的西岸开始站在更高的平台上眺望新一轮的产业导入。而这一年，也正是上升为国家战略的人工智能在全球范围内迅速成为互联网科技领域"新风口"的关键之年。2017 年 7 月，国务院印发了《新一代人工智能发展规划》，针对性地提出了"三步走"的阶段性发展任务，明确了未来人工智能产业战略目标：到 2030 年人工智能核心产业规模超过 1 万亿元，带动相关产业规模超过 10 万亿元。❷ 在中央的号召和培育下，11 月 14 日，上海市政府正式对外发布《关于本市推动新一代人工智能发展的实施意见》，提出全面实施"智能上海（AI@SH）"行动，形成应用驱动、科技引领、产业协同、生态培育、人才集聚的新一代人工智能发展体系，推动人工智能成为上海建设"四个中心"和具有全球影响力的科技创新中心的新引擎，为上海建设卓

图 5-18　2018 年 1 月 1 日，黄浦江两岸贯通工程（徐汇段）建成迎新活动（上海西岸开发〔集团〕有限公司提供）

---

❶ 《闲庭信步，可从外滩直至西岸》。
❷ 《国务院印发〈新一代人工智能发展规划〉》，参见 http://www.gov.cn/xinwen/2017-07/20/content_5212064.htm。

图 5-19　2018 世界人工智能大会会场 AI PARK 全景（摄于 2018 年 9 月 13 日，上海西岸开发〔集团〕有限公司提供）

越的全球城市注入新动能。❶《实施意见》中尤其提到，要打造"徐汇滨江—漕河泾—闵行紫竹"人工智能创新带，加强徐汇滨江、漕河泾、闵行紫竹区域产业联动，建设国家级人工智能产业集聚区，推动华泾北杨等地区建设人工智能特色小镇。❷ 但就化为现实的标志性事件而言，2018 年世界人工智能大会在徐汇滨江召开，直接吹响了西岸加快发展人工智能的号角。（图 5-19）

其实，在世界人工智能大会召开前一年，即 2017 年 8 月 30 日，由上海市经信委、市科委、市发改委、徐汇区政府、中国人工智能产业发展联盟主办的"全球（上海）人工智能创新峰会"就在西岸艺术中心召开，这也是上海首次召开全球性的人工智能峰会。来自中国工程院、中国科学院、麻省理工学院及 BAT、微软、领英、科大讯飞、小 i 机器人等企业的代表共聚一堂，围绕人工智能未来发展、智能化卓越城市、脑机融合、商业价值突破等关键议题展开讨论。这次峰会虽然规模不大，却是西岸与人工智能相遇的开始。就在这次峰会上，徐汇区委副书记、区长方世忠提出将重点构筑"一核一极一带"❸ 的科创空间格局，打造具有全球影响力的人工智能产业集聚区，服务上海建设国家人工智能高地。（图 5-20，图 5-21）

---

❶《上海市人民政府办公厅印发〈关于本市推动新一代人工智能发展的实施意见〉的通知》，沪府办发〔2017〕66 号，参见 http://www.shanghai.gov.cn/nw2/nw2314/nw2319/nw12344/u26aw54186.html。
❷《上海市人民政府办公厅印发〈关于本市推动新一代人工智能发展的实施意见〉的通知》。
❸ "一核"是徐家汇—枫林创新核，依托复旦、交大、中科院等院校研发优势，打造人工智能源头创新策源地。"一极"是徐汇滨江创新极，围绕建设全球城市卓越水岸的愿景目标，从"文化先导"到"科创主导"，重点建设 100 多万平方米的西岸智慧谷，其中已经建成高 200 米的上海西岸国际人工智能中心，将成为未来上海人工智能国际总部基地，与浦东张江科学城和国家科学中心东西呼应。"一带"是地铁 15 号线串联的漕河泾到紫竹的国家级科技创新带，已经正式启动建设近 100 万平方米的徐汇北杨人工智能小镇。

图 5-20　2018 世界人工智能大会主会场：西岸艺术中心（上海西岸开发〔集团〕有限公司提供）

图 5-21　2018 世界人工智能大会志愿者合影（2018 年 9 月 19 日，上海西岸开发〔集团〕有限公司提供）

图 5-22　2018 年 9 月 18 日，世界人工智能大会的"人工智能产学研论坛"（上海西岸开发〔集团〕有限公司提供）

　　至 2017 年 12 月 14 日，工业和信息化部印发《促进新一代人工智能产业发展三年行动计划（2018—2020 年）》，标志着人工智能产业开始上升到国家新兴战略产业的高度。就在全国各大城市积极寻找与人工智能产业发展相结合的业态的重要节点上，西岸凭借着"最优环境吸引最强大脑"❶ 的优势，陆续吸引了小米、网易、腾讯、游族、联影、商汤、特斯联、思必驰、东方网力、眼控科技等人工智能及科创领域的龙头企业相继签约入驻。在此基础上，成功地争取到了 2018 年世界人工智能大会的举办权。（图 5-22）

　　2018 年 9 月 17—19 日，这场由国家发展和改革委员会、科学技术部、工业和信息化部、国家互联网信息办公室、中国科学院、中国工程院、上海市人民政府共同举办，主题为"人工智能赋能新时代"的世界级 AI 盛会，云集了全球人工智能领域最具影响力的科学家和企业家。其中包括图灵奖获得者 Raj Reddy，50 位中外院士，谷歌、微软、华为、阿里巴巴、腾讯等全球 20 余位行业龙头企业 CEO，百家代表性科技企业参会，围绕全球人工智能发展趋势和对经济社会的宏观影响进行了高端对话，海外嘉宾比例超过 50%。国家主席习近平向大会的召开致信祝贺，中共中央政治局委员、国务院副总理刘鹤亲临开幕式并讲话。中共中央政治局委员、上海市委书记李强，中共上海市委副书记、上海市市长应勇与会，也都作了讲话。（图 5-23）

　　本次大会以"高端化、国际化、专业化、市场化"为特色，通过举办论坛峰会、特色活动、展示应用、创新大赛等，推进人工智能产业"产学研用投"相结合。特别是应用方面，除了主会场之外，西岸两

---

❶　叶可央口述，胡端、吴劼、潘鲁健采访整理，2019 年 4 月 28 日。

座在艺术圈颇负盛名的美术馆——龙美术馆（西岸馆）、余德耀美术馆分别举办了各类含有人工智能技术的深度互动体验展；由中航油油库改造而来的油罐艺术公园，此次则作为大会集中式、场景式、浸入式的AI应用体验展示区，共设计了7个"AI+"主题星球，充分体现科技创新与行业应用的紧密相连。艺术馆相关负责人这样注解：人工智能的未来，就在于科技在各个领域里的跨界；西岸有诸多由工业遗存改造而来的艺术人文场馆，这些场馆在改造时保留了很多过往细节，充分敬仰历史，这恰恰也给场馆留下了厚重的发展根基和跨界资本。❶

作为这次峰会的主会场和核心区，西岸矢志对标国际最高标准、最好水平，突出"三个结合"特色：一是科技峰会与水岸生态相结合。在这个最透气、最开放、最绿色的生态空间里，搭建最现代的场馆设施，展示最尖端的科技，充分展现上海工业历史遗存的城市风貌以及滨江地区的卓越品质。二是科技峰会与艺术人文相结合。西岸是上海美术馆集聚度最高的地区，徐汇区将开放西岸艺术中心、龙美术馆（西岸馆）、余德耀美术馆、油罐艺术公园等国际一流艺术场馆，承办论坛、展览和体验，让人们充分领略人文、艺术与科技的融合之美。三是科技峰会与智能体验相结合。建设10万平方米的未来公园，设立"AI+"应用体验区，打造全球人工智能应用的试验场。按照全力打响上海"四大品牌"的要求，把西岸打造成承办全球科技峰会的品牌区域。❷

世界人工智能大会的成功举办，为西岸发展汇聚了世界目光，集聚了各方能量，标志着西岸开启"新十年"征程，也是西岸砥砺十年后的一次新的"跨越"。据陈安达与叶可央介绍，这场大会的胜利召开，其实是为西岸整个产业结构与产业形态注入崭新的活力与元素。❸原来所谓的"产业主导"，主要是以传媒产业为主，也成功引进了梦工厂、湖南卫视等，但随着近年来新媒体的崛起，传媒产业面临重大的变革，曾经引进的巨头项目都在变革中遇到发展阻碍，预设的传媒产业主导开始放慢了脚步。陈安达坦言，在此之后，一度迷茫于以何种主力产业作为新引擎，也没有特别的标志性项目。❹

而自世界人工智能大会召开之

图5-23　2018年度全球人工智能技术成熟度曲线及全球人工智能产业地图发布
（摄于2018年9月17日，上海西岸开发〔集团〕有限公司提供）

❶《上海西岸，在人文气息中展现最前沿科技》，《文汇报》2018年9月13日。
❷《听得到权威　摸得到人文　融得进生活》，《文汇报》2018年7月5日。
❸ 陈安达口述，王健、袁元、陆佳采访整理，2019年4月28日。
❹ 陈安达口述，王健、袁元、陆佳采访整理，2019年4月28日。

后，在西岸核心区不到两平方千米的范围内，就集聚了包括微软亚洲研究院、腾讯、小米、网易、阿里、联影等一系列的科创类企业，这在其他地方都是不多见的。❶ 由此，站上全新十年起点上的西岸下一个目标日益清晰，即在"文化先导"的基础上，走向"科创主导"，打造具有全球影响力的人工智能产业集聚的"一极"。今后，将重点建设100多万平方米的西岸智慧谷。❷ 目前，已经建成高 200 米、建筑面

图 5-24　上海西岸国际人工智能中心（AI 大厦）效果图（上海西岸开发〔集团〕有限公司提供）

积达 51 万平方米的上海西岸国际人工智能中心（简称 AI 大厦），目标是打造一个"竖起来的硅谷"，这里将成为未来上海人工智能国际总部基地。（图 5-24）

第三节　营造新世纪城市滨水之区的典范

近十年来，作为上海市中心快速发展的重量级滨水开发区，西岸借助于新兴产业的蓬勃发展，不断书写空间功能重塑的城市传奇。从"铁锈地带"蝶变为"最透气"的时尚岸线，再到新世纪充满活力的滨水新城区的典范，文化、科技、创新、创意在这里交汇，一个开放、生态、人文的城市新地标已经崛起。（图 5-25）

其中，核心区 2 千米岸线的开发不仅会是黄浦江岸当代艺术地图上浓墨重彩的一笔，也将引领一场以宜居性、生态性和可持续性设计为重点的区域变革。（图 5-26，图 5-27）

如今的西岸，北起日晖港，南至关港，西至宛平南路—龙华港—龙吴路，土地总面积 9.4 平方千米，岸线长度 11.4 千米，规划建筑总量约 950 万平方米，其中新建约 650 万平方米，是中心城区沿黄浦江唯一可以大规模成片开发的区域，也是上海 2035 年总体规划确定的承载创新、创意、文化等全球城市核心功能的高品质中央活动区核心承载段、上海"十三五"文化发展规划"双廊一轴"战略的重要实施区、上海中心城区内最具文化活力的滨水新区。它的终极目标是打造世界级滨水开放空间、亚洲最大规模艺术区、国际创新创意产业群。

---

❶ 叶可央口述，胡端、吴劼、潘鲁健采访整理，2019 年 4 月 28 日。
❷《上海西岸，在人文气息中展现最前沿科技》，《文汇报》2018 年 9 月 13 日。

图 5-25　徐汇滨江段（摄于 2017 年 10 月 10 日）

图 5-26　徐汇滨江建设工地，沿江地带部分为上海水泥厂旧址（摄于 2017 年 10 月 10 日）

图 5-27　徐汇滨江段建设工地（摄于 2017 年 10 月 10 日）

从目前已经形成的产业结构与地区功能来看，2018年世界人工智能大会召开之后，整个西岸已基本稳定地形成科技创新、文化创意、创新金融"三足鼎立"的核心产业集群，对应的是"一港一谷一城"（西岸传媒港、西岸智慧谷、西岸金融城）三大板块建设。西岸传媒港，以文化传媒为核心产业，汇聚全球影视、信息技术及时尚文化休闲等多功能于一体的城市综合体和高端商务区，目前已入驻了中央广播电视总台长三角总部和上海总站、湖南卫视、腾讯华东总部等企业，地上地下建筑总量约100万平方米；西岸智慧谷，是徐汇区重点打造的具有全球影响力的人工智能国际总部基地。根据"一核一极一带"科创布局，徐汇区引导科技型企业集中布局，抢占人工智能领域制高点，以"一极"（国际人工智能中心）带动"一谷"（西岸智慧谷）建设，整合周边在建项目打造占地面积30万平方米、总建筑规模120万平方米西岸智慧谷，建设上海人工智能产业集聚区和国家人工智能高地新地标，与浦东张江科学城和国家科学中心东西呼应。西岸金融城，以创新金融为主导功能，采用创新楼宇定制整体开发模式，打造约170万平方米西岸金融城，形成创新金融产业集聚区。（图5-28，图5-29）

回首十年来西岸的"蝶变"历程，很多预设的战略、方案、项目可能在实际落地的过程中多有变数与反复，但整体的演变主线还是清晰可见的。即从"文化先导"走向"科创主导"，西岸人将之形象地演绎为"双A引擎"的形成。即在2010年前后实施"艺术西岸"布局的基础上，2018年开启"科技西岸"建设，打造"双A"（AI人工智能+ART艺术）引擎。

以AI打造为例，西岸将依托首届世界人工智能大会的虹吸效应、溢出效应、放大效应，助力徐汇区新出台的人工智能新高地建设"T计划"。之所以称为"T计划"，主要有六方面核心要义：Top，Tomorrow（面向高端、引领未来）；Tower，Town，打造人工智能大厦、人工智能小镇两大战略载体；Tech，Talent，以技术创新、人才汇聚为两大核心支撑。❶ 其中，2019年开工的西岸传媒港和西岸智慧谷项目以及北杨人工智能小镇，是徐汇区构筑以滨江为核心、南部地区为依托的人工智能发展梯度空间的重要抓手。❷ 徐汇区表示，将以此驱动科技和文化产业的车轮飞速旋转，吸引央视长三角总部和上海总站，腾讯、网易、小米等互联网巨头，微软、亚马逊等国际领军企业，商汤科技、依图科技、联影智能等国内创新企业竞相入驻，实现资源集约利用，为人工智能发展提供新兴土壤。❸ 此外，将利用白猫园区、上粮六库等载体，建设创新孵化中心，同步做好配套政策扶持，构建人工智能完整生态。（图5-30）

2019年8月29—31日，2019年世界人工智能峰会继续在上海召开。本届峰会东西联动，设浦东世博会场、浦西徐汇西岸会场，再次将全球的目光吸引到浦江两岸。大会期间，共有85位学术界领军人物、产业界领袖参会发表致辞、演讲，其中包括10位中外院士，有100余位人工智能青年领军专家参会，有2500余名专业观众参会，打造了世界级的人工智能协同创新与合作交流平台。

---

❶ 《"一港一谷一城"打造人工智能新地标》，《文汇报》2018年12月7日。
❷ 《55项市、区重大工程年内相继开工》，《文汇报》2019年3月5日。
❸ 《55项市、区重大工程年内相继开工》。

图 5-28　西岸地区卫星地图
（摄于 2009 年 1 月，
上海西岸开发〔集
团〕有限公司提供）

图 5-29　西岸地区卫星地图
（摄于 2017 年 6 月，
上海西岸开发〔集
团〕有限公司提供）

图 5-30　2018 年度全国人工智能创业投资服务联盟成立仪式（摄于 2018 年 9 月 17 日，上海西岸开发〔集团〕有限公司提供）

此次峰会，以"智联世界，无限可能"为主题，以"高端化、国际化、专业化、市场化、智能化"为理念，聚焦两方面的内容。一方面，以艺术化、娱乐化、生活化的视角，让 AI 技术的应用前沿与公众有更直观的亲密接触，打造科技与文化与生活相融合的泛文娱主题应用现场；另一方面，通过跨专业的思想碰撞、跨视域的前沿对话，突破知识壁垒，拉通需求与供给，探索形成充满生命力的 AI 产业泛创新生态，为上海 AI 产业的发展寻找更多可能性。

西岸会场选址 2018 年世界人工智能大会核心区的西岸艺术中心 A、B 馆和油罐艺术中心，这里共举办了 13 场高品质活动，包括 4 场创新论坛、3 大企业应用展示、2 场产业推介、4 场文化体验活动，成功促成了商汤中国总部，华为上海鲲鹏产业生态创新中心，依图、明略两大科技部人工智能平台集聚徐汇。徐汇区区长、徐汇西岸会场现场指挥部总指挥方世忠在峰会结束后总结道："（此次峰会）既唱响了区域品牌、练就了营商本领，又做优了产业生态、打造了 AI 高地。应该说，近三年徐汇在努力探索实践打造人工智能上海高地的新地标和核心区的道路上，顺应发展浪潮、抢占产业潮头，通过举办三次高质量峰会，积极承接峰会溢出效应，打造最具活力的 AI 现场、构筑最优生态的 AI 高地，通过 AI 赋能，让'智联世界、无限可能'成为现实。"

而对于另一引擎"ART"，西岸集团方面表示，这是一个层层推进的概念："西岸文化走廊"品牌工程是

图 5-31　WS3 单元北票码头改造后的龙美术馆（摄于 2017 年 4 月 1 日，上海西岸开发〔集团〕有限公司提供）

第一层，一个成带状的开发策略；第二个概念是"美术馆大道"，以龙腾大道为纽带，两侧所建设的场馆主要为美术馆。❶ 继"西岸文化走廊"形成之后，西岸就致力于新一轮文化载体建设，扎实做好"美术馆大道"设施建设。在"西岸计划"的引领下，目前西岸已经建立了初具规模的文化生态圈。这里星罗棋布着龙美术馆（西岸馆）、余德耀美术馆等 20 多座文化场馆，每年逾 100 场文化活动。（图 5-31，图 5-32，图 5-33）

　　每年两季的西岸文化艺术季已成长为上海最具人气的文化品牌之一，西岸艺博会、音乐节、食尚节等近百场活动，吸引着热爱艺术、热爱音乐、热爱生活的人们在这里相聚、分享。亚洲艺术贡献特别大奖、中国人居环境范例奖等国际荣誉纷至沓来，上海文化新地标等头衔花落西岸。❷（图 5-34，图 5-35，图 5-36）如今，随着滨水空间的全线贯通以及西岸传媒港等一系列商务区逐步开放，西岸文化艺术季将进一步打通文化空间、商务空间和公共空间，通过文化活动的植入、文创产业的驱动、文娱体验的创新，实现美术馆大道与西岸传媒港、户外水岸有机串联，刷新和丰富区域多元化的生活体验❸，从而使这段最透气的滨江岸线成为市民公众参与度最高的"文化秀场"。

---

❶《典藏今艺术 / 专访陈安达，西岸无限大》。
❷《沪港"双西"协力打造亚洲最大规模艺术区》，《文汇报》2018 年 8 月 25 日。
❸《上海西岸：打造公众参与度最高的"文化场"》，《文汇报》2019 年 3 月 24 日。

图 5-32　Ontimeshow 西岸艺术中心（摄于 2019 年 3 月 29 日，上海西岸开发〔集团〕有限公司提供）

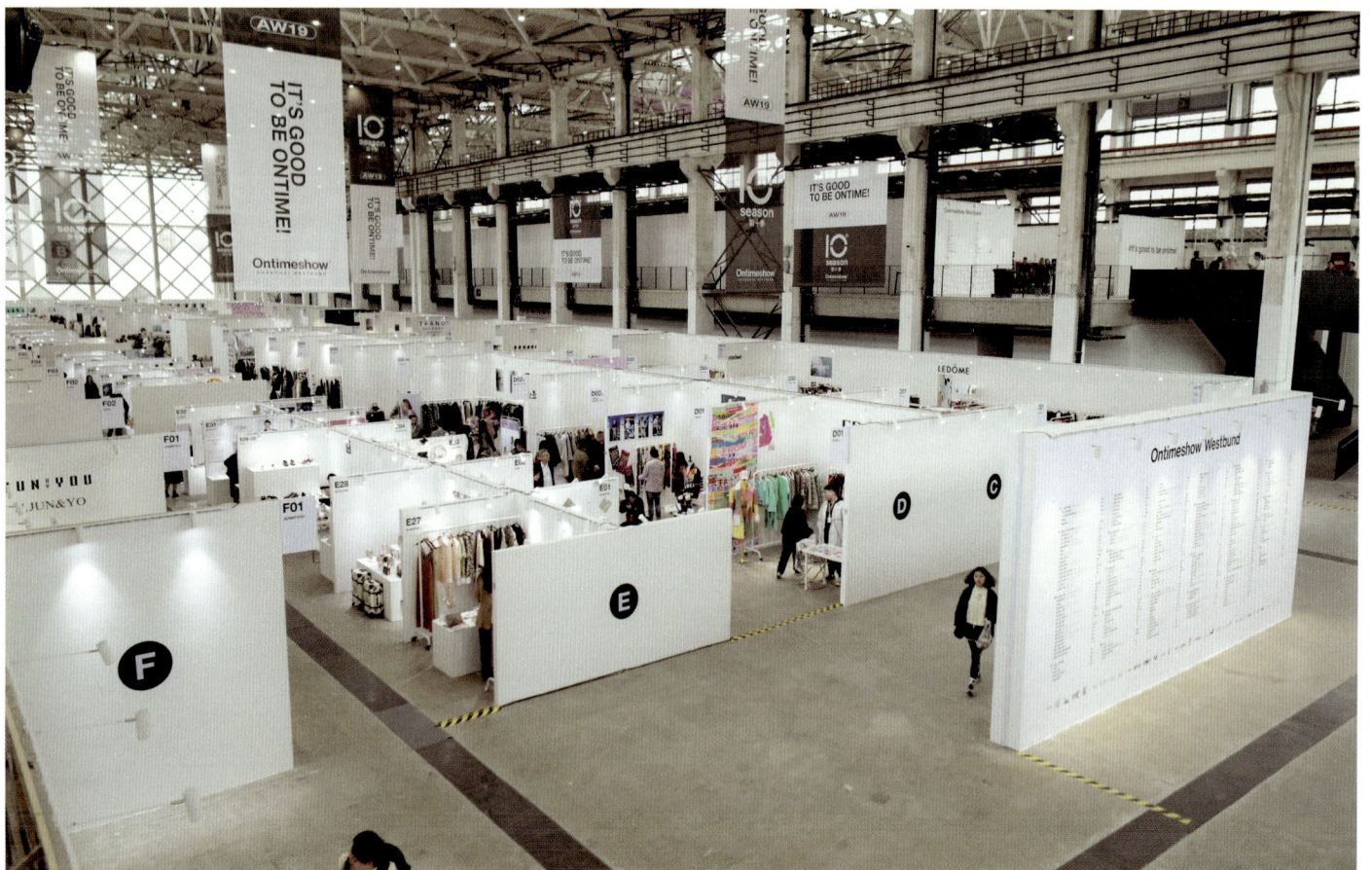

图 5-33　Ontimeshow 西岸艺术中心 B 馆展位图（摄于 2019 年 3 月 28 日，上海西岸开发〔集团〕有限公司提供）

图 5-34　食尚节全景（摄于 2017 年 10 月 1 日，上海西岸开发〔集团〕有限公司提供）

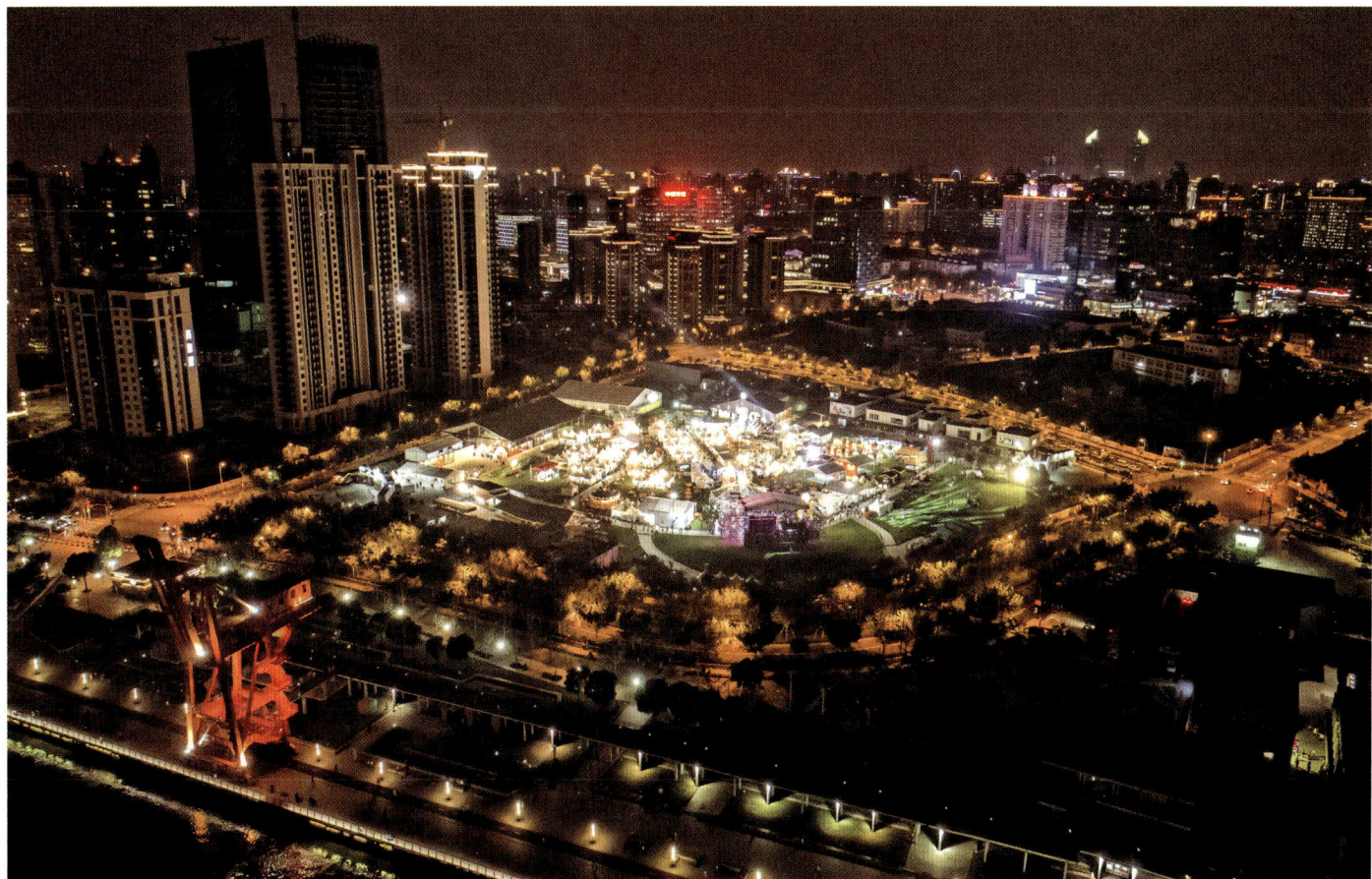

图 5-35　食尚节夜景鸟瞰（摄于 2017 年 10 月 1 日，上海西岸开发〔集团〕有限公司提供）

图5-36　2016年上海西岸热波音乐节（摄于2016年9月24日，上海西岸开发〔集团〕有限公司提供）

2018年，西岸集团在以"ART"引擎驱动国际文化合作与交流方面再谱新篇。1月8日，西岸美术馆和法国乔治·蓬皮杜国家艺术与文化中心的合作项目被写入了《中法联合声明》中，成为中法两国当代艺术领域级别最高、周期最长的文化交流合作项目。蓬皮杜艺术中心于1977年建成开放，是一家公共文化机构，拥有逾12万件的现、当代艺术品馆藏，范围涵盖所有艺术创作领域，包括绘画、雕塑、纸艺、摄影、新媒体、实验电影、建筑和设计，堪称20至21世纪的艺术史参照系，也是全球著名的当代艺术博物馆。

据陈安达介绍，2035年的上海城市规划中，把黄浦江两岸定位为中央活动区，其中有一个明确的定义就是注重公共性、开放性，使其成为国际文化交流的一个场所。西岸美术馆与蓬皮杜艺术中心的合作计划中有三个常设展，近10次特展。陈安达说："展览过程中展示的不仅仅有西方的艺术品，更有世界层面的作品，以及中国艺术家作品，包括亚洲和非洲艺术作品，是全世界的现当代文化展示。"❶这些展览将以亲民手段，完整呈现世界现当代艺术的发展轨迹，这为"西岸走廊"达到现当代国际领域高度奠定了一个基础，意义重大。

---

❶《西岸：为滨江公共空间增色》，《新民晚报》2018年1月12日。

此外，双方五年合作计划中，还将持续不断地进行艺术类公共教育活动。蓬皮杜艺术中心在公共教育方面做得尤其出色，这也是西岸与之合作的原因之一。比如，蓬皮杜艺术中心细致地区分观众的年龄层次，3—7岁，7—12岁，12—16岁等等，还有青年、中老年各个层面的艺术活动等待不同的人去参与。陈安达说："这也正是我们的美术馆值得借鉴和学习的……与蓬皮杜的合作，最值得期待的是公共教育，展品在其次。"❶

2018年8月，上海市市长应勇率上海市代表团访问香港，出席沪港合作会议第四次会议。24日，徐汇区区长、徐汇滨江地区综合开发建设管理委员会主任方世忠代表上海西岸与香港西九文化区签订《香港西九文化区与上海西岸区域战略框架合作协议》，未来5年，双方将进一步加强合作交流，启动系列计划项目，在艺术、设计、文创、表演等领域，打造独具"双西"特色的品牌活动，助力沪港两地文化大都市建设。

西岸方面表示，香港西九文化区坐落于香港维多利亚港边，是全球规模最大的文化项目之一，集艺术、教育及公共空间于一身，立足于创造一个多姿多彩的文化地带。当中占地23公顷的公共空间包括艺术公园，及长达两千米的海滨长廊，同时设有多个表演场地和博物馆，包括M+博物馆、香港故宫文化博物馆、戏曲中心、演艺综合剧场等。而上海西岸在"ART"引擎驱动下，目前同样汇集音乐、表演及视觉艺术等众多项目于

一体，无论在文化的多样性还是创新性上，双方都高度契合。

此次合作，将计划建立视觉项目年度互展计划，持续推出联动各场馆的视觉展示项目，同时将开展中国现当代艺术两地联合大型展览项目，携手打造一场以中国现当代艺术发展史为线索的两地联合巡展项目。两地将联合建立人才培养交流计划，推动两地美术馆、剧院等艺术机构之间的艺术管理人才学习交流，强强联手，促进两地艺术不断创新与进步。双方将进一步在艺术、设计、文创、表演等领域打造独具两地特色文创产业的文创品牌活动，并建立区域开发经验分享机制，加强交流，互利共赢。这是两地文化领域交流史上的又一个里程碑，双方将充分发挥各自在人文艺术及文化产业方面的资源优势，共同建立区域间交流合作平台，这对推动两区的未来发展具有重要意义。❷

展望不久的将来，西岸将建成集聚20多家文化载体的美术馆大道，将成为上海首展、首演、首秀的文化大码头，西岸打造"亚洲最大规模艺术区"指日可待。（图5-37）

站在新十年，西岸对标巴黎左岸、伦敦南岸等世界知名滨水区域，以文化塑造魅力、以产业激发活力，强化功能融合，促进水岸联动，将全力打造上海未来最具活力的"新外滩"，成为黄浦江"项链"上最夺目的"钻石"，更是迈向全球城市卓越水岸的典范。

❶《"蓬皮杜"只是开始，上海滨江公共空间里文化流光溢彩》，参见 http://k.sina.com.cn/article_1737737970_6793c6f2020003p14.html。
❷《沪港"双西"协力打造亚洲最大规模艺术区》。

图 5-37　WS5 核心区效果图（2016 年 10 月，上海西岸开发〔集团〕有限公司提供）

第 六 章

跨越时空之旅

城市空间布局是过去的积淀、现在的建构共同作用的产物。徐汇滨江一带的空间布局，即渊源于它的历史演变，是历史与现时合力的结果。拥有众多文化遗产的徐汇滨江地带，成为上海这座城市记忆中的重要组成部分。在绵长的黄浦江，沿岸各个区域特色不一，内涵不同，要反映这些特色，其实质就是要挖掘这些区域内部所蕴含的独特人文内容与历史感，并彰显这种历史感所承载的不同品质。

如果说，在文化遗产的保护利用中，徐汇滨江（现在也被称为"西岸"）留住了自己的根，得以展现它的独特文脉，那么，城市更新又使这一带焕发出新的活力，造就了持续发展的动感西岸。在水与人、文、城的融合发展中，西岸已然成为著名的滨水区域，并在国际城市中逐渐享有一定的知名度。（图6-1）

从历史到现实，穿行于不同的时空，在传统与现代之间，徐汇滨江不断演绎着它的传奇，展示着她的精彩。

第一节 地图中的变迁

传统农耕时代的龙华，浦溆濚洄，寺庙宝塔，柳绕街市，十里桃林，一个典型的美丽江南城镇，有其独特的魅力与活力。

一百多年前，江南制造总局在龙华设立分局，一座重要的兵工厂在这里诞生，烟囱耸立，制造枪子、弹药等，工业化由此开启。民国时期有一位叫陈伯熙的文人来到江南制造总局的西炮台。这座炮台沿浦江之滨而筑，他登台而观：

> ……南望，龙华古塔隐约白云间，汽舟连络不绝，水鸟扑扑而飞；东望则军

徐汇区行政区划图

图6-1 《2014年徐汇区行政区划图》（徐汇区档案馆提供）

图 6-2　清末黄浦江沿岸码头（江南制造局西码头）

图 6-3　清末黄浦江沿岸码头（江南制造局小码头）

舰三五，鱼贯而阵，国旗扬扬，令人神往；西北一带则制造局之全景、龙华道之一斑，历历在目。自台脚北达局门约有里许，沿江筑路，植柳万枝，大有西子湖中苏堤之意，暮春三月，鸟语花明，听涛攀柳，缓步其间，此乐陶陶与天无极，回想前程，不异隔世。❶（图 6-2，图 6-3）

在这幅图景中，汽舟军舰、制造局全景、龙华古塔、龙华道上，奇妙地结合在一起，这位作者由此生发了对世事沧桑的感慨。（图 6-4）

翻阅民国时期的文献，发现有这种感慨的还有不少，如伍绥仲的《登龙华塔远眺记》曾这样写道：

（龙华寺）寺甚壮丽，钟楼佛阁，杰构巍峨，盖翼如也。禅室僧寮，长廊曲折，盖奥如也。寺前为平旷之场，盖向者之佛殿经楼，而今毁于兵燹矣。场西南隅有塔耸峙，朱碧掩映，高插云霄。……寺后为子药制造厂，黑烟卷空，机器之声不绝。盖今者戎事旁午，军火急需，故工人日夜制造其中。……塔之前有若秦皇之驰道、东西遥亘者，沪杭铁路也；汽笛之声鸣鸣而来者，火车过也。……东瞻大海，吾南洋之军舰队寥寥无几，出没于其间，吾因是而叹海权之不振。举目四瞩，百感填膺。❷

图 6-4　近代龙华寺及周边

---

❶ 陈伯熙编著：《上海轶事大观》，第 38 页。
❷ 伍绥仲：《登龙华塔远眺记》，《汇学课艺》1913 年第 2 期。

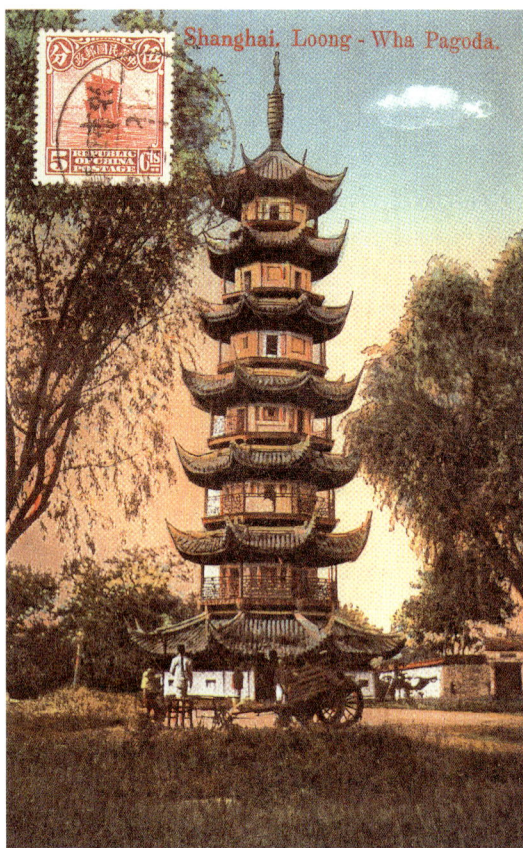

图 6-5 明信片中的龙华塔

另有一篇刊登在《中国学生》上的文章谈到滨江龙华的变迁：

江南美丽市镇的典型。龙华，站在上海的郊外，它是大都会羽翅下存着的一脉生命。可是，我是爱龙华的，比上海完全不同的喜欢它啊！龙华，一个美丽的市镇，有平滑的柏油路，白亮的电灯，长蛇样的火车，日夜川流的公共汽车，大规模的工厂，千年建筑的古迹龙华寺和古塔。❶

处于大上海的城郊，黄浦江的沿岸，龙华也呈现出两种不同的风貌：一边出现了近代典型建筑，如飞机场、火车站、大工厂等，体现的是工业时代的景象；另一边，则仍然保存古典的样态，历经千年风雨的寺、庙、塔，古朴的石板和石子，具有明清风格的民居商铺。在上海这座大都会的"羽翅下"，龙华与滨江地带作为"存着的一脉生命"，也保持着它的历史风貌与特色。（图 6-5）

从农耕文明到工业时代，黄浦江这一段岸线的景观出现了很大变化。进入 21 世纪，尤其 2010 年上海世博会的召开以及随着"后世博时代"的到来，从日晖港到龙华滨江，一直延伸到徐浦大桥，徐汇滨江岸线乃至整个周边的形态格局更是发生了翻天覆地的变化。

要深入考察徐汇滨江与上海这座城市的变迁，可以有多种路径，多种表达。其中借助不同时期、不同类型的地图，结合一定区域内、较长时段的景观、空间演变，以此解析徐汇滨江的演变，就是一种很好的研究路径。近年来，我们从海内外一些机构陆续搜集到这一区域的地图近百幅，这些地图绘制的时间跨度很大，类型也不同，从近代的地图，到当代的卫星图、航拍图等，体现了多种维度、多种视野，内容丰富，且有不同的构图特点。通过对各种空间构图的解析，这一带的景观状况、空间形态、功能结构等得以充分展现。

一、近代以来的空间变化

龙华滨江地带早期的空间形态与行政区划状况，在明清时期的一些乡保图、河流图、镇市分布图等有所反映。（参见图 1-3，图 1-4，图 1-5 等）

---

❶ 若霞：《龙华》，《中国学生》1935 年第 10 期。

近代以降，在急促时局的催动之下，该地区因岸线绵长、港深湾阔、腹地纵深等得天独厚的优势，吸引了众多厂房、货栈、仓库、码头选址于此，曾集聚包括龙华机场、上海铁路南浦站、北票煤炭码头、华商上海水泥厂、上海合成剂厂、兴昌机器造船厂等在内的众多工业设施和一些民族企业，是当时上海主要的交通运输、物流仓储和工业生产基地，成为孕育 20 世纪中国民族工业的摇篮之一。

自 1843 年上海开埠以来，上海城市快速成长，体现在各个区块的景观与空间上，则发生着眼花缭乱的变化："四围马路各争开，英法花旗杂处来。怅触当年丛冢地，一时都变作楼台。"❶ 这是上海洋场竹枝词中的一段，形象表达了近代上海城市的发展。英租界、法租界靠近黄浦滩一带也在快速发生着变化，马路开辟，楼台兴筑，从乡村到城市，几十年间，景观大异。但从日晖港到龙华港，属于华界，沿黄浦江这一地带，长期以来其景观形态、空间格局变化较慢，它的演变也经历了一个过程。这里，选取几幅地图予以体现。

第一幅是 1921 年外文地图，*KEY PLAN OF THE WHANGPOO*（《黄浦指南图》）❷，其中一段反映黄浦江日晖港、龙华港一带的状况，已经标注沪杭甬铁路、日晖港、铁路码头、龙华车站，从高昌庙通往龙华镇的道路，就是龙华路。从龙华镇有河流与黄浦江相通，即龙华港，对岸为龙华嘴。（图 6-6）

第二幅，为日晖港以西的沿江地带，选自《沪南区图》，1933 年刊印。（参见图 3-2）

第三幅，为 1937 年绘制的《上海市区域现状

图》（局部）。该图清楚反映了黄浦江沿岸从日晖港到龙华一带的状况，一目了然。（图 6-7；图 6-8 为黄浦江畔龙华飞行港的老照片）

第四幅，是 1941 年《最新大上海地图》（局部），涉及城西南龙华滨江地区。此图由日本人绘制，按二万四千分之一缩尺。初版发行于昭和十四年（1939），昭和十六年订正再版，由日本堂书店发行，体现了日军轰炸后的景观变化以及日军占领时期的状况。（图 6-9）

第五幅，在第二章中已选用（图 2-25），为民国三十五年（1946）上海市第七区第一段绘制的《上海市第七区公所保甲整编段第一段分段划分图》，涉及日晖港至龙华滨江的空间形态，依次为日晖港、日晖港车站内部、英商龙华码头、龙华港口、龙华飞机场等。

二、关于龙华港口一带的变化

日晖港以下的黄浦江沿岸地带，分布着众多河浦、港湾，在过去的百年间变化较大，其中尤以龙华港的演变最为典型。

图 6-10，为 1950 年 10 月刊印的地图（局部），涉及上海市龙华区、徐汇区、常熟区一带。图中的"龙华港"，此时还未改造，保持了原有河道样态。

由于龙华港是入黄浦江的河口处，也是淀浦河北片地区排水入黄浦江的主要通道，中华人民共和国成立后，就非常注重这一带的水利建设，对淤浅河道陆续进行疏浚。1952 年，疏浚华泾港，并将新宅至河塔庙一段裁弯取直，就地开河。

❶ （清）葛其龙：《前后洋泾竹枝词》，顾炳权编著：《上海洋场竹枝词》，上海书店出版社 1996 年版，第 356 页。
❷ *KEY PLAN OF THE WHANGPOO*（《黄浦指南图》），Whangpoo Conservancy Board, Report By The Committee Of Consulting Engineers. Shanghai Harbour Investigation, 1921. The Shanghai Mercury, Limited, Printers, 1921.

黄浦指南图

— KEY PLAN OF THE WHANGPOO —

此图乃绘法浚浦局工程师根据实地勘察绘制之示意图，图中标明适于作商业码头及船埠用之黄浦沿岸可资利用地段。此图所标基本准确，可作为研究黄浦及其邻近地区未来发展之参考。

THE PLAN HERE SHOWN IS A MERE INDICATION OF POSSIBLE DEVELOPMENT OF AVAILABLE SITES ADJACENT TO SHANGHAI. THE ACTUAL LAYOUT IS A MATTER FOR DETAILED STUDY IN THE FUTURE.

商业码头及船坞
COMMERCIAL WHARF
& DOCK HARBOUR:

BERTHING SPACE PROPOSED FOR IMMEDIATE CONSTRUCTION . . . . 2500 FEET
POSSIBLE FUTURE BERTHING SPACE山以通商船埠停泊作船坞之用 . . . 57000

邮船码头
MAIL STEAMER WHARF:

BERTHING SPACE PROPOSED FOR IMMEDIATE CONSTRUCTION 邮船现定用之停泊船埠 600
POSSIBLE FUTURE BERTHING SPACE邮船将来可作停泊船埠之用 6000

现拟立即兴建之码头
IMMEDIATE WORKS

将来拟兴建之码头
POSSIBLE FUTURE WORKS

YANG TSE HIANG
扬子江

PAOSHAN CITY
宝山城

GOUGH ISLAND

INTERNATIONAL RACE COURSE

SETTLEMENT

INTERNATIONAL

FRENCH SETTLEMENT

WESTERN DISTRICT

CENTRAL DISTRICT

SHANGHAI CITY

SHANGHAI

YANG SHIH CHIAO CREEK

图例
ROADS 大路
CREEKS 河浜
RAILWAY 铁路
GRASS LINE 草线
LOW WATER LINE 低水线
PIER WHARVES 码头
PONTOONS 浮码头
SCALE (1:48000)

DRAWING Nº 2

图6-6 《黄浦指南图》，涉及黄浦江沿岸日晖港、龙华一带

图 6-7 1937 年《上海市区域现状图》(局部)，龙华及黄浦江沿岸

图 6-8 黄浦江畔的龙华飞行港

图 6-9　1941 年《最新大上海地图》(局部)，龙华飞机场、黄浦江沿岸一带

图 6-10　1950 年 10 月刊印的地图（局部），涉及上海市龙华区、徐汇区、常熟区一带

1964 年 4 月，龙华港裁弯取直工程开工。❶ 这些水利工程的兴修，为农田灌溉创造了条件，但同时也改变了这一带的景观风貌与港口环境，往日的"一港龙华十八湾，湾湾对塔港如还"的格局也不复存在。

在上海区划调整中，令人关注的是常熟区并入徐汇区。❷ 1955 年 12 月上海市第一届人民委员会第三次会议通过，并经国务院批准的市区划调整方案，决定将徐汇、常熟两区合并，合并后的新区，定名为徐汇区。自 1956 年 2 月 6 日起，徐汇、常熟两区政权系统各机关开始合署办公，3 月 15 日起一律按调整的新区划办公，至此两区正式合并，常熟区行政建制撤销。如此，徐汇区的地界扩展至黄浦江边。（图 6-11）

---

❶ 这一带比较大的水利工程有：1976 年至 1978 年，上海市、县两级陆续开挖贯通东西的淀浦河和新春申塘，形成了南北纵横的水系。

❷ 《上海市人民委员会关于调整上海市各区区划及市郊乡镇区划的通知》，上海市档案馆藏档。1949 年 5 月上海解放后，人民政府仍沿袭原有的行政区划，保留常熟、徐汇等区。常熟区的东界为陕西南路，沿肇嘉浜折向日晖港，西界为兴国路、宛平路、谨记路（今宛平路），南濒黄浦江、龙华港，北靠长乐路、华山路。徐汇区的东界为谨记路、宛平路一线，西至沪杭铁路，南界中山路，北靠林森西路（今淮海西路）。为适应社会主义建设的新需要，上海对市内的行政区划进行了调整。徐汇、常熟两区合并，新徐汇区东沿陕西南路、肇嘉浜路折向日晖港与卢湾区为邻；西临沪杭铁路；南濒黄浦江沿龙华路、中山路与市郊分界；北沿淮海西路、兴国路、华山路、长乐路与长宁区、静安区接壤，面积得到很大的拓展。1957 年 9 月，又划入卢湾区日晖港部分地区，面积 0.06 平方千米。

徐汇区政区沿革图

比例尺 1：53000

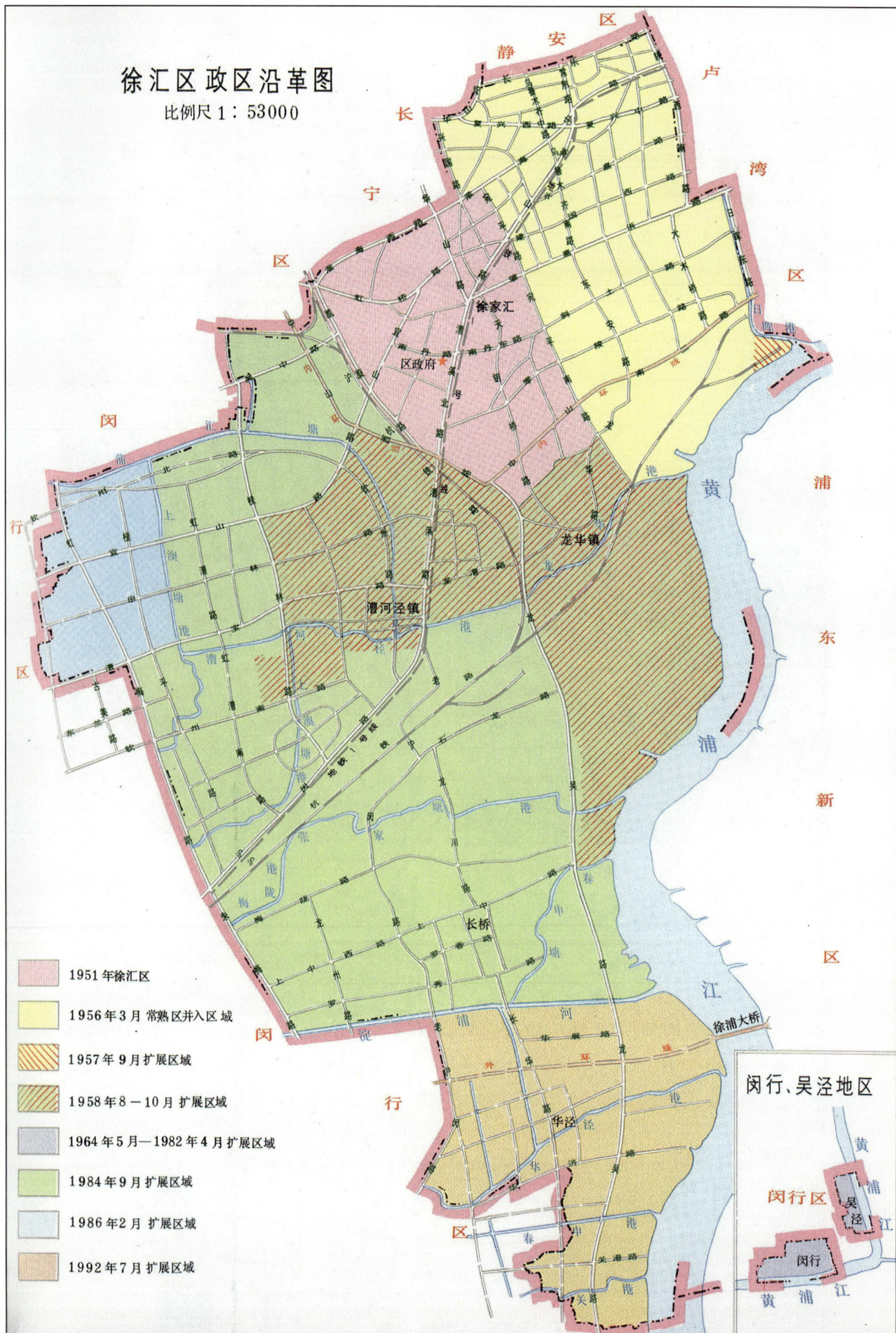

长
安
宁
区

静
安
区

卢
湾
区

闵
行
区

黄
浦
江

浦
东
新
区

徐家汇

区政府

龙华镇

漕河泾镇

长桥

闵
行
区

▨	1951 年徐汇区
▨	1956 年 3 月常熟区并入区域
▨	1957 年 9 月扩展区域
▨	1958 年 8—10 月扩展区域
▨	1964 年 5 月—1982 年 4 月扩展区域
▨	1984 年 9 月扩展区域
▨	1986 年 2 月扩展区域
▨	1992 年 7 月扩展区域

华泾

徐浦大桥

闵行、吴泾地区

黄
浦
江

闵行区

吴泾

闵行

黄浦江

图 6-11　徐汇区行政沿革图，涉及 1956 年常熟区与徐汇区的合并，此时新徐汇区的区域扩延到黄浦江边（选自 1997 年版《徐汇区志》，徐汇区档案馆提供）

图 6-12、6-13、6-14，分别为 1979 年、2008 年、2014 年龙华港口卫星图，清晰显示了最近几十年的变化。

图 6-15、6-16、6-17，为不同时期拍摄的龙华港照片。

通过各个时期的地图、照片，可以获取不同的历史信息，从中可以直观感受徐汇滨江地区的沧桑之变。

图 6-12　1979 年龙华港口卫星图（徐汇区建设和管理委员会提供）

图 6-13　2008 年龙华港口卫星图（徐汇区建设和管理委员会提供）

图 6-14　2014 年龙华港口卫星图（徐汇区建设和管理委员会提供）

图 6-15 龙华港（摄于 2003 年 10 月 31 日）

图 6-16 龙华港海事塔改造前后对比（改造后的海事塔摄于 2010 年 12 月 18 日，上海西岸开发〔集团〕有限公司提供）

图 6-17　夜色中的龙华港桥和海事塔（摄于 2010 年 8 月 23 日，上海西岸开发〔集团〕有限公司提供）

第二节　龙华寺、龙华风景区与龙华旅游城

"徐汇滨江"这个概念与区域范围的出现较晚，这在前面的章节已有详细讨论。长期以来，关于这一带的历史文化与古迹名胜，大多集中在龙华一带。这里，涉及两处重要的历史遗迹。一处是龙华塔，包括周围的寺庙；一处是龙华革命烈士纪念地。龙华革命烈士纪念地，后并入龙华烈士陵园。

一、近代龙华寺

龙华寺、龙华塔，在近代屡经修葺。清同治年间，建大悲阁。光绪一朝，龙华寺更是多次大兴土木：光绪元年（1875），静再募建大雄宝殿。六年，月溪募建金刚殿。九年，文果募建三圣、弥勒两殿。十二年，迹端募建伽蓝殿。十五年，志拱募建观音、祖师、地藏三殿。十八年，授源重修大佛殿，并建钟鼓楼。二十一年，功极募建五百罗汉堂，并塑像。二十四年，本泉募建三圣、星宿二殿。

几次重修，使龙华寺依然保持宋代伽蓝七堂制。山门内中轴线上，建有五进殿院，即弥勒殿、天王殿、大雄宝殿、三圣殿、方丈室及藏经楼。在弥勒殿和天王殿两侧，东为钟楼，西为鼓楼。大雄宝殿东侧是客堂，西侧为佛事堂、念佛堂。三圣殿东侧是五百罗汉堂，西侧为千手观音堂。大雄宝殿雄伟壮观，正面朝北，面阔五间，进深四间，重檐九脊殿顶。重檐间书"大雄宝殿"，重檐下书"龙华十方"，字体苍劲有力。殿堂高大宽阔，内立红漆大柱16根。藻井花纹细腻，中间为穹形顶，内塑金色双龙花纹。殿中间设神坛，石基座雕刻兽形花纹。在方丈室和三圣殿东，为染香楼和牡丹园。（图6-18）

图6-18　从龙华塔上俯瞰江南名刹龙华寺，大佛殿、钟楼、大雄宝殿等建筑一览无余，远处是龙华火药厂

二、龙华：近代上海的一大旅游胜地

有别于与近代上海十里洋场的繁华，龙华具有另样的风貌，于是，龙华成为都市居民游览的一大去处。郊原十里，夹道垂杨，垄畔桃花，可以听鸟、拾翠，又有琳宫梵宇、七宝浮图。龙华寺、龙华塔历经千年沧桑，龙华镇也有数百年的历史，街市自有风情。对于喧闹的洋场来说，龙华无疑是老的上海，代表着上海的传统，是一处依然保留着浓浓江南乡土情味的地方，具有古典中国的审美意趣。

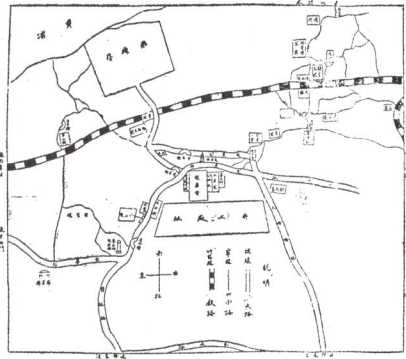

图 6-19　《龙华导游》（1935 年）

曾几何时，龙华道上，士女如云，游人仆仆，真是"宝马香车逐细尘，桃花含笑柳含颦。双柑在手乌巾岸，我亦龙华会上人"。那是喧嚣都会的旅游地、后花园。（图 6-19）

龙华，作为近代上海著名的旅游胜地，四季景色各异。不同的季节，不同的人群，甚至不同的肤色，前往龙华。春天的龙华，游人最多。这里，有一篇时人撰写的游记，题目即为《春天的龙华》：

温馨的春风吹遍了江南，春确实已到人间了！

龙华道上周遭都充满了春的气息，枯黄的野草又脱去了冬裳，把大地重铺得青青，野草里的花朵又重开得灿烂，鲜黄的菜花被那和煦的春风带来了一阵阵芬芳的香气，柳条儿披得荫荫。鸟儿在树上唱着甜密〔蜜〕的歌曲；太阳又是和暖的，万道光芒从碧油油的天空里四散到大地，从大地里流出被太阳洒过热的飘渺的幽香。在春的太阳笼罩下，大自然里一切的一切都是彷佛在为着美竞争，柳条舞得翩翩是在争美，鸟儿唱得甜甜是在争美，野草长得青青是在争美，春花映得姗姗是在争美。龙华道上的四周到处都布满恼人的春色了！一切的一切都被春之神灌溉得醉人眼波，动人心波！在这里春确实已到了人间了！❶

---

❶ 鼎鼎：《春天的龙华》，《上海周报》1933 年第 18 期。

柳带摇晴，桃林吐彩，江南春色，又上枝头。二、三月间，龙华香火甚盛，焚香朝佛之红男绿女、白叟黄童，云集若市。香车络绎，宝马纵横，士女如云，往来接轸。（图6-20）

寺庙四周多桃园，风和日丽，桃苞吐艳，十里之内，一片霞红。龙华，是上海中小学生远足的理想场所：

> （学校的）春假，自四月三日至五日。我们便利用这春假，远足龙华。我们在四日那天，早晨八时，排了队伍出发。在未到以前，就远远的看见龙华塔。到了那里，见碧绿的杨柳被和风吹动，一摇一摆的好像欢迎我们。又见许多桃树，开了红红的桃花，日光映照着，非常美丽。又有柔软的草，铺满地上，好像毯子一般。这时候，我们真快乐极了！后来，又到龙华塔上，凭栏下望，见许多游人变得很小。我们又看见许多妇人，拿了香烛，都到龙华寺去烧香，我想真是可笑，后来，又到各处游玩一会，到了二时才回家。我觉得这次远足最是有趣。❶

图6-20 龙华进香

---

❶ 方轩全：《远足龙华记》，《小朋友》1930年第418期。

色 春 華 龍

图 6-21　刘海粟早期作品《龙华春色》(发表于《美术》杂志 1919 年 7 月，上海图书美术学校出版部发行)

　　文中提到了龙华的桃花。有一首《龙华的桃花》唱道："上海没有花，大家到龙华，龙华的桃花也涨了价……"另一首《龙华桃花别样红》，其中有"春上龙华塔，塔下满桃花，一朵朵红似火，一片片艳如霞，一丛丛美如画"之句，龙华的春天美，美就美在那桃花。龙华塔里游人上下忙碌。每当暮霭笼罩之时，古刹钟声悠扬入耳，动人遐想。（图 6-21）

　　龙华寺外有一大广场，每到香汛时节，寺庙主持者便划地出租，这些芦席搭盖起来的临时店铺，有香烛摊、茶室、酒菜、点心、杂货，当然还少不了卖豆腐干的，豆腐干是龙华出名的土产。龙华的另外一土产，就是水蜜桃。（图 6-22）庙里的香火，薰得烟雾弥漫，背黄布袋的老婆婆，穿梭其间，满脸的虔诚。大部分游人是来轧闹猛的。春季龙华庙前的广场上，有使刀枪卖膏药的、旋糖的、套泥人的……经常有数千之众。

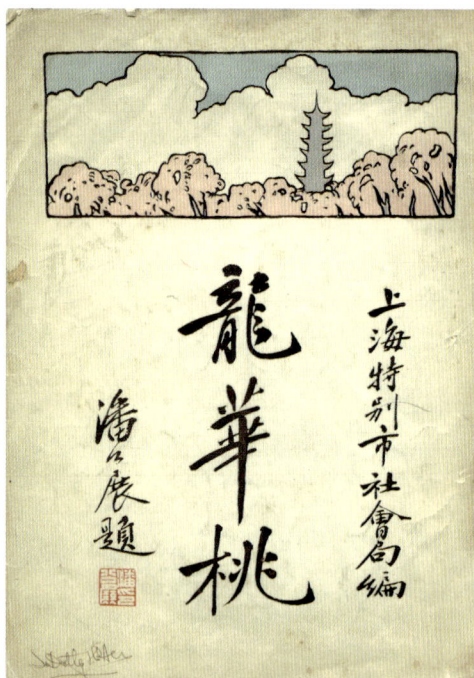

图 6-22　上海特别市社会局编《龙华桃》

夏日炎炎，去龙华的人不多。入夜，明月高悬，龙华寺旁的古井前却另有一景："入夏以来，到了皓月当空的晚上，常有制服少年，偕同妙龄姑娘，坐了吉普车，疾驰而来龙华寺，入门后即凭着这两个古井，席地而坐，有时情话喁喁，有时望月高歌，倒也情趣盎然。有时两个古井旁边，竟坐了十几对。……那两个古井，号称龙井，一个清澈鉴人，一个混浊污臭，可是两个井，虽在天旱，也不会涸竭的，这便是此井的神秘所在。在这些多情的男女，也亏他们想得出，寻得到这古刹古井之区，的确能避人耳目，十里洋场，夜花园固然多，究竟不是淑女们的好去处。"❶ 凉风习习，在充满传奇神秘色彩的古井边谈情说爱，也真亏他们想得出。

秋天的龙华，大有可观之处。秋高气爽，负有盛名的龙华古刹，配上两朵浮云，在美丽的晚霞衬托下，真是一幅绝好的图画。龙华周围是一片田野，在附近田垄间徘徊，满是欣荣的芦苇，小溪旁则是优游的鹅群。一篇刊登在 1879 年《益闻录》的文章，题为《重九日登龙华塔记》，其中写道："秋雨初晴，秋风拂树。时当重九，良友二三，携葡萄之酒，烹碧螺之茶，相与登夫龙华之塔。塔临歇浦，耸然高峙，置身绝顶，恍似凌虚。"去龙华，登临龙华塔，自有一番风景：

从寺里出来，就到塔上去玩。走上一二层时，还不十分有趣。走到四层时，便有趣了。远远的望去，只见风帆沙鸥，烟云竹树，好像一幅图画。飞机场上的飞机起飞降落，真是好玩。低下头看，高高矮矮的房屋都在脚下。我们一直走到第七层，看看下面的人如同豆粒般大，四周的景色，一目了然。❷

这段文字出自一位少年，另有意趣。

冬天游龙华的人不多，偶尔有之，别有抒怀："时则寒风凛冽，草木皆衰，遥瞩村墟，一无掩蔽。四围乡景，刻露显豁，毕呈于眉睫之间。寺后为子药制造厂，黑烟卷空，机器之声不绝。……旁为龙华园，俯视园中，百卉衰歇，而亭台翼峙，如披画图。又其后村落数四，有若笔尖双峙，呈露于村树间者。"❸ 其实，冬天的龙华，特别是雪景映衬下的龙华，古寺古塔亦别有风姿。江南下雪的机会不多，所以这样的景色也不常见。

---

❶ 江夫月：《龙华寺竟变关王庙，古井旁边情侣多》，《风光》1946 年第 26 期。
❷ 陆孝修：《游龙华》，《正中儿童》1946 年第 18 期。
❸ 伍绥仲：《登龙华塔远眺记》。

庙会期间，或是旅游时节，龙华道上，灰土飞扬着，汽车、吉普车、三轮车、卡车、自行车、黄包车，川流不息。前往龙华的人群中，有穿着单薄衣服的少男少女，有背着黄袋子朝山进香的老太太，有穿着笔挺制服的美国兵，风度翩翩的中国空军，艳装的绅士淑女，以及排了队、整齐行走的小学生们。来龙华的目的各异，有烧香的，有参加庙会的，有旅游的，有行军远足的，有摄影的，有写生的，还有摄影厂来拍电影

图 6-23　龙华寺老照片

的……唯有那座龙华塔，"还是那样冷眼地站着，望着脚下一批一批来不完的游客"❶。在拥挤的人群中，有不少外国游客，他们或是久居上海的侨民，或是远道而来的参观者。具有不同的国籍、不同的肤色、不同的身份，讲着不同的语言，他们来到古色古香的龙华，留下了一些记录，保存了不少珍贵照片。（图 6-23，图 6-24）

1924 年 4 月 12 日，是一个值得纪念的日子。上午 9 时，印度著名诗人泰戈尔抵虹口汇山码头。下午，由徐志摩等陪同往龙华游玩，在那里，泰戈尔频频叹息。晚 8 时，泰戈尔在沧州别墅与殷芝龄、徐志摩、瞿世英、张君劢等小酌，席间谈及游龙华。

图 6-24　1930 年代一位外国人在龙华游览时留下的照片（选）

彼时的龙华镇也是有吸引力的。古寺、宝塔、桃花、水蜜桃、豆腐干，还有那座没有脱去乡村本色的古镇，铺着石板的街道、小茶馆、杂货店、酒店……这风味充分表现出它的纯挚和朴实。龙华的四周，散落着多处园林，如惠家花园、周家花园、陆家花园、冯家花园、许家花园、龙华园、霞园，不少是沪上工商大户的别墅，颇可观赏。（图 6-25）

龙华寺之西侧，有一石坊，高四丈余，很精致，为北伐军三十二军阵亡将

---

❶ 钟洛：《龙华道上》，《一周间》1946 年创刊号。

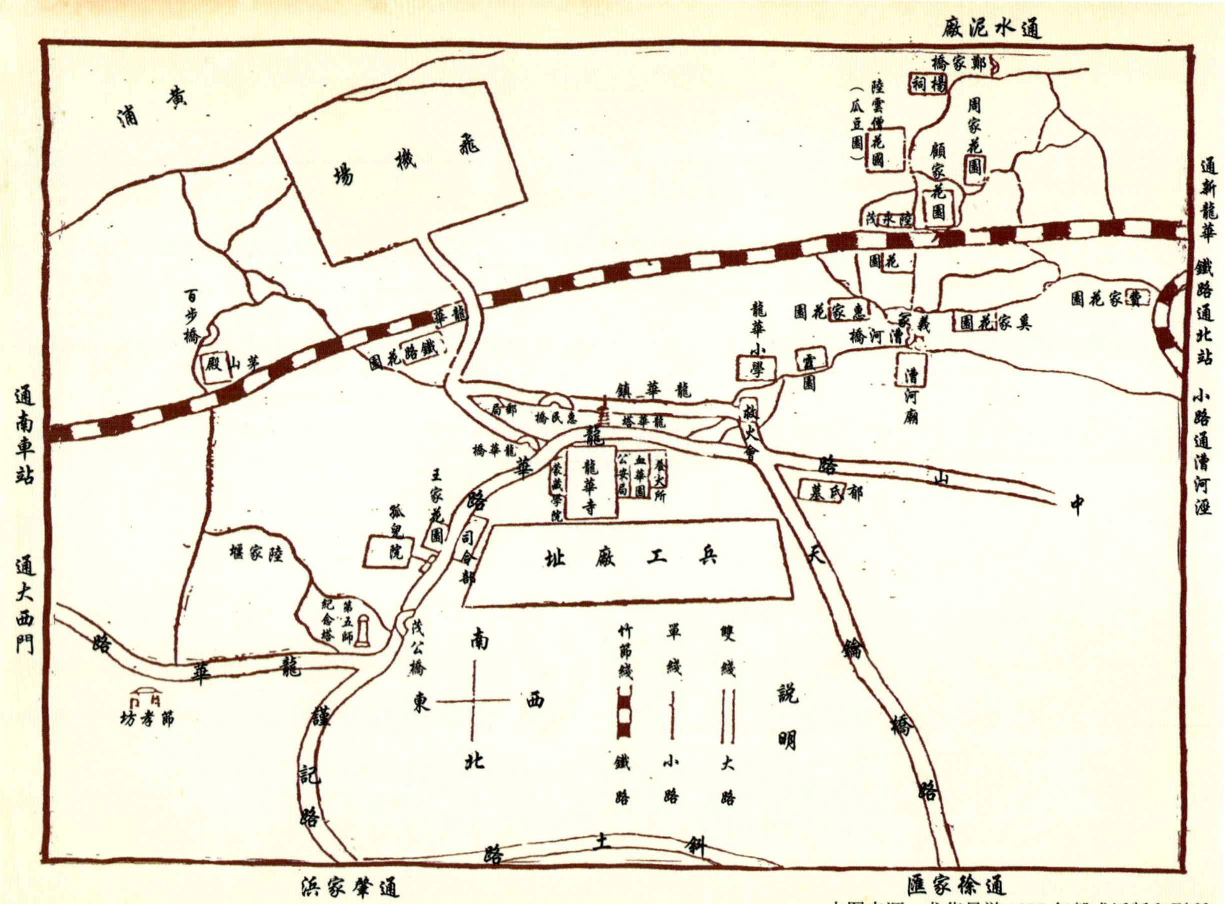

本图来源：龙华导游1935年毅成活版印刷所

图6-25 1935年《龙华导游图》（重绘，选自《千年龙华：上海西南一个区域的变迁》）

士的纪念坊。1928年淞沪警备司令钱大钧向龙华寺僧乞地一方，建造血花公园，中有水泥高台，颇为欧化。淞沪警备司令部西边有"一·二八"纪念园，为纪念1932年"一·二八"抗日阵亡将士而建。

在龙华地区，还有一处著名的近代遗迹，那就是邹容墓。清光绪三十一年（1905）春，邹容因《苏报》案瘐死狱中，由《中外日报》馆备棺殡殓。后有刘季平（即刘三）不畏株连，与堂兄东海等将邹容遗骸移葬到华泾黄叶楼旁的一块空地，筑墓树碣，广为传颂其义举。蔡元培为避清廷耳目，将墓碑写作"周容之墓"。1924年清明节，章太炎、于右任、章士钊、马君武和冯自由等二十余人祭扫并重建邹容墓，并推举刘季平、李印泉主持墓地修缮事宜，修建墓碑、墓表，开辟墓道。

龙华随着旅游业的兴起而热闹起来，尤其在龙华香汛期内，中外人士前往龙华者更是络绎不绝。《申报》曾有这样的报道：

> 昨为旧历三月望日，龙华寺香汛正日，本埠各界之善男信女，无不雇乘车辆前往进香，自晨至暮，寺场所停汽车马车，竟无隙地可停。南车站火车之开往龙华者，乘客尤众，往来共开七次，每次

加挂三等客车六辆，而乘车者尚无立足之处。南站杨巡官深恐旅客于火车上落之际，有被挤肇祸情事，特于昨日起每次每车中各派路局巡警二名，借资保护。总计昨日往游龙华之男女老幼，计有五万余人之谱，香汛之盛向所未有云。❶

据不完全统计，龙华的游客日流量超过 5 万，可见龙华香汛之热闹。与此同时，对游客的管理也成了问题。

这主要涉及两个方面，一是安全，二是交通。在川流不息的游人中，因为有不少外国游客，他们的安全问题引起了官府与龙华驻军的关注。松沪护军使曾多次通令所部各军队，责成龙华马路沿途岗兵，遇有外国人经过，务着意保护。军警对车站等重点公共场所如火车站、广场也加强保护。派出便衣官弁，往来于车站及该寺内外，认真巡查，以保护好香客，维护地方秩序。

日以万计游客的涌入，交通成为一大问题。铁路方面，为便利龙华香客，添开专车。沪杭铁路南站开行龙华之火车，每日往来，原来为七次，1924年由龙华车站汪站长向有关部门提交报告，拟自旧历三月初一日起至四月十五日止香汛期内，每日上午十时及下午四点半，增开专车两次，"借以便利香客"，后获批准。即使如此，每逢周日，龙华香汛异常热闹，人数达数万。1924年4月6日，沪杭甬铁路上海南站，早快车、慢车、午车、沪嘉区间车、上龙区间车均添挂车辆，仍不敷载运，再加开南站到龙华的临时专车，往返三次。据统计，此日铁路方面售出客票达四千五百多张。1924年4月18日为农历三月十五日，适逢龙华香汛正日，沪上前往进香游玩者更多。又加之日内适为西国节期，俗称外国清明节，上海一埠的中西人士前往杭州游览者人数亦多，以致客车均挂往杭州，造成龙华客车不敷调遣，甚至将载运货物的车也用作载客。这一天，龙华等站共售出往来客票八千余张。（图6-26）

火车表 ▲

车行上海上至杭（后表）

龍上 上午八·卅二分	嘉沪 上午十·○二分	快车 下午二·○七分	四等 下午四·二十分	快车 下午六·三三分	特快 下午十·十二分

车行下州杭至沪

特快 上午八·十分	快车 上午九·○五分	四等 上午十·三四分	上龍 下午一·四十分	沪嘉 下午四·四五分	快车 下午七·三十分

车行上海上至杭（前表）

嘉沪 上午九·卅七分	龍上 上午十·十分	快车 下午二·卅四分	四等 下午四·卅五分	快车 下午七·○五分	特快 下午十·十分

车行下州杭至沪

特快 上午八·十五分	快车 上午九·十一分	四等 下午二·十六分	上龍 下午六·○八分	沪嘉 下午七·○八分	快车

注意：前表係現時行車時間。後表為四月一日後行車時間。

人力车

徐家汇与龙华间约大洋一角
老西门与龙华间约大洋三角

公共汽车价目表 ▲

老西门								
6	斜桥							
12	6	局门路						
18	12	6	康衢路					
24	18	12	6	打浦路				
30	24	18	12	6	南洋中學			
36	30	24	18	12	6	小木橋		
42	36	30	24	18	12	6	茂公橋	
48	42	36	30	24	18	12	6	静華

•以铜元为单位•

编后话

本篇四编印时间匆促，文辞未加修饰，未免贻笑大雅。印绘图方面亦未能尽善，倘祈阅者原谅为荷。

图6-26　1936年刊印的《龙华导游》所列的火车时刻表、公共汽车价目表

---

❶《申报》1921年4月23日。

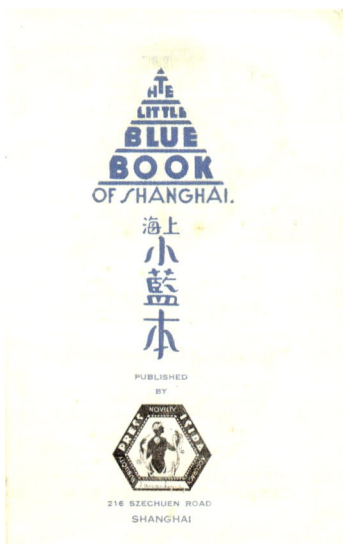

图6-27 The Little Blue Book of Shanghai（《上海小蓝本》）封面

公交车方面，沪南公共汽车公司为适应交通需要起见，在龙华开行专车，暂调一些线路的车辆行驶，二路自老西门起，直赴龙华，除斜桥一站外，沿途概不停车。后又在龙华线添放专车，增加车辆四至六部，由老西门起，经斜桥、斜土路，直达龙华，往来行驶。（图6-27，图6-28）

三、近代已有设立"龙华风景区"的提议

针对龙华旅游之盛，游客日众，20世纪30年代就有人发表《请辟龙华为风景区刍议》，建议把龙华辟立为"风景区"，专门设立管理处，对龙华风景区进行规划、经营、管理，建设一个与上海大都市相匹配的优美风景区。❶另有一篇游记中这样写道：

龙华寺位于上海城西十八里之龙华镇，寺前有塔耸立，相传三国时赤乌十年（民国纪元前一六七四年），西竺"康僧"得五色舍利，献于记者之远祖吴大帝孙权，因命建寺与塔以表扬之，黄巢之乱毁焉。宋太平兴国二年，吴越忠懿王重建之，历元至清，迭经修葺，民国十年，又重修之。寺旁临近四周，遍植桃柳，盖乡人多以种桃为副业也，因之龙华水蜜桃，味甘可口，遐迩驰名。记者旅沪，已逾银婚年数，每届清明前后，春光明媚，桃红柳绿之时，目睹中西人士，倾巷往游，龙华道上，车水马龙，颇极一时之盛。

近年上海市政府建设风景区域，其南区即以龙华一带为中心点，诚因名胜而设计也。❷

文中也提到上海市政府在规划设计"以龙华一带为中心点"的风景区域。

这些都是很好的提议，但可惜由于时局动荡，龙华风景区一直未能建成，自然也就没有进行统一的规划与管理。

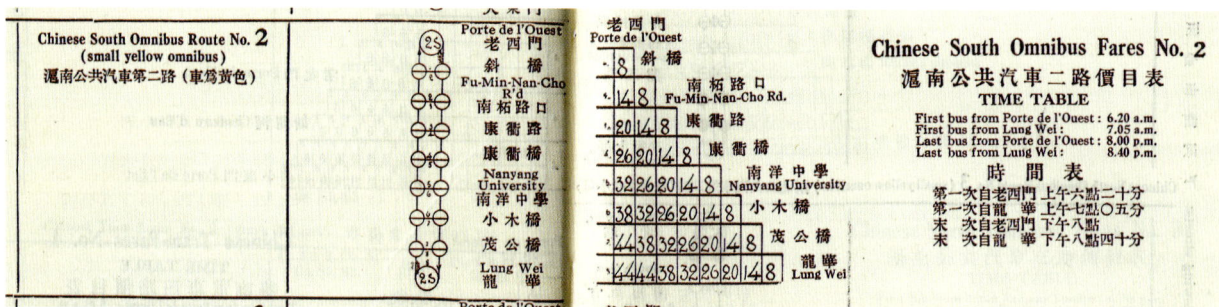

图6-28 The Little Blue Book of Shanghai（《上海小蓝本》）记载到龙华的公交线

---

❶ 《请辟龙华为风景区刍议》，《友声》1935年第5期。
❷ 孙永佳：《游览龙华寺及参观华商上海水泥厂记》，《上海青年》1937年15期。

四、1949 年以后的龙华寺

1949 年 10 月中华人民共和国成立后，龙华寺、塔因为重大的文物价值等被先后列为上海市第一批文物保护单位（1959 年）、全国第六批重点文物保护单位（2006 年）等。

巍然耸立在龙华寺前的龙华塔，作为古典建筑，是传统上海的一大象征：

> 龙华塔相传是三国时代吴国赤乌年间创建的，唐末被毁，到公元 977 年（宋太平兴国二年）重建，以后又经历代改建修葺，至今其骨干部分还保留着一些明代的建筑形式。塔有七层，登高远眺，黄浦、佘山，以及大上海的沃野，均可映入眼帘。
>
> 龙华寺也是一座"千年古刹"，相传建于唐代，以后屡修屡废，最后一次在 1860 年（咸丰十年）被毁后，到了同治、光绪间由寺僧募建，就是今天龙华寺的面目。
>
> 在龙华寺东北，跨龙华港有一条百步石桥，是明代万历年间初建，后来几圮几修工程极大。……
>
> 龙华是沪郊著名的风景区，每届春季，桃花盛开，煞是好看。解放后工会学生，组织团体往游者日多。❶

龙华寺此后屡经变迁，此按时间顺序来反映若干历史片断：

1953 年，经上海市工务局勘查，发现龙华塔身向北倾斜，平座水泥地面出现裂缝，木结构有腐烂、脱榫现象。此后成立专家组，拟定抢修方案。

1954 年 10 月，龙华塔动工修缮。

1955 年 4 月，龙华塔竣工验收。这里，摘引当时的报道：

> 本市龙华古塔全部（中略）修理一新。塔身矗立在初春的阳光下，格外显得壮丽。
>
> 在这次修塔过程中，工人们拆除腐朽损坏部分时，是在古建筑专家，南京工学院刘敦桢教授和上海同济大学陈从周教授的指导下进行的，修建工程也按照了宋代规格。有些式样必须临时决定，如塔底层的石梯，原安装在塔身的北面，在西北面墙上打有壁洞。经研究确定是明代改装式样，不但影响塔身安全，且不合宋代规格，现已根据陈教授的意见，按照苏州宋双塔格局，把底层木梯恢复安装在塔心内。又如龙华塔底层外墙，也因不是宋代式样，也把它恢复了走廊形式的安排。这样就保持了古代劳动人民的艺术结构和精华。
>
> 在古塔的各层修理过程中，还发现了宋代建筑的特征，如砖拱额枋以及鸳鸯交手拱等，它的卷刹非常美丽，现在也都把它恢复统一了。至于在墙间个别地方发现有福禄寿字迹的砖块，据研究结果，尚不能断定为宋砖，有人说古塔檐角上还保存着宋代木檐，也并无发现，实际上是清代装置。❷

龙华古寺包括天王殿、弥勒殿、罗汉殿等及东西两边的钟楼、鼓楼均修缮一新。（图 6-29，图 6-30）

---

❶ 大公报出版委员会编：《新上海便览》，上海大公报 1951 年版，第 428 页。
❷ 《龙华古塔修理工程完成》，《新民报晚刊》1955 年 2 月 18 日，汤义方居士编：《龙华寺略志》附录。

图 6-29 上海龙华塔明信片（上海市
邮电管理局 1958 年发行）

图 6-30 上海县龙华镇 1958 年应征青年入伍留念（龙华街道提供）

1959 年 5 月 26 日，龙华塔公布为上海市文物保护单位。据相关档案资料：

> 龙华塔，甲级。文物价值：三国吴赤乌十年（247 年）所建，唐代毁于火，宋太平兴国二年（977
> 年）重建，1954 年上海市人民政府全部整修，恢复宋代建筑形式，为上海仅存之宋代建筑物。保护办
> 法及范围：由上海县人委督促龙华寺负责保护，并由龙华镇派出所协助管理，不公开开放。外宾及有
> 关人士参观时，须经区人委许可。❶

龙华寺的文物价值得到重视。

1966 年 3 月，龙华寺租与中国粮油食品进出口公司上海食品分公司作仓库。

1966 年 8 月 24 日上午，龙华镇红卫兵等一千余人携工具闯入龙华寺，砸毁大小佛像及藏品、法器。
铜钟、佛像等被硬生生地气焊切割成块。佛经等被送到废品回收站，论斤出售。8 月 25 日，一伙人以绳索
套住龙华塔，试图将其拉倒，终未成。继而，又欲用汽油烧塔，也未成。

---

❶ 《上海市人民委员会关于颁发上海市历史和革命遗迹保护办法及第一批文物保护单位名单的通知》，上海市档案馆藏档。

1977 年，龙华寺公布为上海县级文物保护单位，称寺已修复，经古建筑专家鉴定，如今南方此类较完整的佛寺建筑已不多。为了做好保护管理工作，可与龙华塔合为一处，列入市级文物保护单位，由市园林局负责保护。❶

1979 年，政府拨巨款，大兴土木，全面修复龙华寺、塔。

1981 年 2 月，龙华寺弥勒殿、天王殿、大雄宝殿修复并对外开放。

1983 年 1 月，龙华寺举行佛像开光暨明旸方丈升座仪式。

1984 年，发现塔刹损坏严重，塔心木腐烂。市文物管理委员会拨款三十余万元，由龙华寺负责修缮。1986 年竣工。

1986 年 3 月 10 日，全国人大常委会副委员长、中国佛教协会名誉会长班禅·额尔德尼·确吉坚赞一行 10 人参观龙华寺并礼佛。5 月 9 日，龙华寺三圣殿修竣，举行佛像开光仪式。9 月 13 日，明旸法师在龙华寺方丈厅为日本国中山敏昭和天纳由美子举行佛教仪式婚礼。此为龙华寺历史上首次。同月，台湾渔民 270 人，至龙华寺进香礼佛，并礼拜孙中山先生长生莲位。11 月 3 日，意大利外交部长夫妇参观龙华寺。

1987 年 3 月 17 日上午，龙华寺举行国内第一座佛教宾馆——龙华迎宾馆（又称"上客堂"）奠基仪式。❷ 3 月 28 日，柬埔寨国家元首诺罗敦·西哈努克亲王一行访问龙华寺。（图 6-31）

1990 年 5 月 9 日，龙华寺举行为期 16 天的盛大传戒法会。这是 1949 年后龙华寺首次传授三坛大戒。同年 12 月 31 日，龙华塔立面照明安装工程完工，塔身、塔檐装灯 164 盏，塔院装灯 20 盏。夜晚，龙华古塔首次开灯。

1991 年 9 月 19 日，明旸法师在龙华寺向来自台湾高雄市弘法寺住持开证法师传授临济宗第四十二代心印。此为 1949 年后台湾法师首次向大陆高僧拜师求法。9 月 25 日，泰国总理阿南·班雅拉春一行 40 人访问龙华寺。

图 6-31　龙华寺（摄于 1987 年，龙华街道提供）

❶ 上海市人民政府《关于批准公布〈上海市文物保护单位第二批调整补充名单〉的通知》，沪府发〔1980〕98 号，上海市档案馆藏档。
❷ 龙华迎宾馆，三星级宾馆。由龙华寺兴建，位于龙华路 2787 号，与千年古刹龙华寺和龙华塔毗邻，是国内第一座具有佛教特色的园林化宾馆。宾馆设有 6 个中西餐厅，供应久享盛誉的龙华寺素斋。

图 6-32 龙华寺门口（摄于 2005 年 5 月 26 日，龙华街道提供）

图 6-33 龙华寺（摄于 2017 年 10 月 10 日）

图 6-34 龙华塔（摄于 2017 年 10 月 10 日）

1999 年 12 月 23 日，龙华塔一期修缮完工。

2000 年 8 月 11 日，龙华塔二期修缮完工。（图 6-32）

2006 年，龙华塔成为国务院公布的第六批全国重点文物保护单位。

风风雨雨，兴兴衰衰，历经劫难的千年龙华寺、龙华塔又获新生。（图 6-33，图 6-34）

五、龙华旅游城建设

20 世纪末，出于保护和开发龙华丰富人文旅游资源的目的，政府斥巨资，拆除危棚简屋，决定在龙华镇老街旧址兴建上海龙华旅游城。

龙华旅游城建设的背景之一，与徐汇区经济结构的布局与调整有关。该区一直想把旅游业作为区内经济发展的一大支柱产业，而具有独特人文底蕴的龙华，在当时已为一些人士和部门所关注。1989 年岁末，国际旅行社和龙华寺举办了上海首次"迎新年，撞龙华晚钟"活

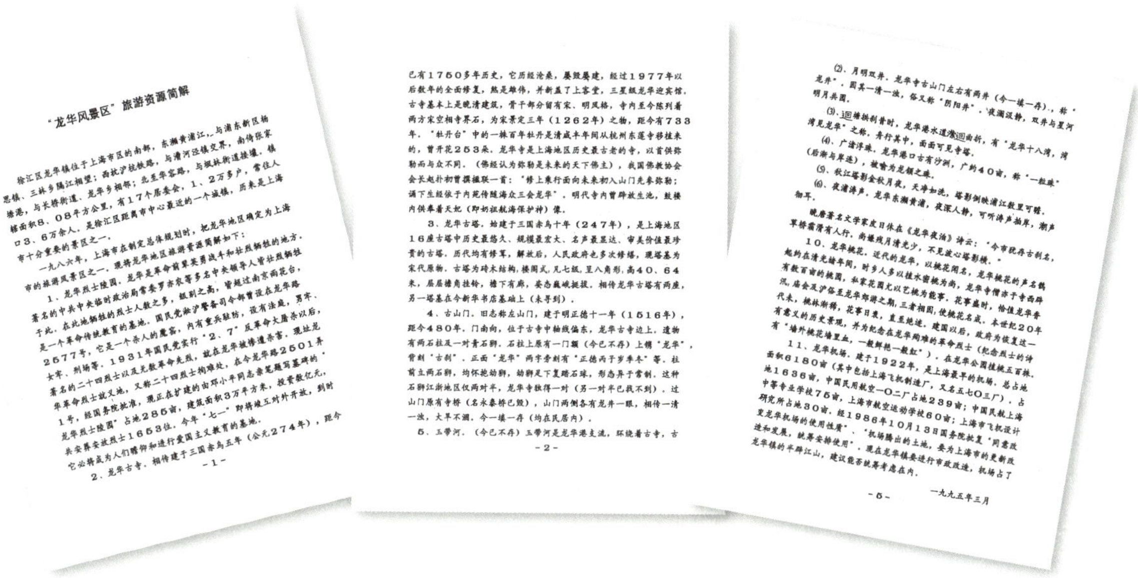

“龙华风景区”旅游资源简解

徐汇区龙华镇位于上海市区的南部，东濒黄浦江，与浦东新区杨思镇、三林乡隔江相望；西枕沪杭铁路，与漕河泾镇交界，南倚张家塘港，与长桥街道、龙华乡相邻；北至华容路，与枫林街道接壤。镇辖面积8.08平方公里，有17个居委会，1.2万多户，常住人口3.6万余人。是徐汇区距离市中心最近的一个城镇，历来是上海市十分重要的景区之一。

一九八六年，上海市在制定总体规划时，把龙华地区确定为上海市的旅游风景区之一。现将龙华地区旅游资源简解如下：

1、龙华烈士陵园。龙华是革命前辈英勇战斗和壮烈牺牲的地方。著名的中共中央临时政治局常委罗亦农等多名中央领导人曾壮烈牺牲于此。在此地牺牲的烈士人数之多，级别之高，曾超过南京雨花台，是一个革命传统教育的基地。国民党淞沪警备司令部曾设在龙华路2577号，它是一个杀人的魔窟，内有重兵驻防，设有法庭，男牢、女牢、刑场等。1931年国民党实行“2.7”反革命大屠杀以后，著名的二十四烈士以及无数革命先烈，就在龙华被惨遭杀害。现址龙华革命烈士就义地，又称二十四烈士殉难处，在今龙华路2501弄1号，经国务院批准，现正在扩建的由邓小平同志亲笔题写墓碑的“龙华烈士陵园”占地285亩，建筑面积3万平方米，投资数亿元，共安葬安放烈士1653位。今年“七一”即将竣工对外开放，到时它必将成为人们瞻仰和进行爱国主义教育的基地。

2、龙华古寺。相传建于三国赤乌五年（公元274年），距今

-1-

已有1750多年历史，它历经沧桑，屡毁屡建，经过1977年以后数年的全面修复，愈是雄伟，并新盖了上客堂，三星级龙华迎宾馆。古寺基本上是晚清建筑，骨干部分留有宋、明风格，寺内至今陈列着两方宋空相寺界石，为宋景定三年（1262年）之物，距今有733年。“牡丹台”中的一株百年牡丹是清咸丰年间从杭州东莲寺移植来的，曾开花253朵。龙华寺是上海地区历史最古老的寺，以首供弥勒而与众不同。（佛经认为弥勒是未来的天下佛主），我国佛教协会会长赵朴初曾撰楹联一首：“修上乘行面向未来初入山门先参弥勒；诵下生经依于内苑传随海众三会龙华”。明代寺内曾辟放生池，鼓楼内供奉着天妃（即妈祖航海保护神）像。

3、龙华古塔。始建于三国赤乌十年（247年），是上海地区16座古塔中历史最悠久、规模最宏大、名声最显达、审美价值最珍贵的古塔。历代均有修葺，解放后，人民政府也多次修缮，现塔基为宋代原物。古塔为砖木结构，楼阁式，凡七级，呈八角形，高40.64米，层层檐角挂铃，檐下有廊，姿态巍峨挺拔。相传龙华古塔有两座，另一塔基在今新华书店基础上（未寻到）。

4、古山门。旧志称左山门，建于明正德十一年（1516年），距今480年。门南向，位于古寺中轴线偏东，龙华古寺边上。遗物有两石柱及一对青石狮。石柱上原有一门额（今已不存）上镌“龙华”，背刻“古刹”。正面“龙华”两字旁刻有“正德丙子岁季冬”等。柱前立两石狮，均怀抱幼狮，幼狮足下复踏石球，形态异于常制。这种石狮江浙地区仅两对半，龙华寺独得一对（另一对半已找不到）。过山门原有寺桥（名永泰桥已毁），山门两侧各有龙井一眼，相传一清一浊，大旱不涸。今一填一存（均在民居内）。

5、玉带河。（今已不存）玉带河是龙华港支流，环绕着古寺，古

-2-

⑵、月明双井。龙华寺古山门左右有两井（今一填一存），称“龙井”。因其一清一浊，俗又称“阴阳井”。夜阑汉静，双井与星河明月共圆。

⑶、迴墙拱刹昔时，龙华港水道潆迴曲折，有“龙华十八湾，湾湾见龙华”之称。舟行其中，面面可见寺塔。

⑷、广渚浮珠。龙华港口古有沙洲，广约40亩，称“一粒珠”（后渐与岸连），被喻为龙颔之珠。

⑸、秋江塔影金秋月夜，天净如洗，塔影倒映浦江数里可睹。

⑹、夜浦涛声。龙华东濒黄浦，夜深人静，可听涛声拍岸，潮声物耳。

晚唐著名文学家皮日休在《龙华夜泊》诗云：“今市犹存古刹名，草桥霜滑有人行。尚嫌残月清光少，不见波心塔影横。”

10、龙华桃花。近代的龙华，以桃花闻名，龙华桃花的声名鹊起约在清光绪年间，时乡人多以植水蜜桃为尚，龙华寺僧亦于寺西辟有数百亩的桃园，私家花园尤以艺桃为能事。花事盛时，恰值龙华香汛，庙会及沪俗至龙华郊游之期，三者相因，使桃花名成。本世纪20年代末，桃林渐稀，花事日衰，直至绝迹。建国以后，政府为恢复这一有意义的历史景观，并为纪念在龙华殉难的革命烈士（纪念烈士的诗有“墙外桃花墙里血，一般鲜艳一般红”），在龙华公园植桃五百株。

11、龙华机场。建于1922年，是上海最早的机场。总占地面积6180亩（其中包括上海飞机制造厂，又名五七〇三厂），占地1636亩，中国民用航空一〇二厂占地239亩；中国民航上海中等专业学校75亩，上海市航空运动学校60亩；上海市飞机设计研究所占地30亩。经1986年10月13日国务院批复“同意改变龙华机场的使用性质”、“机场腾出的土地，要为上海市的更新改造和发展，统筹安排使用”。现在龙华镇要进行市政改造，机场占了龙华镇的半壁江山，建议能否统筹考虑在内。

-5-　　一九九五年三月

图 6-35　1995 年关于龙华景区旅游资源的介绍（节选）

动，来自日本、韩国、美国、联邦德国、意大利、西班牙等国的近四百位旅游者在龙华寺参加了这项活动。此后，有大量东南亚和欧美游客及数以万计的市民、游客参加。1990 年 12 月 31 日，龙华塔立面照明安装工程完工，31 日夜至元旦晨，龙华古塔首次开灯。子夜时分，参加迎新撞钟活动的外国游客增至九百多人，居民更是蜂拥而来，将寺前挤得水泄不通。龙华撞钟如此连续举办了三年，初具规模，逐渐成为一个以宗教文化活动为主要内容的旅游项目。1992 年，中国友好观光年以龙华撞钟活动作为华东地区开幕式，更是盛况空前。民俗传统中的除夕进香、岁时习俗、清明祭扫、龙华庙会等也都恢复和发展起来。（图 6-35）

值得一提的是龙华庙会。上海解放后龙华庙会一度改为物资交流会，至 1967 年停办。1980 年 4 月，恢复举办龙华物资交流会。1985 年 5 月 1 日，龙华物资交流会改名龙华庙会开幕，以后定期举办。庙会的规模逐年扩大，会期延至半个月左右，投放商品多达十万余种，并增加了民间文艺表演和文化娱乐活动。龙华日均人流量有时高达五十万人次，整个庙会的销售额达数千万元。[1] 庙会的恢复，让人再次感受到龙华所具有的魅力与活力。于是，一些部门开始瞄准龙华，策划如何将龙华潜在的资源与要素挖掘出来，发展旅游业，为现实经济服务。（图 6-36，图 6-37，图 6-38）

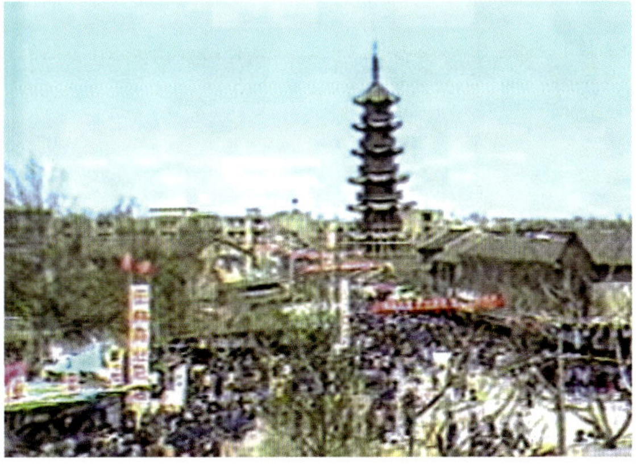

图 6-36　1983 年龙华庙会

[1] 据《历年龙华庙会情况一览表》，1980 年庙会（时称物资交流会）8 天，人流量为 100 万人次，成交额 483 万元；1985 年庙会 5 天，人流量为 100 万人次，成交额 130 万元；1991 年庙会 16 天，人流量为 800 万人次，成交额 3 167 万元。

图 6-37　由徐汇区政府等主办的 1990 年龙华庙会 4 月 5 日至 4 月 15 日举办，图为天钥桥路口牌楼（摄于 1990 年 4 月 7 日，徐汇区档案馆提供）

图 6-38　龙华庙会场景（摄于 1990 年代，龙华街道提供）

　　另一个重要背景是出于改造龙华古镇的需要。龙华镇原有的建筑住宅在日本侵占时期损坏不少，现有的民居大多建于抗战胜利以后至解放初，危棚简屋占了很大比例，有的被列入上海市"365"计划（全市必须改造的有 365 万平方米危棚简屋）。根据这一计划，这些建筑不能带入新世纪。出现的更为严重的情况是，一些居民在龙华宝塔围墙上搭建违章建筑，明火烧饭、做菜、炸油条，连连发生火警，对千年古塔的安全构成严重威胁。建设龙华旅游城的一个目的就是为了加快旧区改造，改善民居，保护文物。（图 6-39，图 6-40，图 6-41）

　　早在 1990 年 4 月，上海市城市规划建设管理局原则批准《龙华镇地区改建规划》，同意该地区规划以瞻仰革命烈士遗址和游览历史文化古迹为中心，把烈士陵园、龙华寺塔与古镇的改造结合起来，组成一个具有江南风格的综合发展的旅游区。1994 年 4 月 14 日，《徐汇区旅游业发展规划（1994—2000）》在旅游发展战略中对龙华景点改建进一步具体化。1995 年 5 月，徐汇区旅游发展领导小组成立，把龙华旅游开发提上了议事日程。

图 6-39　龙华老街原貌（未改造前，龙华街道提供）

图 6-40　龙华老街（摄于 1997 年 8 月 27 日，龙华街道提供）

图 6-41　龙华拆迁时的情景（龙华街道提供）

此后，有关市领导不断听取龙华旅游城规划的工作汇报，并提出龙华旅游城建设要依据上海特大城市的地位，将功能定位在商业、会务、城市旅游业；结合旧区改造，既解决棚户危房，又在市中心搞旅游景点，优化上海环境；旅游城的整体建筑风格要借鉴国际、国内成功经验，既注重社会效益，也要讲究经济效益，力争两年初步建成。1996 年 5 月 6 日，徐汇区人民政府龙华旅游区建设指挥部成立。同年 12 月 9 日，上海龙华旅游城开发有限公司成立。1997 年 1 月 14 日，龙华旅游城经市政府批准立项，进入实质性启动阶段。❶ 是年 5 月，上海市旅游委向国家旅游局上报龙华旅游城建设规划报告，国家旅游局确定龙华旅游城为"九五"期间上海市区五大旅游景区之一和中国旅游"九五"计划优先项目。至此，集佛教文化、民俗文化和革命传统文化于一体的龙华旅游城开发建设正式启动。

1998 年 5 月 25 日，上海龙华旅游城举行隆重的奠基典礼，对古镇的改造也拉开了帷幕。龙华旅游城建设启动之后，由上海龙华旅游城开发有限公司全面负责建设，具体经营管理。

龙华旅游城的地域范围：东濒龙华港，南接龙华西路，西靠龙华路，北邻济公滩，总占地面积 8.49 公顷。1998 年 7 月 9 日，龙华旅游城一期动迁全部完成，共动迁单位 53 户，居民 645 户，拆除房屋面积 33 085 平方米。同日，一期工程正式开工。先期完成的任务有两项：一是变更龙华路，并对古塔周边 13 户居民和商店进行动迁，消除古塔的火警隐患，保护文物；二是对危棚简屋进行改造，在一期动迁的基础上，又增加动迁 192 户，改

善了部分居民的居住条件。

至 1999 年 12 月 31 日，龙华旅游城一期工程竣工，总建筑面积 60 591 平方米，总投资约 4 亿元。一期工程的龙华楼、今古楼、真趣楼相继落成，形成了以龙华塔为中心，塔庙一体，廊桥绕塔的独具特色的景观。城内建鼓园，置放中华第一大鼓龙华皋鼓和国内最大的铜鼓古越铜鼓，每年除夕击鼓迎新，给龙华平添吉祥。

龙华楼、今古楼、真趣楼，合称"古镇三楼"，是一组布列有序、构思精妙的建筑群，有天、地、人合一的含义，也暗喻面对佛、法、僧三宝的龙华寺与塔。清一色的仿江南民居，粉墙为面，黛瓦若发，短檐花窗像闪亮的明眸，于朴实淡雅之中透出灵秀柔美。（图 6-42，图 6-43）

龙华楼，近寺临塔，楼高三层，与塔影接形伴，与同以龙华命名的寺、陵、路、宾馆浑然一体。楼前古山门桥下，昔日是香客游人系舟之处，如今河淤桥圮，踪迹杳无。楼下有塔弄小街，两边店铺林立，珠宝玉器、金银饰品、木雕根艺、古玩字画、线装古籍和旅游纪念品琳琅满目。街中望远，透过格窗朦胧的过街楼，可见半塔耸峙，云移塔动。隔路相望的今古楼，楼高三层，以二层最有特色，中街迂回曲折百多米。三楼之中，数真趣楼最高。楼有四层，设有观景平台。登上平台，远眺浦江帆影，近观楼下游人如织，熙来攘往。另有廊桥，是连接龙华楼、今古楼和真趣楼的空中通道，也是龙华旅游城最佳的观景处。廊桥顶高十余米。屋面铺小青瓦，自高而下逐级跌落式屋顶，曲拱式天棚，栗色方柱，柱间设美人靠作为桥栏。桥面行

---

❶ 国家旅游局 1996 年编制的《中国旅游业发展"九五"规划和 2010 年远景目标纲要》，已将龙华旅游区列为上海市区五大旅游景区之一。

图 6-42　龙华旅游城今古楼（摄于 2002 年 11 月 25 日）

图 6-43　龙华旅游城长廊（摄于 2005 年 5 月 26 日）

人，桥下通车。游人可凭栏观光，亦可驻足小憩，避雨临风，吟月听涛，步移景异，行止皆宜。廊桥与平台相接，中有二亭，一名"慧日"，意即心慧如日，一名"净月"，意即性净如月，其意源于龙华深厚的佛教文化。廊桥、平台和真趣楼的回廊浑然一体，入夜，灯火璀璨。

龙华有鼓园，园内展出 180 余幅图片，展示了鼓的发展轨迹。鼓园建有鼓阁，为八面攒尖顶楼阁式建筑，高 10.4 米，前有花格门，后有山墙，两侧有暖廊与园相通。鼓阁门头悬"龙华皋鼓"匾额，系著名青铜器专家马承源所题。与此同时，龙华旅游城还保护和恢复了古山门遗址、石狮古迹等。（图 6-44）

旅游城成为龙华乃至上海举行重大文化活动的场所。如：2002 年 4 月 1 日，上海龙华庙会在龙华旅游城开幕。5 月 1 日，上海市庆祝五一国际劳动节群众文艺演出暨徐汇区第四届社区文化艺术节开幕式在龙华旅游城举行。5 月 2 日，在龙华举办第六届上海国际武术博览会开幕式。2006 年 9 月 21 日，在龙华旅游城举办吉祥龙华游活动，纪念龙华建塔 1 759 周年，并庆祝龙华塔被列为第六批全国重点文物保护单位。9 月 21 日下午 1 时至 4 时，9 月 22 日和 10 月 1 日至 3 日，上午 9 时至下午 4 时，向游人开放，可登临古塔至第五层。2007 年 4 月

图 6-44　龙华皋鼓

239

19日至5月7日，在龙华旅游城举行2007年上海龙华庙会活动。庙会以"吉祥出会"和"非物质文化遗产"为核心。（图6-45，图6-46）

　　后因市政建设与社会发展的新需要，龙华旅游城被拆除，从此旅游城也成为一个时期的"龙华记忆"。

图6-45　2002年龙华庙会（龙华街道提供）

图 6-46 在龙华举行的第六届上海武术博览会开幕式

第三节 从"龙华革命烈士纪念地"到"龙华烈士陵园"

1986 年 12 月，上海作为一座具有重大历史文化价值和革命意义的城市，被国务院公布为第二批国家历史文化名城。❶ 此后，上海市人民政府组织有关部门陆续制订保护规划、要求和办法，对全市优秀建筑进行排查，确定 6 类 11 处风貌保护区，其中就有著名的龙华烈士陵园与寺庙风貌保护区。❷ 之后又扩展为 12 个历史文化风貌区，即：外滩历史文化风貌区、人民广场历史文化风貌区、老城厢历史文化风貌区、衡山路—复兴路历史文化风貌区、虹桥路历史文化风貌区、山阴路历史文化风貌区、江湾历史文化风貌区、龙华历史文化风貌区、提篮桥历史文化风貌区、南京西路历史文化风貌区、愚园路历史文化风貌区、新华路历史文化风貌区。❸ 历史风貌区的确立，在一定时期有效保留了历史建筑，也较好守护了上海历史街区的肌理。

---

❶ 1982 年 2 月，为了保护那些曾经是传统中国政治、经济、文化中心或近代革命运动和重大历史事件发生地的重要城市及其文物古迹免受破坏，"历史文化名城"的概念被正式提出。
❷ 其他 10 处风貌保护区为：思南路革命史迹风貌保护区、旧城厢风貌保护区、江湾 30 年代都市计划风貌保护区、近代商业文化风貌保护区、外滩优秀近代建筑风貌保护区、茂名南路优秀近代建筑风貌保护区、人民广场优秀近代建筑风貌保护区、上海花园住宅风貌保护区、虹口近代居住建筑风貌保护区、虹桥路乡村别墅风貌保护区。
❸ 上海市地方志办公室编著：《上海名建筑志》，上海社会科学院出版社 2005 年版，第 933 页。

龙华历史文化风貌区，包括龙华寺庙风貌保护区、龙华烈士陵园等，拥有两个全国重点文物保护单位，呈现出传统、近现代完整的文化形态，其人文遗产也具有丰富性、多样性、独特性等特点。

上一节主要围绕近代以来龙华寺、庙及其历史风貌演变作了详细介绍，这里，主要结合龙华革命历史遗迹及其保护情况进行系统梳理。

一、早期城市革命斗争与烈士就义地

民国以来，龙华成为上海地方最高军事机构的所在地。在龙华设立的主要军事机构中，前有松沪护军使署，后设淞沪警备司令部。1916年，松沪护军使署在龙华新设刑场。1927年3月，白崇禧率部占领龙华，组建上海警备司令部，后改称淞沪警备司令部。司令部下设总办公厅、参谋处、副官处、军需处、军法处、医务所、侦查队等部门。军法处有看守所，设立男牢、女牢等。

1927年蒋介石发动"四一二"反革命政变以后，国共对立，许多革命志士惨遭杀害，一时间，龙华成为血雨腥风、阴森恐怖的代名词。从1927年到1937年间，国民党在这里关押、杀害了大量共产党人和爱国志士。

中共党员、曾任国民革命军总政治部后方留守主任的孙炳文，在"四一二"政变后来上海，即遭逮捕，不久被国民党秘密杀害于龙华。中共党员、浦东工人纠察队大队长陈博云在"四一二"政变后被捕，4月25日牺牲于龙华。在"四一二"反革命政变后，国民党逮捕了大量共产党人与无辜群众，不少人即被害于龙华。

1928年2月，上海总工会委员长郑复他、党团书记许白昊等，因叛徒告密被国民党逮捕，6月，同时在龙华就义。曾为上海工人三次武装起义主要领导人之一的罗亦农，历任中共江浙区委书记、中共江西省委书记等职，在中共"五大""八七"会议被选为中央委员和中央政治局委员，后为中央常委兼中央组织局主任，1927年底到上海中共中央机关工作。1928年4月15日，因叛徒告密，在上海被捕，4月21日被杀害于龙华。1929年8月24日，中共中央政治局候补委员、中共中央农委书记彭湃，中共中央政治局候补委员、中央常委、军事部长杨殷，中共中央军委委员、中共江苏省委军委委员颜昌颐，中共中央军委和江苏省委军委邢士贞，因叛徒出卖，在上海同时被捕，8月30日在龙华被害。1931年1月17日至21日，一批共产党员和革命志士分别在上海东方旅社、中山旅社等处被租界当局逮捕，不久移送到淞沪警备司令部。2月7日，二十四位革命志士在龙华惨遭国民党集体杀害。"二七"遇难的烈士后查证出二十三位。[1] 这二十三位烈士为：林育南（化名李少堂）、何孟雄（化名陈方）、李求实（一名李伟森）、龙大道（化名王明石）、恽雨棠（化名胡迪生，笔名洛生）、李文（化名胡李氏，女）、王青士（一名王子官）、罗石冰（化名孙玉法）、蔡博真（化名李文斌）、伍仲文（化名吴惠英，女）、费达夫（一名费德甫）、欧阳立安（化名杨国华）、阿刚（原名段楠，化名赵子芝）、彭砚耕（原名彭俨生，化名刘后春）、汤士佺（化名王阿金）、汤士伦（化名黄昆）、贺治平（一名贺林隶）、刘争（化名王

---

[1] 一些研究者根据历史文献，并结合一些老同志的回忆，考证认为被害人数应为二十三位，此为一说。

和鼎）、李云卿、柔石（原名赵平福，后改平复，化名赵少雄）、胡也频（原名崇轩）、殷夫（原名徐祖华，笔名白莽）、冯铿（又名岭梅，女）。❶ 其中，柔石、殷夫、胡也频、冯铿、李求实等五位为中国左翼作家联盟成员，亦称"左联五烈士"。

看守所北面，便是当时的刑场之一，附近有一处水塘，一座方形砖塔，周围是砖墙和竹篱笆，杂树丛生。

二、从"龙华革命烈士就义处"纪念地的确认到龙华烈士陵园的建设

中华人民共和国成立后，即着手调查革命先烈的情况。1950 年，中央人民政府内务部指示上海市政府派员迅即查找烈士忠骸的埋葬地。陈毅市长十分重视，责成市民政局等几个单位查询。在距离看守所不远处的一片空地，是原国民党淞沪警备司令部的刑场。1950 年春，根据烈士家属和当地人民群众提供的线索，有关部门组织力量在"就义地"的枯树与方塔附近发掘出了部分烈士的忠骸与遗物，其中完整的遗骸有 18 具，有的遗骸上还锁着镣铐。挖掘出来的遗物中，还有一件尚未腐烂却被枪弹洞穿的羊毛背心，经考证确认为遇难"左联"女作家冯铿的遗物。1927 年—1937 年，在龙华这块土地上牺牲了无数烈士，他们的忠骨大多没有找寻到，唯独这一批烈士的遗骸幸得留存。1959 年 5 月，作为第二次国内革命战争时期的革命遗迹被列为"上海市第一批文物保护单位名单"：

> 龙华二十三烈士就义处（今龙华军械机厂第五宿舍后面），定为甲级，文物价值：1931 年 1 月间，何孟雄、林育南、龙大道等二十三烈士，为筹备第一次全国苏维埃代表大会，在上海东方饭店开会，因叛徒告密被捕，在上述地点英勇就义。保护办法及范围：市民政局正在规划建造纪念公园。❷

图6-47　龙华革命烈士就义地

龙华革命烈士就义地，解放前是国民党淞沪警备司令部及残杀革命烈士的场所，解放后为南京军区 7315 工厂，厂内保留原审讯室、男女牢房、水牢、国民党淞沪警备司令部大门和探监房等建筑。厂北是何孟雄、林育南等烈士就义地，是全国保存较完整的革命遗址之一。（图 6-47）

---

❶ 参见孙云嫒：《关于 1931 年 2 月 7 日在龙华殉难烈士人数的探讨》，收入龙华烈士纪念馆编：《烈士与纪念馆研究》（第一辑），上海社会科学院出版社 1996 年版。
❷ 《上海市人民委员会关于颁发上海市历史和革命遗迹保护办法及第一批文物保护单位名单的通知》，上海市档案馆藏档。当时确认为"龙华二十三烈士"，后确认为"二十四"烈士。

1981年，在这里树立"龙华革命烈士就义地"的临时纪念碑，在两侧建起了长廊，陈列烈士的生平事迹与图照。后将此遗迹连同原淞沪警备司令部看守所等旧址，申报全国重点文物保护单位。

龙华烈士陵园的建设则经历了较长过程。早在1950年龙华地区挖掘出"龙华二十四烈士遗骸"后，有关部门就萌发了在此建立龙华烈士陵园以告慰先烈的心愿。1957年，中共上海市委、市政府向全国有关设计院、高校征集"龙华烈士纪念公园"总体设计方案，并作筹划，后因故而未竟。1958年，正式选址龙华。1963年，中共上海市委重拟建造龙华烈士纪念公园，在原龙华公园的基础上征地、围墙、绿化，并在公园入口处树立"红岩石"。1966年因"文化大革命"爆发而中断。1983年12月，赵世炎烈士的夫人夏之栩来到上海龙华，之后致函中共中央，建议修建龙华烈士陵园，以缅怀先烈，继承遗志，教育后代。这一建议得到了邓小平、胡耀邦等中央领导的赞同，并都作了批示。上海方面随后成立了一个由民政局、园林局、文物管理委员会、市委党史办、规划局等组成的"龙华烈士陵园筹建领导小组"。1984年2月，中共上海市委、市政府向中共中央、国务院报送《关于筹建龙华烈士陵园的请示》和《关于龙华烈士陵园总体设计方案的请示报告》。中共中央于4月14日批示同意。1985年2月，上海市政府正式宣布将在龙华建造一座规模宏大的烈士陵园。（图6-48）

图6-48　改建中的龙华烈士陵园

龍華烈士陵園

图 6-49 邓小平题写的"龙华烈士陵园"

1988 年 1 月，经国务院批准，将龙华革命烈士纪念地列为第三批全国重点文物保护单位。1990 年 10 月 15 日，江泽民为筹建中的龙华烈士陵园题词"丹心碧血为人民"。10 月 24 日，邓小平题写"龙华烈士陵园"门额。（图 6-49）11 月，陵园第一期工程正式动工。一期工程重点修复遗址区，即龙华革命烈士纪念地。工程包括修缮原国民党淞沪警备司令部部分遗址、男女看守所、刑场、二十四烈士纪念地等处所，增设纪念馆等。

旧址建筑保留和修复的有司令部大门和门楼、卫兵室、通讯和办公用房。

图 6-50 原淞沪警备司令部旧址（摄于 2013 年 10 月 31 日）

大门为铁质，门楼呈城墙式，始建于 1920 年，中西样式，两侧各设水泥台阶明梯，拾级而上可登二层楼台。楼台叠建一瞭望岗楼，后壁另设狭梯可攀。岗楼上立一旗杆，高五米许，这是原淞沪警备司令部的标志性建筑。（图 6-50）

男女看守所旧址，原为松沪护军使署军法课的陆军监狱拘留所，亦称龙华监狱，建于 1916 年，后淞沪警备司令部军法处扩充沿用。建筑物早在抗战期间被日军毁坏，旧址犹存。现有建筑系木构架式砖瓦平房，结合历史档案，经科技人员反复推敲研究定型，经国务院有关部门核准而破例复原。看守所内设男牢、女牢、"优待室"和警卫室及看守用房等，四周高矗设铁丝网的围墙，组成这阴森的魔窟。幽暗逼仄的看守所曾关押过大量共产党人和爱国志士。牢房的墙壁上至今仍能够看到这样一首诗："龙华千古仰高风，壮士身亡志未穷。墙外桃花墙里血，一般鲜艳一般红。"这首诗是革命先烈为争取民族独立和人民解放，坚持信仰和理想，奋斗、牺牲、忠贞不渝的生动写照。

在男女看守所以西 200 米处，原是淞沪警备司令部的办公区域，内设军法处、参谋处、副官处和法庭等机构。旧址在今七三一五厂区内。南距看守所约百米，便是当年的刑场之一，后确定为"二十四烈士就义地"。在龙华革命烈士纪念地的修复中，对当年的刑场作了复原，拆除临时纪念碑和展廊。另外，增建"龙华烈士纪念馆"，陈列三百余种文献、图片及实物。1991 年 2 月，陈云为该馆题写馆名。（图 6-51）

1991 年 6 月，一期工程竣工。此前，龙华公园已于 4 月 30 日撤销建制，与龙华革命烈士纪念地合并，正式称"龙华烈士陵园"。在与龙华公园合并后的基础上，龙华烈士陵园又开始了它的续建。续建工程于 1994 年 5 月 27 日正式开工，1995 年 4 月 6 日主体工程落成，7 月 1 日对社会开放。（图 6-52）

龙华烈士陵园是一座集陵园、纪念馆、遗址为一体的上海规模最大的著名红色胜地。气势宏大，毗邻龙华寺，占地约 285 亩，共建有纪念瞻仰区、烈士墓区、碑林区、遗址区、烈士就义地及地下通道、青少年教育活动区和游憩区等八大区域。每一区域都由不同的建筑群构成。现为全国重点文物保护单位、全国重点烈士纪念建筑保护单位，是全国百个爱国主义教育示范基地之一。

图 6-51　陈云题词

龙华烈士陵园的建筑成功地营造出陵园独特的纪念氛围，并拥有庄重雄伟、中西合璧、富有时代气息的建筑风格。（图 6-53）

正门为传统的牌楼式大门，主门居中，横额上"龙华烈士陵园"鎏金大字由邓小平题写。门前广场中央有 8 座巨型花坛，由整块花岗石雕成。左侧的峻伟山石，称黄石峰，亦称"红岩"，高约 11 米，顶植劲松，象征着先烈的高风亮节。向北延伸的一条主轴线上，有长长的甬道，通向纪念瞻仰区，有纪念桥、纪念广场、纪念碑和纪念馆等。甬道是纪念瞻仰区的开端，设一主道、两副道，两侧整齐地排列着四季常青的龙柏和雪松，庄严肃穆。纪念桥连结着甬道和纪念广场。拾级而上，迎面展现的是气势非凡的纪念广场、纪念碑和纪念馆，它们构成三级平台和两组广场，形成陵园的瞻仰中心。纪念碑位于陵园南北

图 6-52　上海龙华公园

图 6-53　龙华烈士陵园航拍图（约摄于 2006 年 3 月，龙华街道提供）

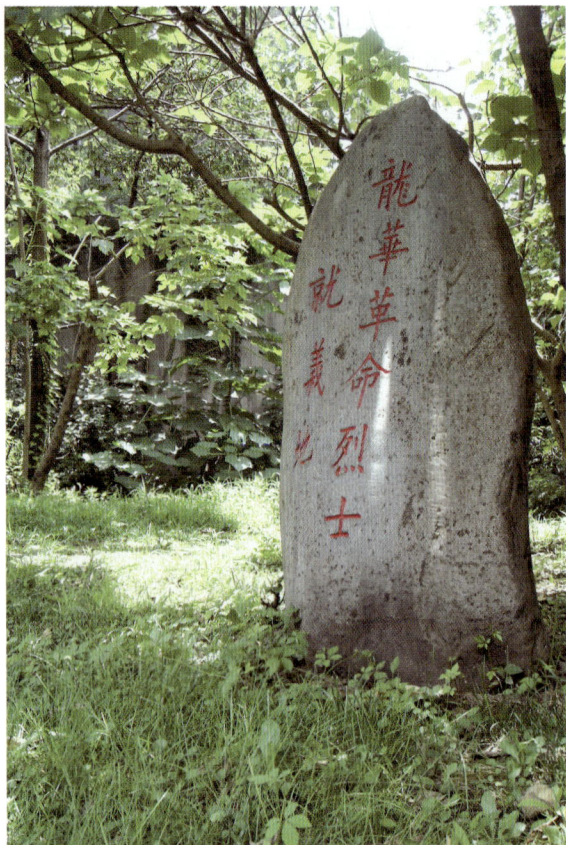

图 6-54　龙华革命烈士纪念地（摄于 2006 年 7 月 13 日）

走向的主轴线上，碑体长 24 米、宽 13 米、高 7.5 米，用磨光芬兰红花岗石贴面，阳面镌刻由江泽民题写的"丹心碧血为人民"，阴面镌刻由中共上海市委和市人民政府合署的碑文。

龙华烈士纪念馆坐落在陵园主轴线后端，建筑面积达一万余平方米。❶纪念馆高 36 米，外观呈金字塔形，蓝色的玻璃幕墙，凝重雄伟。馆内陈列面积达五千平方米，展出文物一千余件，陈列 235 位人物的生平事迹，反映从鸦片战争直到当代上海地区革命烈士和革命先驱的英勇事迹及革命历程。位于园、馆西北端的烈士纪念堂，面积约一千平方米，外观为圆柱形，分上下两层。倾斜的圆顶与月牙形的烈士墓地遥相呼应，寓意烈士精神与日月同辉。围绕纪念堂的是一座座红色花岗岩卧碑，安葬着 855 名革命烈士。与之相邻的是无名烈士墓，安葬着 271 名解放上海牺牲的无名烈士的忠骨。长明火与之相伴，永照人间。

龙华革命烈士纪念地（遗址区）位于陵园的东北端，占地约 30 亩，为淞沪警备司令部部分旧址和烈士殉难处。（图 6-54）

龙华烈士陵园内有 10 组大型广场雕塑，与纪念建筑群、园林交相辉映。主题雕塑"独立·民主""解放·建设"一组两座，位于纪念碑广场两侧的绿地内。综合性雕塑有"无名烈士""且为忠魂舞""龙华烈士殉难地"三座。专题性雕塑有《五卅烈士》《四·一二殉难者》《万众一心——上海军民抗战》《解放上海》《少年英雄》等五组。

龙华烈士陵园的碑林设于园、馆东隅，是一座以烈士的诗、词、遗言为主要内容的现代碑林。碑林有碑亭、碑廊、碑壁及碑石四种形式。其中，有碑亭两座，亭中央设四壁碑，周围配有石凳，供人游览观赏。四座碑廊围合，天井内立巨石为碑。两座各长五十米的碑壁，踞于碑林中段南北两翼。以大块河卵石和太湖石作碑体的近百尊碑石，散立室外，错落有致，隐现于茂林修竹、花卉树荫之中，别有神韵。

位于纪念馆西北的烈士墓区，是龙华烈士陵墓园的重点瞻仰内容。主要由烈士纪念堂、烈士墓和无名烈士陵组成，安息着近一千七百位革命烈士的英灵。烈士墓为东南朝向的月牙形坡地，环抱近旁的两层圆

---

❶ 龙华烈士纪念馆于 1997 年建成开馆。它坐落于上海市龙华烈士陵园中央，是上海市龙华烈士陵园的主要功能区域之一。纪念馆现陈列展示革命先烈的事迹，包括蔡和森、瞿秋白、罗亦农、苏兆征、杨殷、罗登贤、张太雷、李汉俊、邓中夏、恽代英、向警予、赵世炎、陈延年、陈乔年、彭湃、林育南、顾作霖、邓演达、李公朴、曾伟等。

形烈士纪念堂，共同组成意为"日月同辉"的建筑造型。

　　整个龙华烈士陵园就是一座园林，花卉树木遍及各处，大块的草坪，种植的松、柏、樟、桃花、桂花、杜鹃等成片成林，使陵园春日桃红溢园，夏日百花竞放，秋日红叶满地，冬日柏翠梅香，四季松竹长青。凝结着中华民族独特人文品格的松竹，构成了陵园绿化环境的主旋律。灿若红霞的枫叶，是烈士辉煌人生的写照。桃花自古便是龙华的一道风景，而牢房那首"龙华千古仰高风，壮士身亡志未穷。墙外桃花墙

图 6-55　1982 年春，上海市建青中学新团员来龙华举行入团宣誓仪式

内血，一般鲜艳一般红"的名诗，更使桃花和英烈融为一体。每到阳春三月，陵园便成了桃花盛开的地方，踏青赏花者络绎不绝，成为上海的一处胜景。

　　龙华烈士陵园是先烈英魂的安息地。年年岁岁，党和国家领导人、海外华人、国际友人，前来瞻仰、凭吊。每当清明，中共上海市委、市人大、市政府、市政协、驻沪部队和武警总队、各民主党派和人民团体、以及社会各界，都要来到这里举行公祭活动，向烈士纪念碑敬献花圈，深情缅怀为人民解放事业，为社会主义建设而英勇献身的先烈，瞻仰烈士的丰功伟绩。同时，作为爱国主义教育基地，每年有机关、学校、企事业单位，组织人员来此凭吊先烈，举行各种纪念活动，如红领巾入队、青少年入团、新党员宣誓、成人仪式等。（图 6-55）纪念广场举行过各种活动，曾举办过"龙华魂""中国人民抗日战争胜利暨世界反法西斯战争胜利 60 周年"等活动。近年来开展红色文化纪念活动，上海成为全国重要的红色旅游目的地之一。2005 年 4 月 9 日，上海市 20 处红色旅游景点被授予首批"上海红色旅游基地"，龙华烈士陵园也为其中之一。

　　《人民日报》2009 年 7 月 20 日刊登"100 位为新中国成立作出突出贡献的英雄模范人物候选人事迹"，其中包括龙华二十四烈士：

　　　1931 年 2 月 7 日深夜，在上海市郊龙华，24 位革命者被秘密集体枪杀于国民党淞沪警备司令部院内的荒地上。他们是中国共产党的重要干部、工会活动家、著名作家、红军干部和革命青年。他们是：林育南、李求实、何孟雄、龙大道、欧阳立安、恽雨棠、李文、王青士、柔石、胡也频、殷夫、冯铿、罗石冰、阿刚、汤士伦、汤士佺、彭砚耕、费达夫、蔡博真、伍仲文、李云卿、贺志平、刘

争、刘贞。他们是在 1 月 17 日至 21 日的大搜捕中被捕的。先被关押在国民党上海市公安局，后解往龙华国民党警备司令部监狱。在狱中，他们意志坚定，团结斗争，挫败了敌人的严刑拷打和种种诱降，保守了党的秘密，保卫了党的组织，表现了共产党员的大无畏气概和革命乐观主义精神。虽然狱外党组织多方营救，宋庆龄、何香凝、杨杏佛等领导的保障民权大同盟也向国民党当局抗议，要求释放，但国民党当局不顾社会舆论的谴责，在一无所获后仍将他们集体枪杀。烈士们牺牲后，鲁迅写下著名的七律《无题》，后发表了《中国无产阶级革命文学和前驱的血》，表达对烈士的深切怀念和对国民党暴行的强烈抗议。1949 年上海解放后，烈士牺牲地受到保护，党和政府为他们举行了隆重的迁葬。1985 年，经中共中央、国务院批准建成龙华烈士陵园。❶

建成于 1997 年的龙华烈士纪念馆，2017 年 2 月以来正式闭馆，启动了 20 年来的首次陈列改造。据《文汇报》2017 年 9 月 30 日报道："改造后的两层展厅，面积增加到 6 000 平方米。改陈后，馆内的展示方式、配套设施和公共空间更新换代——256 位陈展人物，1 500 余张照片、400 余件文物、史料以及百余件艺术品，交织共谱一首具有时代精神和上海精神的'英雄赞歌'。"❷ 经过这次陈列改造，两层展厅增至 6 000 平方米，引入诸多多媒体互动设施。（图 6-56）

---

❶ 《100 位为新中国成立作出突出贡献的英雄模范人物候选人事迹·龙华 24 烈士》，《人民日报》2009 年 7 月 20 日。
❷ 《龙华烈士纪念馆：清晰勾勒城市文脉的红色基因》，《文汇报》2017 年 9 月 30 日。

图 6-56 从滨江的大楼鸟瞰龙华烈士陵园、龙华寺等
（摄于 2017 年 10 月 10 日）

龙华区域历史悠久，文脉绵长，内涵丰富，底蕴厚重，是上海这座城市独特文脉与珍贵记忆的重要组成部分，既能折射上海城市的部分发展轨迹，更能凸显中国共产党的早期革命史，尤其揭示了革命视野下城市人文遗产形成的机理与逻辑，价值独特。

第四节　绘制徐汇滨江的文化地图

现今的"徐汇滨江"（或称"西岸"），按照 2001 年《徐汇区沿黄浦江地区控制性详细规划》，将徐汇区沿江地带划定为："东以黄浦江为界，西至龙华西路、龙吴路，南到徐浦大桥，北起日晖港、中山南二路。"❶ 在这一区域内，除了拥有两处全国重点文物保护单位（龙华革命烈士纪念地、龙华塔），还分布着其他大量历史遗迹与人文遗产。

徐汇滨江地区人文遗产丰富，且形态多样，如何保护与利用这一带的历史资源，一直受到有关部门的关注。❷ 一些部门对区域内的历史建筑与遗存也作了大量调研。（图 6-57）

在保护这一区域历史建筑的同时，也要注意保护其周围环境与历史风貌，尤其是对于主要街区、地段、景点以及独特的人文环境，尽可能保护其整体的环境。另一方面，众多的历史遗迹分散各处，依据一定的史实、内在的逻辑"串珠成链"。点、线、面结合，共建共享，在充分挖掘历史文化内涵的基础上去提炼文化符号，设计文化载体，绘制徐汇滨江的文化地图，展开历史文化之旅。

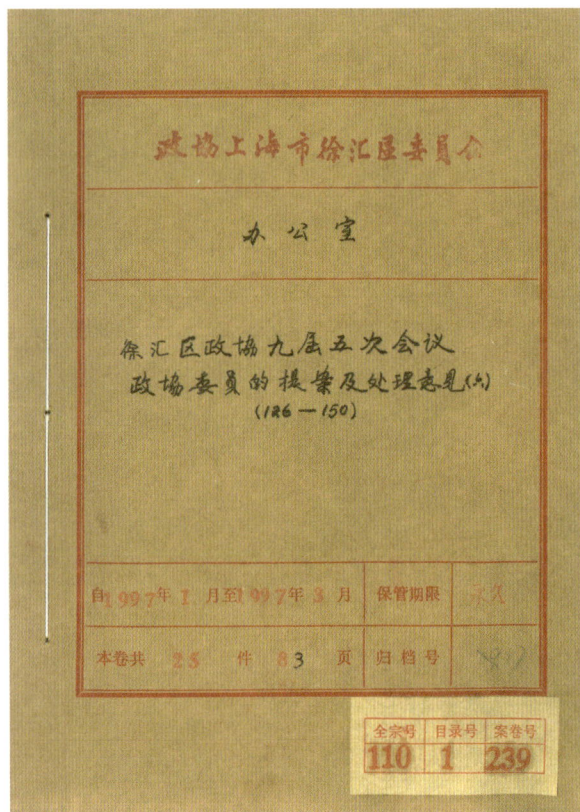

图 6-57　1997 年，徐汇区有政协委员就提出利用龙华机场原有跑道，开辟航空旅游业的提案。提案卷宗封面

❶ 参见《〈徐汇区沿黄浦江地区控制性详细规划〉初稿完成》，《徐汇年鉴（2002）》，第 176 页。
❷ 如 1999 年徐汇区政协在开展黄浦江沿江地区可持续发展调研时，曾经设想将该地区的相关历史资源加以串联，促进旅游发展，其中有人提议可以"沿黄浦江到龙华港规划一条水上游览线，串联龙华旅游城、龙华烈士陵园、桂林公园、康健公园等，组成水上人文风景线；沿黄浦江到张家塘港，规划一条水上游览线，串联上海植物园、黄母祠等，组成水上自然风景线，同时创造条件开发'布文化'，塑造充满时代特色，生活气息和地域文化内涵的都市新景观"等。参见上海市徐汇区政协：《对我区黄浦江沿江地区的现状、规划及可持续发展情况的调查与建议》，徐汇区档案馆藏档。

表6-1 上海市徐汇滨江地区主要历史遗存一览表

遗存名称	原址	现址	基本情况	重要建（构）筑物	建筑年代	建筑特征	拆除、保留、改造情况	保护类型	公布时间
上海铁路南浦站	兆丰路200号	瑞宁路111号	始建于清光绪三十三年一月（1907年2月），位于新日支线终端，站场南沿黄浦江，日晖港站，东西两侧与上海港口六区的开平，北票码头毗邻，是全国三个可以进行水陆转运的站场之一，也是上海铁路地区唯一拥有自备专用码头的车站。	18线仓库	1907年	多跨厂房结构，首层标高约5.4米，为暗红色砖房，两侧面装玻璃窗，紧靠仓库有一处月台。	拟改造为文化设施	—	—
				龙门吊	1979年—1980年	利用地面设置轨道移动，吊车下部可以通货车，完成火车与船之间的货物转换，起重吨位较大。	保留	—	—
上海港务局煤炭装卸公司北票码头	船厂路300号	龙腾大道3398号	北票码头建于民国十八年（1929），为北票煤矿公司投资建设的2座浮码头。民国二十七年日军侵占后，浮码头被拆去。民国三十七年由国民政府资源委员会改建为钢筋水泥码头。1956年，港务局将北票码头改建成上海第一座水陆联运码头。徐汇滨江开发前，北票码头仍是向江浙运输煤炭的转运中心。	煤炭装卸传送台	1950年左右	红砖砌筑，水泥砂浆抹面，南北两侧均有三层瞭望指挥塔楼。装卸机设有约30个卸煤漏斗。通过该传送台实现汽车与火车之间的煤炭转运。	改造成龙美术馆（煤漏斗）	上海市第五批优秀历史建筑	2015年8月17日
				煤炭码头传送带	1984年左右	大量存在着的高架传送带，是构成北票码头的重要组成部分。	改造成高架步道	—	—
				煤炭码头吊车	1984年左右	位于码头区内，表面被涂成红色，具有鲜明的景观标志性。	保留	上海市第五批优秀历史建筑	2015年8月17日
中山南二路729号民居	中山南二路729号	中山南二路729号	原名沈家大院，建于清末，供沈氏家族之用。沈氏家族当时主要经营绸、油，家族内大多为商人。	清代仪门	清末	原为三进院落，第一进院内存有双面雕花，均有雕花。	保留	徐汇区第文物保护单位	2011年11月30日

续表

遗存名称	原址	现址	基 本 情 况	重要建（构）筑物	建筑年代	建筑特征	拆除、保留、改造情况	保护类型	公布时间
上海水泥厂	龙水南路边1号	龙腾大道2555-9号	原名为华商上海水泥股份有限公司龙华厂，是中国第一家湿法水泥厂。沿黄浦江岸线长1000米，设有百吨至五千吨级码头10座。主要分为四个时期建造，分别为刚建厂的1920年代和1930年代，1958年和1996年。多为钢结构或钢筋混凝土结构的大跨度建筑物和构筑物。	151石灰石预均化库	1995年	该建筑体量巨大，采用大跨度结构，是上海水泥厂的标志性建筑。	保留	徐汇区文物保护点	2017年4月27日
				散装水泥库	1970年	水泥库主要由圆柱形库房及辅助建筑物组成，局部为传送带相连。圆柱形水泥罐与方形建筑形成鲜明对比。	保留	—	—
上海飞机制造厂	宛平南路南端百步桥南港	龙腾大道2555号	原名国营第5703厂，航空航天工业部所属从事大型旅客机生产企业。工厂始建于1950年9月1日，当时为民航上海办事处在龙华机场组成的飞机修理队。70年代经过多次扩建，曾一度成为远东地区应急生产运10飞机和MD-82飞机，以大跨度高大壮观的机库建筑为主。	上海飞机制造厂厂区	1950年始建	排架结构，空间网架结构简洁、有力，富有工业美感。建筑排布与流水线紧密结合，并且留有大面积试飞用空地。	保留部分车间改造为西岸艺术中心	上海市第五批优秀历史建筑	2015年8月17日
				学生实习工厂	1960年左右	原名麦道飞机库顶层结构为网架，支撑构为细偏短当时采用苏联技术，已不可复制。	改造为余德耀美术馆	上海市第五批优秀历史建筑	2015年8月17日
龙华机场	龙华镇东，黄浦江西岸，龙华港南，龙水南路以北	云锦路地铁站西北	为通用航空机场，供小型飞机试飞，训练及直升机使用。原为北洋政府松沪护军使署的江边大操场，辟建于民国四年（1915）。民国十一年改建成陆军机场。后改为民用机场，曾一度成为远东地区应急国内航班的国际机场。1966年8月，原在龙华机场起降的国内航班转到虹桥国际机场起降，同时规定龙华机场为"训练基地和航班临时的备降场"。至1995年止，龙华机场都是供小型飞机固定翼和直升机使用的通用航空机场，经多次改建。	龙华飞行港	1915年始建	以机场净空限制范围设置建筑物，构筑物有导航号标塔、超短波、南远近归航台、北近归航台、航向下滑信标台，着陆夜航灯光设备，另有气象台、油库，计有储油罐8个，最大总容量550吨。	保留跑道肌理，改造为公园，跑道改为公园	—	—

续　表

遗存名称	原址	现址	基　本　情　况	重要建（构）筑物	建筑年代	建筑特征	拆除、保留、改造情况	保护类型	公布时间
龙华机场候机楼	龙华西路1号	龙华西路1号	候机楼楼动工于解放前，但解放后始落成。其建筑设计和规模在当时的历史年代颇有纪念意义。	龙华机场候机楼	1943年始建，1946年建成	弧形建筑平面，两侧对称布局，中央为高起的大厅部分，两侧则为四层候机机厅。	保留	上海市第四批优秀历史建筑	2005年10月31日
海事局瞭望塔	丰溪路1号	龙华港、黄浦江河口	位于龙华港与黄浦江交叉处，上海石化龙华中转站厂区内。	瞭望塔	1980年代	塔高约50米，分两部分。上部为观测区，下部为支持结构，塔主体为白色。	保留	上海市第五批优秀历史建筑	2015年8月17日
上海和黄白猫有限公司	龙吴路1900号	龙吴路1900号	原名永星制皂厂，创建于民国三十七年（1948）。1958年开始开发白猫合成洗漆剂产品。70年代到90年代初，称上海合成洗漆厂，后更名为上海和黄白猫的建筑公司。厂区规模大，不同时期的建筑风格迥异。年代久早的建筑多为砖木结构，年代较晚的建筑大多为白色粉刷墙面。厂区内生产管道、烟囱、油筒等构筑物随处可见。	白猫公司俱乐部	1958年	大跨度建筑，作为礼堂举办大型职工活动。红瓦屋顶，红砖墙体，木质窗框。	保留	—	—
				职工宿舍	1957年	原名更衣室。建筑平面为凹字形，坡顶，屋顶材料为红瓦，红砖墙体，木质窗框。	保留	—	—
				工程部办公楼	1950年	原名白猫公司职工宿舍，后为二层职工宿舍，后经翻修。坡顶，红瓦屋顶，红砖墙体，木质窗框。	保留	—	—
				白猫公司仓库	1949年	原名干部寓所。上海和黄白猫有限公司厂区中历史最悠久的建筑。四坡顶，大的屋顶材料为红瓦，红砖墙体，木质窗框。	保留	—	—

255

遗存名称	原址	现址	基本情况	重要建（构）筑物	建筑年代	建筑特征	拆除、保留、改造情况	保护类型	公布时间
上海第六粮食仓库	龙吴路2050号	龙吴路2050号	为国家粮食储备库。由各种仓库建筑、办公建筑和码头等构筑物组成，主要由平房仓、楼房仓、立筒仓组成。	上海第六粮食仓库立筒仓	1981年	钢筋混凝土式简仓，由主体仓、工作塔和其他配套设施组成。	保留	徐汇区文物保护点	2017年4月27日
				上海第六粮食仓库楼房仓	1988年	用于存放包制食粮房。房身是钢筋混凝土楼房结构，柱板支撑体系，三幢一体，中间设框架结构连接房。	保留	—	—
				上海第六粮食仓库平房仓	1959年—1961年	散装粮仓，仓库均为不同年代建成，最初为沥青式仓库，后经改建统一了外形。	保留	—	—
上海良友海狮油脂实业有限公司	龙吴路2080号	龙吴路2080号	原名上海油脂总厂。厂区整体性较好，由大豆厂房、仓库、构筑物和码头组成。	海狮公司厂房和仓库	1960年建成，1980年改建	用连廊将道路两侧的厂房和仓库连接起来，中间设有传送带。	部分保留	—	—
				海狮公司立筒仓	1980年代	成列的油罐，全属材料制成。	保留	—	—
				上海油脂总厂烟囱	1960年代	码头附近的标志性建筑，钢筋混凝土结构。	保留	—	—
				上海良友海狮油脂实业有限公司水塔	1960年代	厂区标志性建筑，塔身身布小开窗。	保留	—	—
上海市离心力机械研究所	龙吴路1590号	龙吴路1590号	原名六五一研究所，成立于1958年。用地原为划船俱乐部所有，单位内厂房和仓库历史悠久。	离心力机械研究所仓库	1957年	原本属于划船俱乐部，后用于划分给该研究所作为仓库使用。建筑平面呈马蹄形，坡屋顶。	保留	—	—
上海长桥水厂	上中路411号	上中路411号	始建于1959年，是上海市自来水南市有限公司隶属下的一家大型制水厂。	长桥水厂原澄池	1980年代	由设备间和原澄池两部分组成，中间以连廊连接，拱指窗框。	改造	—	—

资料来源：徐汇区档案馆提供，2019年6月。

说明：1. 该表格在上海同济城市规划设计研究院2008年所作《徐汇滨江工业建筑调查》基础上整理、补充。

2. "保护类型"与"公布时间"经上海市徐汇区文物保护和历史建筑保护部门确认。

根据表6-1中的一些内容，将主要历史遗存绘制成图6-58：

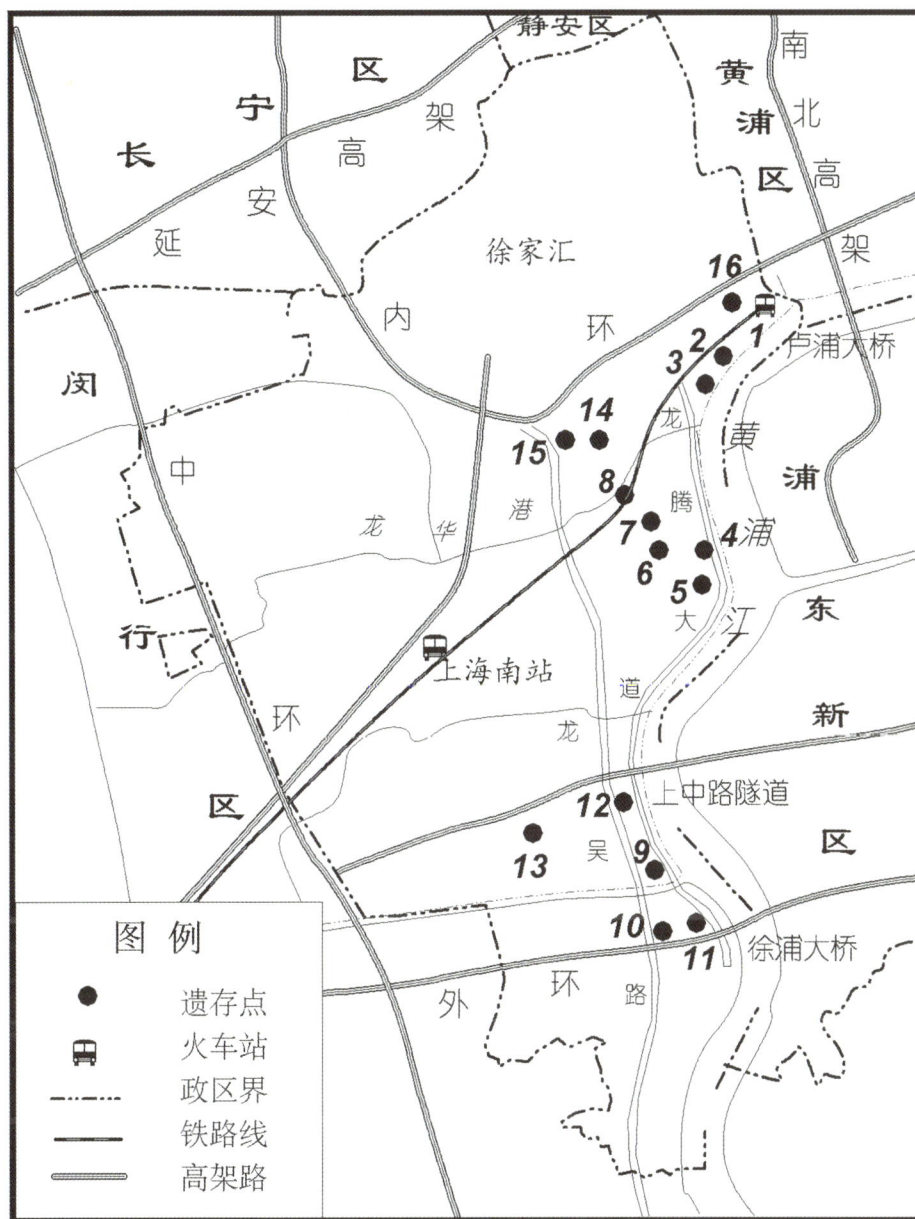

图6-58 上海市徐汇滨江地区主要历史遗存分布示意图（李甜绘制）

图中数字标注说明：
1. 上海铁路南浦站
2. 上海港务局煤炭装卸公司北票码头
3. 中山南二路729号民居
4. 上海水泥厂
5. 上海飞机制造厂
6. 龙华机场
7. 龙华机场候机楼
8. 海事局瞭望塔

9. 上海白猫（集团）有限公司
10. 上海第六粮食仓库
11. 上海良友海狮油脂实业有限公司
12. 上海市离心力机械研究所
13. 上海长桥水厂
14. 龙华寺（塔）
15. 龙华烈士陵园
16. 上海市南洋中学图书馆（老校友厅）

图 6-59 南洋中学图书馆（校友厅）老照片

图 6-60 南洋中学保存的老建筑——图书馆
（校友厅，摄于 1996 年 1 月 19 日）

从日晖港往南，首先要介绍一处人文遗址，就是位于日晖港附近的上海市南洋中学图书馆（校友厅）。

南洋中学，位于今徐汇区龙华中路 200 号。（图 6-59）在近代绘制的一些地图中，均标注了"南洋中学"（如图 6-7，图 6-9 等）。南洋中学是一所由中国人自主创办进行现代教育的著名中学，办学历史悠久。❶ 校内建校友厅，颇有来历。1915 年，上海南洋中学校友会鉴于学校自身筹备校友俱乐部甚为棘手，遂主动发起建筑校友厅倡议。1916 年劝募伊始，每人以 30 元为限，殊难进行，"使有力者不得量力多捐，无力者勉力为难"。❷ 从 1918 年开始，破除捐数限制，结果校友们热心迸发，"一时慨认者纷纷"。数目较大的有：钱新之认捐 1 000 元，吴蕴斋认捐 500 元，朱少屏认捐 200 元，席裕昌认捐 100 元……，"小则数十百元，大则千余元，其时认捐之数，已及五六千元"。❸ 然而至 1919 年欧战爆发，建筑材料腾贵，营造成本飙升，非万元以上不得有坚固可观之建筑。同时，学校于 1920 年又有图书馆建筑计划，为地位及经济节缩起见，拟与校友厅合并建筑，这样一来，所需建筑经费最少为 25 000 元。由于经费需求骤升，募捐难度加大，1922 年校友会召开冬季大会，决定推举委员，专任办理捐募。1924 年，校长王培孙向校友会提出募捐分工，"校友会任三之一，校任三之二"。❹ 截至 1926 年 9 月，共有 202 位校友会会员慷慨解囊，总计认捐 10 865 元，实收 9 576 元。❺ 在尽愿输捐的同时，校友会又组织专门成立 12 人建筑委员会，全权负责此项工程。其中，最为关键的设计绘图与工程察勘，分别由金祥凤、庄俊这两位当时驰名的工程师校友亲自主持。"规画一切，选绘图样，皆会员金祥凤君尽纯粹之义务。而修改图样，参议工事，则会员庄俊君与有力焉。"❻ 1925 年 10 月正式动

---

❶ 马学强、于东航主编：《为国桢干：上海南洋中学 120 年（1896—2016）》，商务印书馆 2016 年版。
❷ 郑初年：《建筑校友厅之经过及将来之希望》，《南洋杂志（上海）》1926 年第 4 期。
❸ 郑初年：《建筑校友厅之经过及将来之希望》。
❹ 王培孙：《本校近况与我之意见》，《南洋杂志》1924 年第 3 期。
❺ 《校友厅捐款清单》，《南洋杂志（上海）》1926 年第 4 期。
❻ 郭成爽：《校友厅已落成矣》，《南洋杂志（上海）》1926 年第 4 期。

工，1926年6月，南洋中学校友厅与图书馆竣工。（图6-60）

　　大楼建成后，一楼为图书馆。抗战时期，图书馆几经搬迁，损失较大，散失不少。二楼为校友聚会之所，不少社会名流曾在此演讲，或题词留念。1952年，图书馆校友厅改造内部结构，改成五间教室。是年12月26日，南洋中学向合众图书馆捐图书76 630册。南洋中学的图书馆（校友厅），成为几代"南中人"的集体回忆：

　　　　南中的图书馆在学校的最西头，环境幽静，门口几根又粗又高的水泥圆柱给人以庄严肃穆的感觉……图书馆也是南中的象征和标志性建筑，大门口高悬着写有"以文会友"四个大字的匾额。记得当时我们三角形的校徽上，就有图书馆的图案，图书馆的底层是一个面积很大的礼堂。❶

　　陈从周、章明主编的《上海近代建筑史稿》也专门提及位于龙华路、大木桥路口南洋中学的图书馆等。❷ 该幢建筑如今仍然保留。徐汇区人民政府2010年11月发布公告，南洋中学校友厅（图书馆）作为近现代重要史迹及代表性建筑，被批准为第六批徐汇区文物保护单位。

　　历史上尤其是近代史上，徐汇滨江沿岸分布着大量工厂企业、交通设施及物流仓储基地。作为早期上海民族工业的聚集区和发祥地之一，这里有上海水泥厂、上海飞机制造厂、铁路南浦站、北票码头等工业建筑遗产，这些建筑见证了上海工业的百年发展，属于一个时代的集体记忆，值得珍视和保存。（图6-61，图6-62）

　　在滨江地区文化遗产的保护实践中，最有效的方法与途径就是利用和开发兼顾，让这些遗产真正成为滨江地区公共开放空间的有

图6-61　龙华境内的一段铁路（摄于2003年10月29日）

❶ 王国铨（1950届校友）：《南中生活旧事趣事片断》，收入上海市南洋中学编：《上海市南洋中学校友回忆录（1896—2006）》，2006年刊印，第154页。
❷ 陈从周、章明主编：《上海近代建筑史稿》，上海三联书店1988年版，第116页。

图 6-62　改造前的龙华机场、上海水泥厂一带（摄于 2008 年 11 月 19 日，上海西岸开发〔集团〕有限公司提供）

机组成部分。有鉴于此，早在 2008 年，随着滨江开发的逐步推进，徐汇区相关部门就完成了《滨江地区工业历史遗存》等专题调研报告，盘点与摸清了该区域内的主要历史遗存状况。（参见表 6-1）涉及滨江的改造规划，则始终注意保留这些工业遗产建筑，如相关方面曾建议将原上海水泥厂改造为具有工业历史色彩的新兴文化演艺园区；通过博物馆、展览馆等形式展现龙华机场和飞机制造厂的发展历程；通过细致的环境设计，将滨江地区原有的锚桩、铁索、管道、钢柱钢梁等工业符号巧妙地整合进滨江公共开发空间的新环境之中。在 2010 年最终落成的滨江公共开放空间一期工程中，这些历史建筑也都被不同程度加以保存和改造。

　　金晖南浦花园原为上海铁路南浦站，在兆丰路底，开平码头和北票码头之间。始建于清光绪三十三年（1907），为上海较早的水陆联运场所，初名日晖港站。花园的核心是"南浦 1907"（原货运十八线仓库）。

在铁路南浦站旧址，依据周围建筑风格特点，新建徐汇滨江公共开放空间规划展示馆，将原自备码头改造成树阵广场。此外，还建设有南浦站火车花园，其中将南浦站多年珍藏的老火车头进行全面修复，作为徐汇滨江水陆联动运输的永久纪念。

原北票码头，岸线长约515米，为上海港装卸煤炭的专用码头，建于1929年，是北票煤矿公司投资建设的两座浮码头，全长120米。20世纪70年代和80年代对码头进行了改造，使其成为承担龙华地区煤炭供应及水（运）铁（路）中转任务的码头。（图6-63）在滨江一期改造过程中，码头原有的煤炭输送带被加以改造。通过现代技术修复和加固，两头连接高耸的橘红色塔吊，被称为海上廊桥，成为黄浦江沿岸唯一的空中视觉平台，为人们感受浦江风景提供了不同的视角。而原来的沿江塔吊系统也被全面修复，形成了塔吊广场景观。（图6-64）

原来的北票码头主体旧址位于龙腾大道和瑞宁路交界处，同样被加以保护性开发，并以枫树作为整个区域的主要景观植物，命名为琥珀枫林城市，以呼应枫林路之路名。

图6-63 北票码头改造前（摄于2008年10月31日，上海西岸开发〔集团〕有限公司提供）

图 6-64 沿江码头改造前（摄于 2008 年 12 月 19 日，上海西岸开发〔集团〕有限公司提供）

图 6-65 徐汇滨江开放空间航拍（C 单元海事塔，摄于 2017 年 6 月 12 日，上海西岸开发〔集团〕有限公司提供）

还有一个比较经典的改造项目是海事瞭望塔。该塔始建于 20 世纪 80 年代，高约 41.2 米，占地 20 平方米，主要用于海事瞭望、监控航道安全、签证管理等。在滨江开发过程中，相关部门对其外观进行了装饰性的改造。改造后的瞭望塔整个造型以上海市花白玉兰、中国传统瓷器和稻穗为概念，利用氟碳喷涂的不锈钢网架构织成一张充满弹性的表皮包裹塔身，富有动感，魅力十足。登上海事塔顶层观光平台，可将一湾两岸美景尽收眼底，与龙华港桥共同呈现出绚丽的夜景效果。（图 6-65）

图 6-66　徐汇滨江航拍图（摄于 2019 年 6 月，上海西岸开发〔集团〕有限公司提供）

在这里，以滨江景观整体开发概念来营造的城市公共空间，跨越时空，将人文、艺术和科技巧妙融合。（图 6-66，图 6-67）

走进徐汇滨江，感受西岸，去发现，去寻觅，去探访，了解它的沧桑巨变，体会黄浦江这一段沿岸所具有的独特文化魅力。（图 6-68）

图 6-67　2019 年 7 月发布的《航拍上海（徐汇篇）》徐汇滨江一段（中共徐汇区委宣传部提供）

图 6-68　徐汇滨江航拍图（摄于 2019 年 6 月，上海西岸开发〔集团〕有限公司提供）

附 录

附录一

徐汇滨江大事记
（2000—2019）

2000 年

6 月，上海市有关部门编写《黄浦江两岸地区规划工作汇报》中涉及"南延伸段"，包括徐汇区黄浦江沿岸段。

12 月 17 日，上海市人民政府同意撤销龙华镇建制，建立徐汇区龙华街道办事处。下辖 40 个居委会。街道办事处设在龙华西路 31 弄 59 号。

12 月 31 日，龙华旅游城一期工程竣工开业，上海市副市长周慕尧出席开业仪式。

2001 年

12 月 11 日，龙华烈士陵园续建工程竣工，并通过验收。

2002 年

3 月 15 日，有关部门提交《有关龙华机场地区情况的汇报》。

4 月 1 日，上海龙华庙会在龙华旅游城开幕。

7 月，上海市徐汇区城市规划管理局提交《关于徐汇区黄浦江沿岸地区规划的报告》。

是年，龙华港水系综合整治一期工程完成，包括龙华港、漕河泾港、张家塘港、东上澳塘港等河道，总长 10.8 万米，工程自 1998 年起至 2002 年，

历时 5 年。

是年，对龙华西路进行大规模整治。

是年，按照"百年大计、世纪精品"的要求，黄浦江两岸综合开发正式启动。

2003 年

6 月 1 日，《上海市黄浦江两岸开发建设管理办法》开始施行。

6 月，龙华路中段竣工，标志着龙华路拓宽工程完成。龙华路拓宽工程于 2002 年 3 月正式启动，工程分为龙华路西段和中段两段建设，龙华路西段自 2002 年 3 月开工，至年底竣工；龙华路中段于 2002 年 6 月开工，2003 年 6 月竣工。龙华路拓宽后，使龙吴路与宛平南路相连接，有利于改善徐家汇地区和龙华地区的交通拥堵状况。

9 月 11 日，上海市徐汇区人民政府向有关部门提交《关于申请办理黄浦江两岸南延伸段地区 B 单元规划编制工作的函》。

11 月 26 日，上海市徐汇区人民政府向有关部门提交《关于申请办理黄浦江两岸南延伸段地区 B、C 单元规划编制工作的函》。

是年，龙华街道投资兴建滨江休闲广场。

是年，徐汇区制订《黄浦江综合开发工作小结

和 2004 年工作计划》。

2004 年

3 月，为了配合铁路上海南站建设，徐汇区人民政府对龙华等街道的行政管辖范围进行调整。自 4 月 1 日起，原龙华街道所属的华富、佳友、东泉路、张家园、挹翠苑、石龙 6 个居委所在地区分别划归漕河泾街道和长桥街道。调整后的龙华街道，东起黄浦江，西讫龙华西路、龙吴路，南起张家塘港河，北讫华容路、龙华路。管辖面积由原来的 8.26 平方千米缩减为 6.53 平方千米。

6 月 28 日，龙恒路（龙吴路—龙华西路）路段改建工程竣工，全长 910 米，路幅宽 16 米，总投资 1 373 万元。

2005 年

6 月 3 日，上海市有关部门刊发《关于印发 2005 年黄浦江两岸综合开发重点推进的若干工作的通知》。

2006 年

6 月，龙华塔被国务院批准公布为第六批全国重点文物保护单位。

2007 年

3 月 14 日，上海市黄浦江两岸开发工作领导小组办公室、徐汇区政府签订《共同推进黄浦江沿岸徐汇区段综合开发合作备忘录》，按照"政府主导、市场运作"的开发原则全力推进徐汇滨江综合开发建设。

2008 年

2 月 15 日，涉及徐汇滨江的公共开放空间规划设计方案国际征集最终结果出炉，英国 PDR 公司"上海 CORNICHE"方案中标。

11 月，徐汇滨江公共开放空间一期（原铁路南浦站至龙兰路）项目正式启动。

是年，完成龙华港水系骨干河道疏浚工程。

2009 年

自 4 月起，为加快推进 2010 年上海世博会重大配套工程建设，龙华街道配合有关部门，新建云锦路、丰溪路、滨江公共开放空间和龙耀路越江隧道等，并先后启动陆家堰、建设新村、轨道交通 12 号线、161 街坊 33 丘、百步桥等 1 066 证、1 724 户居民和 60 余家企事业单位的动迁任务。

11 月 18 日，徐汇区世博配套工程、龙腾大道道路桥梁工程龙华港桥主桥钢结构吊装就位，实现结构大合龙。

2010 年

2 月 26 日至 28 日，由上海世博会事务协调局、上海市文化广播影视管理局和徐汇区政府共同主办的元宵灯会在龙华塔园广场步行街举办。

5 月 1 日，徐汇滨江公共区域开放仪式在龙华港桥举行。徐汇滨江公共开放空间一期建成开放，徐汇滨江公共区域面积约 25 万平方米，沿黄浦江岸线长 3.6 千米，公共绿地 14 万平方米，休憩广场 8 万平方米，亲水平台 1.3 万平方米。黄浦江沿岸第一条驱车看江的景观大道——龙腾大道建成通车。

6 月 11 日，徐汇区政府为加强滨江地区的属地管理，推动滨江地区的改造和建设，对龙华街道办事处、斜土路街道办事处、枫林路街道办事处在滨江地区的行政管辖范围进行调整。

6月，徐汇区土发公司组建上海龙华建设发展有限公司，主要承担龙华地区综合改造地下空间工程建设。

是年，徐汇区完成多项世博配套工程。云锦路、丰谷路、龙腾大道、龙耀路越江隧道先后建成通车。轨道交通11号、12号线云锦路站、龙水南路站、龙华路站建设顺利推进，同时做好世博道路周边环境整治工作。圆满完成世博会相关任务。

2011年

12月21日，中国共产党徐汇区第九次代表大会确立"规划引领，文化先导，产业主导"的徐汇滨江开发思路，提出实施"西岸文化走廊"品牌工程，自此，"西岸"成为"后世博时代"徐汇滨江地区的全新称谓。

2012年

6月25日，上海国际航空服务中心、上海航空器适航审定中心项目开工。

7月7日，龙美术馆（西岸馆）、余德耀美术馆签约落户徐汇滨江。

8月7日，中外文化合作交流项目"东方梦工厂"签约落户徐汇滨江。

9月5日，徐汇滨江地区住宅配套道路龙兰路举行开工典礼。

9月30日，首届西岸音乐节成功举办，成为上海首个本土大型户外音乐节品牌。

12月4日，上海市徐汇区政府作出《关于同意组建上海西岸开发（集团）有限公司的批复》。

12月12日，上海市徐汇区政府国有资产监督管理委员会发布《关于组建上海西岸开发（集团）有限公司的通知》。

12月24日，中共中央政治局委员，上海市委书记、市长韩正到徐汇区调研，听取龙华地区综合改造方案等汇报。

12月28日，上海徐汇滨江地区综合开发建设管理委员会、上海西岸开发（集团）有限公司正式成立。

2013年

10月20日，首届西岸建筑与当代艺术双年展盛大开幕。

2014年

3月28日，由著名收藏家刘益谦、王薇创办的国内规模最大的私立美术馆——龙美术馆（西岸馆）建成开放并举办首展"借古开今"。

5月17日，由著名收藏家、印尼华侨余德耀创办的余德耀美术馆建成开放，并举办首展"上海星空"展览。

9月25日，首届西岸艺术与设计博览会开幕，成为国内首个融合顶尖当代艺术与设计的国际性大型博览会。

10月20日，《黄浦江两岸地区公共空间建设三年行动计划（2015年—2017年）》出台。

12月28日，以"上海梦中心"为旗舰的西岸传媒港项目正式开工建设。

2015年

3月27日，"西岸艺术专家委员会"成立。

6月24日，腾讯签约入驻西岸，标志着西岸传媒港的文化传媒产业格局基本形成。

7月30日，恒基兆业入驻西岸，打造徐汇滨江最高地标。

10月22日，斜土街道、龙华街道与西岸集团共同组成徐汇滨江文化金融集聚区，全面负责地区产业促进、招商引资和企业服务职能。

11月5日，美国《纽约时报》以"艺术高涨之地"为题整版专题报道上海西岸。

2016 年

1月23日，云锦路建成通车，上海市中心城区最美林荫大道——跑道公园初具雏形。

1月30日，"西岸规划建设专家委员会"成立。

1月，徐汇滨江公共开放空间荣获2015年"中国人居环境范例奖"。

2月14日，徐汇滨江经济发展有限公司企业服务中心成立。

6月29日，《黄浦江两岸地区发展"十三五"规划》颁布，着力打造世界级的滨江公共活动空间。

7月1日，上海群团改革的创新基层站点——徐汇滨江建设者之家正式运营。

8月7日，中共上海市委、上海市人民政府宣布启动黄浦江两岸公共开放空间贯通工程。

9月4日，ART WEST BUND 2016西岸秋冬文化艺术季正式启幕，以"来西岸，去发现"为主题打造上海首个城区文化季品牌。

9月9日，黄浦江两岸45千米贯通工程徐汇段正式启动，规划形成活力示范、文化核心、自然体验、生态休闲四大主题区段。

9月28日，日晖港人行桥开放试运行，打通黄浦与徐汇滨江断点。

10月1日，首届西岸食尚节开幕，成为国内最具规模的国际美食盛会，打造魔都的味觉名片。

11月7日，徐汇区第十次党代表大会召开，确立上海西岸"规划引领、文化先导、生态优先、

科创主导"的开发基本原则。

11月10日，以"城市更新与文化艺术"为主题的首届全球水岸对话开幕，首次提出上海西岸"迈向全球城市的卓越水岸"的发展目标和以"西岸计划"为名的文化发展总纲领。

11月25日，徐汇区、闵行区达成战略合作协议，启动西区交界处的6.88平方千米滨江区域的合作项目。

12月4日，生态休闲区和淀浦河桥国际方案出炉，徐汇滨江公共开放空间方案国际征集正式结束。

2017 年

2月11日，中共上海市委副书记、上海市市长应勇实地调研徐汇滨江贯通工程工作进展。

3月，贯通工程生态休闲区上粮六库、白猫集团、划船俱乐部拆除工作相继启动。

4月24日，龙华B、C地块完成出让，标志着龙华地区综合改造进入实质性推进阶段。

6月30日，徐汇滨江贯通工程活力示范区完成提升改造，"文化核心区"完成结构贯通。

7月25日，中共中央政治局委员、上海市委书记韩正前往徐汇区滨江段，实地考察徐汇滨江贯通工程取得的最新进展。

2018 年

1月1日，公共开放空间贯通工程（徐汇段）正式向市民游客开放运营，"健身迎新年·美好新起点"迎新活动隆重举行。

1月8日，《中法联合声明》第二十条写入有关上海西岸与法国乔治·蓬皮杜国家艺术与文化中心的合作项目，支持双方共办展览和研讨会。

6月12日，上海网之易璀璨网络科技有限公司竞得徐汇区黄浦江南延伸段 WS5 单元 188S-Q-1 地块。网易入驻徐汇滨江。

8月7日，上海市政府、徐汇区政府与小米集团在沪签署战略合作框架协议，小米落户上海西岸。

8月20日，上海市政府与腾讯公司在沪签署深化合作框架协议，腾讯华东总部落户上海西岸。

8月24日，沪港合作会议在香港举行，上海西岸与香港西九文化区正式签署战略合作框架协议，"双西"合作正式开启。

9月17日至19日，上海西岸承办的2018世界人工智能大会圆满举行。

10月8日，上海市政府与中央广播电视总台在沪签署深化战略合作框架协议。徐汇区政府与中国国际电视总公司也签署了有关项目合作协议，央视落户上海西岸。

12月19日，西岸美术馆—蓬皮杜中心五年展陈合作项目执行协议签约仪式在余德耀美术馆举行。

2019 年

3月23日，上海西岸核心区域的油罐艺术中心同时对公众开放3个大型艺术展，这也标志着油罐艺术中心正式开馆。

5月5日，中央广播电视总台 5G+4K+AI 媒体应用实验室揭牌暨纪录片《而立浦东》开机活动举行。央视 5G+4K+AI 媒体应用实验室落户西岸传媒港。

5月24日，微软亚洲研究院（上海）和微软—仪电人工智能创新院在徐汇区正式揭牌。

7月10日，2019 全球水岸对话暨徐汇滨江核心区规划设计研讨会在西岸艺术中心举行。

8月23日，2019 西岸文化艺术季·秋冬盛大揭幕。联动西岸区域 20 个场馆共同呈现 50 余场文化活动，将艺术季的内涵多角度延伸，诠释更加深刻的品牌内涵。

8月28日，"智联世界汇聚双 T"——徐汇区 AI Town & AI Tower 新闻发布会在上海西岸国际人工智能中心召开。会上，举行 AI Tower 部分代表企业入驻仪式。这些企业包括微软亚洲研究院（上海）、微软—仪电人工智能创新院、华为技术有限公司、阿里巴巴（上海）有限公司、全球高校人工智能学术联盟、上海联影智能医疗科技有限公司、上海明略人工智能（集团）有限公司、上海思必驰信息科技有限公司、深圳云译科技有限公司等。

8月29日，"2019 华为智能计算大会·上海"举行。徐汇携手华为正式启动"华为上海鲲鹏产业生态创新中心"，打造中国信息技术应用创新战略落地的先导区。华为鲲鹏产业生态创新中心落户上海西岸。

同日，上海国际艺术品交易月首场新闻发布会在西岸实验室举行。

8月29日至31日，2019 世界人工智能大会举办，本届峰会东西联动，设浦东世博会场、浦西徐汇西岸会场。

8月30日，2019 世界人工智能大会–全球高校人工智能学术联盟高端对话在徐汇西岸举行，宣布联盟正式成立，并落户西岸国际人工智能中心（AI Tower），全球十余所高校联手推动人工智能学术交流和协同创新，共同助力徐汇打造上海建设国家人工智能高地新地标和核心区。

9月13日，油罐玩家艺术节正式开幕，汇集了展览、书展、市集、美食、音乐、潮流文化、表演等多个领域。

9月21日，上海西岸开发（集团）有限公司与华为技术有限公司在上海2019华为全联接大会上签署合作框架协议，共同推动加快徐汇滨江智慧城市建设。

9月26日，中央广播电视总台首个区域总部和地方总站——长三角总部暨上海总站正式交付启用。中共中央政治局委员、上海市委书记李强为中央广播电视总台上海总站、长三角总部启用揭幕。中宣部副部长、中央广播电视总台台长慎海雄与中共上海市委副书记、市长应勇共同为中央广播电视总台"国家多语种影视译制基地"揭牌。

10月10日至13日，2020春夏上海时装周在以西岸艺术中心为主场馆的总面积达25 000平方米的六大主题场馆内举行。15 000位来自全球各地的业内专业人士参与。

10月20日，"中智杯"第十四届世界在华企业健身大赛暨2019上海国际企业半程马拉松赛在徐汇西岸滨江地区举行。

10月29日，上海国际艺术品交易月启动新闻发布会暨上海国际艺术品交易中心揭牌仪式在上海西岸举行。发布会上介绍了首届上海国际艺术品交易月及上海国际艺术品交易中心的筹备情况，并发布交易月百场系列活动、扶持政策及上海国际艺术品交易中心首批会员单位名单。

11月5日，法兰西共和国总统埃马纽埃尔·马克龙与徐汇区区长、西岸文化艺术委员会主席方世忠一同为"西岸美术馆与蓬皮杜中心五年展陈合作项目"揭幕。上海市文旅局局长于秀芬、中共徐汇区区委书记鲍炳章为西岸美术馆揭牌。

资料来源：

1.《上海西岸开发（集团）有限公司大事记（2002—2019年）》（初稿），2019年11月，上海西岸开发（集团）有限公司提供。

2.《上海市徐汇区龙华街道志（1993—2016）》（大事记初稿），2019年5月，上海市徐汇区龙华街道志编纂委员会提供。

3.《徐汇区志》编纂委员会编：《徐汇区志》，上海社会科学院出版社1997年版。

4. 林峰、张青华、马学强主编：《千年龙华——上海西南一个区域的变迁》，学林出版社2006年版。

5. 上海市徐汇区地方志编纂委员会编：《徐汇年鉴（1992—1998）》，汉语大词典出版社2002年版。

6. 上海市徐汇区地方志编纂委员会编：《徐汇年鉴》（1999年至2017年），汉语大词典出版社、上海辞书出版社、学林出版社、上海社会科学院出版社、上海书店出版社等陆续出版。

7. 龙华街道相关档案，徐汇区档案馆提供。

8. 徐汇滨江开发、上海西岸开发（集团）有限公司相关档案，徐汇区档案馆、上海西岸开发（集团）有限公司提供。

9.《人民日报》《解放日报》《文汇报》等相关报道。

备注：

1. 为了系统、全面反映徐汇滨江地区的演变，我们将大事记上溯到2000年1月1日，截止日期为2019年11月10日。

2. 大事记中，为行文方便，有时用简称，如中共上海市委，简称"上海市委"；上海市人民政府，简称"上海市政府"；徐汇区人民政府，简称"徐汇区政府"；上海西岸开发（集团）有限公司，简称"西岸"。还有一些机构不便公开，称"有关部门"。

3. 大事记内容，经课题组与上海市徐汇区档案局（馆）、上海西岸开发（集团）有限公司等多次讨论后确定。

附录二

口述资料选

口述历史，是以口述史料作为主要研究对象的史学。在城市史研究中，口述史资料极为珍贵，具有其独特的价值，有鉴于此，我们专门成立了"徐汇滨江·上海西岸口述小组"。在上海西岸开发（集团）有限公司、徐汇区档案局（馆）、龙华街道办事处等部门的大力支持下，口述采访了不少人士，包括：长期生活在徐汇滨江地区的老居民、老职工，有的是上海飞机厂（后改为上海飞机制造有限公司）、龙华街道等部门的负责人，也有实际主持这一带规划的徐汇区规划和自然资源局领导，还有的同志先后在上海徐汇土地发展有限公司、上海光启文化产业投资发展有限公司、上海徐汇滨江开发投资建设有限公司等工作，后来随着上海西岸开发（集团）有限公司的成立，进入该公司工作，具体参与、完整见证上海西岸在"世博会"前后十多年中的崛起与巨变。在采访中，口述小组成员结合访问者的具体情况提问。此后结合文献资料，对口述内容作了一些整理工作。这些亲历者的口述，其价值体现在以下几个方面：（一）作为参与者，包括一些部门的负责人，可以通过他们的回忆，帮助读者、研究者走进现场，加深对徐汇滨江地区变迁的理解。（二）从中获取一些线索，了解从徐汇滨江到"西岸"演变的更多细节内容。（三）口述内容与文献档案相结合，可以互相印证，互为补充。

这里，我们摘选其中的 8 篇口述文章。

口述 1

我在龙华的经历　高经建口述

采访时间：2018 年 5 月 30 日 ❶

地点：天钥桥南路 399 号龙华街道办事处 5 楼办公室

口述者：高经建

采访整理：王健、庞煊麒等

整理者按：高经建，1955 年 5 月出生。先后就读于上海县上海小学、沪闵中学。1970 年 12 月参加工作，在云南生产建设兵团一师六团当兵。1979 年 3 月，到龙华铆钮厂任车间主任，后任厂党支部副书记。1986 年 9 月至 1996 年 1 月，任上海县（徐汇区）龙华镇党委委员、副镇长、党委副书记兼纪委书记等职。1996 年 1 月，调任徐汇区漕河泾镇副镇长，后为漕河泾街道副主任。2007 年 10 月至 2015 年 6 月，历任徐汇区龙华街道办事处主任、党工委书记。2015 年 6 月退休。

我是徐汇长桥人，1955 年生。1970 年上海地方招消防兵，当时我只有 15 岁，中学尚未毕业，未满 16 岁的入伍年龄，因此自己报名，参加"上山下乡"，前往云南西双版纳的军垦农场当兵。我在该军垦农场待了 10 年时间，1979 年我因探亲假返沪。我的父母都是老师，当时已退休，由于我的哥哥、姐姐也都在部队当兵，我遂以"困退"而退伍。

当时，几十万人同时返沪，上海地方上对于安置这批人员没有预先作好准备，因此我无法立刻落户，工作也没有着落。过了几个月，我写信给当地的"革命委员会"，询问解决的办法，并声称"若不收我，我便回去"，"革委会"回信答复，要我

去上海县上山下乡办公室询问、解决。上山下乡办公室的一位办事人员对我说："你就等着吧。"意思是不要着急，耐心等待上级统一的解决态度明确后，一定会有说法的。于是，我就回来找到街道执行办，到上海耐火材料厂做临时工，暂时安置在机动科，日常工作闲暇，却能领到一份得以糊口的工资。又过了几个月，我母亲所在学校方面有人来找我，主动提出让我写个材料，要给我证明一下我的困难情况（哥、姐当兵在外，父母需要照顾），因此我的户口问题得以解决，此时已是 1980 年。

1980 年 3 月，我来到了龙华镇的一个工厂工作。当时龙华镇与上海纺织学院合作办厂，因征用了龙华镇的土地，于是要在厂内安置龙华镇上的人

---

❶ 经口述者审读补充。收录时，一些内容作了删节。

员，女性一般到羊毛衫厂工作，像我这样的男同志就进入铆钮厂工作。铆钮厂主要生产纽扣和一些二极管、三极管，厂内本身也有一个羊毛衫车间。

1980 年 3 月到 1986 年间，我一直在铆钮厂工作，期间我自学攻读电视大学，于 1986 年考上了国家干部（当时的公务员考试），随后离开铆钮厂，来到镇上工作。

那时候镇上的各个工厂效益都不错，铆钮厂的效益也还可以，另外，诸如元件厂、汽配厂、天姿日化厂（后期铆钮厂效益渐差，日化厂遂借用了前者的厂房）等都效益不错，当时整个龙华镇的经济发展是比较好的。

1986 年我到龙华镇组织科工作，当时科内有六七位同志，日常事务比较繁忙。但一段时间以后，组织科内的实际工作人员就只剩我一人，于是我就成了该科的负责人。同时，我还分管体制改革工作，当时镇上的自主权还比较大，有时人手不够用，镇上往往到企业里去借用人力。

后来龙华镇一位副镇长过世，我便升任副镇长，这是 1990 年的事。我作为副镇长主要分管镇里的经济工作。在我分管的几年间，镇上几家镇办企业的效益都不错，后期由于整体经济形势的变化以及产品不适应时代发展潮流等问题，一批企业开始走下坡路。

当时老镇是龙华的商业中心，龙华寺边上有个百货商店，一个饭店，还有零星的一些小店，商业其实并不繁华，商品贸易主要依靠庙会。

龙华庙会，始于 20 世纪 80 年代，当时龙华属于上海县，规模较小，1984 年龙华划入徐汇区，1988 年以后，因区里某副区长分管经济工作，重视龙华庙会，因此龙华庙会越做越大。1988 年以后的

五六年间，龙华庙会都很红火。当时，龙华庙会堪称徐汇区商业状况的晴雨表，所谓"十天的庙会，可以吃一年"。最盛之时，庙会上会有空中旅游，直升机。由于当时是计划经济，购买商品要凭票，但庙会交易不需要票，我们镇上自己都直接到各厂家（比如崇明的远东冰箱厂、"雪花"洗衣机厂等）组织货源，诸如彩电、冰箱、洗衣机、自行车等商品都不要票，价格也比商场优惠，因此庙会一直非常红火。除了一些大件，龙华庙会的其他商品主要分三类：服装、食品和餐饮小吃。其中，服装款式多，价格便宜，例如同样一条 20 块左右的裤子在商场要卖到 80 到 100 块。食品诸如粉丝一类等，在当时是稀缺的，平常人家只有过年过节才吃得到，因此庙会上成堆的粉丝销售也很好。另外就是一些各式各样的小吃，受到民众的欢迎。那些庙会商户多为个体户，当时他们刚刚起步发展，也需要庙会这个平台，所以庙会其实是给他们提供了一个好的交易平台。当时真如、闵行、天山路等地都有庙会，但发展时间晚、规模小，因此效益都不如龙华。1990 年我任副镇长以后，主要由我负责龙华庙会。

庙会最盛时人流总数超过 200 万人次，一天最多的时候超过 20 万人，一开始庙会为期 10 天，后来一度增加至 15 天。庙会举办时间一般是每年的 4 月中旬到五一劳动节之前结束。（因为举办庙会龙华地区要封路，需要市公安局批准，所以时间上有限制。）当时的效益在千万元以上。庙会的商户则是统一招商的，镇政府方面主要由我负责，另外区商贸委也分管一部分。

大约 1993 年以后，整个市场的经济形势发生变化，市场逐渐开放，凭票购买的制度取消了，并且地方上多有集市出现，因此龙华庙会的商贸优势

不再。后来庙会一年搞两次，秋天还有一次。到20世纪90年代后期，庙会逐渐衰落。现在龙华庙会申遗成功，为了保持"非物质文化遗产"的名头，要坚持每年继续做，一度还转到徐汇滨江去搞。但龙华庙会嘛，不在龙华寺叫什么庙会？因此第一年的状况就是冷冷清清，没什么人去，大概也是没人知道。（为此还专门派班车往来接送游客。）第二年稍有人气，但舆论评价不太好，觉得不在龙华寺就不像一回事了。因此后来又在龙华寺附近恢复起来，在龙华商业街搞一段，规模很小，只有些手工艺品之类的，这也是为了配合非物质文化遗产方面的缘故。其实，龙华庙会现在已经缺失了其"会"的功能。

龙华庙会与龙华寺之间也有一定的关系。所谓庙会，就是以庙为主，并且庙会所需的场地是由龙华寺提供的。搞一个庙会，寺院也乐见其成，因为借此庙里的香火也旺。"撞钟"是我们围绕龙华庙会和龙华寺搞的一个特色项目。从20世纪80年代开始，撞钟和素食就是龙华寺的两个特色项目。从撞钟项目设置以来，撞钟的第一下其实是我敲的。（寺内僧人原本是不敲钟的。）后面逐渐有了对撞钟次序、数字的讲究，如108下要几十万，第一下也要几万块，现在撞钟是一年两次。

龙华寺的收入是很可观的，主要来源于本寺的功德捐和水陆道场、撞钟所得的收入，一部分要捐给慈善拍卖，一部分寺里僧众衣食也需供给。因此每年龙华庙会时龙华寺都要组织慈善拍卖，由寺内外的书画名家当场创作，当场拍卖，当时的捐款主要分作两途，一是捐给聋哑人尤其是聋哑儿童，一是捐给养老院。2008年"512"地震后，龙华寺组织了义卖，当时一个字卖几万块的情况很普遍，寺内把义卖的善款直接送到灾区（当场发送现金），

还是很得人心的。后来一直到现在，寺里成立了"大成慈善基金会"，由本寺自主管理善款，政府方面也就不再插手这方面的事情了。

1993年到1996年间，我也曾兼任副书记（纪委书记），还继续管一点行政工作，后面又继续做副镇长。

1996年1月份，在镇政府选举之前，组织部门突然找我谈话，要我交流到漕河泾做副镇长。因此，1996年到2007年间，我在漕河泾镇待了12年。

2007年，我又回到龙华街道，干了一年的街道办主任，2008年任书记。

当时镇上非镇办的大企业还有上海水泥厂、上海飞机制造厂、上海缝纫机厂（主要产品为蝴蝶牌缝纫机）、7315兵工厂（主要负责军队枪炮修理）、102厂等。

其中，7315厂是一个主要负责枪炮修理的军管兵工厂，它的厂房和职工住宅区在龙华。厂内职工住的房子有的是抗战时期日军留下的马厩，现在有些车间也还在。这个厂属于原南京军区管辖，由于是军管单位，所以没有房产证。因为该厂所维修的大多是抗战时期的枪炮，后来我们军队武器更新换代，该厂也就没什么效益可言了，并且厂内又不再继续招工，因此厂内职工的生活一般比较困难，例如供电一类的问题对他们来说就很麻烦，需要我们协调解决。

102厂是一个飞机修理及配套产品，输送带、行李箱生产、安装的工厂，现在已经搬到浦东去了。

我在任时经历的还有两件比较大的事情就是旅游城的开发和徐汇滨江改造。

龙华旅游城的开发在我任副镇长时就已经开始筹划，我们这届政府还是很有想法的，要建设旅

游城，当时镇里资金比较充足，连建设的图纸都设计好了，我们镇上当时的想法，是想把老镇的风貌整体保留，计划搞三期。但后来由于种种原因，迟迟未能付诸实施。之后又恰逢金融风暴，来自东南亚的投资出现问题，所以项目一直搁置，后来是 2000 年以后再搞，但已经错过了时间，缺乏资金，缺少投资方，因为这个项目的开发需要一家投资方独资成片开发，但项目本身收益预期不高，所以没有什么开发商来试水。后来地铁 11 号、12 号线要过来，地下的工程要展开，因此市里就先垫资把地下工程完成，等待后续有人接手，再按照市里的规划方案继续做，但事情一直拖到现在。所以说，旅游城的开发项目至今为止实则是僵滞了。

徐汇滨江的改造，从 2007 年、2008 年开始，而主要契机是 2010 年的世博会。当时龙华街道的整个动迁规模占了徐汇区的三分之二。❶ 在这之前龙华不改造，是因为受到地理位置的局限，一是有机场存在，不允许建设高层；二是龙华作为历史风貌保护区，动迁和开发受到政策限制。当时的情况是，浦东世博园区的江对岸就是龙华滨江，自对面看过来，龙华这边全是破破烂烂的沙石料和废弃物，严重影响了市容环境，并直接关系到世博园区的整体景观。因此当上海市启动滨江地区改造项目后，改造范围扩展到了龙华。首先，把龙华机场废掉，并与民航局协调，把机场所在的土地盘活、开发。❷ 再者，把历史风貌保护区的规划权下放到区里，因此镇上对这一地区的规划、开发就有了

权力。徐汇滨江由于投资多元化，所以开发得比较好，最先出效益。

关于龙华街道与滨江开发的情况，这里要作一点补充。我们龙华街道主要协助区有关部门完成开发范围及周边的动迁任务，包括龙华机场范围内的土地收储，动迁期间及事后的矛盾化解和社会稳定工作；开发过程中区域化党建、企业服务、税收属地，不直接参与开发工作。

2010 年上海召开世博会前后，我们这里的工作情况也说一些。为了配合世博会的举行，（在世博会前）徐汇区有"七路两隧"的建设 ❸，也主要在龙华地区。为此，我们街道配合做了一些拆迁工作，主要涉及的是各大单位，包括上海水泥厂、华东木材厂、飞机制造厂和空军仓库等的搬迁。另外，世博会前后，龙华地区也进行了一些城中村的改造，包括吴家宅、陆家沿和百步桥等。

世博会期间，志愿服务也是一项重要的工作，体现了社会性，全民参与，站岗放哨，布点执勤。龙华街道管理的特点就是居民区范围的事情由居民区党组织负全责。居民区以外，社区范围内的事情，由社区范围内的企事业单位党组织负责。我们还动员辖区范围内所有企事业单位全程参与世博会期间的志愿者服务。这一做法很有成效，驻地在外街道的一些企事业单位获悉后，也纷纷到龙华街道来，要求领受志愿服务任务。我们都作了合理的安排，使这些单位服务世博的心愿得到了满足。这些经历，令人难忘。

---

❶ 自 2009 年 4 月起，为加快推进 2010 年上海世博会重大配套工程建设，龙华街道配合有关部门，新建云锦路、丰溪路、滨江公共开放空间和龙耀路越江隧道等，并陆续启动陆家堰、建设新村、轨道交通 12 号线、161 街坊 33 丘、百步桥等 1 066 证、1 724 户居民和 60 余家企事业单位的动迁任务。

❷ 龙华机场为上海最早的机场。1950 年代领导人到上海，还是用龙华机场。从 20 世纪 60 年代开始，作为备降机场，主要负责修理、养护飞机。

❸ 这"七路"包括龙耀路、龙腾大道、宛平南路、云锦路、丰谷路、龙水南路、东安路。"两隧"，指龙耀路隧道和 17 号线过江隧道。

口述 2

郁德昌口述

采访时间：2019 年 8 月 28 日

采访地点：上海飞机制造有限公司老干部活动室

口述者：郁德昌

采访整理：张秀莉、鲍世望

整理者按：郁德昌，男，1946 年 3 月生于江苏启东，大学毕业，中共党员，研究员级高级工程师，原上飞公司党委书记（正局级），1999 年获国务院政府特殊津贴，2008 年 5 月退休。1970 年 8 月毕业于南京航空学院自动控制系陀螺专业，分配至上海沪东造船厂工作。1973 年 5 月调中国人民解放军第五七〇三厂（现上飞公司），历任技术员、摸线员、工艺员、技术组长、副主任、科长、厂长助理、副总工程师。1989 年 1 月，担任副厂长。1995 年 12 月，担任执行副厂长、党委副书记。2001 年，担任党委书记、高级专务。工作期间，因业绩突出，多次获得市级、部级先进并立功。现为上海市航空协会会员、上海市退离休老专家协会会员。

张秀莉问（下同）： 郁书记，能否请您先作个自我介绍？

郁德昌答（下同）： 我 1970 年由南京航空学院毕业以后被分配到上海，当时到沪东造船厂，在那里工作了 3 年。后来由于上海搞"708"工程❶，也就是 Y–10 飞机，我由组织调动，调到中国人民解放军空军十三修理厂工作（5703 厂）。我一直在 5703 厂工作了 35 年，先后当技术员、技术组长、车间副主任、生产科长、厂长助理、副总工程师、副厂长、执行厂长、党委副书记。并于 2001 年担任党委书记及高级专务，直到 2008 年退休。

问： 我们此次采访主要想了解一下上海飞机制造厂的历史，尤其是在龙华时期的发展情况，能否请您作一个介绍？

答： 这个厂 1950 年 9 月 1 日正式建厂。当时由中央航空公司和中国航空公司的"两航"起义人员组成，当时两航人员在香港起义，总共 2 000 多人，200 多人分到上海，后来由这 200 多人组建了当时叫中央军委华东民航局飞机修理队。1951 年的时候正式成立工厂❷，1952 年改名"国营五二一厂"，当时修理 C–46，就是美国的运输机，第一架修好后叫"上海号"，第二架叫"上海二

❶ 根据中共中央主席毛泽东和国务院总理周恩来有关制造大飞机的指示，1970 年 8 月，国家计委、军委国防工业领导小组原则同意上海市试制生产大型运输飞机，并纳入国家计划，根据任务下达的时间，被命名为"708"工程。

❷ 此时工厂名为"军委民航局机械修理厂上海分厂"。

号"，很不容易，当时全年修理了十几架飞机。上海、天津、广州的起义机务人员，总共修理了28架，有的还作为中央首长的专机，说明我们国家当时航空方面真是满目疮痍，基础也很差。两航起义人员组建的这个厂，到1953年已经发展到1 300多人，开始修理螺旋桨飞机，再后来修理喷气式飞机❶，一步步壮大。1958年的时候还造了一架水上飞机，在黄浦江上面进行首飞。当时修理的米格-15比斯是歼击机，米格-17是教练机，双人座的，在这种情况下，飞机修理越来越好，中国人民解放军空军第十三修理厂改称中国人民解放军五七○三厂❷。到了1965年的时候，当年一天修一架飞机，而且是免检的，说明工人的技术水准相当高，而且责任意识也很强。当时在其他地方没有的，说明质量要求很高，工人对质量的重视，应该是全国比较领先的。到了1970年，毛泽东主席视察上海的时候，觉得上海的工业基础很好，上海也可以造飞机。后来由国家计委、中央军委、国防工业领导小组三个单位发了一个文件，由上海、广州、山东大概几个地方联合起来，造自己的大飞机，所以我后来就调到了这个厂。当时确确实实工人和干部干劲足得不得了，关键是自己要造自己设计的飞机嘛，而且这架飞机除了四台发动机是美国造的，其余的零部件包括仪器仪表航电设备都是我国200多个单位共同研制的，很不容易，我们这架飞机比空客晚起步几个月，后来由于国家资金原因中断二三十年，如果不中断的话，我们现在的大

飞机的水平完全不可能在世界上比较落后。这架飞机1980年9月26日首飞成功，我们都很激动，流下了激动的泪水。当时也没有首飞仪式弄得富丽堂皇的，大家站在那边，心里想就怕飞机飞上去有什么事情，后来一下子上去了，大概飞了半个小时不到，记得飞了好像28分钟，上海市委书记陈国栋也参加了。自己亲自参加造出来飞机，心里说不出的高兴。但是这个飞机到了1985年❸的时候就下马了，当时的心情简直是……不谈了，就像自己的儿子死掉的感觉，很心寒。我记得我们的汪厂长对我讲，《人民日报》第四版右下角刊登了Y-10飞机的悼词，这块地方可能大家都知道，当年《人民日报》第四版右下角通常是非常有名的人去世后登的讣告，或悼词。因此汪厂长将《人民日报》刊登Y-10飞机的最后消息说成悼词，这是气话。

后来我们开始军转民，那时我们工厂很困难了，一个是研制费也没有了，因此就是你们提问问题里边也提到，上飞厂还有什么产品，就在那个时候，发动我们工厂的工人技术人员设计制造了"飞翼"牌电风扇、大客车、太阳能热水器、油马达、干洗机（从14千克、20千克到45千克都有），还有报警器、16米的升降梯，等等。我们还和640所、市消防局共同研制了45米的消防云梯车，我当时是总指挥。

这一段时间过了以后，1985年，这个事实上从1980年开始与美国麦道公司接触，洽谈搞补偿贸易，生产起落架舱门、货舱门、电子舱门等产

---

❶ 1956年2月，工厂迎来了发展中的一个重要转折点，即由修理螺旋桨飞机厂发展到修理高速喷气式歼击机。

❷ 1956年2月，厂名改为"中国人民解放军空军第十三修理工厂"，1965年7月1日又改名为中国人民解放军第五七○三工厂（简称"解放军5703厂"）。

❸ 1980年—1985年间，Y-10飞机先后转场试飞上海、北京、哈尔滨、合肥、乌鲁木齐、广州、昆明、成都、拉萨、郑州等城市，均获成功。

品。我厂生产，他们来图纸、材料，当时 5703 厂一年赚了 400 万美元，我记得我代表工厂到市政府领过一次创汇先进奖，在当年是一笔很大的创汇了。跟他们合作生产以后，他们觉得我们这个厂技术力量很强，职工素质也很好，所以就进一步洽谈合作组装 MD-82，由上海市政府出面谈，但是美国公司只与企业谈，不与政府谈，所以由上飞厂、上海航空工业公司与他们谈，总共组装了 35 架飞机，其中 5 架返销美国，其余 30 架飞机分别由东方航空、北方航空购买，现在都退役了，这是第一批国内组装的飞机，东航、北航用由我们组装的飞机投入航线营运，都觉得不错。美国的 FAA❶也不定期到我厂检查，我厂也都通过了美国 FAA 的检查。同时我们厂也从美国那里学到了造飞机的管理经验，因此后来的大飞机研制就顺理成章地放在了上海。中央高层有关部门都认为上海人的脑子是比较好的，善于接受新事物，不会死抱着过去的管理方法不改变，本来我们 MD-82 组装后，想与麦道公司合作研制 MD-90 飞机，我们还做了两架 MD-90 飞机，1992 年开始研制，1995 年飞机出来。后来又被迫停了。现在看来核心技术靠外国人是不行的，还是要靠自己，所以我们现在讲知识产权嘛，自主的知识产权很重要。当时为什么要把这个合作项目停了呢，不要看美国很讲民主，其实它是绝对讲政治的一个国家，它看到麦道公司与我们合作后，担心中国把大飞机的核心技术都要掌握了，它马上让波音公司把麦道公司兼并了，把麦道的总裁撤掉，一年后再由麦道公司的总裁担任波音

公司的总裁，名堂搞得就是不让中国上马大飞机。因此，MD-90 项目被迫下马。后来我们又与法国人谈 AE-100，这个型号叫 AE-100，100—150 座的飞机，这个项目被拖了 3 年，法国公司不断加价，我们最后被迫放弃。因此，中央下定决心自己设计飞机，自己制造，因此后来就有了 ARJ21，当时我还在岗位上工作，我记得当时上海市政府派了王坚主任和王延绍副市长到北京，整整谈了一个月，因为大家都争这个项目，西飞、沈飞、成飞、上飞都要争这个项目，到最后中央拍板，把飞机注册地放在西安，工作地在上海，过了一段时间才把注册地移到上海来的。为了大飞机项目研制，上海市政府在南汇祝桥那边给 3 500 亩的土地，价格为 20 万一亩。因此创造了这样的条件，后来外国人到上海考察，觉得上海人的观念比较先进，上海的设施和社会环境都比较好，把大飞机定在上海是中央政府正确的决策。现在你们有没有去看看祝桥的上飞公司？我建议你们去看看。这个基地 2008 年 12 月 28 号开工，现在已经建成一个比较好的规模了，C919 的生产组装就在祝桥那边，厂房就 307 米长、78 米宽，现在可以说与国外的总装厂差别不大，建在海边也有发展余地。而且也在浦东机场造了一条第五跑道，用于中国商飞的飞机试飞。我觉得中央的这个决策确实很鼓舞人心，为了国家的利益，为了民族的振兴，能重新成立一个中国商飞公司，况且中国商飞公司的领导大多是航天过来的，换一种思维来搞飞机，现在确实做得不错的，水平上去了。2017 年 5 月 5 日首架有自主知

---

❶ 美国联邦航空局（FAA），官方权威机构，主要负责抓飞机的质量，确保飞行安全，其办法是根据法律颁布一系列条例和通过审查给有关单位颁发各种合格证。

识产权的 C919 客机首飞成功，现在已有四架飞机同时都在做验证试飞，预计到 2021 年建党 100 周年交付首架飞机，飞机是一个复杂的系统工程，很难的。我们国家还有一个短板——飞机发动机，现在上海也在研制发动机，我们国家这一届领导人与上一届领导都下了决心一定要把航空制造业搞上去，这就是先进的制造业。上飞厂搞 Y-10 的时候有七八千职工，后来飞机项目下马后职工下岗只剩了 3 500 多人，现在又到了 5 000 多人，今年又在招收大学生 1 000 多人，发展势头很猛，民机事业的春天又来啦！

问：上海飞机制造厂的历史上有哪些重要转折和重大事件？

答：从飞机修理到飞机制造是一次转折，后又从飞机制造转向民品的生产又是一个大转折时期，当时是为了保住飞机制造的队伍，生产结构必须来一个改革。上飞厂的修飞机业务已经转走了，我们已从空军脱离这么多年了，我们的设施已转到长沙，空军下面的工厂也吃不饱了，修理飞机业务空军不给你了。重大事件，建厂后修了美国留下来的残缺不全的 C-46 运输机，这些都是螺旋桨飞机。后面修理里-2 飞机，苏联的飞机，里-2 飞机后来还改成中央首长出行的专机。❶1958 年还造过一架水上飞机。我在当副厂长的时候也给空军造过一架水上飞机，后来造的这架水上飞机要先进得多了，在太湖里试飞的，由于空军操作失误毁掉了。工厂厂名

到 1970 年代中期脱离空军后，变成上海 5703 厂，还有一段时间叫"上海市五七〇三厂"❷，那个时间由修理飞机改为制造飞机，这是一个重大事件。

后来飞机停掉了，我们就军转民，军转民的时候刚才我也讲到了，造汽车、电风扇、太阳能热水器等民品，当时我们还承担了军品飞机歼七 III 的襟翼制造任务，还有发射人造卫星的火箭 331 尾翼，开始的时候也是我们厂帮助研制的，这也是一部分生产任务。这个厂在 1958 年的时候还造过 618 机床，这个厂的综合能力相当强，很多老师傅用现在的眼光看都是工匠，水平很高的，如飞机发动机有问题，请他们去听听声音就知道哪个地方出问题了。到目前为止我们两航起义人员还健在的大概还有八九个，这些人对修理飞机，个个都是一把好手。

问：这一批两航起义的老先生有没有留下什么口述资料？

答：这方面的资料没有看到，我只知道他们是两航起义人员，也与他们一起工作过，他们退休早。当年我进厂的时候，工厂的退休人员只有两三个，现在有几千人，当年这些人 50 岁左右，这些老同志手上都有一些绝活。另外我们厂离休的干部就有 93 人，现在还有 27 人，其中长征干部有 2 个，资格都比较老。

问：上海飞机制造厂为什么会选址在龙华？

答：选址龙华，是因为这里有机场。国民党

---

❶ 解放初期，我国民航还没有供国家领导人出访使用的专机，只能用运输飞机代替。1954 年，空军专机组为适应高级首长执行公务的需要，要求工厂在改装客机基础上，进一步改装为专机。1955 年第一架专机改装成功，这架专机曾载着党和国家领导人访问了许多国家和地区，也曾执行迎送国外贵宾的任务，直至有其他更先进的专机取代为止。
❷ 1974 年 1 月，解放军 5703 厂下放给上海，隶属于上海第一机电工业局，4 月改名为"上海五七〇三厂"。

时期有两个航空公司，一个叫中国航空公司，一个叫中央航空公司，都派维修人员在这里修理飞机，1949 年国民党到台湾以后，有一部分留守人员在这里，还有一部分人员到香港去了，1949 年 11 月他们在香港起义，留守人员和 200 多起义人员成立了修理队。1950 年 9 月 1 号正式成立"国营五二一厂"，工厂成立后，就开始修理国民党留下的一些美国的 C-46 运输机，后来被空军接管了，叫中国人民解放军空军第十三修理厂，接下来叫中国人民解放军第五七〇三厂，1979 年第二厂名叫"上海飞机制造厂"，1992 年正式改名上海飞机制造厂，现在叫上海飞机制造有限公司。❶

问：能否请您介绍一下上海飞机制造厂的飞机制造项目？

答：现在上海飞机制造有限公司装配制造的飞机项目中，ARJ21 飞机的水平安定面是自己制造的，等截面的机身是上飞公司制造的，后机身和垂尾是沈阳飞机公司制造的，机翼和机身的一部分是西安飞机制造有限公司制造的，机头是成都飞机制造公司制造的，航电系统也是沈阳制造的。总之，这架飞机国内外有几十家配套公司承担任务，最后由上海飞机制造有限公司总装、试验、调试、试飞、交货，飞机是一个大协作的项目，一个企业全部包下来是不行的，发动机是美国 GM 公司供应的，现在这个飞机是 70 座到 90 座，宽敞一点 70 座，经济一点 90 座。这个飞机我也坐过，很舒适，很平稳，很不错，欢迎你去乘坐。这个飞机已投入

航线营运，载客已达 50 多万人次，成都、宁夏、黑龙江、新疆、内蒙古都买过这个飞机，成都航空公司开辟了飞杭州、上海、福建、内蒙古等航线，这是支线飞机。C919 是大客机，单通道的，与俄罗斯合作研制的 C929 是双通道的。

问：上海飞机制造厂在徐汇滨江是规模最大的企业了，当时包括厂区分布和附属的企业学校居民小区大概是一个什么样的布置？

答：这个厂从宛平南路百步桥，一直往南，到龙水路，跑道中央向东到黄浦江边，一共 100 万平方米。现在你看到滨江的马路，龙腾大道，都是飞机厂的土地，旁边有个木材公司，木材就浮在厂旁的黄浦江上。我来的时候生态环境很好的，有虾，有鱼，还有蛇、野鸡、兔子，后来生态环境差了，现在又好了，但这些小动物都没有了，因滨江开发了。厂房从百步桥开始一直到南端的 250 号厂房。现在留下来的只有 250 号厂房和 158 号厂房及 101 机棚的一半 ❷，其余都没有了。其他就是四方公司开发的房地产。龙山新村是上飞厂的职工家属区。

问：当时与飞机厂相邻的企业有哪些，有哪些变化？

答：民航 102 厂也没有了，118 厂已经搬掉了，已经成为徐汇苑了，缝纫机二厂现在变成盛大花园小区了，价格也卖得很贵，旁边的华东木材公司也没有了，龙华仓库也没有了，都成了高档住宅区了，当时的马路很窄的，只能容两辆车交替通

---

❶ 2009 年 5 月 25 日，中国商飞批准上海飞机制造厂改制为上海飞机制造有限公司。
❷ 101 机棚现已改造成余德耀美术馆。

过。解放军保卫这个厂，现在面目全非了，已发展成欣欣向荣的小城市一样了。

问：上海飞机制造厂曾经创办过自己附属的大学，叫七·二一大学，能否请您介绍一下具体情况？

答：七·二一大学当时就是国家招收工农兵学员时，工厂里面觉得正规的工农兵大学生的人数太少，希望多一点，自己也有人力资源，我们厂老大学生比较多，所以选一些去当老师，给他们补课，由上海市统一考试以后进入这个学校，所以这个学校学生的质量还是可以的。我想大概1975年开始办的，后来大概到1978年、1979年时候就停办了，学校培养的学生自己培养自己用。

问：刚才经过龙山新村小区时看到挂了一个"上海飞机制造厂职工培训中心"的牌子，这是属于什么性质的学校？

答：上海飞机制造厂职工培训中心原来是厂里的职业技术学校，这个学校主要培养铆接工，因为车、铣、刨、磨、钳这些工种可以向社会招聘，所以主要培养铆接工。技校从厂子里面1998年搬进来的，原来的地方房地产开发了，现在也不招生了。技校在老厂区一直有的，它培养的工种齐全，学校培养的学生很多，招生是面向社会，满足了5703厂使用后，再向全国分配，培养出来的学生素质较高，基本供不应求。

问：上海飞机制造厂是什么时间搬离的？上飞厂区成为徐汇滨江开发的核心地带，能否谈谈您对西岸开发和未来的期待？

答：2000年搬走的，在这里50年。要说明的是当时搬走的是上海飞机制造厂龙华部分，大场部分还在。上飞厂当时有龙华和大场两个部分。按照上海市的规划，80年代我就知道龙华机场是要报废的，要求我们5703厂在适当的时候也要搬走，什么原因呢？因为5703厂在这个地方也是污染源，表面处理、铸造、热处理也有废物排放，所以一定要搬走，上飞厂也有这个思想准备。现在西岸开发按有关规划有序开发得很好，而且希望能够搞成科技方面发展的核心，相当于科技城一样的，上次我看到有许多无人驾驶飞机，在空中表现造型对我震撼蛮大的，上海电视台也播过几次关于西岸的开发，我觉得徐汇区西岸开发还是很成功的，上海的土地寸土寸金，应该充分利用好，承担徐汇区科技发展的核心功能。

问：运10项目上马的时候，上飞厂进行了比较大的厂区扩建，向大场的产业转移，能否请您给介绍一下具体情况？

答：开始的时候，人的思想还是有局限性，什么原因呢？没想到当时龙华的跑道只有1 800米，搞大飞机要3 200米，往南往北都无法延伸，这样就考虑搬到大场去。所以大场的飞机跑道当时是2 800米，后来扩建到3 200米，我参加了当时跑道的扩建。那时的大学生都愿意参加一线的劳动，搬沙子、水泥啊，什么都干。第一次在部装厂房跟产的时候，当时厂房连门还没有装起来，条件比较艰苦，一面建设一面造飞机，就是这样一种状况。大场的厂房是1976年开始造的，龙华当时也造了蛮多的厂房，当时的投资只有5个多亿，包括118厂的起落架厂房，闵行一些协作厂的厂房，都在这

5 个多亿里面，当时的 5 个多亿很值钱，现在上的大飞机项目投资需数千个亿，大手笔啊！没有举国之力是不行的。

问：您在飞机制造行业奋斗了四五十年，您是看着上海飞机产业一步步发展起来的，您对上海的飞机制造业特别是现在的大飞机项目有什么感受？

答：过去我们读书时讲"航空报国"，现在已经提高到"航空强国"，"报"和"强"只差一个字，但含义是完全不一样的，航空强国就是要使我们的国家、民族在高端制造业方面快速提升，要步入世界先进行列。飞机制造是一个复杂的系统工程，现在我们与波音、空客、俄罗斯差距还比较大，但我相信在中国共产党和以习近平同志为核心的党中央的正确领导下，肯定能在不长的时间里赶上他们，也能成为一个世界航空强国。

口述 3

高世昀口述

采访形式：书面问答

采访时间：2019 年 9 月 27 日

口述者：高世昀

采访整理：胡端

整理者按：高世昀，男，1974 年生，祖籍山东曹县，同济大学公共管理硕士毕业，1998 年 7 月参加工作。历任徐汇区住宅发展局工程管理科副科长、住宅产业科副科长、徐汇区建设和交通委员会交通科科长、建设和交通委员会党工委办公室主任、徐汇区规划和土地管理局副局长、规划和土地管理局党组书记、局长，现任徐汇区规划和自然资源局党组书记、局长。因长期在徐汇区建交委、规土局等部门担任管理工作，高世昀见证了徐汇滨江从封闭的"烂泥湾"华丽转身为"迈向全球城市的卓越水岸"的过程，尤其是十余年来在基础设施、公共环境、开放空间建设方面发生的沧桑巨变。

胡端问（下同）：能否从您的经历出发，谈谈徐汇滨江地区基础设施和公共环境建设大致发展的历史阶段或节点？不同的发展阶段，有哪些重要契机、特色亮点？

高世昀答（下同）：徐汇滨江建设大致可划分为四个历史阶段：

一是 2002 年以前。徐汇滨江区域曾是上海重要的交通运输、物流仓储和工业生产基地，沿江分布着龙华机场、上海铁路南浦站、北票煤码头、上海飞机制造厂和上海水泥厂等传统的大中型工业、仓储和运输企业。长期以来，徐汇黄浦江沿岸腹地主要功能侧重于交通货运以及工业生产，没有得到整体开发，兆丰路一段环境脏乱差的区域被当地群众称为"烂泥湾"。

二是 2002 年到 2010 年。2002 年，上海市成为 2010 年世博会举办地，这是一股春风，悄悄吹过浦江两岸，开始唤醒黄浦江沉睡多年的活力和魅力。徐汇滨江作为世博园区的核心配套区域，伴随上海"黄浦江两岸综合开发计划"的启动，乘着这股春风正式开启区域功能转换与地区复兴的大幕。2003 年，上海市政府批准了《黄浦江南延伸段结构规划》，确定了 B、C 两个区块结构性划分，拉开了徐汇滨江规划与开发历程的序幕。到 2008 年，滨江区域的控制性详细规划相继获得批准，滨江建设真正有了法定规划，有了一张属于自己的蓝图。在这个过程中，滨江开发的重点集中在老企业的搬迁、基础设施改造以及公共环境建设。截至 2010 年，徐汇滨江七路两隧的地区骨架路网基本形成，还建成了3.6千米景观林荫大道、30公顷公共开放空间并对公众开放，沿江环境焕然一新。世博会的春风吹开了原先封闭紧锁的浦江岸线，让城市和生活都变得更加美好。

三是2010年到2016年，上海世博会我们给全世界呈现了最惊艳的申城。在此之后，延续世博精神，借鉴巴黎左岸、伦敦南岸等成功经验，徐汇滨江进入高速开发建设阶段。从2013年起，浦江开发有了新的内涵，在继续推进地区功能开发和产业转型的基础上，全力推动公共环境空间还江于民。一方面，努力做好龙美术馆等文化场馆的建设，另一方面持续优化公共环境，建设了最美林荫大道云锦路，龙华机场跑道改造为跑道公园，我们有了一批沪上乃至全国知名的精品公共项目。

四是2016年至今，市委市政府关于黄浦江两岸贯通的决定成为又一次发展的重要契机。当时滨江空间存在形式单一、断点较多、公交不便等问题，这其中最紧迫的是贯通率不足。截至"十二五"末，两岸45千米实际贯通率不足50%，2016年8月，上海市政府工作报告提出，至2017年底黄浦江两岸45千米岸线全面贯通。韩正同志在调研黄浦滨江时明确要求："两岸开发，不是大开发，而是大开放。"市委市政府坚定的战略决心就是最强有力的指挥棒，在这之后，沿江各区、各相关部门和单位打响了滨江贯通攻坚战，在2017年底如期实现贯通。徐汇滨江贯通任务最重，其中包括12家单位近1 000亩土地腾让，8.4千米景观大道（6座市政桥、3座景观人行桥）、8.95千米漫步道、跑步道、骑行道以及50万平方米公共开放空间的建设，占全市贯通腾地建设总量近80%，做到还江于民、还岸于民、还景于民，兑现滨江美好生活的庄严承诺。

包括徐汇滨江在内浦江两岸的开发开放，并非城市自然生长的过程，而是人为的结果。这种人为是一种非常正面的，非常积极的作为，是一种富有使命感的、攻坚克难、不断突破创新的作为。适度开发、强调发展质量而非片面追求规模；精准施策，敏锐感知发展过程中面临的机遇和挑战，适时调整发展方向；追求卓越、在规划层面始终坚持对标国际一流标准，做出自身特色，最大限度用好这块两岸最大的、可成片开发的"大衣料"。这些都是徐汇滨江建设发展的亮点。

那为什么能做出这样的亮点呢？答案在于不忘初心。习近平总书记指出，为人民谋幸福是中国共产党的初心。城市的建设发展，其精髓在于需要回应人民群众最关心最急切的事情，满足人民群众对于美好生活的向往。徐汇的发展，就是要为徐汇还有上海人民谋幸福，让发展成果惠及所有人。正是因为一直保持着这样的初心，徐汇滨江才把握住了世博举办和浦江贯通两个重要的历史时机，沿着正确的方向不断成长，最后得以化茧成蝶，向世人展示她的魅力。2002年到如今，十七年过去了，我们用十七年打磨了一个美丽的作品，这是只有在中国才会有的故事。这个动人故事还在继续，还要向世人讲述百年，千年。往后继续保持这样的初心，徐汇滨江的发展就能一直走在正确的道路上。我觉得这才是徐汇滨江发展得以成功的根本原因，也是最大的亮点所在。

问：在徐汇滨江基础设施和公共环境建设中，您印象最深刻的决策、大事、成就是什么？

答：徐汇滨江的建设发展本身就是一个不断破

题、持续创新的过程，既有宏观层面的理念、决策、路径创新，也有微观层面的技术创新，具体到基础设施和公共环境，也有很多重要创新，我举几个例子。

首先是龙腾大道。在平面线型设计上，充分考虑交通与慢行两方面需求，给人最丰富极致的游览享受，规划采取了多种交通方式与独立行进路线相组合的设计方案，步行、非机动车、机动车、公共交通，各个交通流线离而不乱，汇而不断；竖向设计上抬高龙腾大道路基标高，路堤合一，一方面道路本身成为千年防汛标准的屏障，另一方面可以驱车直接看到浦江全景，当时这是中心城区唯一可以驱车直接看到江景的滨江路段。沿路景观方面，不同路段后退浦江时远时近，利用距离的差异使由岸看向江和由江看向岸双向的景观呈现出丰富层次的多样性和收放自如的节奏变换。并且在这个过渡空间中采用阶梯退台、滨水舞台、草坪慢坡、临水观景台、游艇码头等多种方式营造体验各异的亲水空间。

其次是西岸传媒港的开发建设。传媒港在规划设计之初，我们就构建了地下空间整体开发的发展思路，我们设置了地下综合管廊，与地下空间结合建设，因地制宜灵活布置，既满足了地下空间集中开发地区的总体布局和功能设置要求，提高了地下空间利用效率，又降低了综合管廊建设成本，这在徐汇是首创。实施路径上也作了众多创新突破，我们采用了"带地下工程、带地上方案、带绿色建筑标准"的"三带"土地出让方式和"统一规划、统一设计、统一建设、统一运营"的"四统一"开发模式，以一家公司为主体开发地下空间，确保项目中各地块在空间与功能上的完美衔接和建设品质上的高度统一，实现地上、地下空间和功能上的全面贯通。

还有工业遗存保护利用改造。工业遗存的保护利用是浦江公共空间建设的一大亮点，也是徐汇滨江最靓丽的一张名片，看到万国建筑群人们知道这是黄浦滨江，看到东方明珠和上海中心知道这是浦东滨江，看到海事瞭望塔和塔吊广场就知道到了徐汇滨江。这种保护利用是充分考虑了滨江总体功能定位，将文化、科创、生态要素融入其中的必然要求。作为城市曾经重要的工业区，开放空间内几十处原用于生产的建、构筑物既是地区发展历史的见证者，也是构成场地特征必不可少的要素。通过前期普查、方案设计、结构改造、外观装饰等一系列工作，有价值的历史遗存不仅得到了很好的保留，更实现了创造性的再利用，使之重焕生命力，其中具有代表性的项目包括龙美术馆（西岸馆）、余德耀美术馆、塔吊广场等一批展览馆及活动场地。

最近的是，2018年世界人工智能大会召开。去年世界人工智能大会在徐汇滨江成功召开之后，徐汇加快建设人工智能发展高地。鲍炳章书记要求："人工智能是习近平总书记考察上海期间明确要求上海聚焦突破的关键领域，徐汇滨江是市委确定的重点区域，人工智能和徐汇滨江融合发展更是我区今年的'一号工程'，要以代表上海承担国家战略的自觉，举全区之力推动徐汇滨江成为高质量发展和高品质生活'两高'融合的标杆地区。""一港一谷一城"是徐汇滨江的核心项目，"一谷"是西岸智慧谷。西岸智慧谷片区已完成绿地开发空间建设88公顷（包括滨江开放空间80公顷，跑道公园8公顷）；已建成文化设施"5+1"（龙美术馆、余德耀美术馆、西岸美术馆、油罐艺术公园、观复宝库以及梦中心剧院群）。为了进一步提升产业服务能级，充分激发创业创新活力，我们正在为人工智能产业特别打造六大创新空间，包括 AI 之窗（上海西岸国际人工智能中心 39 楼）、AI 应用体验中心（油罐艺术公园）、电子竞技中心（梦想巨蛋）、AI 文化会议中心、AI 综合配套中心（精品酒店）、AI 创新中心等。这六大创新空间以 AI 为载体，以艺术、科技为媒介，促进创新人群交流，也是市民游乐、学习、体验的新型城市空间。六大创新空间与六大文化设施，以及商业配套（约 60 万平方米）、公共空间共同构成徐汇滨江地区创新发展配套服务体系。产业的发展带动了地区基础设施和环境的持续优化和提升，徐汇滨江是一个很鲜活的案例。

问：从您的岗位背景，具体如何理解徐汇滨江"规划引领、文化先导、生态优先、科创主导"发展理念中的"规划"与"生态"地位？

答：要深刻领会徐汇滨江的发展理念，或者说发展的基本原则，我们必须从两个维度去正确认识。首先是时间的维度。这个发展理念不是一朝一夕，由某几个人坐在办公室想出来，拍脑袋拍出来的，或者说喊口号喊出来的，它是在市、区两级党委政府的正确领导下，所有参与滨江建设的建设者们在实践和理论上逐渐摸索、明确、深化的，它是一个逐渐生长的集体智慧的成果。"十二五"期间，徐汇滨江被上海市委市政府列为六大重点建设区之一，和我们并列的有世博园区、虹桥商务区、国际旅游度假区、临港地区、前滩地区，这些功能区的建设是由上海市委市政府着力提升"四个中心"（当时还没有科创中心的概念加入）功能，加快构建新型产业体系这一战略布局自然引申而出的，承载着推动产业转型升级的使命和责任，这是

一个很高的战略定位，重点强调产业功能的布局和实现，服务于城市的发展。所以我们秉承的理念是"规划引领、文化先导、产业主导"，具体产业功能上主要聚焦文化传媒、创新金融、航空服务、综合商贸等。到"十三五"的时候，徐汇滨江面临着新的发展背景和形势，包括市一级建设高品质中央活动区、世界一流滨水区和区一级建设徐汇区滨江地区发展带的目标，也承载了包含形态开发、功能开发、精细化管理转型的重要任务。根据徐汇区党的第十次代表大会的明确要求，在徐汇滨江"十三五"规划中提出了"规划引领、文化先导、生态优先、科创主导"的发展基本原则，并一直坚持至今。

第二个维度是系统维度，这个发展理念不是四句短语的简单拼凑，而是四个有内在联系的子集融合共生形成的一个完整的集合。首先说规划，这里的规划其实不仅仅指的是城市规划或者国土空间规划这类技术层面的法定规划或者是专业规划，它是更深层次的对一个地区未来发展目标、发展路径、发展策略的一种前瞻性的探索和谋划。它所秉持的精神内核一定是前瞻性，也就是面向未来。城市未来的发展图景、功能定位、人们生产、生活的方式、人与城市还有自然的融合等。当然这种思考也不能飘在天上，一定要能够落在实处，找出实实在在能实现目标的发展路径。所以规划其实是一张总的蓝图，是徐汇滨江未来发展总的纲领，所有的建设发展都要基于这张蓝图，不能偏离既定路线。在战略层面，规划肩负着指引地区发展方向的任务，又具有鼓舞人心、凝聚人心的作用；技术层面，规划是一种对国土空间开发的刚性管控约束和弹性引导。只有这样，滨江的发展才能始终跑在正确的快

速路上，滨江的建设才能不走样。

再谈生态。生态优先有两重含义。第一重是底线生态。徐汇滨江的建设一定要落实中央"五位一体"总体布局，落实上海2035总体规划要求，牢牢守住生态底线。这是最后的红线不能逾越。不能走粗放式发展的老路，搞污染环境、破坏环境的大开发。徐汇滨江的建设是百年大计，必须要保持定力，算生态效益和生态文明的大账、长远账，必须要转变经济发展结构，发展绿色经济、创新经济，让产业发展与生态建设相互促进，共同向前。总体策略上，建立了由绿地及开放空间构成的滨江绿色走廊，并确保其连续性和最小宽度；同时设置由江边通向内陆的绿色廊道，自然亲水岸线形成"梳"状的绿地及开放空间系统。绿化系统上，构建大型公共绿地、绿化轴线（包括绿化主轴、绿化次轴）、绿化节点（包括主要绿化节点、次要绿化节点），形成"点、线、面"相结合的网状绿化系统。并且将蓝绿系统充分融合，加强水系建设和水环境治理，构建蓝色生态走廊（机场河、张家塘港、春申港、日汇港、淀浦河等）。

第二重是一定要做出生态亮点。纵览全球，知名的城市水岸一定是具有秀丽景色的，蓝天碧水、树木青草、鸟语花香、建筑和人，所有的要素在同一个画面里一定是交织、共生、和谐的，给人带来舒适和美的感受，给城市赋予独特的自然活力，都是可以真真切切留存在记忆中的。没有生态要素的支撑和凸显，自然要素被排除压缩，只有钢筋水泥森林和熙攘拥挤的人群，呈现出来的只有匆忙和压抑，一定不是美的城市，不是宜居宜业宜游的城市。我们在生态亮点方面做了很多工作，花心思、费工夫在滨江搞了一批优质生态项目。世博前建成

开放的滨江绿化带，从日晖港到水泥厂，全长3.6千米。这是除世博以外，目前最长的，也是比较完整的一条绿链。还有跑道公园、龙华港"一河两岸"工程、机场和景观水系建设等。未来我们计划对外环线以南的外环生态绿地也作整体优化提升，将防护绿地改造为适宜人活动游憩的景观绿地，让绿色长廊铺满点亮全部11.4千米岸线。

问：您认为西岸先行实施的公共开放空间约30公顷，改造亲水岸线3.6千米，为何能荣获2015年中国人居环境范例奖？

答：徐汇滨江公共开放空间作为先导实施项目，配合2010上海世博已建成面积约30公顷，改造亲水岸线3.6千米，对区域内历史遗存进行了卓有成效的保护利用。如今，漫步在美术馆大道，享受绿色人居环境，亲身融入别具亲和力的滨水开放空间，亦成了西岸慢生活的最好诠释。

除了延续城市历史文脉，该项目还创造了适宜多元活动的滨水空间和丰富多样的生态环境，突出海派文化特色，推动黄浦江岸线从生产性功能向生活性功能的转型，并从五大方面体现了对于人居环境的创新思索：

1. 注重历史的原真性保护，作为人居环境的独特资源：尊重历史脉络和场地印记，在环境建设中原样保留保护特色要素，提升人居环境同时续写场地历史。

2. 注重高品质规划建设管理，建立人居环境建设的技术路径：邀请国际一流团队规划方案，国内大型专业设计院进行配合，建设过程精细化施工，开放运营精细化管理，呈现高品质沿江公共环境。

3. 注重区域成片综合开发，提供人居环境建设的资金保障：通过整体收储、整体开发、资金整体平衡，探索实施建设机制，促进环境、经济、社会的融合发展。

4. 注重环境建设和功能开发联动，体现人居环境提升的价值所在：以公共开放空间为先导，带动腹地分组团整体开发，体现特色区域对特色产业的集聚和推动作用。

5. 注重艺术人文内涵塑造，形成人居环境的突出亮点：活化工业历史遗存赋予其新的艺术人文内涵，使得徐汇滨江公共开放空间亮点突出，提升黄浦江西岸整体形象。

问：请问徐汇滨江基础设施和公共环境建设如何践行低影响开发思路，推动"海绵城市"理念、绿色堤防新理念、新技术？目前还存在那些短板？

答：在"生态优先"的规划理念指引下，我们在徐汇滨江开放空间的建设中致力于推动绿色发展理念的实践运用，这里是上海市乃至全国最早探索海绵城市建设的地区之一。

徐汇滨江公共开放空间项目中，我们邀请了美国 EDSA 景观公司担纲设计，秉持可持续开发理念，实践低影响开发。通过土壤检测采用局部换填、隔离控制、植物净化相结合的方式实现棕地利用；通过微地形塑造实现项目土方平衡；采用透水路面、雨水花园、细分排水区等手段打造海绵城市；通过疏林草地的种植搭配增加乔木数量，提高区域二氧化碳吸收能力；运用风能发电等技术，倡导绿色、可持续开发建设理念。

云锦路跑道公园项目中，我们邀请了 sasaki 事务所主持项目景观设计。建成上海市第一个沿道路

的雨水花园系统。基地北面的径流流经公园中的雨水花园后排放到机场河中，南面的径流则经过一系列过滤湿地排入机场河。用以减缓流速的开放前池与植被覆盖的湿地相结合，有助于减少道路径流中的悬浮颗粒物和污染物。整个场地的雨水径流最终经机场河排入黄浦江。700 米长的雨水花园及 200 米长的机场河人工湿地能够有效地滞留雨洪，并处理云锦路 1 600 米长路段上五年一遇的暴雨初期雨水，将对改善水质、创造栖息地价值作出巨大贡献，也将有助于节省公园的长期运营成本，特别是灌溉成本。

海绵城市的建设是一个整体，徐汇滨江也不例外，不仅是道路、绿化等配套设施，建设项目也要充分落地。西岸传媒港深入实践"综合管廊""海绵城市"等先进理念，结合"西岸传媒港"整体开发，建成约 1 千米综合管廊，进行地下空间整体开发与道路空间集约利用结合的有益探索。

建设一流滨水空间，最基本的是要保障城市安全，将景观品质与抗洪防汛有机融合，是徐汇滨江建设的首要考虑之一。规划中采用了路堤合一、道路后退、多级亲水的应对策略。分级设置防汛墙、抬高路面标高打造可以驱车看江景的景观大道，规划贯穿南北的有轨电车、景观步道、休闲自行车道、亲水平台，促进水、绿、城融为一体。

2016 年，上海市成为全国第二批海绵城市试点城市。2018 年，徐汇滨江 BC 单元被列为上海市海绵城市建设 16 个试点地区之一。综合国内外海绵城市建设经验，徐汇滨江的海绵城市建设存在的困难主要有两点，一是主要仍然是以项目形式在设计中予以落实，二是海绵设施运行维护管理标准和制度需进一步完善。未来我们会落实《上海市海绵

城市规划建设管理办法》，做好顶层设计，将海绵城市作为城市设计导则纳入从规划到项目竣工全过程之中，从规划源头进行管控落实。

问：在徐汇滨江地区十年发展历程中，在环境配套、公共空间、交通组织、地下空间等方面考察与借鉴了世界各国滨水城区哪些经典案例？下一个"新十年"又将如何对标国际？

答：徐汇滨江规划建设主要借鉴了德国汉堡港、英国伦敦南岸等"棕地"复兴经验。这些如今世界闻名的滨水空间，有着相似的发展历程。曾经因工业文明崛起而形成了繁荣的码头港口，后来因产业结构的更替和交通运输方式的转变而走向没落，近二三十年又在城市复兴和城市重建的运动中获得了新生。产业重构、文化支撑、融合自然和历史的特色公共空间、对于生态的有机保护与融合、统一的开发主体和因地制宜的开发政策机制是它们共同的特点。而在徐汇滨江规划建设中，我们也很好地贯彻了这些理念。

如果说徐汇滨江过去的十年是"借鉴"的话，未来的十年关键词我想应该是"引领"。上海2035提出上海要建设创新、人文、生态之城，具有世界影响力的社会主义现代化国际大都市，徐汇滨江要打造高品质的中央活动区，承载创新、文化等全球城市功能，并且打造世界级滨水区。不知道你发现没有，上海2035三个主要目标在徐汇滨江都有具体落地，创新、人文、生态，并且科创、文化、生态也是我们徐汇滨江主打的王牌。可以说，打好这三张王牌，不仅是建设世界一流滨水区的必然要求，也是徐汇滨江承载上海城市建设发展历史使命，为上海打响四大品牌的必要回应。徐汇滨江要做的，不是过去的对标、学习、模仿，而是面向未来的引领、超越和创新。

在我们的设想中，徐汇滨江首先要成为全球城市产业标杆，我们构建了文化传媒、科技创新、创新金融互为支撑的产业体系，打造上海产业地标。我们制订了人工智能发展战略，向着上海建设国家人工智能新高地大跨步迈进，"十四五"产业规模目标要达到千亿级别。徐汇滨江已经有"一港一谷一城"核心项目，体量都很磅礴，西岸传媒港约100万平方米，已经入驻央视、腾讯、湖南卫视等传媒文化龙头企业。智慧谷约110万平方米，已经引入华为、微软、阿里、商汤等人工智能标杆企业，西岸金融城约170万平方米，未来将要打造国际金融中心3.0。这只是开始，招商引资工作会在未来持续深入推进，产业规模能级会因为聚集效应不断迈上新台阶，产业前景未来可期。

其次要成为全球城市文化标杆，深入实施西岸计划，打造西岸"一道一群一街区"文化品牌和地标。沿龙腾大道形成美术馆大道，以龙美术馆、余德耀美术馆为旗舰项目，布局西岸艺术中心、上海摄影艺术中心、星美术馆、观复宝库西岸馆、油罐艺术公园等公共文化设施，计划到2020年，西岸将聚集约10座美术馆，成为全球美术馆集聚度最高的地区之一；正在建设中的西岸传媒港，包含了6座剧院、近1万个座位。软件方面目前集聚了西岸音乐节、美食节等众多文化品牌，未来将继续深耕，吸引国内外知名的传媒和影视机构、国际一流画廊和艺术品拍卖公司、演艺团体以及顶级艺术大师等集聚滨江，形成以影视传媒、演艺娱乐、艺术创作展示为主体的国际滨水文化魅力区，着力打造成为现代艺术文化的标杆。

最后要做全球城市精细化管理标杆，实施"2+2+2"运营管理机制（第一个"2"指市场监管、城管执法两支执法管理队伍，第二个"2"指滨江治安管理警务工作、联勤联动日常巡查两方面运作机制，第三个"2"指安控管理、综合养护管理两套管理运行体系），按照"绣花一样精细"和"三全四化"的要求，提高管理标准、提升管理品质，并充分运用大数据、人工智能等新技术，努力将徐汇滨江打造成为精细化管理的标杆区域。

方世忠区长在不久前的世界人工智能大会上指出，徐汇人工智能产业发展不仅要有雄心，还要有耐心。我觉得方区长的总结十分深刻，城市建设发展也是如此。我们有引领、超越、创新的雄心，也要有久久为功的耐心。滨江的建设需要我们的规划干部队伍和人才建设不忘初心，既要有愚公的恒守坚持，也要有鲁班的细腻技巧，一代又一代地持续建设，撸起袖子加油干，徐汇滨江才能在不久的将来实现这一伟大宏愿。这样的宏愿是人民的心声，由人民来建设，最终也将还之于民，造福于民。

问： 西岸未来要进一步完善基础设施和公共环境建设，重点推进"第二地面"（立体街道）、"有轨街车""水上巴士""跑道公园"等特色项目，请问这些"远景目标"是如何确立的？现在项目运行情况如何？

答： 跑道公园项目目前已经建设并对公众开放，二层立体空间位于西岸传媒港，随着西岸传媒港项目最早将于2021年建成并开放。

有轨电车与水上巴士在早期滨江的规划中就有所考虑。当时主要考虑到滨江远期发展可能存在的上下游之间纵向交通问题。2016年，为响应上海市的黄浦江两岸公共建设三年行动计划，由市建委浦江办牵头进行过相关研究，就将徐汇滨江打造为世界级滨江空间提出了一些具体的规划策略，电车和巴士作为构建慢行网络结构的具体策略再次被提出。我们一直在作着随时可以实施这两个项目的准备，也预留了实施的可能性。

有轨电车可以说是上海的城市记忆，1908年上海第一条有轨电车线路开通，直到解放后的50年代，有轨电车已经遍布上海市区各个角落，成为公共交通的生力军。我们经常会在历史剧上看到近代上海有轨电车"叮叮当叮叮当"在城市中穿梭，是一张很有辨识度的名片，同样有辨识度的还有电车旁卖《申报》的报童。当然，这些电车基本上是原来的英国、法国殖民者运营的，国家需要发展自己的公共交通，陆续拆除了这些电车。

有轨电车经过很多年发展，技术已经十分成熟，具有成本低、安全性高、环保等优点。谈到现在上海的有轨电车，大家首先想到的是浦东张江和松江区。这样的实践主要目的还是解决交通问题，它的运力已经非常可观，对交通拥堵缓解的作用显而易见。但是在滨江设置有轨电车，有两个最重要的问题需要考虑清楚，一个是否有这样的交通需求，包括通行的需求，还有旅游游览的需求，二是电车系统如何和现有的交通以及慢行系统融合形成一个有机整体，作为毛细血管真正赋予城市活力。从交通需求上看，徐汇滨江的大项目比如西岸传媒港、智慧谷、金融城目前还在建设期，体量还没有出来，也没有大规模的人口导入，还没有实实在在的交通需求去支撑电车的建设。且有轨电车主要解决沿江南北向交通，而滨江的交通矛盾主要集中在与腹地之间的东西向联系上，还有部分道路尚未打通。从项目效益上看，有轨电车建设是具有一定成本的，将会是一笔不小的支出。而现阶段我们更加希望钱能用在刀刃上，主要聚焦于载体建设、产业配套、文化设施等方面，去更加深入挖掘和发挥徐汇滨江本身的优势，使徐汇滨江的亮点更加闪耀，把公共投入的边际收益提高到最大。在十年二十年后，或者发展迅速五年也有可能，交通需求快速上涨，我们经过评估认为时机和条件都成熟了，会坚定不移地去做这个项目。

再谈水上巴士。水上巴士顾名思义指的是水面上的公交巴士，是城市公共交通系统的组成部分，一般来说主要承担两项功能，一是交通运输，二是观光游览。世界上一些知名水岸都有水上巴士，比如意大利威尼斯、日本大阪、澳大利亚布里斯班。水上巴士对于水岸城市是具有积极意义的，甚至可以成为城市一张很特别的名片。

但是我们也应该看到，水上巴士的运营并非放几艘渡轮或者游船在河里来回开那么简单。首先最基本的，它对于沿岸基础设施和景观体系的品质要求非常高，因为它本身属于补充性质的点睛之笔，属于开在城市系统这棵树上那朵最好看的花，如果这棵树本身生长得不结实，养分输送能力不强，那就不可能开出好看的花。只有拥有完善的接驳体系与交通设施，和观赏价值极高、可以让人拍照的水岸美景，才有开通水上巴士的基本条件。还有其他例如合理的商业运营模式，高水平、信息化的管理，与其他文化旅游产品结合，对于环境的保护等问题，都是水上巴士面临的现实问题。我们知道，前些年上海作了一些尝试，目前还处在一个逐步探索的过程。徐汇滨江做水上巴士是必须的，也是合理的。这是上海市建设国际航运中心，落实黄浦江公共空间规划的必然要求。如果将来人的活动需求，特别是对于浦江两岸互通联动的需求，上下游连通联动的需求，这样的需求快速增加，我们会很乐意去做一个既能方便大家享受浦江便利交通，又能享受两岸大好风光的，最好的水上巴士项目。

口述 4

徐汇滨江"建设者之家"
党支部书记蔡莉萌访谈

时间：2019 年 9 月 18 日

地点：徐汇滨江"建设者之家"

口述者：蔡莉萌

采访整理：王健

整理者按：蔡莉萌，女，原龙华街道俞三居民区党总支书记、居委会主任、业委会主任，2016 年 9 月转任徐汇滨江建设者之家党支部书记，时年 63 岁。2008 年被评为"徐汇区道德模范、身边好人"。

王健问（下同）：宝宝阿姨你好，我是来自《上海西岸》课题组的王健，很高兴你今天能够接受我们的采访。我想采访主要分两个部分，首先是谈谈您作为徐汇滨江地区的一个老居民，老的居委主任，您对这二十多年来这一地区变迁历史的一个观感。另外，我们都知道您对于在滨江建设者中开展党建工作是非常有经验的，可以说是一个典型，那么，下半场我们就想请您谈谈这方面的内容。那我们就先开始上半场的采访，好吗？

蔡莉萌答（下同）：好的，谢谢！

问：宝宝阿姨，您能先简单给我们说一下您生活和工作的经历吗？

答：好的，我是生在龙华，长在龙华，学习、生活、工作、发展都在龙华的龙华人。我们家从我爷爷开始就来到了这个区域生活，我从小也一直在龙华长大，1969 年中学毕业后，我就去了安徽阜阳

颍上插队落户，1973 年回上海后，就在龙华的企业工作，一直到 1999 年，因为企业不景气，我就到龙华镇找到宋镇长，当时宋镇长问我想做什么工作，我回答说，想去两个地方，一个是爱卫会，一个是居委会，我觉得凭着自己的认真和自信，这两个工作我都可以做好。后来镇长就让我填表申请，没过几天，镇组织科就通知我去俞三居委会工作，那也是一个比较复杂的居民小区，也是我自己的属地居委会。当时主要居民包括两个部分，一部分是北京西路动迁居民，一部分是本地动迁的居民。

作为动迁居民，当时也存在一些个人利益上的诉求，所以矛盾比较多，信访频繁，镇领导对我比较信任，认为我一方面与镇的相关管理部门比较熟识，另一方面对居民也比较熟悉，所以希望我到任后，能够使这个居委会的工作有所改观。所以，我是在这样一个情况下走马上任的，担任了居委会主任、业委会主任和总支书记等职务，在那里一干就

是 17 年。

2015 年居委会换届，我自己也觉得当时的居委会工作需要年轻化、职业化和专业化，所以我主动向组织提出退休回家，让年轻的居委会主任挑起重担。退下来以后，组织把我安排在街道的老书记工作室，在那里工作不到 3 个月的时候，领导又找到我，说当时滨江地区有个与外来务工人员相关的工作需要我去做，当时已经是 2015 年底 2016 年初了。

我记得非常清楚，过完年后的 3 月 9 日，当时的街道主任程伟又找我谈话，说这项工作和群团改革相关，当时市委也已经出台了相关的文件。我作为一个党员，当然要服从组织的安排，所以就来到了滨江。

初到滨江时，可以说是一片空白，我目睹了我们这个家（指滨江建设者之家）在一个月的时间里拔地而起，当时也是相当不容易，从此，我在这里开始了新的工作。

问：好的。那我们到后面再来聊滨江建设者之家的故事。那您刚才也提到从您爷爷那辈开始就已经生活在龙华地区，可以说是一个不折不扣的老龙华人了。这二十多年来，徐汇滨江地区发生了翻天覆地的变化，您作为一个见证者，可以跟我们先谈谈您对 20 世纪 80、90 年代滨江地区的印象吗？

答：好的。徐汇沿江地区曾经是上海近代民族工业的摇篮之一，是聚集"铁、煤、砂、油"的大工业厂区，而且是一条封闭的传统工业岸线。沿线分布有：20 世纪 40 年代远东最大的飞机场——龙华机场、中国自主研发的飞机运 -10 的诞生地——上海飞机制造厂、中国第一个水陆联运码头——北

票码头、中国第一个湿法水泥厂——上海水泥厂、上海第一个货运车站——铁路南浦站等。这个区域寄托了先辈们改革创新的梦想。但随着时代的变迁，这些工厂产业等级低、环境污染大，不符合地区发展要求，慢慢都停止了生产，滨江地区在转型过程中逐渐成为"铁锈地带"。

龙华机场在我儿时关于龙华地区的印象中占有比较突出的位置。当时龙华机场和周边地区可以说是黄土朝天，野草丛生，看着像一片废墟。当然，在历史上，这片区域可以说曾经是上海民族工业的摇篮之一，周边有水泥厂、东安路附近的煤码头，飞机场里面有 102 厂、5703 厂等，但是当时周边环境的管理是非常薄弱和无序的。

问：据我们所知，当时机场里面和周边也有不少居民小区？

答：对，有的。有我们 102 厂的居民，在机场附近有几幢小楼，因为我当时在龙华铆钉厂工作，我每天上班都要穿过 102 厂，当时厂房、宿舍都混杂在一起，还有百步桥附近的码头，环境确实是比较差的。

问：您说当时百步桥附近有码头？

答：对的。它是水陆两用的，非常繁忙。另外，当时还有一条铁路从新龙华通到北票码头，旁边还有一个龙华饲养场，饲养场的种猪一般也是通过这条铁路加以运送的。

问：您可以再谈谈当时您工作的龙华铆钉厂的情况吗？

答：这个厂当时就在原来的龙华派出所旁边，

是一个镇办企业，专门生产铆钉，包括服装的纽扣之类，一度效益比较好，但是到了90年代后期就逐渐走下坡路了，后来因为整个龙华地块要动迁，就不复存在了。

问：好的，那我们知道2000年左右，当时的上海市政府作出了黄浦江沿岸开发的决定，此后一直到世博会之前，又展开了新的建设高潮。应该说，这十多年是滨江地区变化最大的一段时间，那您可以跟我们讲一下对那个时间段里面滨江地区发展的印象吗？

答：时任上海市委书记韩正将徐汇滨江比作不可多得的"大衣料"，上海人说的"大衣料"一定是要派大用场的。按照上海2035总体规划，徐汇滨江是17个中央活动区之一，跟徐家汇一样，作为唯一在建设中的中央活动区，各级领导对这片区域寄予了非常高的期望。但是徐汇滨江要怎么开发？当时大家希望能够把这片区域的土地释放出来，把沿江世博的配套道路先开发出来。2010年世博会给了我们机遇。世博的主题是"城市，让生活更美好"。我们的对面就是世博园。当时区委、区政府一直在考虑怎么进行徐汇滨江开发。改革开放，对标国际，我们更需要文化艺术。在伦敦、在巴黎塞纳河边，不仅有商业配套，更多的是文化配套、休闲设施。因此从2012年开始，区委、区政府决定打造"西岸文化走廊"工程，把西岸的美术馆、博物馆建立起来。在我的印象中，这是在当年党代会的报告中作为一个项目定下来的。

问：好的。那您刚才也提到您担任了17年的基层居委会的工作，可以跟我们谈一下这方面的

内容吗？

答：好的。我在负责居委会工作时期，我所在的小区是我的属地小区，所以其实压力是比较大的，很多事情都是亲力亲为，比如居民调解工作，尽管有调解员，但我一般都亲自上阵。另外，因为是老小区，居民家的房屋设施都比较陈旧，每天都会遇到漏水、水管破裂等等的事情，居民随时都会找到我，我们也会第一时间赶到现场帮助解决。

问：您刚才谈到您这个小区居民主要是从两个方面动迁而来？

答：对，一部分是北京西路动迁来的，一部分是原地动迁的。俞三居民区的"俞"就是指原来的俞家湾，它是1995年竣工的，是一个老小区。在竣工之初，条件确实比较差，尤其是用气问题，没有通过煤气，用的都是液化气，而且小区内外的道路条件也很不好，都是弯弯曲曲的泥巴路，只要一下雨，进出就非常不方便。另外，还有很多生活配套设施也跟不上，包括医院、菜场、文化设施等，这样的话，当时入住的居民，尤其是北京西路搬过来的居民，心理落差就有点大。特别是在刚开始几年，也就是1995年、1996年左右矛盾是比较突出的。

后来到了90年代末，又有大批的工人下岗，几乎每家都有，就业问题又变得比较突出，所以我们当时也把再就业工作当作重中之重来抓，把当时所有失业的居民都登记造册，了解他们的需求情况，想尽各种办法给他们介绍工作，安排岗位，特别对两劳释放人员加以照顾，保证社会稳定，同时也赢得了居民对居委会工作的支持。

问：好的，我们知道在2016年的9月您接受

上级的任命，来到徐汇滨江管理当时的外来务工人员群体，照顾他们的生活，那您能回忆一下当时您刚到滨江时的情况以及所面临的困难吗？

答：2016 年 3 月我受组织安排来到滨江建设者之家，当时一无所有，我们服务的建设者来自 29 个工地，一共有 7 000 多建设者，在高峰期更是超过了 10 000 人，可以说是一个庞大的群体。所以当时到工地后，我很快组织起了自己的团队，从最基本的工作开始做起，带领团队来到各个工地，利用午饭和晚上的时间，围绕建设者的需求展开调研，在此基础上制成表格，根据这张表格形成了三张清单，包括服务、讲座和活动三方面的内容，成为我们以后开展工作的指南。作为群团工作综合服务站，我们再进一步整合了工、青、妇和群团组织的资源，来为建设者服务。所以，在上级组织的支持下，可以说我们很快就进入了角色。

在此基础上逐渐形成了可复制、可推广的三条经验。一是区域化资源的整合，在工、青、妇和群团组织之外，我们还有区域内相关单位的资源，这些资源都可以给我们的工作提供支撑；二是平台化的供需对接，这是建立在我刚刚提到的三张清单的基础之上的，也就是说，只要建设者有需求，我们就要调动相关的资源来对接，尽最大可能满足其合理需求；三是多元化的自治共治，因为社区都有自治家园建设，来到滨江建设者之家后，我就想也要挖掘这些建设者本身所具有的资源，当时经过摸排，我们了解到在这些滨江建设者中间有 100 多个党员，所以就以这些党员为主成立了"西岸龙之队"，其中西岸是指滨江，龙就是指龙华。龙之队具体又分为三队五组，三队包括党员先锋队、职工服务队和青年先锋队，五组包括文体组、宣传组、自治组、服务组和平安组等。

问：您是 3 月来到滨江的，那我们知道 9 月份的时候就成立了徐汇滨江建设者之家党支部，能谈谈这方面的情况吗？

答：是这样的，我 3 月份来了之后，4 月份土建完成，5 月份根据建设者需求对建设者之家进行软件配置，6 月 8 号试运行，7 月 11 号正式启用。所以，应该说在 9 月份成立党支部之前我们前期已经在展开工作了。

事实上，5 月初的时候，就已经有很多建设者中的党员来找我，询问党支部建设和志愿者招募的情况，我就向当时的西岸集团党委书记作了汇报，并且在 5 月 23 号召开了一个外来务工人员流动党员的座谈会，我身后背景墙上的 25 位党员就是当时这个座谈会的参加者。在这个会上，我们发放了相关信息的采集表。当时很多党员都非常激动，因为他们已经做了多年的口袋党员，找不到组织，但对党一直保持着一份忠诚。

所以，我们这个站点应该说是从无到有，从小到大，从最初驻点的 3 名党员到 23 名党员再到现在的 115 名党员，可以说相当不容易。而且更令人欣慰的是，在过去的三年多时间里，我们的三会一课，每月 5 号的主题党日等活动都由我们的建设者党员自己加以组织开展，可以说这是硬任务，是雷打不动的。另外，还不定期开展爱国主义教育、红色之旅等各种活动。

问：所以，这些党员确实发挥了先锋模范的作用。那在建设者之家工作的过程中，您有没有什么印象深刻的故事，可以和我们分享一下？

答：我们的这些建设者都非常积极参加各类活动，在平时也会进行自学。比如说现在的学习强国APP，对滨江建设者就非常有吸引力，可以说现在党内党外都在学，尤其是一些中青年的建设者主动加入我们的队伍。我们街道党工委建了一个学习强国的学习群，我也在站点组织、指导滨江建设者利用学习强国这个平台展开学习，很多人都坚持每天学习，现在有人的学习分数已经达到了7 000多分，他们都觉得通过学习强国这个平台，对党的基本知识和当前的形势有了更为深入的了解，而且还能学习到很多其他的知识，心理和情感上感到非常满足。

我们每个工地都有临时党支部书记，他们在各自的工地上也都发挥了先锋模范作用，对我们站点的工作也都非常关注和支持。我们建设者之家的志愿者活动，很多党员也都会克服各种各样的困难，积极参加。即使为此耽误了工作时间，他们也会加班加点地补上。

党建带群建促社建是我们的工作思路，我们把各个工地的临时工会纳入建设者之家的联合工会，这两年我们不仅成了非公企业工会的示范点，而且在小二级工会方面也有了创新。群建方面除了工会工作，还有妇女工作，我们很多女同胞——7 000多建设者中有500多女同胞——她们对我们的工作同样非常支持，我刚才提到的三队五组里面有一个文体组，每到暑假，我们的这些女同胞就会把她们的孩子带出来，经常开展亲子活动，还会搞家庭卡拉OK大赛，各类活动都搞得红红火火。

问：再问一个问题，西岸龙之队与滨江建设者之家之间是什么关系？

答：是滨江建设者之家成立了西岸龙之队。西岸龙之队中有一个青年突击队，现在已经是上海市的4A青年中心。只要有活动，我们那些年轻的建设者都会参加，基本上每天都会有活动，比如说运动会什么的。

问：那么这些党员是不是还存在一定的流动性？

答：对，党员的流动性，包括建设者的流动性都非常大。

问：这也是一个难点。

答：是的。所以对我们来说，今天是115名党员，明天可能就是116名，所以我们隔三差五都在摸底、排摸，党员名单随时都会更新，每季度会有一个大的调整。

问：那您在工作过程中对我们的滨江建设者的印象怎么样？

答：我觉得我们的这些建设者们都非常淳朴，他们没有过多的需求。比如说，他们如果有些小毛病需要去卫生室诊疗，每次配的药都是适量的，不会问医生多要一片药。再比如说，去年我们搬家的时候，我们有两个橱柜搬不动，当时正好有两个建设者坐在我们的客厅里，我就请他们帮忙，事后我要表示感谢，其中的一位就说："宝宝阿姨，你太客气了，你大概忘了我上次在工地晕血，还是你及时去超市买了面包，才把我救了过来。"所以你看，他们确实是非常知道感恩，你为他们做一点事，他们实际上都记在心里。

问：对，所以我想在您的工作中，也是非常注意情感的投入的。

答：是的。事实上，从区委到市委的历任领导对我们这个家也一直非常关心，给予了很大的支持，认为我们的这个建设者之家给予滨江建设者以人文方面的关怀，正体现了上海这座城市的温度和我们"大气谦和、海纳百川"的城市精神。

而且他们也觉得这是一个能够在上海，乃至全国复制推广的模式，所以现在每年来参访的团队很多。当然，因应于社会发展转型的需求，我们自身要做的工作也还有很多，有很大的提升空间，

总之，我们希望通过自己的努力，把这方面的工作越做越好。用小家的平台撬动和凝聚起社会大家的力量，为建设者提供一站式、多元化服务，不仅让政府资源和多元社会力量在滨江的建设热土上找到了工作的着力点，实现最广泛、最精准的对接，也让来自五湖四海的建设者在大上海感受到了家的温暖！

问：好的，感谢您今天接受我们的采访，衷心希望徐汇滨江和建设者之家的明天更加美好，谢谢！

口述 5

我在斜土路兆丰居委会的经历

时间：2019 年 9 月 5 日

地点：徐汇滨江尚海湾居委会

口述者：刘春琴

采访整理：叶舟

整理者按：刘春琴，生于 1949 年，1976 年初进街道生产组，同年 7 月进南站居委工作，1997 年进兆丰居委，先后担任居委主任、居委书记，2011 年退休。

我出生在小木桥路南站居委"三合村"4 号。生于斯，长于斯。今年 70 岁。当年，我父亲解放前从山东逃荒逃到了上海，开始投靠老乡，后来南站招人，就去南站那边做苦力。南站、兆丰路、俘房营这边的居民大部分都有这样的经历，基本上都是当时南站的码头工人。我和这里的居民一样，都不是在医院里出生的，都是接生婆在家里接生的。如果刚出生就死了，就地上挖个洞埋了。当时家里条件一直很艰苦，做饭用的是煤炉，烧的是煤渣，用炉子的时候，经常是需要点的时候，半天也点不着，不需要的时候，人走了，炉火反而旺了起来。吃饭时菜也只有一个。我曾经在东北兵团 7 年，于 1976 年初进街道生产组。1976 年 7 月进南站居委工作。1996 年南站居委动迁后，于 1997 年进兆丰居委。在居委入党。从居委干部做到居委主任、居委书记。50 岁要退休的时候，居委又继续回聘我，一直做到 2011 年，63 岁才正式退休，到现在已经退休 7 年多了。

兆丰居委当年有 1 200 户人家，3 700 多人，这里俗话说就是"滚地龙"，居民密集度高，房子全是鸽子棚，一户挨一户搭建，中间没有空距离，无法开窗通风，是个大闷桶，屋里黑洞洞的，大晴天屋里也要开灯。小区只有 3 个电压器，几十家人合并使用电表，冬天用电炉取暖特别容易断电、失火。卫生设施也没有，洗澡都是用的脚盆，3 个居委合用一个倒粪站，倒粪要排队，以前连自来水都没有，都是要到给水站提水。大概 80 年代的时候，每家人都装了自来水。由于家中地方小，住房条件很差，子女要结婚成家，单位分不到房子，也买不起商品房，就只好向空中发展，在房子上面再搭建简易房，让子女结婚，一楼搭二楼，二楼搭三楼。新婚夫妇都无法度蜜月，半夜要方便，楼下老人都能听到方便时的滴滴答答响声。当时没有什么建筑材料，钢筋水泥什么的都没有，就用煤屑和电石乌做成煤屑砖搭房子，顶上盖的是毛竹，这样建起来的房子质量很差，时间长了，毛竹腐烂，到了夏天防汛期，一刮风下雨，房顶就有可能被风掀掉。有个居民儿子结婚的时候又加了个顶，不知道毛竹已经烂掉，等到台风来的时候，毛竹一下子就掉了下来，把房顶都砸穿了。这时只能早作准备工作，用麻绳拴，用大石头压。有了液化气之后，大家又搭了个小灶间，这使得空间越来越挤，天热的时候，这里连乘凉的地方也没有。因为这里弄堂非常狭窄，最多只有一米，可以有两个人对面通行，两辆自行车就无法通过，最窄的地方仅容一人通行，自行车也推不进去。居民晚上乘凉只能去兆丰路上，可是兆丰路由于当初是南站进口的地方，往来货车很多，导致这条路高低不平，七高八低，老人、小孩，一不小心就摔跤。绿化也没有，这条路是扬灰水泥路，晴天货车一开灰尘满天飞，居民在马路边晒的被子经常是一层灰，一下雨，灰泥沾满身。买菜去菜场要过中山南二路，可中山南二路是主干道，马路宽，车子多，年纪大的人经常被车撞。居委后来想办法，在兆丰西路这个死弄堂里搭了些棚，建成了临时菜场，让居民可以在这里买菜，尽量改善居民的生活。2003 年兆丰居委拆迁前，这里连闭路电视都没有，就算买了电视也没办法看，放出来全是雪花。

1997 年我刚到兆丰路居委的时候，还在俗称"俘虏营"的兆丰西路工房工作过，这里条件更差。"俘虏营"是日本人建造，专门关押在北票码头和铁路南站做苦力的战俘的，每间平房只有 8 个平方米，屋檐高 1.7 米，房门只有 1.5 米高，有门无窗，进出要低头，不通风，潮湿不堪，遇大雨或涨潮，房内积水。抗战结束后，还有部分当年的战俘居住在这里，他们在这里结婚生子，原来的住房太小，就继续向上搭建。楼上是睡觉的地方，小孩子都睡在上面，当时要上楼去，腰都没法直起来，人弯腰爬上去只能睡个觉，楼下面也就只能摆个桌子吃饭。孩子长大之后，就继续向上搭建，隐患很多。整个俘房营 600 多户，2 000 多人，没有一间厕所，只有一个倒粪站，早上倒粪还要排队，生活真的是非常困难。当时亲戚朋友都不敢请他们到家里来，特别是上厕所实在是不方便。一到台风天，就水漫金山，到处漏水。这里阴沟是往黄浦江排水的，如果黄浦江水位上涨，江水就会倒灌，阴沟里的污水和垃圾就泛出来，臭味四溢，苍蝇蚊子多得不得了。

离我们不远，附近有个北票码头，是个煤码头，码头非常繁忙，只要装煤船到港，噪声很大，老百姓根本睡不着觉。送来的煤就通过输送带传送，这时如果风向是往我们这边吹，老百姓就遭殃了，晒出去的被子、衣服立即像洒了一层黑金，闪闪发亮。刮到人身上，落在脖子上、身上，洗都洗不掉，非常的痒。而且由于这里全是棚户区，房屋结构不好，窗、门边上都有很大的缝隙，煤灰就顺着这些缝隙吹进来，家中好像布满了一层黑纱布，用手一摸黑沙直往下落。一直到小木桥路那边都受影响，船厂居委是情况最严重的。运煤车在这里来来往往，马路上全是煤渣，整条路都是黑色的。老百姓没煤烧，就到马路去扫，扫出来的都是煤饼，可见路上的煤很多很多了。居民经常为了这件事向上反映，或者到煤炭公司去反映。另外，南站也在附近，火车通过的时候，整个地面都在震动，结构不好的房子都在摇晃。日晖港也是个非常繁忙的运输码头，也是环卫的一个粪码头。周边环境脏、乱。高架建设的打桩工程、日晖港填埋的盾构工程，不同程度造成附近的兆丰东路的老房屋的沉降、开裂，危房增加，居住环境更加恶化。政府为了解决问题，就出了一笔补偿费，帮助这片居民搬迁了。

当时区里资助每个居委都要建设健身设施，可是兆丰路根本没有地方可以安放健身设施，要健身只能去日晖二村，那边又太远，很多老年人走不动，只有年轻人可以去。由于平时没有什么娱乐健身活动，这样的话时间长了，很多人就开始搓麻将、赌博、跳舞、打架闹事，甚至吸毒，小孩子也没人管，使得这个地区的犯罪率也相对较高。年轻人中劳改释放人员大概占了4%（根据1990年数据，当时兆丰户籍人口3 237，常住人口3 500名左右，所有年龄段中"两劳"人员180人左右），很多年轻人都犯过错误，最多的就是打架和偷窃。由于当时这里离南站近，火车站里面货物很多，吃穿什么的都有，很多人就跑去偷窃。有一次十多个青年打群架，打死了一个人，全部被抓，都被判了十年以上的徒刑，关到了新疆。青年人当时唯一的出路就是参军，因为我们这边成分好，身体好，所以参军的很多。由于家里地方小，小孩子写作业都没有地方，只能在吃饭桌子上写字，学习条件差，再加上周围环境差，导致这里的升学率很低，大部分只能读到中学和技校，能够读到高中已经是相当不错的了。棚户区居民有忘不了的教育苦衷。我之前在南站居委会工作，这边有600多户居民，老、中、青都有。但我清楚地记得，1996年，南站居委未动迁时曾经作过一次人口普查，在这600多户居民中，只出现了一个大学生，就是这个大学生，还是产在零陵中学王老师家的，数字很是寒酸。整个南边这三个居委（南站、兆丰、船厂），大学生都是屈指可数。而且这里居民精神病发病率也高，

低能儿也多，我记得我们居委有户姓文的人家，六口人，除了老头和二儿子稍微正常以外，老太、女儿、媳妇、孙子四个人都是精神病患者或者是低能儿。

这些劳教人员释放后，由于有这样的经历，再加上文化程度又低，好的单位很难进去，街道安置不过来，我们居委就帮忙解决一部分。比如兆丰路建了菜场，我就想办法安置了两位失业的释放人员，让他们管理市场。治安巡逻又安排了两位释放人员。如果家中实在困难，逢年过节，我们还专门买了东西慰问补助。有一个我们这边有名的无赖，因为盗窃罪入狱，释放回来后，父母已经去世，他和大哥关系不好，无家可归，我们就安排他在已经搬走的空房子里暂时住下来，又安排他去看垃圾桶，当时每月也有1 000多元的收入。动迁后，我们也帮他争取了好的条件，也分到了一套房子。当时公共厕所承包，我以居委的名义和环卫所签订了承包协议，安排释放人员管理厕所，他也能安心工作。当时只要有合适的工作，我们尽量给他们安排，毕竟他们还年轻，有劳动力。他们都很感谢我们居委，我们在这方面做了一些工作，确保了一方的平安。斜土路街道曾经获得过1998年全国刑释解教人员安置帮教先进集体，2001年全国综治管理先进集体，市级的防汛、防台、外来人口管理的先进集体荣誉，我们居委也为这些荣誉作出了一点自己的贡献。

兆丰的拆迁是从2003年的3月开始正式启动的，当时支持的动迁方向是徐汇的光华小区。当时国家的政策有点紧，而兆丰路的居民普通住房条件差，面积小，居民动迁还要自己贴八万到十万，可是居民经济条件都差，根本没有钱，因此开始动迁

率很低，拆不动，大概只有 2% 不到的居民搬走。兆丰路动迁从此停滞了很长一段时间，这一段时间也是我们居委工作最为艰苦的时期。当时居民人走掉了之后，房子还没拆掉，很多人就把垃圾也倒进去，苍蝇蚊子开始滋生。另外动迁后，不再收取水电费，居民们趁机开始接电线进去，又将这些房子租给外地人，当时沿街马路开了很多店铺，比如说饭店、烧烤，这些饭店都不再使用煤气灶，都用大功率的电炉，1 000 瓦、2 000 瓦，灯泡也是 100 瓦、200 瓦，整个兆丰路灯火通明，非常热闹，居民也用电炉，这样整个小区电承受不了，经常一用就爆表，着火，停电，造成了很大的安全隐患。居民虽然得了好处，但是心里也非常担心。我们居委对这个问题很重视，除了加大宣传，发放灭火器，传授灭火知识之外，每天晚上组织待业青年巡逻值班，发现火警就及时灭救，这样既可以及时发现安全隐患，也能够解决一点待业的问题。可是当时我们居委条件也很差，经费基本上没有，日夜值班，我们也只能支付一个月 400 元的工资。这个钱还是我们当初出租兆丰西路场地给人收废品，每个月有 3 000 元的租金，才有可能发放这笔工资。当时光电炉，我们就没收了至少 200 只。街道还承诺，如果发现电炉，没收，街道就会进行奖励。当时我天天带着治保主任和居民巡逻，我和他们说，你们先去看插头插在什么地方，把它拔了，我就去没收电炉，然后扔在地上砸碎。慢慢地，老百姓对我们的工作理解了，电炉也就不用了。这个时候，为了用电安全，供电所多次给整个兆丰地区电压增容。我们这边的居民老百姓虽然文化程度不高，但是凝聚力非常高，大家互帮互助，记得那个时候火灾隐患很多，只要有人家里稍稍有点焦煳味道，邻居闻到

了，马上就会去敲门。所以我们很多火灾的危险就是这样提前解决掉的，从来没有发生过一次大的火灾，更没有一个人伤亡。记得当时有户人家用洗衣机，因为电压低，没启动起来，他就走开了，没有关，晚上洗衣机自己就启动起来，结果就着火了。当时这家人家都睡着了，隔壁邻居闻到了塑料烧焦的味道，发现火势已经窜到他们家的楼顶，楼层隔板都烧焦了，马上就敲他们家的门，及时控制住了火势，很快就把火灭掉了，因为我们这里的房子都是连片的，如果没有这位邻居的关心，火势无法控制，就不是一家人家遭殃，后果肯定不堪设想。还有一户人家炉子上烧着东西，没关液化气，就去超市，也着了火，烧起来，也是旁边的邻居撞门进去，帮助灭了火。还有一次已经是到了动迁的尾声了，快要过年了，很多人家都搬走了，还留下了少数几户，有户人家搬走后，外地人在这里开了饭店，他们用电炉烧东西，结果电线短路，电炉烧了起来，也是邻居闻到了味道，及时通知我们，我们在那边忙到半夜，总算解决了问题，第二天就已经是新年了。

每年夏季台风暴雨来袭，整条马路都被淹了，水最深的地方没过膝盖。街道领导在第一时间就关注兆丰居委居民，一旦兆丰居民区大面积积水，陈伟国主任就与消防大队联系请来了消防车帮居民排水。我们居委干部就一直巡逻，帮着困难的孤寡老人往外倒水，有些居民家中水位很高，放在床上的被子、衣服都全部湿掉了。居民区地势低，黄浦江水位高，台风一来，江水就会倒灌，这时除非黄浦江的水势退了，水位下降，不然的话不管采取什么办法，居民区这边的水都退不下去。我记得 2005 年麦莎台风来的时候，强台风、大暴风，消防队派

来了两辆消防车，抽了两天两夜，抽了水又泛进来，水一直退不下去，一直到黄浦江水位下降，南浦站水也退下去，我们这边的水才慢慢退下去。

总之，兆丰路动迁期间，由于各种原因，带来了很多不安全因素，但是在我们居委会的努力下，在居民老百姓的支持下，把这些不安全的隐患基本都解决在了萌芽状态。当时我们做了很多工作，24小时不管有什么事，不管刮风下雨，马上就去解决，每家人家的情况，我们都上门调查得很清楚。所以直到动迁结束，我们这边都没有发生什么太大的问题。

后来，上海要举办 2010 年世博会，兆丰路周边道路作为世博会的配套市政建设，进入大规模的改造，为了配合改造工作，到 2008 年 3 月，兆丰路动迁再次启动。这个时候由于世博会的原因，动迁政策相对要比之前宽松，除了拆迁费之外，还有点装修的补贴。拆迁的条件好了，老百姓就慢慢地搬走了。当时安置的地方有松江的新凯家园，莲花南路的君莲小区和绿莲小区，还有浦江镇等。到 2009 年 12 月 6 号最后一家人家搬走，很圆满地完成了这次动迁工作。搬走之后，老百姓都很开心，有很多人跟我说，现在条件好了，以前从来没有想到，半夜都会笑醒。我们居委干部曾经对之前的居民一家家走访过。好多老居民对兆丰路还有着深厚的感情，很多居民留恋这里，对我们居委有感情，所以户籍长期空挂。有几位老人还坚持了好几年，一直在兆丰路这边的日晖医院（现在的斜土社区卫生中心）来看病，顺便看看兆丰路现在的新面貌，直到走不动，才不来了。还有几个老党员，舍不得兆丰路，舍不得我们居委干部，一直到现在还专门从松江大老远地跑到现在这个尚海湾居委参加党组织活动和学习。我们也考虑到居民的情感，主动组织到动迁安置地进行组织生活，动迁之后，有两个党员生毛病，我带了两个支部委员专门去探望他们。有个老住户也是老党员过世了，我还专门送了花圈。这几年，这种人户分离的情况才逐渐减少。

口述 6

阎明口述

采访时间：2019 年 5 月 14 日

采访地点：上海西岸开发（集团）有限公司会议室

口述者：阎明

采访整理：马学强、朱曦、吴思怡

整理者按：阎明，同济大学土木工程学院硕士研究生毕业。2006 年起进入上海徐汇土地发展有限公司工作，主要参与徐汇滨江地区的土地前期开发工作。后进入上海西岸开发（集团）有限公司，现为该公司副总经理。

马学强问（下同）：请阎总简单介绍自己的经历。

阎明答（下同）：我本科、研究生均就读于同济大学土木工程学院，2006 年到徐汇区实习，那时正值徐汇区开始进行"十一五"土地利用的规划编制，被安排到上海徐汇土地发展有限公司（以下简称徐汇土发公司，或土发公司）❶。毕业后就留在了这家企业。土发公司也是西岸集团的前身。土发公司在上海"世博"之后，和滨江公司、光启文化公司，共同组建成立了西岸集团，主要任务就是面对整个滨江地区的开发，徐汇区委、区政府对此高度重视，要求加大力度。

这里，我先来谈谈土发公司的成立背景。土发公司最早是在 2003 年成立，起初主要是对全区范围内的土地资源进行一轮系统梳理，同时也为新一轮

城市建设服务。我是作为实习生，毕业了留在企业，参与企业的一些工作，主要任务是和领导一起对土地资源的调查作一个梳理，形成了"十一五"期间徐汇区土地资源利用的一个报告。当时我们徐汇区还是 13 个街镇 54 平方千米。调查梳理完成后，其实当时在"十一五"期末的时候，整个徐汇的土地资源梳理下来可再利用，可更新的估计 16% 不到，大概有 8 平方千米。当时区政府考虑重新组建土发公司，以此推动整个土地资源的收储、动迁，包括城市的一些建设等。我记得很清楚，土发公司刚成立时一共只有 7 个人，但注册资金很高，有 7 个亿。在土地收储政策实施的时候，处于"十一五""十二五"阶段，城区旧改任务比较重的阶段。

---

❶ 上海徐汇土地发展有限公司成立于 2003 年，注册地址位于上海市徐汇区漕溪北路 396 号 6 层，主要经营范围为土地的收购、储备、出让和开发经营，资产托管、投资策划和咨询服务。

接着，就要谈到滨江公司。这个日子比较好记，2008年5月12日，汶川地震的同一天，滨江公司成立了，到今年正好是滨江综合开发公司成立11周年。当时，我们土发公司和市里的申江集团，分别代表市、区政府各出资50%成立了滨江公司。由滨江公司负责推动整个滨江地区7.4平方千米范围内土地储备和基础设施建设。所以，我们也正好是滨江开发第一年进来的，到2018年恰好10年。2019年按照徐汇区方区长的讲话是"新十年"的第一年。

问：上海西岸开发（集团）有限公司是什么时候成立的，具体背景如何？作为一名亲历者，详细谈一下。

答：上海西岸开发（集团）有限公司（以下简称西岸集团）正式成立于2012年12月，如何成立的，下面我会谈到。2008年以后，滨江公司和土发公司一起负责整个区域土地的储备，包括大量的为世博做配套工作，也是把握了一次世博这样的机遇。当时其实徐汇这里还是世博的一个配套区，还不是主要场馆、设施、会展的一个重点区。但是区里包括相关部门建交委要求做好"七路两隧"的配套工程，主要为世博周边的交通和环境做配套。当时说到徐汇区，一般会说到康办，漕开发，很少人会想到有黄浦江。谁也没想到徐汇当时在中心城区有这么长一段完整的黄浦江岸线，整个100千米的岸线，徐汇单侧从卢浦大桥一直到徐汇和闵行交界，一共有11.4千米的黄浦江岸线，一共占到10%（如果我没记错），还是比较大。所以当时我们通过世博先启动从卢浦大桥一直到我们集团现在这个位置

（今天这个办公楼，龙腾大道2599号）3.6千米岸线长，30万平方米的开放空间，包括几条道路和区里各个部门共同努力抢出来，世博之后人们才逐步有了徐汇滨江的这个概念。当时最早我们徐汇滨江的LOGO设计的像一条"龙"一样的，因为在龙华，其实是上影厂的一条"龙"翻过来，像镜像一样。世博期间，动迁了2.8平方千米也就是280公顷的土地，涉及各类单位，大大小小的，包括我们上海飞机制造厂、龙华机场、铁路南浦站、北票码头等。包括我们斜对面即将呈现的演艺剧场群，当时就是上海水泥厂，早年的民族企业，是国内第一个湿法水泥的一个企业，历史悠久。还有，我们旁边的上海飞机制造厂、龙华机场，这些历史档案资料比较齐全。2010年之后，区政府考虑到我们囤了这么多土地资源，不仅要把基础设施环境做好，还要考虑一些适合黄浦江岸线尤其是徐汇特色的岸线。所以在2012年，区委、区政府作了大量的调研之后，到12月4日正式批复成立西岸集团。❶

正式组建西岸集团之后，由西岸集团全面负责整个滨江地区的土地储备，基础设施，包括文化、产业方面，现在还有科创类的。前身就是土发、滨江，包括区里文化做得比较好的光启文化，组建了整个西岸集团。

这里，谈一下我当时听到组建西岸集团的心情与感受。那时，我还在土发公司，在综合办公室任职。我当时在这个企业做实习，觉得做企业好。这也是基于当时作土地资源的调查，因为徐汇54.76平方千米，有8.16平方千米可以再收储，有许多

---

❶ 批文时间为2012年12月4日，注明为国有独资，授权其在徐汇滨江地区承担土地储备及前期开发、基础设施投资建设、功能开发与招商引资、整体运营与综合管理等职能。

工作可以再去做。其实我们推进的整个节奏是非常快的，徐汇滨江整个总量有524公顷，也就是5.24平方千米的土地，到滨江贯通的时候，收储工作基本结束。我们用了10年时间，收了相当于70%一个卢湾区大小的土地面积。当时我们在思考这个事情，滨江也已经做完了，道路也已经贯通，环境也已经很好了，我们还能做些什么？后来区里领导调研以后，要成立这样一个集团。

当时领导接到这样一个批文后，我们觉得世博结束以后又有新的一个工作期望，或者说又有一个新的目标。因为世博的时候，其实压力是非常大的。我们一直开玩笑，我们看到前滩在做的时候都用了非常高的一种水生植物做遮挡，因为他们觉得徐汇区滨江这边景观不太好，都是一些堆放砂石料的码头，尘土飞扬。所以一旦世博会开了，不要让游客看到这一边。但是他们没想到，世博之后，他们再看看我们，无论是品质也好，设计理念也好，至少说我们没有拖他们后腿。所以，我记得很清楚，我们成立集团前夕，俞正声书记来调研，还特意到海事塔那边去看一下。俞书记来看了之后，在市民中逐渐有了"徐汇滨江"这个概念。俞书记考察的具体时间，应该是2012年，因为世博后有大量媒体做报道，老百姓也有反映徐汇还有这么一块漂亮的地方。

关于西岸集团的办公场地，也值得一提。土发公司的办公楼在漕溪北路。大家现在知道的龙腾大道2599号，2007年建成，具体日期我记不起来了。这幢楼是为了2008年成立滨江公司建的，最早这个办公楼是滨江公司的，这个地块是上海飞机制造厂的地块。我们正好把"上飞厂"收储完毕，然后这个地方临时作为指挥部，当时的主体是滨江公司。

这个办公楼后来作为滨江管委办和西岸集团的办公场所，所有子公司包括滨江公司自己都迁出去了。当时区里领导提了两个"一流"：一流的规划设计，一流的开发建设。世博前主要是服务世博，我们有高品质的建设，但还没有形成滨江地区一个完整的开发理念。世博后，区领导明确了标准，要跟其他地方不一样。西岸集团2012年成立以后，就在这里办公。

西岸集团应该是2013年1月份挂牌的。那天在三楼开完会，领导说集团成立了。

我来了之后被抽到了集团办公室去任职，我是从土发公司的办公室抽调到集团办公室任职，2013年正式到这里报到。我当时主要从事办公室的一些工作，配合主要领导把内部工作管理好。当时我们组建8个部门，有一个框架文件。

西岸集团是由几个企业合并组建的，所以当时要形成一些规章制度。在做规章制度的时候，我记得世博后，我们受到了社会媒体和公众的关注，而且从集团一成立开始，我们领导确定了"文化先导"的发展思路，就是徐汇滨江要区别于其他区域的岸线，不可能千篇一律。当时领导就觉得，徐汇区是海派文化的重要发源地，希望徐汇滨江的岸线也要具有这样的文化底蕴，能够呈现一个不一样的岸线，有自己特色的黄浦江岸线。当时我们做了很多的文化活动，也做了一些宣传，做了宣传之后整个社会关注度就比较高了。

当时主要是两个美术馆签约，在我们规划展示馆签约，启动了世博之后新的一个综合开发工作。所以有大量的委办部门，包括市里面的，包括外省市的一直到徐汇滨江来，我这里有很大量的接待。我当时的工作就是配合把这些内部工作协调好，配合领导去做好。第一个是我们当时做了大量的研究工作，虽然沿江一线的开放空间和道路已经建成，但腹地大部分都是收储状态，用围墙围起来，里面没有任何功能。所以现在看到的，在我们现在这个位置，向南150米的距离，可以看到峰会的场馆 A 馆、B 馆，过了龙耀路就是到2020年末区政府要呈现的西岸传媒港和上海梦中心，今年年底央视就正式开了。当时主要就是研究"西岸文化走廊"品牌工程，"文化先导"相当于一条线，把整个黄浦江岸线串起来。当时我们规划在江边上，第一是有些新的元素，一些服务设施的改造，第二就是保留的东西，一些文化服务设施，龙美术馆（西岸馆）、余德耀美术馆、《中法联合声明》里面写的蓬皮杜艺术中心，包括李强书记要求的、C 单元的核心段2千米的黄金岸线，要有一个最终的人工智能峰会的场馆。一系列的场馆设施都是我们在那个阶段去作的规划研究，现在主要通过实施已经逐步呈现出来了。第二个就是有一些旗舰项目。徐汇滨江当时在整个土地资源利用方面是有别于其他区的。区委区政府高屋建瓴提出"我们不是房地产开发的模式"，所以徐汇滨江我们没有单纯的房地产开发项目，我们都是产业的招商项目。当时提出"三带"原则：带地下空间、带设计方案、带绿色建筑标准，会对项目作一些约定。当时的旗舰项目就是西岸传媒港，那个是2013年开始正式启动。就是在我们集团成立之后那段时间，为后续的发展做了大量的规划、研究工作。

问：为什么要引进这两个馆，有怎样的机缘巧合？

答：我结合亲身了解的情况来讲。龙美术馆（西岸馆）的选址是北票码头，设计请了同济大学的设计师来做，结合历史元素。现在城市建设、城市更新方面流行的"留改拆"，在徐汇滨江一开始就践行这个理念了，我们能留就留，能改就改，能不拆就不拆，因为我们不希望把黄浦江的历史建筑铲平了重新做，我们希望既有一些新的理念，又能把老的历史元素保留下来。我是负责土地储备和动迁的，我遇到的一些人都是从强烈反抗、不理解到最后接受我们。因为我们把人家生活生产的厂区给关掉了，对他们压力非常大。刚刚讲的北票码头、上海水泥厂，在动迁的时候有非常激烈的对抗行为，但我们告诉他们，我们不是开发商，不是把你们的利益作为政府卖地的利益，我们把这些元素留下来。所以这些场馆做完之后，我们请他们去看。记得我们在上海水泥厂改建的穹顶剧场做阿秘厘的活动，他们看了之后也很欣慰，觉得如果放在他们自己手里就是一个废厂区，但是给了你们，你们把这个厂的历史，把这段激情燃烧的岁月，通过设计规划建设的形式保留了下来。北票码头我们保留了一段煤炭的传运平台，上面写着"伟大领袖毛主席"的红字我们没有抹去。当时北票码头，上海人用的煤球都是黄浦江运过来的，一船运过来之后大概有17个漏斗，每个漏斗下面有一辆车，7分钟一辆车装满后送到市区各个区，所以我们把它保留下来了，然后做了龙美术馆（西岸馆）。当时这个美术馆我们也作了大量研究。作为海派文化的重要发源地，不是造一个美术馆就好了。研究下来，美术馆的两个重要元素是什么？第一重要元素是它的藏品，它的内容，一个美术馆如果没有藏品和内容，是没有生命力的；第二个重要元素是馆长，就是它的负责人。一个馆长应该是在全球的美术馆行业里面有学术地位的，才能把馆经营好，才有藏品吸引观众去看。我们政府就是搭一个平台，把这个美术馆设计好一点，让大家觉得这个美术馆有特质，不单单只是在黄浦江边上的。所以当时就按这个理念请了私人的刘益谦。虽然当时这个观念没有得到一致认同，但事实上龙美术馆（西岸馆）经营到今天，在徐汇滨江的影响力，特别是美术馆行业里是很可观的。

当时徐汇区要发展文化，龙美术馆（西岸馆）签约和余德耀美术馆签约都请了市领导，当时韩正书记也来了，因为他们都比较关注，所以 2017 年韩书记有一个批示说"徐汇滨江是一块大衣料"。这个批示怎么来的，有许多故事。当时我们腾了那么多地出来，许多集团公司都想到徐汇滨江拿一块地。权衡下来，领导觉得这些企业都不要参与滨江建设，因为要一流的规划设计，一流的开发建设，就要有一流的团队去做。所以当时就写了一个"大衣料"，希望这个宝贵资源要开发好。所以我们做美术馆，请的是行业里面顶级的。没有他（指刘馆长），我们看不到这些藏品。当时他搞了康雍乾盛世展，据说是 1949 年以后对清朝盛期的所有展品最完整的集中展示，当时轰动效应非常大，很多高层次的领导都以私人身份来看，我们也感觉到很欣慰，龙美术馆（西岸馆）是这样的。

余德耀美术馆的筹建更有意思，它的场地原来是上海飞机制造厂，是当时的一个机库，这也是经过一番"斗争"留下来的。按照原先的规划，这个地块要拆平，因为这个馆一旦被保留，这块地可开发的量就比较小，从经济效益上看，肯定是造一个高楼好。为此，区委、区政府下了很大决心，开了专题会决定，这样一个历史建筑一定

要保留下来。这是世博之后做的。有意思是，当时请了一个日本设计师藤本壮介，又请了世博会做德国馆的来施工，希望做得好一点，因为他们的工艺比我们当年要好一点。最后请了印尼的华人余德耀先生，因为他和刘益谦不一样。龙美术馆（西岸馆）是以近代当代的字画和一些文物的展示为主。余德耀主要是以装置艺术、行为艺术为主。他们行业里面有分类。

这两个美术馆，韩正书记都来参观过，当时我们有影像资料的，领导非常关注。如果靠我们去做，我们没有这么广泛的资源。这是一个市场行为，我们觉得要把徐汇滨江做好，宣传很重要，要通过各种途径去了解、去接洽。有的是部门接到信息，有的是领导接到信息，通过区里方方面面的关心，最后进行一个公开公平的交流、沟通。

问：关于西岸集团的发展，你们认为可以分为几个阶段，或者也可以归纳为几个关键点？

答：我个人印象比较深的，到今年为止，可以说有四件事：

第一件，这两个馆开了以后，我们区别于其他沿江地带的特色就形成了，所以徐汇滨江的关注度提高了。龙美术馆（西岸馆）、余德耀美术馆开幕之后，产生了轰动效应，效果明显。我当时在办公室，每天要接到大量区委区政府的电话要来参观。我们的文化活动也逐步起来了。当时我们搞了西岸音乐节，还有其他配套活动。虽然并不是所有人能理解，但是因为领导很坚持也很信任，所以我们就把这些活动一点一点做起来了。做文化活动和做收储不一样，文化市场更敏感。我记得第一届西岸艺术节请了很多韩国明星，我跟领导、公安局长夜里

两点钟在现场，因为很多年轻的小姑娘追星。他们提前两三天在门口排队，自带了食物和尿不湿，厕所都不上就在这里排队，你很难想象这个事情。当时我们很害怕，这么大规模的活动会不会安全，人开开心心来了，看完演唱会要开开心心走。当时我们搞这些活动很苦很苦，没有办法也没有经验。但是活动搞完之后，大家觉得徐汇滨江除了有美术馆，他们还有互动的活动，不止可以静态去看，还有动态的活动。然后我们这里也逐步成为跑步圣地，这里是"半马"非常重要的赛段，是摩根大通企业竞跑赛的场地，是央视彩虹跑的场地，文化和体育活动在徐汇滨江就逐步形成了。有事件，有活动，也有互动，还有品牌，这个是感受很深刻的。

第二件，就是旗舰项目——西岸传媒港。西岸传媒港以"梦中心"为旗舰。当时我们觉得一个地区的发展、品质的保障，不仅要规划好、设计好、建设好，更重要的是内容。文化活动只是一方面，领导觉得要一个旗舰型的项目，所以当时旗舰项目就是梦中心。虽然发展过程中有些曲折，但梦中心项目就是原原本本按照当初规划理念来做的。这里包括当时土地供应政策方面的创新，不是单单给你一块地随便你去造，造完你去卖，我们要求带产业进来。另一方面，我们的土地价格供应不是完全按照价高者得，或拍得越高越好。我们在土地价格方面作了有效的设计和控制，最终是要把他们产业引导过来，所以有了西岸传媒港这样的旗舰项目。我们在开发过程中，充分利用空间资源。徐汇区寸土寸金，包括地下空间。李强书记一到上海就来到我们这儿，我们也给他介绍整个地下空间，我们地下空间上面有9个业主，地下空间全部打通，地下三层，和地铁连通。同时我们的能源中心、变电站、

市政设施都是集中设置。为什么要集中设置？就是为解决资源集约利用问题，否则我们9家单位，每家都有一个变电站，其实空间利用不足。如果他们地下全部封闭，对今后来我们这里参观、消费的人群也不友好。所以我记得这项目，市规土部门、区里面的部门都大力支持，在政策方面作了大量突破。

第三件，就是2017年徐汇滨江的贯通工程。当时非常不容易，动迁了11家单位，就贯通工程整体而言，徐汇滨江的贯通工程是真正意义上的贯通。从我们集团公司这里开始，一直到徐浦大桥。新建道路5千米，有5座桥梁，建成开放50万平方米开放空间。不仅仅是跑步道、漫步道、健身道的贯通，我们是市政道路和桥梁全部贯通，包括动迁用时500天，徐汇区的动迁量占市里贯通工程的80%。我们动迁11家单位，1 000亩土地，涉及"两管两库"。

这里所说的"两管"，就是指"水管"和"油管"。"两库"，指"粮库"和"油库"。具体说来，"两管"，一是长桥水厂的"水管"，这是给整个浦西地区居民生活用水供应非常重要的一个站点。二是云峰油库的"油管"，这根油管经龙水南路到徐浦大桥，一直给虹桥机场供油，它的油量是给虹桥机场供到60%到70%。"两库"中的"油库"，就是云峰油库，云峰油库里还有中航油，中航油是给浦西100个加油站点保障能源供应的。"粮库"是上粮六库，这个历史更久，最早为军事管辖区，保障粮食供应的。在动迁时，我们把站岗的堡垒保留了下来。上粮六库里有10万吨的粮食（数字可能不精确），这个粮库也非常有意思，分三种仓型，就是：平层仓、楼层仓和筒仓。平层仓特别有意义，

我们把这个平层仓基本都保留下来了，这是 1958 年东德援建中国造的。粮库冬暖夏凉，通风非常好。到 20 世纪 70 年代，还造了很多楼层仓和筒仓，上粮六库动迁以后，我们尽量把这样的元素保留下来。所以，当时包括"两管两库"，一共 11 家单位，大部分是市属单位，一共 1 000 亩土地，用了一年不到的时间。当然，一方面这是市委、市政府的"一号"工程；另一方面，区委、区政府做了大量协调工作。我记得 2017 年 11 月 4 日，新任的上海副市长陈寅在龙美术馆（西岸馆）开了一个先行腾地的会议，要求市属单位支持贯通工程先行腾地。当时就用了一年不到的时间把这个土地腾让出来。

（您前面提到徐汇段贯通工程的具体时间）徐汇一段共 500 天的时间，倒推一下，2016 年七八月份间接到市里通知，到 2017 年 12 月 31 日全部贯通。5 座桥梁全部建成，因为桥梁建设还涉及汛期、水上运输等条件限制，特别是淀浦河桥梁。

从徐浦到卢浦，两桥之间全线贯通了。与世博时的改造一样，工期都很紧。整个徐汇滨江，从日晖港开始，一直到徐汇和闵行交界的地方，有 9.4 平方千米的土地，11.4 千米的岸线。按规划的角度主要分 4 个片区，B 单元、C 单元、D 单元，还有关港地区。B 单元是从日晖港到龙华港，关港就是徐浦大桥以南，一直到和闵行交界的地方锦莲路。关港还没有贯通，B、C、D 全部贯通了。

第四件，就是 2018 世界人工智能大会。滨江收储动迁 5.24 平方千米，到 2017 年底的时候贯通结束，还有 600 亩土地就没了。原来有 7 500 亩土地，现在很大一部分已经结束了。整个 10 年期间，龙腾大道已经贯通了，三十几条近 10 千米的道路也建成了。原来基础设施建设是西岸集团主要

工作，未来可能要做更多其他事情。当时觉得跟其他区竞争，黄浦有金融集聚带，浦东有陆家嘴，虹口有航运，徐汇有什么特色？当时区委区政府很重视，把握了当时上海的发展战略机遇——科创。所以去年举全区之力，现场办公，区委书记、区长也坐在会议室里一线指挥，在很短的时间内，我们叫"1003015 工程"，就是 100 天建设、30 天布展、15 天调试。200 天不到，把周边的 3 条路修出来，龙腾大道和云锦路的基础设施弄好，主场馆 A 馆改造好，两座临时的 B 馆新建好，同时把停车场做好，然后进行布展调试。对此，我印象比较深刻。

关于从徐汇滨江到上海西岸，名称如何变化而来？徐汇滨江，源于徐汇滨江开发建设有限公司，应该是 2007 年。徐汇滨江一直用了很长时间，当时也注册了一些关于徐汇滨江的商标。到 2011 年、2012 年的时候，开始寻求除了环境优美道路畅通之外，已经考虑如何把徐汇滨江做得更好。这时，已经有"文化先导"的提法，觉得文化是需要有品牌的。

"徐汇滨江"的名称，还是局限于区域的特色，后来我们进行了征名活动，也请了一些社会知名人士、人大代表，包括一些居民代表。举办这些活动以后，大家都认为"徐汇滨江"区域的局限性比较强，徐汇滨江应该要达到世界级滨水岸线的水准。

至于何时有"西岸"这个说法？好像先是从英文开始，一开始叫 West Bank（英国早期做土地叫 Land Bank），后来徐汇区领导觉得跟滨江的目标不是太契合，逐步形成了现在的 West Bund。也有领导提出，我们坐落于浦江西岸，但我们要做太平洋的西岸。记得当时是同济大学的郑时龄院士、伍江教授提的，他们站位更高，站在上海城市发展的视

角、国际化大都市角度去理解这件事情，认为徐汇滨江坐落在黄浦江西岸，但是我们要打造世界级的滨水岸线，我们需要营建太平洋的西岸。这里，一方面源于我们所做的征名活动，另一方面与我们的一个建筑与当代艺术双年展有关，西岸集团有自己的规划委员会，这些知名的专家学者聚在一起，为我们西岸的开发建设，为西岸的规划设计，为西岸今后的产业导向都作了咨询。所以"西岸"这个响亮的名称源于大家的参与，群策群力，最后也形成了共识。

最后，谈我个人的一些感受。我是2006年到这里工作，至今已有13年，感触颇多。自己到上海来读书，工作留在这个地方，然后有机会去参与、去经历这样一些事情，这是我人生很宝贵的财富。有这个经历，非常有成就感，有自豪感。我们都是在不断创新，一点点坚持地做下来。我感谢徐汇滨江的这块土地，给我这个工作的机会，能把它做好，是我应尽的义务。同时能做好的话，老百姓能满意，我们也很自豪，有成就感，这就是我自己真切的感受。

口述 7

陈安达口述

采访时间：2019 年 4 月 28 日

采访地点：上海西岸开发（集团）有限公司会议室

口述者：陈安达

采访整理：王健、袁元、陆佳

整理者按：陈安达，1983 年生。2008 年大学毕业后进入当时成立的光启文化产业投资有限公司，负责文化产业项目引进和投资评估方面的工作。2013 年进入刚刚组建的上海西岸开发（集团）有限公司，现任公司总经理助理，兼文化产业部部长。

王健问（下同）： 您是什么时候到上海西岸开发（集团）有限公司（以下简称西岸集团）工作的？

陈安达答（下同）： 我在光启工作了一段时间，当中还主持过几个具体项目，主要是主题乐园的经营之类。2013 年西岸集团成立后，我就正式进入了西岸集团，作为文化产业部，那个时候叫产业推进部的一个带头人，开始做一些具体的工作，一直到现在，差不多是这个样子。

问： 光启和西岸集团是什么关系？

答： 西岸集团是由几家公司合并组建的，包括上海徐汇土地发展有限公司、上海光启文化产业投资发展有限公司❶、上海黄金世界商厦投资有限公司❷等。

问： 具体成立是在 2013 年？

答： 对，应该是 2012 年底，可能具体的发文时间是 2013 年初。❸

问： 当时您进来的时候，产业推进部刚刚成立，最初您所参与的一些产业的启动情况能否跟我们讲一讲？

答： 我刚进入的时候，2012 年西岸已经做了第一个文化活动，那就是第一届西岸音乐节。2011 年，徐汇区对标伦敦泰晤士河南岸、巴黎塞纳河左岸等蜚声国际的滨水区，用"上海西岸"命名徐汇滨江地区。同年的徐汇区第九次党代会又提出要打造"西岸文化走廊"品牌工程战略，这个战略提出来之后，我们一直也在消化，就是这个战略到底如

---

❶ 该公司登记成立于 2008 年 5 月 28 日，当时经营范围包括文化产业投资开发、经营与管理、文化设施建设等。

❷ 该公司登记成立于 1992 年 7 月 1 日。

❸ 上海西岸开发（集团）有限公司确切的登记成立时间为 2012 年 12 月 24 日。

何实施。

西岸从2008年开始规划到2010年整个公共开放空间一期建成，直到2012年，实际上还是一个处女地，对于它的一些产业和具体的标签，当时其实并没有一个特别明确的认识，从这个意义上看，2012年的第一届上海西岸音乐节算是一个尝试。

但是，此后又发生了三件我认为对西岸的发展是非常重要的事情，这些事情连同徐汇滨江发展战略的提出，就使得2012年成为西岸发展历史上一个非常重要的节点。

其中第一件事就是东方梦工厂签约落户徐汇滨江，这是习近平同志（时任国家副主席）当年访美时带回来的中美最大的一个文化交流项目，当时是在规划展示馆签约的，俞正声、韩正等上海市领导都出席了，这件事实际上就定位了这个地方文化产业、传媒产业的调性。因为当时的想法就是要运用东方梦工厂的资源，发展中国的IP，制作成动画电影向全世界发行。

所以那个时候定下来的项目是《功夫熊猫3》，是由东方梦工厂来制作发行的，直到现在东方梦工厂依然存在。我们可以看到原来梦工厂电影片头的那个LOGO是一个小孩坐在月亮上面，而东方梦工厂是一个熊猫坐在月亮上面的，是一个水墨的表现风格。东方梦工厂除了帮梦工厂做一些海外制作的电影在中国发行的项目之外，其实它有很大一块功能是做中国原生IP的开发，在当时这是一个很大的文化项目。

第二件事情是龙美术馆（西岸馆）签约落户徐汇滨江，这个是王薇、刘益谦夫妇那个时候签约的，现在这个美术馆也已经非常有名了。

第三件事情是余德耀美术馆签约落户徐汇滨江。两个美术馆的建成和一个文化项目的落户，为这个地区文化标签的成型作了很有力的支撑。

2012年我们开始筹办第一届音乐节，当时我们是希望在产业方向还没有特别明确的情况下，首先是通过文化让世人知道徐汇滨江这个地区，借此提升这个地区的人气。因为，正好那个文化产业也进来了，两个美术馆也进来了，是不是能够通过一些活动，把文化的这面旗帜举起来，我是这样理解的。

所以，文化工作的第一个阶段，其实也就是从2012年开始，大概到2014年。那个时期的文化工作更多是为了地区的宣传和营销，去塑造它的标签。2012年我们举办了第一届音乐节，然后音乐节就一直在举办，2013年、2014年、2015年、2016年。2013年的时候我们还与同济大学、中国美术学院联合举办了西岸建筑和当代艺术"双年展"。到2014年的时候，我们有了第一届西岸艺博会。

2014年又是第二个非常重要的节点，我记得2014年3月29日龙馆（指龙美术馆西岸馆）开幕，然后是同年5月18日，余德耀美术馆开幕，这两个美术馆从2012年签约到两年后落成，是有标志性的。因为他们的落地使得这块土地上开始有两个实体的文化项目，原来都是一张蓝图，还是一个概念。

随着这两个美术馆的开馆，2014年第一届艺博会的时候，我们开始思考文化工作的第二个阶段到底是什么样子，我们慢慢在尝试，探索文化是否能为未来的产业资源作一些预留和准备，从我们的板块来说一直在思考这个问题，这是第二阶段。

同年还建成了西岸艺术中心，中心是由原来"上飞"520 厂房改造的 ❶，也是作为西岸艺博会的举办场所，那个时候开始到 2017 年，我们开始探索未来文化和这个地区到底有什么关系，觉得应该慢慢理清思路，形成模式。

首先，以西岸音乐节为例，西岸音乐节当时已经不主办了，我们在慢慢地淡化，那些年我们都在慢慢淡化一个概念，为什么要淡化呢？我们发现音乐节虽然很热闹，有很多人来的，有很多粉丝。但是，音乐节的热闹它只局限于音乐节举办的当时，这是第一个局限。第二，音乐节所带来的人，不是跟着音乐节这个事情来的，是跟着明星来的。也就是说今天他是刘德华的粉丝，刘德华来他也来，而这些人并不留在这个区域，或者说音乐节所带来的明星资源未来不会留在这个区域，它和这个区域的发展没有太大的关系，它只是点上的一个活动。

此后，我们发现艺博会就不一样了。艺博会也很热闹，但是它来的主要是画廊，就是艺术品产业，所谓一级市场，画廊是一个个的实体公司，那个时候我们研究了很多的博览会，包括瑞士的巴塞尔，香港的巴塞尔，英国的博览会，我们慢慢发觉了一个很奇怪的现象。我们一直以为画廊是在创意园区的，像莫干山路的 M50 ❷，这是大家比较熟悉的，但是香港的中环却是全球著名的画廊在亚洲最重要的阵地。而中环的租金非常高，大家知道那是香港最好的一个商圈，什么中国银行、IFC、置地广场都在那边。但是，国际上有名的画廊，像白立

方 ❸ 这些全部都在香港中环的，它们也承受了相当高的租金。我们会发觉其实画廊这个主体，它是未来商务区非常需要的一个文化元素，我们做博览会的目的，那个时候开始变得不单纯是为了一场活动，而是希望未来能够通过博览会，第一是让这些画廊业主知道上海西岸这个地方，第二个是思考未来传媒港及整个商务区是不是能够把画廊这个主要的业态引进来，所以开始往这个地方发展。

2014 年的时候，为了能够把西岸的博览会及这些美术馆服务好，我们还投资建设了整个西岸艺术品保税仓库，也是 2014 年开业的。西岸艺术品保税仓库，当时是一个创新的东西。从整个大背景来说，大家都觉得艺术品产业很好，未来很值得期待。但是艺术品产业到底需要一些什么，其实也没有人能讲得特别清楚，你要发展这个产业到底是什么。所以，当时和一些画廊、艺术机构包括佳士得、苏富比这些拍卖公司沟通，他们觉得保税仓库是非常有必要的，于是区里面开了一次很大的会，把佳士得、苏富比，包括一些重要的收藏家，比如说像刘益谦、王薇、余德耀都请过来了，论证筹建保税仓库的重要性。然后我们就到新加坡去学习，新加坡有一个项目叫新加坡自由港，这个项目其实就是一个高级仓库，它的防卫标准基本上是按照金库的级别去设立的，它的服务对象就是那些艺术品的私人藏家，美术馆存储贵重的艺术品所需要的是恒温的、恒湿的环境，而且安全保密性要求也特别高。针对这些情况，我们就要去研究，为什么新加

---

❶ 上海飞机制造厂始建于 1950 年，现隶属于中国商用飞机有限公司，为我国民用飞机的研制和发展作出了巨大贡献。

❷ M50 创意园位于上海普陀区莫干山路，其原址为上海春明粗纺厂，从 2000 年开始转型为艺术创意园区，在上海艺术创意领域有一定的影响力。

❸ 白立方画廊由英国人杰伊·乔浦林 1993 年在英国创立，最初只有 10 余个平方米，如今已成长为具有全球影响力的当代艺术机构。

坡要建立这样的仓库，形成这样的模式？我们后来通过进一步了解发现，在新加坡这个弹丸之地，艺术品保税仓库有好几千个平方，它的利用率其实不高，但新加坡政府感觉艺术品的拥有者其实很多人是非常重要的企业家，或者某个行业里的翘楚，这些人把东西放在新加坡，他就要经常来到新加坡，这不仅仅能拉动酒店餐饮这些东西，最终会让他熟悉新加坡，并看到新加坡未来的投资机会，让他的产业能够落在新加坡，从而提升新加坡整个社会经济的发展，是这样的理念与做法。

而我们这个保税仓库当时建立的模式，就是按照新加坡自由港的标准去建立的，并与新加坡自由港合作，请他们来指导我们如何去管理，去运营。刚开始建的时候，只希望服务于美术馆、博览会，因为大量的展览会有艺术品保税的进出口。当时这个也算创新，那个时候2014年正好是推动自贸区建设，我们也可算是第一批区外可复制、可推广的项目。

2015年我们尝试做了一个叫西岸食尚节的项目，是一个主题关于美食的活动。当时也是遵循文化活动为地区未来储备商业资源的原则，所以区别于一般的美食节，找一些商家过来，从事传统的餐饮服务。我们举办的美食节不同，当时邀请的都是上海重要的商户，让这些商家带着他们的特色食品来参加这个美食节，为什么请他们？其实是为了商业区未来餐饮业的落地打一个前站，作一个铺垫。但做下来，发现当时一般的餐厅没有一个老板知道有上海西岸的。而2015年的时候，上海西岸在整个文化圈尤其是当代艺术圈已经很有知名度了，因为"龙馆"和"余馆"都是很重量级的，艺博会又有很多海外的重要画廊来

了。然而餐饮业的情况就不同，大家普遍不了解西岸。因为餐饮业的老板大多是不看画展的，也不来跑步，餐饮业很辛苦，他们都很忙，你跟他们去讲上海西岸，他们是不知道的。所以，通过举办西岸食尚节这样的活动，我们至少让上海的一些重要餐饮企业知道了西岸这个地方。

我们当时的想法是，通过举办西岸食尚节，汇聚一批商铺，等传媒港建成后，把这些好的餐饮资源引进来，为传媒港提供优质服务。从商圈建设的角度来说，它本身也是要做营销活动的，可以把这个食尚节放到商务区内，形成完整的产业链。未来我们可以把这些资源整合到传媒港，每年10月份这里所有的餐厅都可以推出一张特殊的菜单，把食尚节落地在商圈内，可以产生一个新的概念。但是，做了两届之后，我们发现因为整个传媒港整体的进度和以前预料的有一些差异，情况发生了变化，所以暂停食尚节。

2016年，我们又开辟了一个新的项目，叫西岸艺场（The Stage West Bund），Stage 是舞台的意思，为什么要做西岸艺场？当时做这个板块的目标是为了对应未来这里的剧场群落，我们规划西岸未来有一万个座位的剧场，大大小小，剧场是有演出季的，剧场的演出季也应该是有一些特定的节点，当时我们做西岸艺场的目标是为未来剧场群作预热。

当时我们跟上海交响乐团合作，2017年5月，在西岸营地做了一场《唐璜》的室外歌剧，当时反响特别好，其实我们刚开始做的时候也没有想到反响会如此好。但后来发现西岸有一个优势，因为所有的标准剧场1.2米以下儿童是不能进的，因为控制不住，如果他一叫可能影响所有人的观感。但是

在国外其实有很多这种户外剧场的演出。再加上当然我们票价卖得也比较低，50块、80块这种比较公益的，所以，当时很多的居民携家带口，最多是一家9口人一起来的，草地上一坐听歌剧，意大利语的原版歌剧，当时请的是非常著名的一个指挥，正好他在上交有演出，等于是加了一场在户外的。

其实意大利语，大多数老百姓是听不懂的，而且《唐璜》这个戏不是专业的人士，知之者也甚少，但是大家为了体验这种氛围，整个现场也是非常火爆，一共卖出去近两万张票。这些活动其实都是为了未来的剧场群作预热。后面我们可以给一张表，就是这些活动，从哪个节点开始，从哪个节点结束的，有多少商户参加，有多少人参加，都有统计。

2017年，因为整个传媒港建设、黄浦江贯通工程等原因，我们叫停了很多东西，但是却把西岸艺博会一直延续了下去，一直做到2018年，也就是去年的时候，我觉得又是一个非常重要的节点。

2018年，"上海文创50条"中明确写到两件事情与西岸相关，第一个是要支持西岸艺术设计博览会的发展，鼓励支持；第二条是鼓励与支持西岸艺术品保税仓库的发展。这两点能够进入"上海文创50条"，也证明我们在艺术品产业发展道路方面的规划还是获得市一级政府的认可的。

从2018年开始，我们也越来越多地受到了海外各类媒体的关注，现在其实不断地有艺术机构在问，如何去落户西岸，苦于我们现在载体还有限，暂时不能提供这样的载体让大家去落户。但是也形成了一些小规模的集群，如百汇园那里一些画廊的小团体，包括我们示范区画廊的小组合，你不要看这些画廊面积很小，我们公司旁边开门进来你看到一栋白房子叫作大田秀则画廊，大田秀则画廊是草间弥生 ❶ 在日本最大的代理商，草间弥生的作品相信大家都很熟悉，现在在BFC还在做展览，包括我们旁边的香格纳画廊，香格纳是国内最大的国际画廊，因为它在新加坡，在很多地方都有分支机构。这些画廊都有很强的经营能力。而且，因为载体有限，所以选来的画廊都是非常有代表性的，来自韩国、纽约、香港等地，在我们的百汇园区域那儿都是非常有代表性的。所以我们当时设定的这个目标，在这个节点上取得了一定的成果。

从西岸文化走廊品牌工程建设的角度来讲，我刚才说的是西岸开发的第一条主线，也就是举办各种文化活动，从开始营造人气，到希望文化活动和产业发生关系，以及到我们现在正在酝酿的第三阶段，也就是传媒港的落成，以及文化活动这些资源怎么整合进去，这是三个阶段。

第二条主线其实就是一些重大文化设施项目的建设，自2012年龙馆（西岸馆）、余馆开始建设，到2014年开幕，相继建设了西岸艺术中心，西岸文化艺术示范区，这些都是在2014年、2015年陆续建成的。后来又建设了西岸美术馆，2017年开建的，今年要开幕了。还建设了油罐艺术公园，2017年开建的，目前已经开幕，做了TeamLab展览 ❷。此外，在原来的规划展示馆旁边，就是上海火车南浦站的保留地区上，建造的星美术馆，也要在今年

---

❶ 草间弥生（Yayoi Kusama），出生于日本长野县松本市，1956年移居美国纽约，是世界闻名的当代艺术家。
❷ TeamLab致力于实现艺术、科学、技术和创新之间的平衡，用全新的艺术手法带来突破现实的沉浸式体验。

开幕。

当时觉得不仅要有丰富的文化活动，其实还要有相当高质量的文化载体，这样，这个地方才会形成聚集效应，才会成为一个真正的文化区。2016年，我们召开了全球水岸论坛，当时提出的目标是，要做亚洲文化设施集聚度最高的一个区域，到"十三五"末要有将近20个大型公共文化设施在这个地区集聚，刚刚我提到的这些都在其中。另外，还包括"梦中心"的6个剧场，其实如果我们把整个西岸的范围算到龙华，算到内环中山南路那边，包括上海越剧院、朵云轩等都列入其中，那么，有几十个文化设施集聚，无疑是上海集聚地最高的文化区之一。

我认为，每一个节点都很重要，因为每个文化设置与布局，都会产生一定的影响力。而且，西岸一带的文化设施最大的特征，都是民营的，传统的国内的公共文化设施体系其实是一个公有的体系，一般是事业单位，比如说上海博物馆、美术馆之类。但是在西岸这里，包括西岸美术馆（待会儿我来具体讲西岸美术馆），像王薇、刘益谦的龙馆，余德耀的余馆，刘香成的上海摄影中心，跟乔志兵合作的油罐艺术中心，等等，全都是以民营为主体来直接参与运营的，我觉得这也是一个特点，这些美术馆非常有活力。

当时确定引入民营美术馆概念的时候，主要是考虑民营会比国有的更有活力。举个例子，刘益谦去买这个鸡缸杯和一个国有的博物馆去拍一件藏品这个流程是完全不一样的，国有的要拨预算，要

举牌，举到这个预算底线了是没有人敢再举下去的。但民营博物馆就没有这么刻板，他可以比较随性地去做这样一件事情。所以像龙馆、余馆这两年很多的展览非常精彩。比如说龙馆做的康雍乾时期的民间艺术品展览，它是民间收藏征集过来的，包括它做当代部分的，像 James Turrell❶、Olafur Eliasson❷、Antony Gormley❸，这些都是国际级的当代艺术大师，包括之前做的布尔乔亚的大蜘蛛这些，在中国地区从来没有呈现过这样高级别的展览。余馆也是，陆续举办了很多顶级的展览，在市场上产生了强烈的反响。

这是场馆建设这一块，这方面除了一开始的，2012年启动，2014年第一批建成外，我认为最重要的一个节点是在2017年，因为2017年的时候我们跟法国蓬皮杜艺术中心签订了五年战略合作的协议。

这里我要介绍一下，这个战略合作协议的落点就是落在西岸美术馆上，这是一个怎样的合作呢？大家都知道法国蓬皮杜艺术中心是世界三大当代艺术博物馆，它在法国的地位相当于中国的国家美术馆的地位，他们的主席是法国总统的高级文化顾问，相当于文化部部长这个级别。它的藏品量是世界最大的，体量也是最大的，7万平方米，40万件展品，为什么我说这是一个重要的节点？因为蓬皮杜其实一直在找在亚洲地区可以和它合作的项目。日本东京看过，韩国首尔看过，在中国也看过，像北京、深圳前海、浦东陆家嘴，以及浦西的西岸，这些都属于它考察的对象，相对来说艺术要比较活

❶ James Turrell（詹姆士·特瑞尔）是当代著名的先驱艺术家，美国国家艺术奖章获得者。
❷ Olafur Eliasson（奥拉维尔·埃利亚松）是一位丹麦—冰岛艺术家，曾任第67届柏林国际电影节评委。
❸ Antony Gormley（安东尼·葛姆雷）1950年生于伦敦，当代著名雕塑艺术家。

跃的区域。

经过两年多的考察，我们从 2015 年开始有了一些沟通，一直到 2017 年，最后到法国签订了五年战略合作协议。它的界定是这样的，叫西岸美术馆与法国蓬皮杜艺术中心五年展陈合作计划，是一个五年期的合作项目，这个项目也在 2017 年度的时候写入了《中法联合公报》，是中法很高级别的人文交流项目。为什么说我们认为这个项目是很重要的呢？因为它是一个真正具有国际级、标志性意义的一个文化交流项目。

实事求是地说，从物理条件来看，很多地区开出的条件都比西岸好，西岸的美术馆也不是特别大的；从商业的角度来说，目前也都不是特别繁华的地方。但蓬皮杜之所以最终选择西岸来合作，就是认可这个地方本身所拥有的文化艺术氛围和底蕴。通过这个平台，除了它在中国有基于其藏品的五年展览计划之外，西岸也有在法国蓬皮杜艺术中心的五年的文化推广项目。所以它是一个文化双向交流的高级别项目。这个项目得到了国家有关部门的高度重视，中国文化部、外交部，包括法国的文化部、外交部都很关注这个项目。今年 11 月份这个项目也要开幕。我们认为它标志着全球最高级别的当代艺术项目落户西岸，也是美术馆大道建设方面取得的一个重要突破。

美术馆大道下一个阶段的建设重心在整个传媒港地区。因为美术馆大道 20 个设施里面有 6 个文化项目都集中在"梦中心"，集中在这个地区——B 地块，我们有一万座的剧场也在这个地方。现在，我们所有的精力都集中在这个地区，目前的计划是到 2021 年的五六月份要全部开幕的。大家可能都获悉了，去年年底的时候，"梦中心"退出，

央视进入，这不仅仅是产业上的事情，也是文化上非常重要的一件事情，现在，市领导基本上每月要带队来了解一次央视的工作，从市里的角度来讲，今年央视落户，就是上海市在文化板块上很重要的一项工作。因为央视落户意味着长三角总部和长三角总台的落户。央视在今年还启动了珠三角总部和珠三角总台的落户，在广州，这也是"一带一路"很重要的一个部分。

问：从您的讲述中我们可以发现，西岸文化产业的发展其实是一个自然的、逐渐推进的过程。现在西岸的区域主要包括哪些部分，又是怎样一步步形成的？

答：现在西岸的区域，就是北起日晖港，与黄浦区接壤；南面到关港；东至黄浦江；西至宛平南路、龙吴路。岸线长度 11.4 千米，腹地面积是 9.4 平方千米。具体对照地图，数据也以实际为准。

问：它现在包括斜土街道、龙华街道、长桥街道、华泾镇？

答：对的。斜土、龙华、长桥、华泾的辖区都有涉及。如果从地域范围来讲，对整个西岸的一个界定，其实是一个不断深化的过程。最早的界定好像是到外环就结束了，然后随着华泾的加入，整个腹地的产业开发推进，西岸也在不断延伸。最终确定到关港，其实是与这条龙腾大道有关系的，就是龙腾大道未来有条件是要延伸下去的。

问：最早的保税仓库在这个范围吗？

答：现在看到的这个红色的 6 号区域其实不是，是那个黑色的小点，蓝色的小点，保税仓库很

小的，现在二期建完大概也就八千多个平方，原来是在6号区域规划了一个大范围的艺术品保税区域，那是一个规划项目。当时放在那里也是有原因的，因为中心城区的土地价值太高了，成本也非常高。作为一个产业配套的功能性项目，它本身盈利能力相对较差，还是放到一个相对远一些的地方比较合适，而且艺术品的保存其实也不适合放在市中心来做的，因为未来这里都是商务区。从整个西岸的开发进程来看，你们可以看到它真正的腹地其实是龙华整个街区，从云锦路，这里一大片，都是龙华的，龙华8万人口，而且整个年龄结构和人员的结构相对来说趋于老化。❶

随着西岸整体开发的推进，应该是以云锦路这条线往黄浦江这个方向，现在集中精力开发的就是这个区域，从2010年开始，包括"龙馆"（西岸馆）、"余馆"，包括东方梦工厂等全是往这个区域在做的。我们现在在做的是B单元片区，B、C、D三个单元片区，我们先开发的是C单元片区。

问：您主要从事文化产业的推进工作，这个区域其实还存在一些历史问题，如文化遗产的保护、利用问题，你们是怎么处理的？如何把这些历史人文遗产串联起来并加以保护？有什么具体措施？

答：徐汇滨江区域涉及这方面的内容，规划部在前期都做了大量工作。因为大家也知道这段区域原来是黄浦江生产型和运输中转的一条岸线，当时在做整个徐汇滨江一期开发的时候，就对历史建筑中哪些要保留、哪些要拆除做了大量的梳理工作，我们现在所看到所有要保留下来的东西，都是当时这一轮保留下来的。之后是第二次保留，也差不多是到2017年，就是贯通工程的时候，贯通工程这一轮的保留其实是从龙耀路一直到徐浦大桥这一段，第一次的保留是从日晖港一直到龙耀路这一段，也就是"梦中心"这一段。所以，我们现在看到老的工业遗存的保留利用开发，都是第一次保留基础上完成的。第二次保留的东西，现在还在继续深化它的功能，梳理好了，该保留的要保留，比如说白猫洗洁精厂（白猫集团）❷，这也是民族工业的一个代表。这些都要保留下来，但还没有赋予新的功能。像建成区里面，龙美术馆（西岸馆）、余德耀美术馆、梦中心的剧场群，包括沿滨江的这些塔吊、铁轨，全部都已经利用上了。

问：未来应该还是往东施行双创融合发展？

答：不，现在C单元我们已经规划到2020年、2021年，整个建筑体量全部要出来，功能全部要进去的，现在我们着重在三个方向，第一个是北面，这是最重要的一个方向，就是我们刚刚说的沿东安路再过去的这块地区和日晖港的交界地区，因为这块是更市中心的地方，它整个体量也非常

---

❶ 龙华街道位于徐汇区东南部，东临黄浦江中心线，西倚龙华西路、龙吴路中心线，南抵张家塘港中心线，北至龙华（枫林）界线、华容路、龙华路、宛平南路、龙华港中心线。面积6.13平方千米。据2012年、2013年统计，实有人口73 757人、户籍居民20 776户、54 403人，60岁及以上老人15 316人。

❷ 在本书第二章中曾涉及白猫洗洁精厂（公司）的演变，其前身为赵春咏于1948年创建的一家化学工厂（制皂厂）。1958年开始研制合成洗涤剂产品，改建成合成洗涤剂制造厂，曾试制出我国第一包合成洗衣粉——工农牌合成洗衣粉。1966年改名为上海合成洗涤剂厂，该厂生产的合成洗衣粉，在20世纪的80年代出口量曾占全国出口总量的三分之一，白猫牌洗衣粉也曾多次荣获国家银质奖和轻工业部、上海市的优良产品奖。1995年10月，由原上海合成洗涤剂厂改制组建为上海白猫（集团）有限公司（简称白猫集团），注册地和公司所在地为龙吴路1900号。

大。现在收储工作已经接近尾声，可能区委、区政府接下来是有重点安排的。

第二块是西进，也就是从徐汇滨江往龙吴路方向的一个发展，这个方向发展碰到几个很关键的地方，如龙吴路是一条渣土车道，这是全市一条重要的渣土车道，而且，整条龙吴路把徐汇滨江和徐汇腹地断开了，这需要协调解决。

第三块就是徐汇滨江到龙吴路这片，大量老社区包括还有一些旧的产能要淘汰的，如肉联厂，都在这个地方，面临着新一轮的城市更新。但是，它的问题在于，它没有那么大的动迁量或者说开发量，都是一个一个相对单体，几个单体建筑所组成的，所以，要把它们作为城市有机更新的重要板块来对待。

第四个方向才是往南，往南就涉及我们未来的双创融合发展，以及和华泾的接壤，包括我们对上粮六库这些老的工业建筑的利用，这几个方向应该是同步在做一些计划的，相对来说我认为北面更快一点，我们的土地收储工作基本完成了。

问：我们看到那边有双 A 引擎驱动的标注，能不能解释一下？

答：双 A 引擎驱动是我们 2018 年提出的，第一个 A 就是 ART，就是文化艺术，这个事情刚刚都讲完了，第二件事情是 AI，就是人工智能。为什么要讲人工智能呢？我前面可能没有讲到，就是说人工智能现在是我们这里最主要的一个产业群。它的起源是在 2017 年的时候，徐汇滨江和上海市经信委合作，做了一次全球人工智能大会，当时规模比较小，不是一个特别大的会议。到 2018 年的时候，"人工智能"被国家提出，提升到了一个新的战略产业高度。2018 年在徐汇滨江召开了世界人工智能大会，这是一个非常重要的节点。这个大会类似于浙江乌镇举办的互联网峰会，会议期间，国家主席习近平写来贺信，国务院副总理刘鹤与会，并致发言辞。马云、马化腾，包括其他国内外 IT 界的精英都来到了这个大会。2018 年世界人工智能大会的胜利召开，其实是为徐汇滨江的整个产业发展注入了一个非常重要的新力量。人工智能大会召开之后，这里进驻的企业，包括像腾讯、小米、网易、阿里也正在进入的过程中，还有像微软的亚洲研究院，亚马逊的工作中心都在陆续进入。所以，原来滨江地区的规划是 12 个字，叫"规划引领、文化先导、产业主导"，后来"产业主导"提得少了，因为那个时候还没想清楚引入什么产业，也没有特别的标志性项目，后来就演变为"规划引领、文化先导"。到 2018 年，人工智能大会在这里成功召开，就变成了"规划引领、文化先导、生态优先、科创主导"，这 16 个字一直用到现在，所以科创变成一个主力产业进入徐汇滨江，这就是双 A 引擎。

口述 8

叶可央口述

采访时间：2019 年 4 月 28 日

采访地点：上海西岸开发（集团）有限公司会议室

口述者：叶可央

采访整理：胡端、吴劼、潘鲁健

整理者按：叶可央，同济大学城市规划专业硕士研究生毕业，2008 年进入上海徐汇滨江开发投资建设有限公司工作，后到上海西岸开发（集团）有限公司任职。现为上海西岸开发（集团）有限公司总经理助理，兼综合办公室主任。

胡端问（下同）：综观西岸的整个开发进程，大致经历了龙华滨江、徐汇滨江、上海西岸这几个阶段，以您的阅历来说，经历了其中哪些阶段？当时你有参与相关的规划吗？

叶可央答（下同）：我是 2008 年同济大学城市规划专业研究生毕业后到的徐汇滨江，正赶上徐汇滨江第一轮的整体开发。当时滨江公司❶ 刚刚成立，规划方面刚刚完成了公共开放空间的国际方案征集。当时是一期工程，也就是我们世博会建成的这一段，从日晖港一直到当时的龙华机场这一段，总长度是 3.6 千米的岸线。区域内的几个核心地块，当时我们叫 B 单元、C 单元、D 单元，这三个单元的第一轮的控详全覆盖的工作基本完成了。我进公司以后，就开始负责相关的沿江综合环境整治

景观方案的设计，一直跟踪到所有的项目落地，现场完工。随后，我再经历了滨江南段工程的实施，腹地的开发，直到现在。

问：您怎么会想进这个公司？是怎么考虑的？

答：我学的专业是城市规划，学城市规划专业可以有几个方向，一个是去设计院，一个是去开发公司，一个是到政府部门。当时我毕业的想法是想做一些实际性的项目，所以投了很多开发公司的简历，正好看到滨江公司招人，我就投了简历，然后几轮面试下来，最终到现在，在公司一直待了十多年，我觉得也是非常幸运的一件事情，不只是参与到整个地区的规划和方案设计的工作。同时，能够见证一个区域从原来的城市棕地待开发区域，一直

---

❶ 全称为"上海徐汇滨江开发投资建设有限公司"，成立于 2008 年 1 月 18 日，由上海徐汇土地发展有限公司联合上海市申江两岸开发建设投资（集团）有限公司成立，主要负责黄浦江西岸徐汇段的开发和建设，经营范围包括土地储备、基础设施建设、房地产开发经营、实业投资及投资管理等。成立以来，公司根据市委、市政府贯通工程的总体部署，围绕"全球城市卓越水岸"的目标定位，攻坚克难、聚焦重点，稳妥有序地推进完成徐汇滨江各项开发建设任务。参见《徐汇报》2018 年 4 月 30 日。

到现在这样一个新兴的发展地区逐步发展的过程，是非常幸运和难得的。

问：当时同济毕业的学生，共招聘了几个人？

答：我们规划部新进的员工，主要是两个人，我们之前还有几位同事，是我们徐汇区土发公司 ❶ 的员工，因为土发公司成立得更早，是负责地区内土地收储的单位，所以土发公司和滨江公司，两个单位的人员和管理应该是相互交叉的。

问：2008 年你同济毕业进来以后，是在哪里办公的？

答：我在徐汇区政府隔壁的汇智大厦，漕溪北路 369 号，但是我们没有待太久。

问：哪一年到现在这里来的？

答：我记得是 2008 年 5 月 12 号，滨江公司搬到现在集团所在的这幢楼，我们就来到这里办公。

问：能不能回忆一下当时附近有什么？

答：当时的景象，从公司办公楼的会议室看出去，全是黄沙码头，沿江全是一排一排的趸船，趸船上面的那些船民吃住都在船上。当时，我们公司的工作人员都是到现场办公。

问：能否回忆一下当时办公室有多少人？

答：办公室各个板块加在一起，可能也就是二三十人。

问：当年的那些现场照片，您还保存着吗？这些照片很重要，是徐汇滨江开发的一个重要阶段。关于黄浦江两岸综合开发，很早就有文件了。 ❷

答：照片留了一些。当时全市的黄浦江两岸综合开发的要求已经出台，核心段还不到徐汇滨江，徐汇区段是作为核心段的南延伸段，一直到徐浦大桥，所有的规划文件里头也都是这样来讲的。

问：从 2008 年到 2019 年，11 年时间，十年磨一剑。

答：是的。2017 年底 2018 年 1 月，整个黄浦江两岸 45 千米全线贯通，从杨浦大桥到徐浦大桥，对于徐汇滨江来说也是十年磨一剑，实现了整个岸线的贯通，成为徐汇当年的两件大事，一件是成功创建全国文明城市，另外一件就是滨江贯通。

问：您说公共开放空间的规划方案是面向国内外征集的，那么具体征集过程又是怎么样的？

答：公共开放空间的国际方案征集，当时是由区规土局牵头的，邀请了包括英国、澳大利亚、美国、中国的几家规划设计公司共同参与方案研究。最后是优选了英国的一家公司叫 PDR 事务所的上海 "CORNICHE" 理念来做整个沿江公共环境的

---

❶ 全称为"上海徐汇土地发展有限公司"，成立于 2003 年 4 月，隶属于上海徐汇区国有资产监督管理委员会，注册资金为 7 亿元人民币。现为上海西岸开发（集团）有限公司重要子公司，主要从事区域范围内土地收储、前期开发、基础设施建设等工作，是集团城市开发板块核心企业。公司成立十多年来，在土地储备前期开发、旧区改造动拆迁实施、区域重点项目建设等多个领域发挥了积极作用，累计完成储备土地面积 468 公顷，出让土地 40 幅，面积 96 公顷，实现土地出让收入 378 亿元，为区域"十一五""十二五"经济发展作出了积极的贡献。

❷ 该文件为《上海市人民政府关于黄浦江两岸综合开发的若干政策意见》，于 2003 年 5 月 14 日由上海市人民政府发布。

建设。2008 年，我进公司的时候，概念方案刚刚有，就是国际竞标刚刚结束，但是后面的实施方案还没有深化，所以就开始编制实施深化的方案，然后是项目立项报批，工程建设的相关手续，一直到现场一系列的建设工作。

问：当时徐汇滨江的整体定位，就已经从"生产型岸线"向"生活型岸线"转变了吗？因为徐汇滨江最早的定位，应该还是徐家汇商圈的一个补充。

答：已经开始转变了。因为当时黄浦江两岸的综合开发已经启动，所以黄浦江两岸的岸线功能的转变势在必行。虽然当时整个徐汇滨江的岸线功能确实还是以工业仓储为主，所以我们刚刚进公司的时候，为了能够做方案的基础资料，常常去现场踏勘，当时没有路，深一脚浅一脚的，还是有很多的堆场、码头、防汛墙，沿着码头外面的趸船有好几排。

问：在这个规划过程中，"对标国际"的视野与理念是怎么来的？

答：对标国际，从一开始就有这个意识的。十年前在做滨江一期规划的时候，为什么会请到那么多国外的事务所和机构来作地区规划？在整个项目开发之初，就是用国际的眼光在看整个地区未来发展的趋势。根据徐汇区历届区委、区政府领导对整个区域的判断，徐汇滨江有几大优势：

第一个是岸线资源优势。在整个黄浦江沿线两岸的综合开发过程中，徐汇有 11.4 千米的岸线，这个核心段落长度仅次于浦东新区，这个优势是不可复制的。

第二个是空间载体资源丰富的优势。因为原先有大量的工业、仓储、企业占据了岸线，以致很

多在徐汇住了二三十年的老徐汇人，都不知道徐汇挨着黄浦江，在整个开放空间建成以前，大家是走不进来的。在开发过程中，我们通过土地收储、城市更新，整个区域目前已经完成土地收储的总量大概是 400 公顷，折合成亩的话，差不多是 6 000 亩地，有这么大的一片空间载体资源，在上海中心城区是不可多得的。

第三个是交通优势。从规划的角度来说，徐汇滨江和浦东前滩、耀华、后滩有着非常紧密的联系。从卢浦大桥一直衔接到闵行段落，徐汇和浦东之间，每隔 800 米到 1 千米就有一条越江的隧道或者桥梁，所以有时候我们从市中心开会回来，不一定走内环线，而是从南北高架一直到济阳路，一过龙耀路隧道就回到办公室，时间更加快。所以，两岸交通联系紧密程度非常强。就功能联系来说，在上海 2035 总体规划里头，有 17 个中央活动区，其中明确指明功能的就有徐汇滨江、世博、前滩，这三个点捆在一起，是承载未来全球城市核心功能的重要区域，从中可以看出这个区域未来整个发展的趋势，以及两岸之间的紧密联系。

问：还有其他优势吗？

答：应该就是徐汇滨江所具有的文化底蕴。"千年龙华"是整个徐汇滨江开发的历史积淀，民族工业的摇篮为后续整个滨江的城市更新也奠定了基础。马老师主持过《千年龙华》一书的编写，对此很熟悉的。那么现在，不论是发展文化品牌，还是科创产业，这都是一脉相承的。因为研究过龙华历史的都知道，龙华机场最早是北洋水师的操练场，徐家汇历来也是西学东渐的窗口，直到我们现在主打"文化"与"科创"。可以说，创新的基因

从来都是在徐汇滨江这块土地上的，它是一个一脉相承的过程。那么，通过引进国外的规划理念，结合地区开发建设的实践，能使徐汇滨江把不同的资源充分地整合叠加起来，形成自身优势。

回顾整个徐汇滨江开发，我们总结出16个字的开发理念，即"规划引领、文化先导、生态优先、科创主导"。这16个字不仅是我们的理念，也是我们的特点，同时它和开发时序也是有一定对应关系的。最开始，我们作的是规划，是以对标国际的眼光作了最早的规划方案。应该说，不管开发优势也好，还是说它的特点也好，规划一直是引领整个徐汇滨江发展的。我们畅想十年以后徐汇滨江是什么样？国际上最先进的滨水区开发是什么样？我们一直是用未来的眼光去看现在要做的事情，并落实到我们的规划当中去。第一轮的规划，我们现在差不多用了十年的时间实现了。那么未来下一个十年的发展方向是我们正在思考的问题。

问：就您所了解的情况，"西岸"的概念与品牌是怎么出来的？

答：其实，这件事情让集团党委书记、董事长来说比较好。我虽然能记得这些事情，但它实际上是有整合过程的。当时应该是徐汇区区委首先提出"西岸文化走廊"的概念，时间是在2011年底的时候，启动"西岸文化走廊"品牌工程。为什么会启动这样一个工程？我们刚才说第一阶段的沿江岸线开发建成之后，沿江的环境绿了，生态好了，人来了。但是人到这个区域到底来干什么？必须得有功能和内容来支撑，这样城市才会有活力，所以我们把开放空间里的若干集中设施植入了文化的功能。实际上在这个文化植入的过程中，那些文化场馆建设和很多历史遗存的活化利用是相关的，在这个过程当中，我们可以看到地区历史文脉，享受到跟国际接轨的文化，慢慢地，西岸地区的文化成为大家的关注点，也成为广大市民到西岸来的理由之一。文化成为我们显著的品牌。

起初，想法还比较简单，就是把沿江的若干个场馆串起来，不要变成只是一个一个的项目，而是让它有一个整体性的概念和形象，就提出了"西岸文化走廊"。这个概念里头，既包括了场馆设施，也包括文化活动。场馆设施主要有龙美术馆、余德耀美术馆，当时已经设计完成的，包括现在的西岸美术馆、油罐艺术公园，都在当时提出的"西岸文化走廊"里面，里面有的场馆，目前也还在建设过程当中。

到2013年，在整个地区前期运营过程当中，我们举办了"西岸建筑与当代艺术双年展"。当时，在我们整个区域开发过程中做那样一个活动，是想让大家认识和了解西岸。我们邀请了一些建筑事务所和艺术家，结合当时西岸自身开发阶段的特点，参与新建区域内的大量场馆建设和公共活动，整合了这些建筑师和艺术家的资源，举办了第一届建筑与当代艺术的双年展，后来这项活动就整合进了现在的上海城市空间艺术季里面，变成了它的一个特定的展区。

在双年展开幕式上，当时中国美院院长许江教授讲了这样一段话，原话可能要查一下当时的视频。大意是这样的：现身是工厂梦，转身是梦工厂。一个是现在，一个是未来。现在它是工厂，未来这是梦开始的地方，这不仅是黄浦江的西岸，也是太平洋的西岸。之后，"西岸"这个名字作为整个区域的一个品牌，更大范围地被我们使用，不只是文化活动，也包括产业，更是整个区域命名的概念，所以西岸变成了一个地区。

早在 2008 年第一轮规划的时候，我们就一直说要"对标国际"，如英国伦敦的金丝雀码头。到了这个阶段，我们发现我们跟国际上知名的伦敦南岸、巴黎左岸有一个能够称呼相近的名字，就是上海西岸。这些城市也会是整个西岸开发建设的一个标杆，"向最好的学，跟最好的比"。在这个对标过程中，我们才会不断优化自身的发展理念，加快西岸地区形态与功能建设。

问：2010 年世博会在徐汇滨江到西岸的转变过程中，扮演什么样的角色与作用，是一个什么样的契机？

答：作用太大了。现在区委、区政府领导在多次重要的会议上都谈这样一件事情，徐汇滨江的开发建设能够取得现在这样的成绩，是融入了上海整个的开发大势，能够对接国家战略。为什么？因为第一轮的开发建设，我们就牢牢地抓住了世博会的契机。世博会的时候，是把徐汇滨江作为一个对岸的视线范围可见的区域、世博会的后备保障区，主要功能是解决停车，疏解交通这样一个区域。当时，对黄浦江对岸的徐汇滨江的要求，首先看过来是绿的，旧建筑的墙是白的，因为正对着的是世博会的欧洲区和非洲联合馆。很显然，徐汇在接到这样一个任务的时候，并没有把它简单地做成一个环境整治工程，而是请到了国际上最优秀的团队们来给我们出谋划策，因为这些团队经历了世界知名水岸的整个城市更新的过程，所以，他们能从设计角度和相关开发经验给我们借鉴与启示。

为什么说对标国际从那个时候就开始？当时，

我们把龙腾大道整体抬高，抬高到千年一遇防汛墙的标准，建造出了现在全市唯一一条可以驱车看江景的景观大道，这也是不可复制的资源，在上海的其他江段都没有这样的优势和条件，徐汇有很长的岸线，徐汇沿江的区域土地收储之后释放出了空间，那么这条大道的建设，就不只是给沿江公共环境创造了一个开敞的视线与分梯度的活动空间。高区有高区的景观视线，低区有低区的亲水平台。同时，也给腹地的开发创造了"开门见黄浦江"的优势条件。这个优势对后续的产业导入、知名企业的入驻，是有非常强的吸引力的。所以在第一轮的开发建设中，的确是紧紧地抓住了世博会的契机，完成了第一阶段的公共环境整治。当时完成的开放空间一期环境建设包括 3.6 千米的岸线与区域的"七路两隧"。骨干路有丰谷路、宛平路、云锦路，"两隧"是打浦路隧道、龙耀路隧道。这些主要的交通骨干工程是在世博会期间完成的。土地收储的大部分也是在世博会阶段完成的，到目前为止，我们收储土地接近 400 公顷，世博会完成的时候，差不多收储了 280 公顷土地。其中的将近四分之三，都是在世博会之前完成的。

世博会之后，就是另一项市一级重大工程——黄浦江贯通工程，它对整个地区的综合开发和地区建设的推动作用是非常大的。贯通工程把原先 3.6 千米的岸线、道路、环境一直延伸到了徐浦大桥，还剩下一段是对接闵行。外环线以北的区域基本都已向市民开放，市政道路通了，环境开放了，南面也开放了，市政道路还没有打通。整个地区开发的形态基本上可见了，这是另外一个大事。

第三件大事就是人工智能产业的发展。在国家工业和信息化部发布《促进新一代人工智能产业发展三年行动计划（2018—2020）》以后，各地都在积极寻找跟人工智能产业的结合点。在 2018 年之前，全国最有名的就是大家熟悉的"乌镇互联网大会"，这是互联网领域最大的活动。国家的要求是大数据、人工智能与互联网的深度融合，同时要能够推动产业发展。

在这样的一个节点上，一方面是徐汇滨江原来积累的这些优势，我们说"最优环境吸引最强大脑"，这些科创类的企业也看好这个区域未来发展的前景，向徐汇滨江集中。另一方面，徐汇区委、区政府积极地向市里面申请政策，终于争取到了 2018 年世界人工智能大会在西岸举办。在 2018 年 9 月 17 日—19 日的大会上，不仅刘鹤副总理亲临会场，习近平总书记也发来贺信，李强书记、应勇市长等领导都在会上作了重要的讲话。

问：总结起来，基本就是三个重大节点，一个是世博会，一个是黄浦江贯通工程，一个就是人工智能大会，这也是你印象最深的。

答：对的。人工智能大会召开之后，整个地区的产业结构基本稳定了。我们现在是三大产业结构：文化传媒，是以央视为旗舰的"西岸传媒港"，科技创新，以世界人工智能中心为旗舰的"西岸智慧谷"，以及我们的创新金融板块——"西岸金融城"。三个产业板块、三大开发单元，共同构成了整个徐汇滨江——西岸的产业结构和开发形态。人工智能大会召开之后，在西岸核心区不到两平方千米的范围内，就集聚了包括微软亚洲研究院、腾讯、小米、网易、阿里、联影等一系列的科创类企业，这个在其他地方都是不多见的，它不只是在徐汇集聚，更是在这样一个不到两平方千米的区域里面集聚。

问：第一阶段的规划与落地都做得很好。那么，未来第二阶段怎么办？第二个十年的新规划是怎么样的蓝图？相信对您来讲也是一个挑战。

答：第二个十年实际上是比第一个十年的规划要更困难的。为什么？第一个十年我们是可以找对标的。第二个十年对标很难找。因为从规划角度看，基本上我们都能够看到现在对标的伦敦南岸也好，巴黎左岸也好，都已经在做设想了，并逐步落实到开发建设过程当中了。但如何突破现在这些地区的发展？如何能够跟它们同时进入到下一个时代？那个时代怎么样？我们都不知道，这需要对形态、内在功能结构乃至未来生活模式作一个设想，难的是在这里。

对于西岸地区来说，整体的结构性规划都是基本稳定的、全覆盖的，更多的是在每个具体项目上如何实现规划对地区整个活力的激发，不同功能的衔接，共同形成一个地区繁荣的状况。所以您刚才提到文化，文化在整个地区里是非常重要的功能板块，因为它对西岸是最早时候的活力激发，包括对后面可持续发展是非常有用的，所以我们现在积极进行国际文化合作与交流，包括跟蓬皮杜的五年展陈合作项目、跟西九文化区的战略合作交流，等等。目前，我们的西岸艺博会已经连续五年是国内参展机构数量最大、参展作品规格最高的专业性活动。我们说，未来西岸整个地区发展，靠文化、科技两大引擎。还有一块，就是很重要的地区运营，"造一座城"，服务好这个地区所有的入驻企业和来到西岸的人。换句话说，下一个阶段对我们挑战非常大的是这些产业、企业和人群生活的融合，怎么样服务好所有的人。

刚才说的这三个功能板块，是跟着整个大环境和产业发展趋势应运而生的。今后哪个板块能够更强，目前还很难去作定论。为什么？因为一方面要看产业自身的发展，另一方面是看这些产业相互之间的融合发展。综观西岸所有产业的发展，实际上有一个特点，就是相互之间的深度融合。比如人工智能企业，它的应用场景在我们的地区管理，在公共区域的活动上，它就有直接的应用。又如文化传媒板块，也和科创类企业有技术和产业上的相互衔接。所以说三大产业板块不是相互孤立，而是相互之间有联系、有衔接的，如何"融合"是今后这些产业发展必须要考虑的重要问题。

问：现有文化机构包括重要的博物馆或者企业有哪些？能否列举几个。

答：好。到目前为止，我们沿江的文化机构包括龙美术馆、余德耀美术馆、西岸美术馆、西岸艺术中心、油罐艺术公园，还有艺术文化示范区。到2021年前后，随着沿江文化场馆群落的建成，将会有超过20座以上的大文化场馆，在沿江可能要集聚超过1万个座位的剧场群落，这个规模在全亚洲来说，都是非常大的。

到目前为止，西岸还有很多国际上知名的画廊和艺术机构，这个规模不大，但是在业内重要程度还是非常高的。比如我们丁乙老师的工作室，就在示范区里面，还有大田秀则画廊等一系列的画廊机构，在国际上也是享有很高美誉度的，它们都集聚在西岸。

问：重要的企业、商务楼等"总部经济"有哪些？

答：说企业的话，将于今年9月26号挂牌入

驻的中国广播电视总台国际传媒港，就是央视的长三角总部、上海总站。以它为旗舰的西岸传媒港里头集聚的企业，有腾讯华东地区总部、湖南卫视……这些企业的总部都在。

问：再提一个问题，在第二个"十年"规划里面提到"地区运营"和"造一座城"的概念，请问西岸如何处理与原徐家汇商圈、龙华街道等地方的关系？

答：刚才你们提到早年对徐汇滨江的定位是什么。确实，在最早的十年前规划里，是把徐汇滨江当作徐家汇城市副中心的辐射和延伸。但在2035城市总体规划里头，它已经是承担全球城市核心功能的中央活动区了。目前我们都还在做城区的建设和开发，当核心区沿着龙耀路两侧的西岸传媒港、西岸智慧谷200万平方米的楼宇开发完成，人员进来办公的时候，整个龙华面临着新一轮的发展和变化。它将从一个原来传统的居住型社区变成未来城市沿黄浦江的核心功能区，这个转变不受行政区划的限制，而且功能上发生了翻天覆地的变化，导入的人口、生活的模式和对标都不同，所以这是非常大的一个变化，对于往后整个地区运营的挑战是很大的。

所以，整个徐汇滨江的建设与开发，实际上也是历届徐汇区委、区政府集全区之力来做的。徐汇滨江地区开发建设管理委员会是由区委书记和区长任双组长的，下设徐汇滨江开发建设委员会办公室，是由分管副区长任办公室主任的，西岸集团的党委书记、董事长任常务副主任，有这样的一个协调平台来推进整个地区开发建设，能够保障每一个节点目标有效地实现。

图片目录索引

主要征引文献

一、志书、年鉴等

《云间志》，（宋）杨潜纂，清嘉庆十九年（1814）华亭沈氏古倪园覆宋刻本。

至元《嘉禾志》，（元）单庆修，徐硕纂，清道光十九年（1839）据元至正八年（1348）刻本。

弘治《上海志》，（明）郭经修，唐锦编纂，明弘治十七年（1504）刊本。

嘉靖《上海县志》，（明）郑洛书修，高企纂，传真社据明嘉靖三年（1524）刊本影印。

万历《上海县志》，（明）颜洪范修，张之象等纂，万历十六年（1588）刊本。

乾隆《上海县志》，（清）李文耀修，谈起行纂，清乾隆十五年（1750）刊本。

乾隆《上海县志》，（清）范廷杰修，皇甫枢等纂，乾隆四十五年（1780）刊本。

嘉庆《上海县志》，（清）王大同修，李松林纂，清嘉庆十九年（1814）刊本。

同治《上海县志》，（清）应宝时等修，俞樾等纂，清同治十年（1871）刊本。

《上海自治志》，杨逸纂修，1915年版。

民国《上海县续志》，吴馨等修，姚文枬等纂，民国七年（1918）本。

民国《上海县志》，吴馨、江家嵋修，姚文枬纂，民国二十五年（1936）铅印本。

《龙华寺略志》，汤义方居士编，佛学书局1955年版。

嘉庆《法华镇志》，（清）王钟编录，"上海乡镇旧志丛书"，上海社会科学院出版社2006年版。

民国《法华乡志》，胡人凤续辑，"上海乡镇旧志丛书"，上海社会科学院出版社2006年版。

《二十六保志》，唐锡瑞辑，"上海乡镇旧志丛书"，上海社会科学院出版社2006年版。

《徐汇区志》，徐汇区地方志编纂委员会编，上海社会科学院出版社1997年版。

《上海市徐汇区志（1991—2005）》，上海市徐汇区地方志编纂委员会编，上海辞书出版社2011年版。

《上海粮食志》，上海粮食志编纂委员会编，上海社会科学院出版社1995年版。

《上海航空工业志》，上海航空工业志编纂委员会编，上海社会科学院出版社1996年版。

《上海船舶工业志》，上海船舶工业志编纂委员会编，上海社会科学院出版社1999年版。

《上海铁路志》，上海铁路志编纂委员会编，上海社会科学院出版社1999年版。

《上海城市规划志》，上海城市规划志编纂委员会编，上海社会科学院出版社1999年版。

《上海民用航空志》，民航华东地区史志编纂办公室编，上海社会科学院出版社2000年版。

《上海园林志》，上海园林志编纂委员会编，上海社会科学院出版社 2000 年版。

《上海港志》，上海港志编纂委员会编，上海社会科学院出版社 2001 年版。

《上海名建筑志》，上海市地方志办公室编著，上海社会科学院出版社 2005 年版。

《上海市志·工业分志·航天业卷》（1978—2010），上海市地方志编纂委员会编，上海辞书出版社 2015 年版。

《上海市志·交通运输分志·江河运输卷》（1978—2010），上海市地方志编纂委员会编，上海交通大学出版社 2018 年版。

《中国实业志》（江苏省），实业部国际贸易局编，全国实业调查报告之一，1933 年版。

《1937 年上海市年鉴》，上海通志馆年鉴委员会编，中华书局 1937 年版。

《1947 年上海市年鉴》，上海市文献委员会编，1947 年铅印本。

《中国股票年鉴》，吴毅堂编述，中国股票年鉴社 1947 年发行。

《徐汇年鉴（1992—1998）》，上海市徐汇区地方志编纂委员会编，汉语大词典出版社 2002 年版。

《徐汇年鉴（1999）》，上海市徐汇区地方志编纂委员会编，汉语大词典出版社 2002 年版。

《徐汇年鉴（2000）》，上海市徐汇区地方志编纂委员会编，汉语大词典出版社 2000 年版。

《徐汇年鉴（2001）》，上海市徐汇区地方志编纂委员会编，上海社会科学院出版社 2001 年版。

《徐汇年鉴（2002）》，上海市徐汇区地方志编纂委员会编，上海社会科学院出版社 2002 年版。

《徐汇年鉴（2003）》，上海市徐汇区地方志编纂委员会编，上海社会科学院出版社 2003 年版。

《徐汇年鉴（2004）》，上海市徐汇区地方志编纂委员会编，汉语大词典出版社 2004 年版。

《徐汇年鉴（2005）》，上海市徐汇区地方志编纂委员会编，汉语大词典出版社 2005 年版。

《徐汇年鉴（2006）》，上海市徐汇区地方志编纂委员会编，汉语大词典出版社 2006 年版。

《徐汇年鉴（2007）》，上海市徐汇区地方志编纂委员会编，上海辞书出版社 2007 年版。

《徐汇年鉴（2008）》，上海市徐汇区地方志编纂委员会编，上海辞书出版社 2008 年版。

《徐汇年鉴（2009）》，上海市徐汇区地方志编纂委员会编，上海辞书出版社 2009 年版。

《徐汇年鉴（2010）》，上海市徐汇区地方志编纂委员会编，上海辞书出版社 2010 年版。

《徐汇年鉴（2011）》，上海市徐汇区地方志编纂委员会编，学林出版社 2011 年版。

《徐汇年鉴（2012）》，上海市徐汇区地方志编纂委员会编，学林出版社 2012 年版。

《徐汇年鉴（2013）》，上海市徐汇区地方志编纂委员会编，学林出版社 2013 年版。

《徐汇年鉴（2014）》，上海市徐汇区地方志编纂委员会编，上海书店出版社 2014 年版。

《徐汇年鉴（2015）》，上海市徐汇区地方志编纂委员会编，上海书店出版社 2015 年版。

《徐汇年鉴（2016）》，上海市徐汇区地方志编纂委员会编，上海书店出版社 2016 年版。

二、档案

《上宝两邑洋商准转道契各畾保之图》，中国第二历史档案馆藏档（1927 年 7 月—1929 年 12 月）。

《上海市建设委员会规划建设市中心区》，中国第二历史档案馆藏档（1928年11月—1929年11月）。

《上海市建设规划，会务纪要》，中国第二历史档案馆藏档（1929年—1930年）。

《大上海都市计划概要报告》，中国第二历史档案馆藏档（1947年9月）。

江南制造局相关档案，上海市档案馆藏档。

《上海兵工厂厂外地基房屋统计》，上海市档案馆藏档。

《上海市政府各局统计报表工业工资统计》，上海市档案馆藏档。

《上海市人民委员会关于调整上海市各区区划及市郊乡镇区划的通知》，上海市档案馆藏档。

《上海市人民委员会关于颁发上海市历史和革命遗迹保护办法及第一批文物保护单位名单的通知》，上海市档案馆藏档。

《上海飞机制造厂工业普查甲类表》，上海市档案馆藏档。

《上海水泥厂档案》，上海市档案馆藏档。

毛贤晟（国营第五七〇三厂）:《发扬爱国主义精神，为建设四化贡献余生》，上海市档案馆藏档。

《关于要求承接国外飞机修理业务的请示》，上海市档案馆藏档。

《关于5703厂生产的液压钢索联动直升梯纳入部计划的请示报告》，上海市档案馆藏档。

《关于申请验收五七〇三厂七·二一大学的报告》，上海市档案馆藏档。

《上海市粮食局关于建筑油脂四库码头驳岸工程的投资审批文件》，上海市档案馆藏档。

《上海市粮食局关于建议利用多余劳动力争取完成六库土方工程的函》，上海市档案馆藏档。

《上海市粮食局关于调整上粮六库、十库低温仓建设内容的函》，上海市档案馆藏档。

《上海市粮食局第六粮库、油脂仓库建设码头驳岸工程设计书》，上海市档案馆藏档。

【徐汇区档案馆部分馆藏档案】

《上海市常熟区概况调查》，常熟区接管委员会编，徐汇区档案馆藏档。

民国三十五年（1946）上海市第七区第一段绘制的《上海市第七区公所保甲整编段第一段分段划分图》，涉及黄浦江沿岸，上海市徐汇档案馆藏档。

《关于要求在日晖港康瞿桥以南新拓港区内安排水运码头的报告》，徐汇区档案馆藏档。

《关于上报日晖港道路工程可行性研究报告的请示》，徐汇区档案馆藏档。

徐汇区政协:《对我区黄浦江沿江地区的现状、规划及可持续发展情况的调查与建议案》，徐汇区档案馆藏档。

《关于龙华港水系河道整治工程有关情况的专题报告》，徐汇区档案馆藏档。

《有关龙华机场地区情况的汇报》，徐汇区档案馆藏档。

《上海市人民政府关于区政协〈关于我区黄浦江沿江地区的规划与可持续发展建议案〉的办理答复函》，徐汇区档案馆藏档。

《徐汇区黄浦江沿岸地区规划》，徐汇区档案馆藏档。

《上海市徐汇区人民政府关于控制龙华机场地区开发规划，推进机场地区综合管理的请示》，徐汇区档案馆藏档。

徐汇区政协:《关于黄浦江徐汇段开发建设若干建议的建议案》，徐汇区档案馆藏档。

《上海市徐汇区城市规划管理局关于徐汇区黄浦江沿岸地区规划的报告》，徐汇区档案馆藏档。

《上海市徐汇区人民政府关于答复区政协〈关于黄浦江徐汇段开发建设若干建议的建议案〉的函》，徐汇区档案馆藏档。

《徐汇区黄浦江综合开发工作小结和2004年工作计划》，徐汇区档案馆藏档。

《龙华港水系污染综合整治项目（一期）》，选自《1999—2002徐汇区可持续发展第一批优先项目情况表》，徐汇区档案馆藏档。

《关于批准上海水泥厂引进生产线技术改造工程划拨使用国有土地的通知》，徐汇区档案馆藏档。

徐汇区政协关于《利用龙华机场原有的跑道，开辟航空旅游业》的提案，徐汇区档案馆藏档。

《黄浦江两岸地区规划工作汇报》，其中涉及"南延伸段"，即为徐汇区黄浦江沿岸段，徐汇区档案馆藏档。

上海市徐汇区人民政府《关于申请办理黄浦江两岸南延伸段地区B单元规划编制工作的函》，徐汇区档案馆藏档。

上海市徐汇区人民政府《关于申请办理黄浦江两岸南延伸段地区B、C单元规划编制工作的函》，徐汇区档案馆藏档。

有关部门刊发《关于印发2005年黄浦江两岸综合开发重点推进的若干工作的通知》，徐汇区档案馆藏档。

上海市黄浦江两岸开发工作领导小组办公室、徐汇区人民政府签订《共同推进黄浦江沿岸徐汇区段综合开发合作备忘录》，上海西岸开发（集团）有限公司档案室室藏资料。

上海市徐汇区人民政府作出《关于同意组建上海西岸开发（集团）有限公司的批复》，上海西岸开发（集团）有限公司档案室室藏资料。

上海市徐汇区人民政府国有资产监督管理委员会印发《关于组建上海西岸开发（集团）有限公司的通知》，上海西岸开发（集团）有限公司档案室室藏资料。

龙华街道相关档案，徐汇区档案馆藏档。

徐汇滨江、上海西岸开发（集团）有限公司相关档案，徐汇区档案馆藏档。

三、报纸、杂志、资料集、碑刻、口述等

《申报》《时报》《新闻报》《晨报》

《民国日报》《东方杂志》《人文月刊》《小学生》

《公用月刊》《交通公报》《工程报导》《飞报》

《上海商报》《上海特别市工务局业务报告》《上海工务》

《人民日报》《光明日报》

《解放日报》《文汇报》

《中国文化报》《第一财经日报》

《江南制造局记》，光绪三十一年（1905）编印，上海新马路福海里文宝书局石印。

《江南制造局总分局全图》，汇录江南制造局早期照片。

《上海指南》，商务印书馆编译所编纂，商务印书馆1909年版。

《上海指南》，商务印书馆编译所编纂，商务印书馆1912年版。

《上海指南》，商务印书馆编译所编纂，商务印书馆1922年版。

《上海指南》，商务印书馆编译所编纂，商务印书馆1926年版。

《上海指南》，林震编纂，商务印书馆1930年版。

《旧上海》，振寰书局 1914 年版。

《上海小蓝本》（*The Little Blue Book of Shanghai*），1931 年版。

《上海之工业》，上海特别市社会局编，中华书局 1930 年版。

《上海特别市土地局年刊》（1930 年等）。

《黎阳郁氏家谱》，民国二十三年（1934）上海宜稼堂编印。

《上海市轮渡》，上海市兴业信托社市轮渡管理处编，1937 年版。

《事变后之上海工业》，金城银行上海总行调查科编印，1939 年版。

《袖珍上海里弄分区精图》，葛石卿等编纂绘制，国光舆地社 1946 年版，作者书社发行。

《上海市行号路图录》（下册），鲍士英测绘，顾怀冰等编辑，上海福利营业股份公司编印，1949 年版。

《1949 年上海市综合统计》，上海市人民政府秘书处编，1950 年铅印本。

《新上海便览》，《大公报》出版委员会编，上海《大公报》1951 年版。

《中国近代手工业史资料（1840—1949）》（第一卷），彭泽益编，生活·读书·新知三联书店 1957 年版。

《中国近代工业史资料》（第一辑），孙毓棠编，科学出版社 1957 年版。

《中国近代工业史资料》（第二辑），汪敬虞编，科学出版社 1957 年版。

《中外旧约章汇编》（第一册），王铁崖编，生活·读书·新知三联书店 1957 年版。

《上海小刀会起义史料汇编》，上海社会科学院历史研究所编，上海人民出版社 1958 年版。

《中外旧约章汇编》（第二册），王铁崖编，生活·读书·新知三联书店 1959 年版。

《近代中国史料丛刊》第四十一辑，沈云龙主编，文海出版社 1969 年版。

《刘鸿生企业史料》，上海社会科学院经济研究所编，上海人民出版社 1981 年版。

《上海碑刻资料选辑》，上海博物馆图书资料室编，上海人民出版社 1980 年版。

《上海研究资料》，上海通社编，上海书店出版社 1984 年版。

《上海近代社会经济发展概况：1892—1931 海关十年报告译编》，徐雪筠等译编，上海社会科学院出版社 1985 年版。

《我在龙华的经历》，高经建口述，王健、庞煊麒等采访整理，2018 年 5 月 30 日。

《郁德昌口述》，郁德昌口述，张秀莉、鲍世望采访整理，2019 年 8 月 28 日。

《高世昀口述》高世昀口述，胡端采访整理，2019 年 9 月 27 日。

《徐汇滨江"建设者之家"党支部书记蔡莉萌访谈》，蔡莉萌口述，王健采访整理，2019 年 9 月 18 日。

《我在斜土路兆丰居委会的经历》，刘春琴口述，叶舟采访整理，2019 年 9 月 5 日。

《阎明口述》，阎明口述，马学强、朱曦、吴思怡采访整理，2019 年 5 月 14 日。

《陈安达口述》，陈安达口述，王健、袁元、陆佳采访整理，2019 年 4 月 28 日。

《叶可央口述》，叶可央口述，胡端、吴劼、潘鲁健采访整理，2019 年 4 月 28 日。

《上海西岸开发（集团）有限公司大事记（2002—2019 年）》（初稿），2019 年 5 月，上海西岸开发

（集团）有限公司提供。

《上海市徐汇区龙华街道志（1993—2016）》（大事记初稿），2019年5月，上海市徐汇区龙华街道志编纂委员会提供。

四、文集笔记、研究著作等

《梧溪集》，（元）王逢著，清道光思补楼本。

《南村辍耕录》，（元）陶宗仪著，中华书局1959年版。

《云间据目抄》，（明）范濂著，《笔记小说大观》第十三册，江苏广陵古籍刻印社1983年版。

《董宜阳松郡杂记》（《松郡杂记》），张虚谷校刊，清嘉庆己卯春镌，书三味楼藏板。

《三吴水利录》，（明）归有光撰，商务印书馆1936年版。

《长春园集》，明抄本。

《一统路程图记》，（明）黄汴编著，明隆庆年间刊印。

《士商类要》，（明）程春宇选辑，明天启年间刻印。

《增订徐文定公集》，徐光启著，徐家汇天主堂藏书楼，1933年。

《徐光启著译集》，上海市文物保管委员会编，上海古籍出版社1983年版。

《阅世编》，（清）叶梦珠撰，上海古籍出版社1981年版。

《历年记》，（清）姚廷遴著，"上海史料丛编"，上海市文物保管委员会编，1962年版。

《瀛壖杂志》，（清）王韬撰，上海古籍出版社1989年版。

《墨余录》，（清）毛祥麟撰，上海古籍出版社1985年版。

《沪游杂记》，（清）葛元煦撰，上海古籍出版社1989年版。

《上海县竹枝词》，（清）秦荣光撰，上海古籍出版社1989年版。

《申江棹歌》，（清）丁宜福撰，姚养怡钞藏本。

《淞南梦影录》，（清）黄式权著，上海古籍出版社1989年版。

《清经世文编》，（清）贺长龄、魏源等编，中华书局1992年版。

《申江胜景图》，光绪十年（1884）上海点石斋。

《上海轶事大观》，陈伯熙编著，"民国史料笔记丛刊"，上海书店出版社据上海泰东图书局1924年版整理，2000年版。

《龙华今日》，吴莘耕编，实业印书馆（上海）1933年版。

《交通年鉴·民用航空编》，交通部年鉴编纂委员会编，交通部总务司1935年版。

《上海工业化研究》，刘大均著，商务印书馆1940年版。

《上海百业人才小史》，许晚成编，1945年版。

《中国当代名人传》，傅润华主编，世界文化服务社1948年版。

《上海工商人物志》，中国经济资料社编辑，中国经济资料社1948年版。

《上海——现代中国的钥匙》，[美]罗兹·墨菲著，上海社会科学院历史研究所编译，上海人民出版社1986年版。

《上海近代建筑史稿》，陈从周、章明主编，上海市民用建筑设计院编著，上海三联书店1988年版。

《上海史》，唐振常主编，上海人民出版社1989年版。

《明清江南市镇探微》，樊树志著，复旦大学出版社1990年版。

《近代上海城市研究》，张仲礼主编，上海人民出版社1990年版。

《上海风俗古迹考》，顾炳权编著，华东师范大学出版社 1993 年版。

《上海洋场竹枝词》，顾炳权编著，上海书店出版社 1996 年版。

《上海通史》，熊月之等著，上海人民出版社 1999 年版。

《城市发展史——起源、演变和前景》，［美］刘易斯·芒福德著，宋俊岭、倪文彦译，中国建筑工业出版社 2005 年版。

《千年龙华：上海西南一个区域的变迁》，林峰、张青华、马学强主编，学林出版社 2006 年版。

《中国近代机场建设史》，欧阳杰著，航空工业出版社 2008 年版。

《西岸 2013 建筑与当代艺术双年展（建筑分册）》，西岸 2013 建筑与当代艺术双年展组委会编，同济大学出版社 2013 年版。

《为国桢干：上海南洋中学 120 年（1896—2016）》，马学强、于东航主编，商务印书馆 2016 年版。

五、部分外文资料

Twentieth Century Impressions of Hongkong Shanghai, and Other Treaty Ports of China: Their History, People, Commerce, Industries, and Resources, Editor-in-Chief: Arnold Wright, Lloyd's Greater Britain Publishing Company, LTD., 1908.

KEY PLAN OF THE WHANGPOO (《黄浦指南图》), Whangpoo Conservancy Board, Report by The Committee of Consulting Engineers.Shanghai Harbour Investigation, 1921.The Shanghai Mercury, Limited, Printers,1921.

Far Eastern Commercial and Industrial Activity-1924, Compiled by E. J. Burgoyne, Edited by F. S. Ramplin, The Commercial Encyclopedia Co. (London, Shanghai, Hongkong, Singapore), 1924.

Leaders of Commerce, Industry and Thought in China (Shanghai), Compiled by S. Ezekiel, Published by Geo. T. Lloyd, Shanghai , 1924.

Who's Who in China (*Biographies of China,*《中国名人录》), Published by The China Weekly Review (Shanghai), 1925.

Biographies of Prominent Chinese, (《中华今代名人传》), Biographical Publishing Company INC. Shanghai.

The Short History of Shanghai, By F. L. HAWKS POTT, D. D. Author of A Sketch of Chinese History, KELLY & WALSH, Limited., Shanghai, 1928.

Men of Shanghai and North China: A Standard Biographical Reference Work, second edition, Shanghai: The University Press, 1935.

后 记

2004 年，上海社会科学院城市史研究团队与上海市徐汇区龙华街道、龙华旅游城开发有限公司合作，专门成立课题组，从事龙华一带的社会变迁研究，并于 2006 年完成《千年龙华：上海西南一个区域的变迁》书稿。该书由学林出版社出版，在后记中我写到我们拟"对龙华地区社会人文发展进行长期的、连续性研究，所列专题包括居民构成、家庭结构、消费状况、风俗变化、社区管理等方面"。当时，就有一个想法，试图突破"镇""街道"等行政区划的局限，把"龙华"作为上海一个区域变迁的"样本"，进行长时段的观察与研究。此后，我们一直与徐汇区有关部门、龙华街道等保持密切联系，留心搜集相关资料，并定期去拍摄一些街区变化的照片。

近年来，这一区域又发生了重大变化，尤其是随着 2010 年上海世博会的召开，"徐汇滨江""上海西岸"这些概念的相继提出，结合这些年上海城市的快速发展以及黄浦江滨水区域的整体塑造，就龙华沿江地带而言，从空间形态到功能结构，都进行了重新定位，重新布局。徐汇滨江的演变，也是上海城市变迁的一个缩影。

此次，我们与上海市徐汇区档案局（馆）、上海市西岸开发（集团）有限公司等合作，共同推出《上海西岸：徐汇滨江图志》一书。

本书围绕徐汇滨江的演变展开，实际上就是长时段研究这一区域的城市化进程。从农耕时代龙华滨浦的乡村原野，到近代沿江工业化的开启；从水陆空兼备的交通运输、物流仓储基地的建立，到随着城市的更新，成为国际著名城市的滨水地带。这一带的名称也屡有变动，空间范围在不断扩展，从形态到格局，由功能到结构，其演进脉络清晰，且呈现出多样性、完整性的特点。在从传统"乡土龙华"到当代"都市滨江"的演变中，这一地域的形象复杂多变，其内涵、功能亦因时而异。我们的研究，就是通过对这一区域空间扩展与功能变迁动因的解析，以及伴随此过程所发生的深层的经济结构、社会变动，尝试以空间形态与历史文化相结合的形式，展现"徐汇滨江"所蕴含的独特内涵，凸显多种视域中滨水地带演变的机理与逻辑。

本书由文字和图片两部分组成。我们从收集的千余幅图片中，选取其中的二三百幅，编选时采取以图带文，以文释图的形式，通过对大量具有代表性的图片的解读，反映不同时期徐汇滨江地区的形态与景象。书中的这些图片，主要有几个来源：一为历史图片，从海内外相关机构收藏的中外文历史资料、档案文献中翻拍；二为一些单位与个人提供的照片；三为课题组多年来陆续拍摄的现场照片，鲍世望先生等为此花费了很大的心血。书稿中所附插图，除特别注明相关部门或个人提供外，均由课题组提供。

本书于2019年12月底完成，撰稿人的具体分工如下：第一章，马学强；第二章，张秀莉，其中第一节部分图文由马学强提供；第三章，叶舟；第四章，王健；第五章，胡端；第六章，马学强；附录部分，马学强、张秀莉、叶舟、王健、胡端、吴劼、袁元、朱曦、潘鲁健、吴思怡、陆佳、顾文豪、戴彤、张春海等。徐汇区档案馆提供了重要的档案史料，并积极协调联络口述工作；上海市西岸开发（集团）有限公司也提供了不少资料和重要口述内容。全书由马学强统稿。

本书完成后，由中国科学院院士、同济大学教授郑时龄先生作序，在此特申谢忱。

本书在撰写和图片收集的过程中，得到了国家图书馆、中国第二历史档案馆、上海图书馆、上海市档案馆、复旦大学图书馆、上海交通大学图书馆、华东师范大学图书馆、上海社会科学院图书馆、上海博物馆，以及中国商飞上海飞机制造有限公司、上海龙华烈士陵园、徐汇区规划和自然资源局、徐汇区建设和管理委员会、龙华街道办事处、斜土路街道办事处、枫林路街道办事处等单位的大力协助。复旦大学的李甜博士帮助绘制《上海市徐汇滨江地区主要历史遗存分布示意图》。上海市档案馆彭晓亮先生、中国社会科学院经济研究所龚浩博士、上海音像资料馆李东鹏博士在一些资料、图片的搜集方面出力亦多。中华书局贾雪飞、黄飞立两位老师，为本书的出版付出了辛勤劳动。在此一并致以诚挚的谢意。

马学强